Kostenrechnung

Band I

von
Prof. Dr. Dieter Rüth
Hochschule Bochum

3., überarbeitete Auflage

Oldenbourg Verlag München

Bibliografische Information der Deutschen Nationalbibliothek

Die Deutsche Nationalbibliothek verzeichnet diese Publikation in der Deutschen
Nationalbibliografie; detaillierte bibliografische Daten sind im Internet über
http://dnb.d-nb.de abrufbar.

© 2012 Oldenbourg Wissenschaftsverlag GmbH
Rosenheimer Straße 145, D-81671 München
Telefon: (089) 45051-0
www.oldenbourg-verlag.de

Lektorat: Dr. Stefan Giesen
Herstellung: Constanze Müller
Titelbild: thinkstockphotos.de
Einbandgestaltung: hauser lacour
Gesamtherstellung: Grafik & Druck GmbH, München

Dieses Papier ist alterungsbeständig nach DIN/ISO 9706.

ISBN   978-3-486-70215-6
eISBN   978-3-486-71755-6

Vorwort zur 1. Auflage

Die Kostenrechnung ist nicht nur ein besonders wichtiges Teilgebiet des Rechnungswesen, womit sich die Betriebswirtschaftslehre schon lange und intensiv beschäftigt hat, sondern auch ein wesentliches Instrument der Unternehmensführung, was insbesondere auch die von der Praxis initiierten Controlling-Ansätze verdeutlichen.
Ein Lehrbuch über die Kostenrechnung zu schreiben ist der Versuch der Quadratur des Kreises. Denn ein Kostenrechnungssystem ist nur dann gut, liefert es einem bestimmten Betrieb in einer bestimmten Situation die richtigen Zahlen. Bei schwarzen Zahlen mag man über die Ausgestaltungsmöglichkeiten diskutieren, bei roten Zahlen hat es ohnehin versagt.
Die Vielschichtigkeit der möglichen und notwendigen Ausprägungen hat dazu geführt, dieses Thema in 2 Bänden vorzustellen. Der erste hier vorliegende Band stellt die traditionelle Kostenrechnung einschließlich der unterschiedlichen Systeme zur Aufgabenerfüllung in den Mittelpunkt. Im 2. Band werden die grundlegenden und neueren Techniken des Kostenmanagements angesprochen.
Dieses Buch ist aus der praktischen Erfahrung des Autors, sowie aus Arbeitsmaterialien für Lehrveranstaltungen hervorgegangen, die er über einige Jahre an Universitäten, Fachhochschulen und in Weiterbildungsinstituten für Führungskräfte der Wirtschaft abgehalten hat.
Insofern wendet es sich insbesondere an Studierende der Wirtschafts- und Wirtschaftsingenieurwissenschaften an Universitäten, Fachhochschulen, Verwaltungs- und Wirtschaftsakademien und anderen Aus- und Weiterbildungsinstitutionen. Empfehlenswert ist es aber auch für interessierte Praktiker in Unternehmen oder öffentlich-rechtlichen Institutionen, die eine Einführung in die Kosten und Leistungsrechnung wünschen bzw. ihre Kenntnisse auf diesem Gebiet zu vertiefen beabsichtigen.
Den einzelnen Kapiteln sind Lernziele vorangestellt, die den inhaltlichen Rahmen des zu vermittelnden Wissens abstecken. Abbildungen und zahlreiche Beispiele veranschaulichen den jeweiligen Sachverhalt. Auf eine wissenschaftliche bzw. theoriegeleitete Abhandlung wird weitestgehend verzichtet und es wird eher eine praxisorientierte Ausrichtung verfolgt. Den Abschluss eines jeden Kapitels bilden Selbstkontroll- und Übungsaufgaben, die der Stoffwiederholung bzw. -umsetzung dienen.
Mein Dank gilt insbesondere Herrn Dipl. Betriebswirt André Kuchenbuch, der durch seine redaktionelle – und oft auch konstruktive – Erstellung des nicht selten schwer entzifferbaren Manuskriptes zur Gestaltung des Lehrbuches in der vorliegenden Form beigetragen hat.
Dortmund, Mai 2000   Dieter Rüth

Vorwort zur 2. Auflage
Die 2. Auflage unterscheidet sich konzeptionell nicht von der ersten. Allerdings fließen viele Erfahrungen ein, die ich mit meinen Studenten in den letzten Semestern sammeln durfte. So wurden insbesondere die Übungs- und Selbstkontrollaufgaben überarbeitet und neu gestaltet.
Münster, Mai 2006

Vorwort zur 3. Auflage
Notwendige Aktualisierungen und Anregungen aus kollegialer und studentischer Hinsicht wurden dankbar aufgegriffen und haben sicherlich zu einer verbesserten Darstellung geführt.
Münster, Mai 2012

Inhaltsverzeichnis

Anhang   254

I. Grundlagen der Kostenrechnung

1 Lernziele

Wenn Sie das Kapitel I durchgearbeitet haben, sollten Sie

- die Notwendigkeit einer Kostenrechnung begründen können;

- die Grundbegriffe des betrieblichen Rechnungswesens kennen;

- zur Einteilung in fixe und variable Kosten Stellung nehmen können;

- die wesentlichen Kostenverläufe kennen;

- die wichtigsten Einzelkosten kennen;

- zur Unterscheidung von Einzel- und Gemeinkosten Stellung nehmen können;

- das Verhältnis von fixen und variablen Kosten einerseits sowie das von Einzel- und Gemeinkosten andererseits beschreiben können;

- die Unterschiede zwischen dem externen und internen Rechnungswesen anhand unterschiedlicher Merkmale aufzeigen können;

- die Aufbauorganisation des Rechnungswesens in ihren Grundzügen skizzieren können;

- beschreiben können, wodurch sich der Rechnungskreis I der Finanz- und Geschäftsbuchhaltung vom Rechnungskreis II der Kosten- und Leistungsrechnung unterscheidet;

- das Ein- und Zweikreissystem skizzieren können;

- die Teilbereiche der Kostenrechnung beschreiben können;

- zu den wichtigsten Kostenverrechnungsprinzipien Stellung nehmen können;

- die wichtigsten Aufgaben einer modernen Kosten- und Leistungsrechnung kennen und beschreiben können.

2 Einleitung

Eine aussagefähige Kostenrechnung ist – wenn auch nicht gesetzlich vorgeschrieben – für alle Unternehmungen unabhängig von ihrer Branchenzugehörigkeit und Größe unumgänglich. Die **Gründe** hierfür mögen sein:

- sich *verschärfende Wettbewerbsbedingungen* im In- und Ausland (z.B. als Folge der Internationalisierung der Märkte; Globalisierung),
- sich ständig *verstärkender Kostendruck* bei einem tendenziellen Preisverfall,
- sich immer schneller *verändernde Nachfragewünsche* bzw. sich ständig verkürzende Produktlebenszyklen,
- rapide *technologische Entwicklungen*,
- rasche *Anpassung an sich verändernde Rahmenbedingungen* (Umweltgesetze, EG-Bestimmungen, Investitionszulagen u.ä.) und
- ständig zunehmende *Insolvenzen* (kleiner und mittelständischer Unternehmen).

Um solchen Situationen zu begegnen, sind kostenrechnerische Informationen immer schneller und genauer notwendig.

Wird als *Formalziel* einer Unternehmung die Gewinnerzielung angenommen, so erweist sich die handelsrechtlich zu erstellende **Gewinn- und Verlustrechnung** für eine optimale Unternehmenssteuerung als ungeeignet.

Mit ihr ist eine interne Steuerung deshalb nicht möglich, da

- sie dem vielfältigen an eine Kostenrechnung herangetragenen Aufgabenspektrum kaum genüge leistet und anderen Zwecken dient,
- sie hinsichtlich der inhaltlichen Ausrichtung ein nach außen gerichtetes Rechnungswerk ist, das sich z.B. an Gläubiger, Kapitalgeber, Arbeitnehmer oder an das Finanzamt wendet (stakeholder- versus shareholder-Diskussion),
- sie unter Beachtung gesetzlicher Vorschriften (insbesondere HGB und der rechtsformspezifischen Spezialgesetze wie AktG, GmbHG, GenG aber auch unter Beachtung entsprechender Steuergesetze) zu erstellen ist, die sich mit einer realistischen Periodenergebnisrechnung nicht unbedingt decken (z.B. Gläubigerschutz, Vorsichtsprinzip u.ä.), wobei die unterschiedlichen Rechnungslegungskonzepte – HGB, IFRS, US-GAAP – die Vergleichbarkeit noch mehr erschweren,
- die Zahlen das Ergebnis getroffener Entscheidungen widerspiegeln statt einen Beitrag zur Entscheidungsfindung zu leisten.

Der Versuch, eine Unternehmung im Wesentlichen nur mit den Zahlen des externen Rechnungswesens zu steuern, käme einem „Blindflug" nahe, der nur mit ganz viel Glück auf dem „Kartoffelacker" endet. Im Folgenden sollen die Grundlagen einer unternehmensindividuell einzurichtenden Kosten- und Leistungsrechnung näher betrachtet werden.

Dabei erweist es sich als zweckmäßig, sich in einem ersten Schritt den grundlegenden Begriffen des betrieblichen Rechnungswesens und der Kosten- und Leistungsrechnung zuzuwenden (vgl. Gliederungspunkt 3).

Der sich anschließende Gliederungspunkt 4 befasst sich mit der Stellung der Kosten- und Leistungsrechnung im Rahmen des betrieblichen Rechnungswesens. Es werden die wesentlichen Teilgebiete des betrieblichen Rechnungswesens skizziert, sowie ihre Unterschiede und insbesondere auch ihre organisatorischen Verknüpfungsmöglichkeiten aufgezeigt.

Im fünften Gliederungspunkt werden dann die Teilbereiche der Kostenrechnung selbst und die wichtigsten Kostenverrechnungsprinzipien dargestellt.

Der Gliederungspunkt 6 wendet sich dem wesentlichen Aufgabenspektrum der Kostenrechnung zu und zeigt damit insbesondere die betriebliche Notwendigkeit auf, eine Kostenrechnung einzurichten.

Der abschließende Gliederungspunkt 7 enthält Selbstkontroll- bzw. Übungsaufgaben, die dazu dienen, den Lehrstoff des Kapitels I zu überprüfen bzw. den Lernerfolg anzuwenden.

3 Begriffe des betrieblichen Rechnungswesens

Bevor auf die eigentlichen Begriffe der Kostenrechnung einzugehen ist, sind hier vorab einige grundlegende Fachausdrücke des betrieblichen Rechnungswesens zu klären. Dies erweist sich auch deshalb als zweckmäßig, als damit nicht unwesentlich das Verhältnis der extern ausgerichteten Finanz- und Geschäftsbuchhaltung zur intern ausgerichteten Kosten- und Leistungsrechnung beschrieben werden kann.

3.1   Grundbegriffe des betrieblichen Rechnungswesens

Die Grundbegriffe des betrieblichen Rechnungswesens lassen sich mit den Begriffen *„Auszahlungen, Ausgaben, Aufwendungen und Kosten"* bzw. den damit korrespondierenden der *„Einzahlungen, Einnahmen, Erträge und Leistungen"* umschreiben. Dies zeigt die Abbildung 1.1:

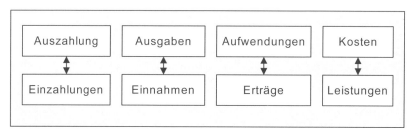

Abbildung 1.1: Grundbegriffe des betrieblichen Rechnungswesens

Teilweise findet in manchen Lehrbüchern nur eine Dreiteilung dieser Begriffe statt. Diese liegt immer dann vor, wenn eine Unterscheidung zwischen Auszahlungen und Ausgaben bzw. Einzahlungen und Einnahmen als entbehrlich betrachtet wird (vgl. z.B. Schneider 1997, S. 58; Schweizer/Küpper 2008, S. 17f). Im Folgenden soll jedoch auf die Vierteilung zurückgegriffen werden.

Wie die ersten Begriffe „Auszahlungen, Ausgaben, Aufwand und Kosten" miteinander in Beziehung gesetzt werden können, zeigt die Abbildung 1.2:

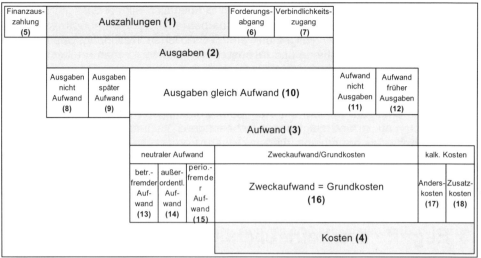

Abbildung 1.2: Auszahlungen, Ausgaben, Aufwand und Kosten

Bei der Erläuterung der obigen Begriffe soll auf die in der Abbildung ausgewiesene Nummerierung zurückgegriffen werden.

Eine **Auszahlung** (1) führt zum *Abgang liquider Mittel*. Es kommt zu einer Reduzierung des Bar- oder Buchgeldbestandes bzw. Sichtguthabens. Eine Auszahlung ist gegeben, wenn eine Unternehmung Bargeld oder bargeldlose Zahlungsmittel (Bank-, Postüberweisungen) an andere Wirtschaftseinheiten überträgt. Typische Beispiele für Auszahlungen mögen sein: Barentnahmen, Barkauf von Maschinen o.ä., Überweisung von Löhnen, Gehältern und Sozialabgaben, Abbuchung von Versicherungsprämien, gewährte Barkredite u.a.m. Bei Auszahlungen handelt es sich offenbar um einen konkreten Mittelabfluss, der die *„Kassenebene"* der Unternehmung tangiert. Die Bestandsgröße „Kasse" ist dabei als Bestand an liquiden Mitteln in Form von Bargeld und Sichtguthaben definiert. Dabei ist der Zweck oder die Veranlassung irrelevant. Auszahlungen können betrieblich veranlasst sein oder in der Privatsphäre des/der Eigentümer(s) begründet liegen. Erfasst werden Auszahlungen in der Finanz- und Geschäftsbuchhaltung bzw. im Rahmen der Finanzplanung als tägliche Finanzdispositionsrechnung.

Bei **Ausgaben** (2) stehen nicht Geld-, sondern *Güter*bewegungen im Mittelpunkt der Betrachtung. Kauft ein Betrieb z.B. eine Maschine auf Ziel, so kommt es zum Zeitpunkt des Güterzuganges nicht zu einer Auszahlung. Gleiches gilt natürlich für erhaltene Waren, für die bereits in der Vorperiode eine Vorauszahlung erfolgte. Leistet umgekehrt eine Unternehmung eine Anzahlung auf eine Maschine, so kommt es zu einem Zahlungsmittelabfluss, wobei sich die güterwirtschaftliche Konsequenz erst in Folgeperioden einstellt. Insbesondere die zeitliche – aber wie noch zu zeigen sein wird, auch die sachliche – Diskrepanz zwischen der geld- und güterwirtschaftlichen Ebene führt dazu, neben dem Begriff der Auszahlung noch den der Ausgabe zu betrachten. Unter einer Ausgabe soll der *Wert aller in einer Periode zugegangenen Güter und Dienstleistungen* verstanden werden. Der wertmäßige Zugang der Einsatzfaktoren führt zu einer wirtschaftlichen Verpflichtung, die sich unabhängig vom Zahlungsmittelabfluss der Periode einstellt.

Erkennbar stellt sich zunächst der Fall (5) ein, wonach nicht jede Auszahlung eine Ausgabe ist. Hierzu kann es aufgrund sachlicher wie zeitlicher Diskrepanzen

kommen, d.h. es gibt Auszahlungen, die keine Ausgaben sind und es gibt Auszahlungen, die erst später zu einer Ausgabe führen.

Plinke/Rese (2006, S. 12) nennen den ersten Fall der sachlichen Diskrepanz auch
die **Finanzauszahlung**. Finanzauszahlungen sind solche, bei denen keine direkte
Verbindung zur Beschaffung von Gütern erkennbar ist. Typische Beispiele mögen
sein: Tilgung von Krediten, Entnahmen durch den/die Eigentümer, Zahlungen von
Gewinnsteuern an das Finanzamt, Gewährung eines Barkredites u.ä. Als typisches
Beispiel für eine Auszahlung, die erst später zur Ausgabe führt, ist die Anzahlung
zu nennen (Zahlungsmittelabfluss in der Periode 1, Lieferung erst in der Periode
2). Eine geleistete Anzahlung führt zu einem Forderungszugang und die Darle-
henstilgung zu einem Verbindlichkeitsabgang. Umgekehrt ist der Abbildung 1.2
auch zu entnehmen, dass Ausgaben den Fall des Verbindlichkeitszuganges bzw.
des Forderungsabganges umschließen. Als typisches Beispiel für den Fall (7) –
der in der Praxis wohl gebräuchlichste Fall – ist der Wareneinkauf auf Ziel zu nennen. In der laufenden Periode erfolgt kein Zahlungsmittelabfluss, somit auch keine
Auszahlung. Andererseits werden Waren geliefert – somit liegt eine Ausgabe vor –
, die sich auch mit einem Verbindlichkeitszugang erklären lässt. Für den Fall (6)
der Abbildung 1.2 mag als Beispiel dienen, dass eine Forderung uneinbringlich
wird, und insofern abzuschreiben ist. Man sagt daher auch, Ausgaben bewegen
sich auf der Ebene des sog. *„Geldvermögens"*. Dabei ist das Geldvermögen definiert als

Geldvermögen (einer Periode) = Kasse (wie oben) + Forderungsveränderungen
– Verbindlichkeitsveränderungen

Das Beispiel des Wareneinkaufs auf Ziel hätte auch umgekehrt formuliert werden
können: so wäre die Begleichung einer Lieferantenschuld in bar vorstellbar. Es
liegt eine Auszahlung vor, da der Kassenbestand verringert wurde. Eine Ausgabe
liegt hingegen nicht vor, da keine wertmäßige Güterzufuhr erfolgte bzw. sich lediglich eine Verbindlichkeitsabnahme einstellte oder anders ausgedrückt: der Mittelabfluss durch den Schuldenrückgang kompensiert wurde. Diese Zusammenhänge
veranschaulicht noch einmal die Abbildung 1.3.

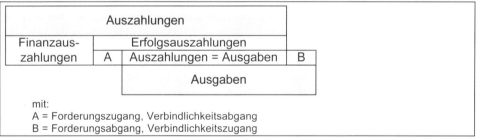

Abbildung 1.3: Abgrenzung von Auszahlungen und Ausgaben
Quelle: ähnlich Plinke/Rese 2006, S. 12

Sieht man von den Finanzauszahlungen ab, so ist zu erkennen, dass Auszahlungen und Ausgaben immer dann divergieren, wenn *Kreditvorgänge* stattfinden. Verändern sich die Forderungs- und Verbindlichkeitsbestände nicht, so entsprechen
sich Auszahlungen und Ausgaben.

Die Größe Ausgabe wird ebenfalls wie die der Auszahlung von der Finanz- und Geschäftsbuchhaltung nachgehalten. Sie dient der kurz- bis mittelfristigen Liquiditäts- und Finanzplanung ebenso wie der langfristigen Investitionsplanung.

Auf der rein buchhalterischen Ebene der Finanz- und Geschäftsbuchhaltung – also dienlich der GuV – und Bilanzerstellung - ist der dritte wesentliche Begriff des Aufwandes (3) angesiedelt. Unter **Aufwand** ist der *bewertete Güter- und Leistungsverzehr* einer Periode zu verstehen, wie er sich unter *Beachtung der gesetzlichen Bestimmungen* ergibt. Hinsichtlich der Abgrenzung zu den Ausgaben können theoretisch wieder sachliche und zeitliche Diskrepanzen unterschieden werden. Werden die Auszahlungen wie in Abbildung 1.3 in Finanz- und Erfolgsauszahlungen differenziert, so gibt es den Fall (8) der Abbildung 1.2 nicht, da damit die Finanzauszahlung angesprochen ist. Gleichfalls sehr theoretischer Natur ist der Fall (11). Zu denken wäre hier z.B. an die Abschreibung einer geschenkten Maschine. Typisch für die Differenzierung von Ausgaben und Aufwendungen ist somit die zeitliche Diskrepanz wie sie in den Fällen (9) und (12) gegeben ist. Eine Ausgabe, die keinen Aufwand darstellt – Fall (9) – ist z.B. gegeben, wenn Rohstoffe oder Güter eingekauft werden, die aber erst in einer späteren Periode verbraucht werden. Umgekehrt – Fall (12) – verhält es sich bei Rohstoffen, die verbraucht werden, aber bereits in früheren Perioden erworben wurden. Erkennbar hat im ersten Fall eine Lagerbestandserhöhung und im zweiten Fall eine Lagerbestandsminderung stattgefunden. Offenbar fallen Ausgaben und Aufwendungen immer dann auseinander, wenn Lagerbestandsveränderungen in einer Periode stattfinden. Werden also Rohstoffe in der Periode erworben und gleichzeitig verbraucht, so entsprechen sich Ausgaben und Aufwendungen. Diese Feststellung behält auch dann ihre Gültigkeit, wird für den Fall (9) der Unterfall der „Ausgabe jetzt" und des „Aufwandes früher" bzw. für den Fall (12) der Unterfall des „Aufwandes jetzt" und der „Ausgabe später" zugelassen. Ein Fall, der offenbar die gleiche Wirkungskette beschreibt. Sei t_1 die relevante Periode, so gilt für die Unterfälle 1 und 2:

	t_0	t_1	t_2
Sonderfall 1	Aufwand	Ausgabe	
Sonderfall 2		Aufwand	Ausgabe

Erkennbar werden in beiden Situationen bereits verbrauchte Materialien erst in einer Folgeperiode bezahlt.

Ein zweites typisches Beispiel für den Fall (12) stellen die Abschreibungen dar. Unter einer *Abschreibung* versteht man einen periodisierten Werteverzehr, d.h. die Ausgabe in t_0 wird nun entsprechend ihres Ge- und Verbrauchs auf die einzelnen Perioden der Nutzungszeit verteilt.

Bezogen sich die Auszahlungen auf die Größe Kasse, die Ausgaben auf das Geldvermögen, so ist der Aufwand auf das *„Gesamtvermögen"* ausgerichtet. (vgl. Haberstock, 2008, S. 18) Das Gesamtvermögen ist definiert als

Gesamtvermögen = Geldvermögen (wie oben) + Sachvermögen

Der vierte nun grundlegende Begriff der **Kosten** (4) soll *als bewerteter, periodisierter Güter- und Leistungsverzehr* definiert werden, der ausschließlich der Erstellung der *„eigentlichen"*, d.h. typischen *betrieblichen Leistung* dient. Bezog sich der Begriff des Aufwandes auf das Gesamtvermögen, so tritt nun an diese Stelle das

„betriebsnotwendige Vermögen". Das betriebsnotwendige Vermögen lässt sich definieren als (vgl. dazu Haberstock 2008, S. 18):

betriebsnotwendiges Vermögen = Gesamtvermögen (kostenrechnerisch bewertet) - nicht betriebsnotwendiges (neutrales) Vermögen

Obgleich der Abbildung 1.2 entnehmbar, sei das Spektrum des möglichen Verhältnisses zwischen Aufwendungen und Kosten anhand einer weiteren Abbildung ausgewiesen.

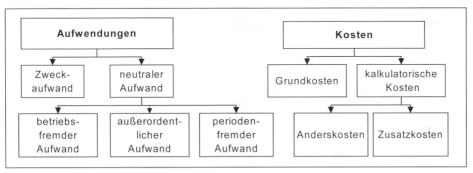

Abbildung 1.4: Aufwendungen und Kosten

Die Aufwendungen lassen sich offenbar in Zweckaufwendungen und neutrale Aufwendungen unterteilen. Der **Zweckaufwand** ist jener Aufwand, der durch den Betriebszweck verursacht wurde. Statt Zweckaufwand spricht man auch vom Betriebsaufwand. Der Zweckaufwand entspricht den sog. **Grundkosten** (Fall (16) der Abbildung 1.2). Damit soll deutlich gemacht werden, dass es sich um solche Positionen handelt, die direkt von der Finanz- und Geschäftsbuchhaltung in die Kostenrechnung übernommen werden können. Typische Beispiele mögen die in der Betrachtungsperiode verarbeiteten Roh-, Hilfs- und Betriebsstoffe sein, bestimmte entstandene Lohn- und Gehaltskosten oder Aufwendungen für Fremdlieferungen und -leistungen.

Der **neutrale Aufwand** ist nicht auf den Betriebszweck ausgerichtet. Er hat keinen Kostencharakter und kann insofern auch nicht von der Kostenrechnung übernommen werden. Die neutralen Aufwendungen werden in der Regel wie folgt unterteilt:

- betriebsfremder Aufwand (Fall (13) der Abbildung 1.2)
- außerordentlicher Aufwand (Fall (14) der Abbildung 1.2)
- periodenfremder Aufwand (Fall (15) der Abbildung 1.2)

Ein **betriebsfremder Aufwand** ist ein solcher, der nichts mit dem Betriebszweck gemeinsam hat, d.h. in keiner Beziehung zur betrieblichen Leistungserstellung steht.

Als typische Beispiele mögen Spenden für wohltätige Zwecke, Kursverluste eines nicht zum Betriebsvermögen zählenden Wertpapiers oder Reparaturen an nicht zum Betriebsvermögen zählenden Gebäuden gelten.

Ein **außerordentlicher Aufwand** steht zwar mit dem Betriebszweck im Zusammenhang, ist aber der Art und/oder Höhe nach derart außergewöhnlich, dass er nicht (oder nicht im gleichem Ausmaß) als Kosten verrechnet werden kann. Beispielhaft seien z.B. Lager-, Gebäudeverluste in Folge von Feuerschäden, der Verkauf von Maschinen unter Buchwert, Restrukturierungsmaßnahmen u. ä. genannt. Anzumerken bleibt, dass der außerordentliche Aufwand - durch das HGB mittlerweile recht eng ausgelegt - in der Praxis selten ausgewiesen wird.

Periodenfremde Aufwendungen sind solche, die zwar mit dem Betriebszweck im Zusammenhang stehen, die aber in früheren Perioden verursacht und dort nicht erfasst wurden. So mag z.B. eine Steuerprüfung zu einer Gewerbesteuer-Nachzahlung führen oder es sind Prozesskosten für einen im Vorjahr abgeschlossenen Arbeitsgerichtsprozess zu entrichten.

Die Abgrenzung zwischen neutralen Aufwendungen und Zweckaufwendungen bzw. Grundkosten dürfte in der Praxis sicherlich nicht so einfach sein, wie sie auf den ersten Blick erscheint. Schenkt ein Einzelunternehmer seiner Freundin einen PKW und entnimmt diesen unter Buchwert, so liegt zweifelsfrei ein neutraler Aufwand vor. Erwirbt hingegen ein Unternehmer des Anlagenbaus eine Hotelsuite, die er ausschließlich für Vertragsverhandlungen und Gästeübernachtungen für Kunden benutzt, so können die entsprechenden Abschreibungen und laufenden Aufwendungen durchaus einen Kostencharakter besitzen.

Wurde bisher der Fall betrachtet, dass der Kostenbegriff enger zu fassen ist, sollen nun die Möglichkeiten einer weiteren Fassung erörtert werden. Man spricht neben den Grundkosten auch noch von den **kalkulatorischen Kosten**. Die kalkulatorischen Kosten werden in der Regel unterschieden in:

- Anderskosten (Fall (17) der Abbildung 1.2 und
- Zusatzkosten (Fall (18) der Abbildung 1.2

Anderskosten sind solche Kosten, die der Sache nach sowohl Aufwand als auch Kosten darstellen – also auch Bestandteile des Zweckaufwandes sind –, aber in der Kostenrechnung „anders", d.h. *in anderer Höhe* erfasst werden. So werden z.B. in der Kostenrechnung Abschreibungen vom Wiederbeschaffungswert berechnet. Da sich diese handels- wie steuerrechtlich zumindest als Bewertungsobergrenze nicht von den Anschaffungskosten lösen können, führt dies zu einem unterschiedlichen Ansatz von Abschreibungen in der Finanz- und Geschäftsbuchhaltung einerseits und Kostenrechnung andererseits. Ähnliches gilt auch für kalkulatorische Zinsen, bei denen bilanziell nur die Fremdkapitalzinsen Berücksichtigung finden, während in der Kostenrechnung auch eine Eigenkapitalverzinsung vorgenommen wird. Man könnte hinsichtlich des anderen Ansatzes der Fremdkapitalzinsen von Anderskosten und bezüglich des Ansatzes von Eigenkapitalzinsen von Zusatzkosten sprechen.

Zusatzkosten sind *Kosten, denen keine Aufwandsart* gegenübersteht. Mit Zusatzkosten soll versucht werden, die eigene Kostensituation mit solchen verwandter Betriebe - aber anderer Rechtsformen – vergleichbar zu machen. So wird die Arbeitsleistung eines Einzelunternehmers – im Gegensatz zum Gehalt eines GmbH-Geschäftsführers mit Angestelltenvertrag – aus dem Gewinn abgedeckt. Ein Aufwand entsteht nicht, obwohl ein Produktionsverzehr vorliegt, der im Sinne von *Opportunitätskosten* anderweitig sogar einzahlungswirksam hätte realisiert werden können. Möchte der Einzelunternehmer sein Gehalt – wie bei der Kapitalgesellschaft – auch im Produkt verrechnet sehen, so werden „kalkulatorische Unternehmerlöhne" einzukalkulieren sein. Ähnliches gilt für unentgeltlich überlassene Privaträume eines Einzelunternehmers.

Die Definitionen der zu Auszahlungen, Ausgaben, Aufwendungen und Kosten korrespondierender Begriffe seien in der Abbildung 1.5 zusammengefasst:

Einzahlungen	Zugang liquider Mittel (Bargeld und Sichtguthaben) einer Periode (Erhöhung des Kassenbestandes)
Einnahmen (synonym oft: Verkaufserlöse, Erlöse)	Wert der Verkäufe von Gütern und Dienstleistungen einer Periode (Erhöhung des Geldvermögens)
Ertrag	Wert aller erbrachten Leistungen einer Periode, wie sie sich unter Beachtung der gesetzlichen Bestimmungen ergeben (Erhöhung des Gesamtvermögens)
Leistung	Wert aller erbrachten Leistungen einer Periode, die im Rahmen der eigentlichen, d.h. betriebstypischen Tätigkeiten erbracht werden (Erhöhung des betriebsnotwendigen Vermögens)

Abbildung 1.5: Definition von Einzahlungen, Einnahmen, Ertrag und Leistung

Wie diese Begriffe wieder miteinander in Verbindung gesetzt werden können, zeigt die Abbildung 1.6:

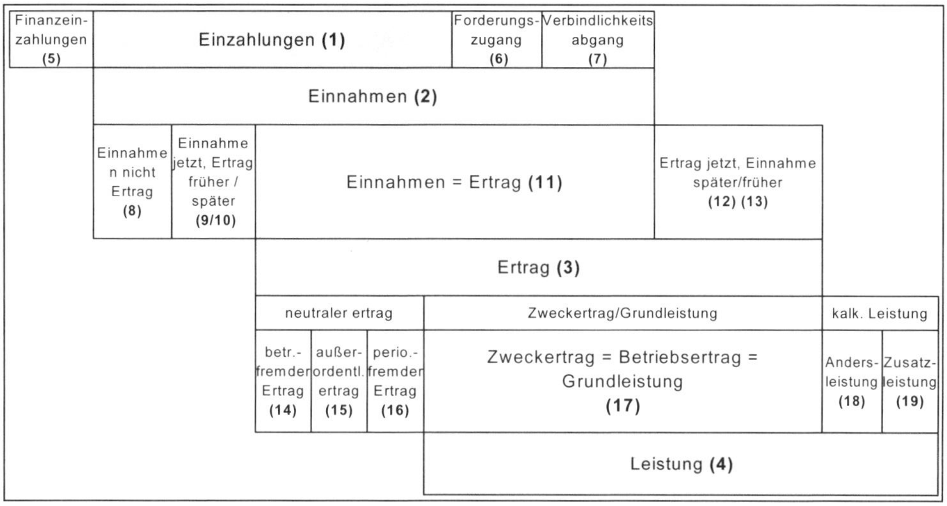

Abbildung 1.6: Das Verhältnis von Einzahlungen, Einnahmen, Ertrag und Leistung

Der Fall (5) umfasst wiederum die von Plinke/Rese (2006, S. 16) vorgeschlagene Differenzierung in **Finanzeinzahlungen** und **Erfolgseinzahlungen**. Wird diese Differenzierung übernommen, entfällt wiederum der Fall (8). Finanzeinzahlungen haben keine direkte Verbindung zum Güterverkauf. Vorstellbar ist die Aufnahme eines Kredites, die Rückzahlung eines gewährten Kredites durch einen Schuldner, eine Kapitalerhöhung durch Bareinzahlung o.ä. Erfolgseinzahlungen sind mit einem Güterabgang verknüpft.
Stellt der Begriff der Einzahlung auf die Periode des Mittelzuflusses ab, so richtet sich der der Einnahme auf die des tatsächlichen Warenabganges. Sieht man von den Finanzeinzahlungen ab, sind es wieder die Kreditierungsvorgänge, die zu einer Diskrepanz führen. So umschließt der Fall (6) den Verkauf von Waren auf Ziel.

Ein Verbindlichkeitsabgang – Fall (7) – liegt z.B. vor, wenn Schulden erlassen werden oder verjährt sind.

Sieht man vom Sonderfall (8) ab, der als Finanzeinzahlung bereits Berücksichtigung fand, sind die Unterschiede zwischen Einnahmen und Erträgen wieder primär in Bestandsveränderungen zu sehen. Dies gilt zumindest für die typischen Fälle (9) und (12). Der besseren Übersicht halber seien die sich einstellenden Fälle in der folgenden Tabelle gegenübergestellt. Wiederum gilt, dass t_1 die relevante Periode ist:

	t_0	t_1	t_2
Fall (9): Einnahmen jetzt, Ertrag früher	Ertrag	Einnahme	
Beispiel: Lagerverkauf (Bestandsminderung)			
Fall (12): Ertrag jetzt, Einnahme später		Ertrag	Einnahme
Beispiel: Produktion auf Lager (Bestandsmehrung)			
Fall (10): Einnahme jetzt, Ertrag später		Einnahme	Ertrag
Beispiel: erhaltene Kundenanzahlung			
Fall (13): Ertrag jetzt, Einnahme früher	Einnahme	Ertrag	
Beispiel: bereits im Voraus bezahlte Produkte werden ausgeliefert			

Auch die Sonderfälle (10) und (13) verhindern offenbar nicht, dass Einnahmen und Erträge – sieht man wiederum von den Sonderfällen (5) und (8) ab – sich entsprechen, wenn die in einer Periode produzierten Produkte auch veräußert werden.

Die Unterteilung in neutrale Erträge und Zweckerträge ist analog zur Aufwandsdifferenzierung vorzunehmen (vgl. Abbildung 1.4). Gleiches gilt für die Unterteilung der neutralen Erträge in betriebsfremde (z.B. realisierte Kursgewinne eines nicht zum Betriebsvermögen zählenden Wertpapiers, erhaltene Spenden, Schenkungen), außerordentliche (z.B. Anlagenverkäufe über Buchwert) und periodenfremde Erträge (z.B. Gewerbesteuer-Rückerstattung). Auch der Begriff der kalkulatorischen Leistung ist analog zu dem der kalkulatorischen Kosten zu sehen. Theoretisch wären solche kalkulatorischen Leistungen zwar denkbar (z.B. bestimmte Forschungs- und Entwicklungsleistungen), praktisch haben sie jedoch keine Bedeutung und werden von der Kostenrechnung im Regelfall auch nicht erfasst.

3.2 Grundbegriffe der Kosten- und Leistungsrechnung

Mit den folgenden Erörterungen ist keine Einführung in die Produktions- und Kostentheorie beabsichtigt (vgl. hierzu z.B. Gutenberg 1983, Band 1). Vielmehr sollen lediglich die für eine Kostenrechnung grundlegenden und für das Verständnis der folgenden Kapitel notwendige Begriffe erläutert werden.

Ausgangspunkt der bedeutsamen speziellen Kostenbegriffe und Kostenkategorien sind die **Kostenbestimmungsfaktoren**. Sie beantworten die Frage, wodurch die Kosten im Wesentlichen beeinflusst bzw. bestimmt werden. Solche Bestimmungsfaktoren sind im Wesentlichen:

- ◆ die Beschäftigung oder Ausbringungsmenge,
- ◆ die Preise und Qualität der Produktionsfaktoren,
- ◆ die Betriebsgröße oder Kapazität und
- ◆ die Produktionsverfahren oder -technologien.

Wird auf die *Beschäftigung* abgestellt, so ergibt sich die wichtige Unterscheidung in

- ◆ **fixe und**
- ◆ **variable Kosten**

und im Falle eines proportionalen Verhältnisses der variablen Kosten die in der Abbildung 1.7 ausgewiesene Kostenfunktion.·

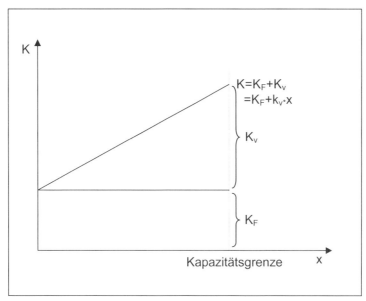

Abbildung 1.7: Differenzierung der Kosten in Abhängigkeit von der Ausbringungsmenge

Im Wesentlichen können aus einer solchen Kostenfunktion die folgenden wichtigen Grundbegriffe der Kosten- und Leistungsrechnung abgeleitet werden (vgl. Abbildung 1.8):

Begriff	Symbol	Begriffsbestimmung
Gesamtkosten	K	Gesamtkosten eines Betriebes für die Erstellung der betrieblichen Leistung in einer Periode (€/Per.)
variable Kosten	K_V	ausbringungsabhängige (variable) Kosten einer Periode (€/Per.)
fixe Kosten	K_F	ausbringungsunabhängige (fixe) Kosten der Betriebsbereitschaft einer Periode (€/Per.)
gesamte Stückkosten (Kosten einer LE)	k	$k = \dfrac{\text{variable Kosten}}{\text{Produktionsmenge}} = \dfrac{K}{x}$ (€/Stück)
var. Stückkosten (variable Kosten einer LE)	k_v	$k_v = \dfrac{\text{variable Kosten}}{\text{Produktionsmenge}} = \dfrac{K_V}{x}$ (€/Stück)
fixe Stückkosten (fixe Kosten einer LE)	k_f	$k_f = \dfrac{\text{fixe Kosten}}{\text{Produktionsmenge}} = \dfrac{K_F}{x}$ (€/Stück)
Grenzkosten	K'	$K' = \dfrac{dK}{dx}$ = zusätzlich entstehende Kosten bei der Erhöhung der Ausbringungsmenge um *eine* Einheit

Abbildung 1.8: Grundbegriffe der Kostenrechnung

Grundlegend für die Unterteilung dieser Begriffe war die Einteilung in fixe und variable Kosten.

Die **fixen Kosten** (K_F) fallen unabhängig von der Ausbringungsmenge an. Sie ergeben sich aus der Bereitstellung einer bestimmten Kapazität, weshalb sie oft auch als *Bereitschafts-* oder *Bereitstellungskosten* bezeichnet werden. Den Tatbestand, dass sie stückbezogen sinken, bezeichnet man – nach Schmalenbach – auch als **Fixkostendegression** oder Fixkostendegressionseffekt (ursprünglich: Büchner's Gesetz der Massenproduktion; vgl. auch Abbildung 1.9):

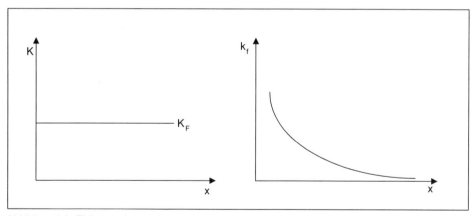

Abbildung 1.9: Fixkostendegression

Typische Beispiele für Fixkosten mögen Gehälter, Abschreibungen, Mieten, Zinsen oder Versicherungsgebühren sein.

Die **variablen Kosten** (K_v) verändern sich mit der Ausbringungsmenge. Normalerweise steigen (sinken) die variablen Kosten mit einer Erhöhung (Einschränkung) der Produktion. Beispiele mögen sein: leistungsabhängige Fertigungslöhne, Roh-, Hilfs- und bestimmte Betriebsstoffe, Frachtkosten u.ä.

Auch wenn zur Veranschaulichung die vorgenannten typischen Beispiele für fixe und variable Kosten gebildet wurden, sollte man sich davor hüten, allein aufgrund der Bezeichnung einer Kostenart (Löhne, Gehälter etc.) auf die entsprechende Kostenkategorie (fix oder variabel) zu schließen.

So werden z.B. Energiekosten vorwiegend als variabel eingestuft. Dahinter steht die Vorstellung, dass z.B. die Stromkosten einer Maschine primär von der verfahrenen Maschinenzeit abhängen. Stellt man sich aber z.B. die Stromkosten eines Kühlraumes vor, so sind die Energiekosten fix, denn es gilt unabhängig von einer gelagerten Menge eine bestimmte und konstante Temperatur einzuhalten. Andererseits können Lizenzen sowohl Fixkostencharakter besitzen (Pauschallizenz per anno) bzw. auch proportional zur Erzeugnismenge (Stücklizenzen) anfallen.

Darüber hinaus wird in der betrieblichen Praxis häufig der Fall eintreten, dass ein- und dieselbe Kostenart sowohl fixe als auch variable Bestandteile aufweist. Typische Beispiele mögen sein:

- ♦ Telefonkosten
    - fix: monatliche Anschluss- u. Grundgebühr; Telefonate innerhalb des vereinbarten Netzes
    - variabel: Anzahl, Entfernung und Dauer des Telefonats (außerhalb des vereinbarten Netzes)
- ♦ Energiekosten (Strom)
    - fix: Leistungspreis für die installierte (vorgehaltene) Leistung
    - variabel: Arbeitspreis für die in Anspruch genommene kWh
- ♦ Abschreibungen:
    - fix: Zeitverschleiß einer Maschine
    - variabel: leistungsbedingter Gebrauchsverschleiß einer Maschine

Kostenarten, die sowohl fixe als auch variable Bestandteile beinhalten, bezeichnet man als **Mischkosten** oder **semivariable Kosten**.

Die als Bereitschafts- oder Bereitstellungskosten bezeichneten **fixen Kosten** sind leistungsunabhängig. Dies bedeutet, dass sie auch *dann und im gleichen Umfang* anfallen, wenn innerhalb einer Periode überhaupt keine Erzeugnisse erstellt werden.

Umgekehrt bedeutet das hingegen nicht, dass sie absolut unveränderlich wären. Auf mittlere bis lange Sicht sind sie abbaubar, wenn auch meist nur sprunghaft, d.h. nur in bestimmten Intervallen und/oder zu bestimmten Terminen. Typische Beispiele mögen sein:

- ♦ fixe Abschreibungen lassen sich nur dann vermeiden, wenn die in Frage stehenden Maschinen, Gebäude u.ä. vollständig veräußert werden;
- ♦ Personalkosten lassen sich nur unter Beachtung der Kündigungsfristen reduzieren;
- ♦ Mietausgaben, Versicherungsgebühren, Leasingraten sind nur unter Beachtung der Vertragslaufzeit abbaubar.

Aus fixen Kosten können zwar nicht, wie teilweise oft missverständlich formuliert, auf lange Sicht variable Kosten werden, aber sie sind abbaubar und somit zeitlich disponibel.

Andererseits sagt die Bezeichnung „beschäftigungsvariabel" noch nichts darüber aus, wie sich die so bezeichneten Kosten in Abhängigkeit von der Beschäftigung tatsächlich verhalten. Vorstellbar sind z.B.

- ♦ der proportionale (oder lineare) Verlauf,
- ♦ der unterproportionale (oder degressive) Verlauf,
- ♦ der überproportionale (oder progressive) Verlauf oder
- ♦ ein regressiver Verlauf.

Nimmt man den fixen, intervallfixen und s-förmigen Verlauf hinzu, lassen sich die in der Abbildung 1.10 ausgewiesenen Gesamtkostenverläufe einschließlich der damit verbundenen Durchschnitts- und Grenzkostenverläufe unterscheiden.

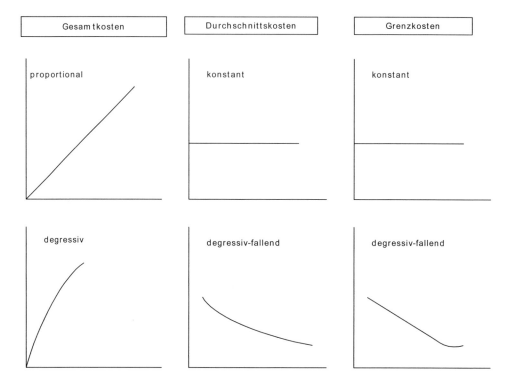

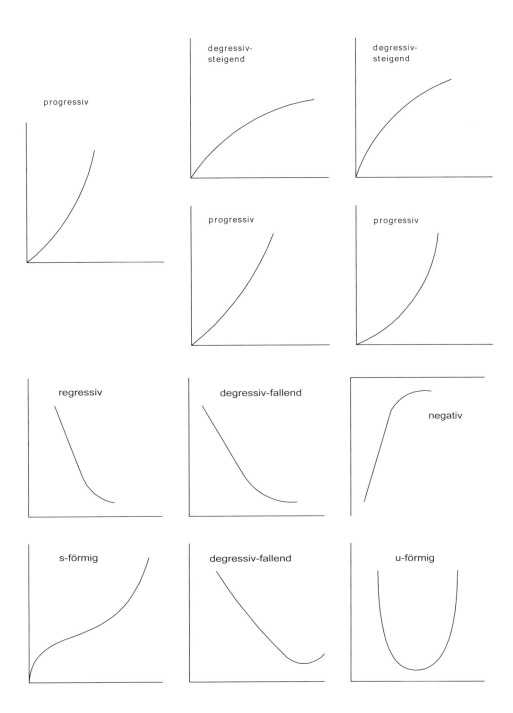

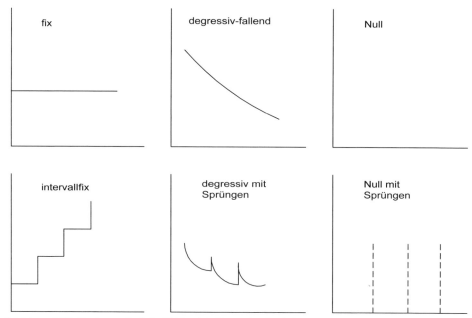

Abbildung 1.10: Kostenverläufe in Abhängigkeit von der Ausbringungsmenge

Die in der Abbildung 1.10 ausgewiesenen Kostenverläufe mögen mittels der folgenden Zahlenbeispiele illustriert werden.

Fall 1: Proportionale Gesamtkosten
K =   ax und hier : a = 2
K =   2x; k = 2; K' = 2

Menge	Gesamtkosten	Durchschnittskosten	Grenzkosten
x	K	k	K'
1	2	2	2
2	4	2	2
3	6	2	2
4	8	2	2
5	10	2	2

Fall 2: Degressive Gesamtkosten
K = ax^b für b < 1 und hier: a = 20; b = 0,6
K = $20x^{0,6}$; k = $20x^{-0,4}$; K' = $12x^{-0,4}$

Menge	Gesamtkosten	Durchschnittskosten	Grenzkosten
x	K	k	K'
1	20	20	12
2	30,3	15,2	9,1
3	38,7	12,9	7,7
4	45,9	11,5	6,9
5	52,5	10,5	6,3

Fall 3: Progressive Gesamtkosten

$K = ax^b$ für $1 < b < 2$ und hier: $a = 2$; $b = 1,5$

$K = 2x^{1,5}$; $k = 2x^{0,5}$; $K' = 3x^{0,5}$

Menge	Gesamtkosten	Durchschnittskosten	Grenzkosten
x	K	k	K'
1	2	2	3
2	5,6	2,8	4,2
3	10,4	3,5	5,2
4	16	4	6
5	22,4	4,5	6,7

$K = ax^b$ für $b > 2$ und hier: $a = 2$; $b = 2,5$

$K = 2x^{2,5}$; $k = 2x^{1,5}$; $K' = 5x^{1,5}$

Menge	Gesamtkosten	Durchschnittskosten	Grenzkosten
x	K	k	K'
1	2	2	5
2	11,3	5,6	14,1
3	31,2	10,4	26
4	64	16	40
5	111,8	22,4	55,9

Fall 4: Regressive Gesamtkosten

$K = ax^{-b}$ für $b < 1$ und hier: $a = 20$; $b = 0,5$

$K = 20x^{-0,5}$; $k = 20x^{-1,5}$; $K' = -10x^{-1,5}$

Menge	Gesamtkosten	Durchschnittskosten	Grenzkosten
x	K	k	K'
1	20	20	-10
2	14,1	7,1	-,35
3	11,5	3,8	-1,9
4	10	2,5	-1,2
5	8,9	1,8	-0,9

Fall 5: S-förmiger Verlauf

$K = ax^3 - bx^2 + cx$ und hier: $a = \dfrac{1}{3}$; $b = 4$ und $c = 16$;

$K = \dfrac{x^3}{3} - 4x^2 + 16x$; $k = \dfrac{x^2}{3} - 4x + 16$; $K' = x^2 - 8x + 16$

Menge	Gesamtkosten	Durchschnittskosten	Grenzkosten
x	K	k	K'
1	12,33	12,33	9
2	18,67	9,33	4
3	21,00	7,00	1
4	21,33	5,33	0
5	21,67	4,33	1
6	24	4,00	4
7	30,33	4,33	9
8	42,67	5,33	16
9	63,00	7,00	25
10	93,33	9,33	36

Fall 6: Fixe Gesamtkosten
$K = a$; und hier: $a = 20$
$K = 20$; $k = 20 : x$; $K' = 0$

Menge	Gesamtkosten	Durchschnittskosten	Grenzkosten
x	K	k	K'
1	20	20	0
2	20	10	0
3	20	6,7	0
4	20	5	0
5	20	4	0

Fall 7: Intervallfixe Gesamtkosten
$K^1 = a^1$; $K^2 = a^2$ etc. und hier:
$K = 5$ für $1 < x < 3$; $K = 10$ für $3 < x < 6$
$K = 15$ für $6 < x < 9$; $K = 20$ für $9 < x < 12$

Menge	Gesamtkosten	Durchschnittskosten	Grenzkosten
x	K	k	K'
1	5	5	5
2	5	2,5	0
3	5	1,7	0
4	10	2,5	5
5	10	2	0
6	10	1,7	0
7	15	2,1	5
8	15	1,9	0
9	15	1,7	0
10	20	2	5
11	20	1,8	0
12	20	1,7	0

Bei einem **proportionalen oder linearen Verlauf** führt jede (relative) Beschäftigungsänderung zu einer Veränderung der Kosten im gleichen Verhältnis. Proportionale Kosten treten typischer Weise bei Akkordlöhnen auf, wenn diese pro Stück gezahlt werden. Gleiches gilt aber auch für das Fertigungsmaterial (bei konstanten Preisen), für Verbrauchssteuern und Stücklizenzen.

Die proportionale oder lineare Gesamtkostenfunktion basiert auf Gutenbergs Pro-
duktionsfunktion vom Typ B (vgl. Gutenberg 1983, S. 326 ff.). Die Praxis neigt heute dazu, den linearen Gesamtkostenverlauf als repräsentativ anzusehen.
Variieren die variablen Kosten relativ schwächer als die Beschäftigung bzw. nimmt
das Steigungsmaß dieser Kostenart mit zunehmender Beschäftigung ab, handelt
es sich um einen **degressiven (unterproportionalen) Verlauf**. Ein typisches Beispiel eines degressiven Kostenverlaufes ist darin zu sehen, wenn sich die Ein-
standspreise von Materialien aufgrund *gestaffelter Mengenrabatte* verringern. Eine
zweite Erklärung für degressive Kostenverläufe bietet die *Lernkurve*. Aufgrund von
individueller Übung, ablauforganisatorischer Verbesserungen u.ä. nehmen die
Fertigungszeiten und damit verbunden die Fertigungslöhne mit zunehmender Aus-
bringung ab. Diese Lernkurve hat mit der *Kostenerfahrungskurve* eine Erweiterung
gefunden, wonach dieses Phänomen nicht mehr nur auf den Fertigungsbereich –
und damit auf die Fertigungslöhne – begrenzt ist, sondern für alle Kostenarten zutreffen soll.
Verändern sich die variablen Kosten stärker als die Beschäftigung bzw. erhöht sich
das Steigungsmaß mit zunehmender Beschäftigung, liegen **progressive** Kosten
vor. Solche Kostenverläufe treten häufig beim Werkstoffverbrauch im Falle einer
Überbeanspruchung der Betriebsmittel auf (z.B. überproportionaler Benzinver-
brauch bei sehr hohen Geschwindigkeiten) oder wenn es zur *Zahlung von Über-
stundenzuschlägen* kommt.
Wenn die Kosten bei einer zunehmenden Beschäftigung absolut fallen, spricht
man von einem **regressiven Verlauf**. Praktisch hat ein solcher Verlauf kaum Bedeutung. Haberstock (2008 S. 34) nennt als Beispiele die Füllmenge offener Kühl-
truhen im Supermarkt oder die Warmhaltekosten in einer Gießerei und Freidank
(2001 S. 49) führt die Nachtwächterkosten bei Schichtarbeit bzw. die Heizkosten
im Kino an.
Der **s-förmige Verlauf** kombiniert die Grundgedanken des degressiven und progressiven Verlaufs. Der Übergang erfolgt im Wendepunkt, wo zugleich die Grenzkosten ihr Minimum einnehmen. Der s-förmige Verlauf basiert auf der sog. Produk-
tionsfunktion vom Typ A. (vgl. Gutenberg 1983, S.318ff). Sie hat in der Volkswirt-
schaftslehre eine sehr lange Tradition und basiert auf dem von Thünen formulier-
tem Ertragsgesetz bzw. dem Gesetz des abnehmenden Ertragszuwachses. Demnach steigen die Erträge zunächst progressiv, um dann degressiv abzunehmen
(und schließlich regressiv absolut zu fallen). Entsprechend dann die sich ergeben-
de Kostenfunktion. Insbesondere von Vertretern der Grenzplankostenrechnung
wird die Sinnhaftigkeit eines solchen Verlaufes für Industriebetriebe in Abrede gestellt.
Ein **fixer Verlauf** liegt vor, wenn sich die Gesamtkosten auf eine Beschäftigungsänderung hin in keinster Weise verändern. So verändert sich das Gehalt eines
Meisters nicht, ob nun 10.000 oder 8.000 Maschinenstunden verfahren bzw. Produkteinheiten hergestellt werden.
Intervall- oder sprungfixe Kosten liegen vor, wenn sich diese innerhalb bestimmter
Beschäftigungsintervalle nicht ändern, aber bei der Überschreitung einer bestimmten Grenze sprunghaft ansteigen. Als Beispiel sei die Maschinenabschreibung
oder der Vorarbeiterlohn angeführt. Innerhalb bestimmter Grenzen reicht eine Maschine oder ein Vorarbeiter; wird diese aber überschritten, ist eine zweite Maschine oder ein zweiter Vorarbeiter nötig.
Ähnlich wie bei fixen Kosten ist auch bei sprung- bzw. intervallfixen Kosten das
Auftreten sogenannter **„remanenter Kosten"** zu beobachten. Die bei einer Be-
schäftigungsausdehnung angestiegenen sprungfixen Kosten verharren bei einem

Beschäftigungsrückgang auf ihrem alten Niveau, da sie kurzfristig nicht abgebaut werden können.
Eine weitere für eine Kostenrechnung bedeutsame Unterscheidung liegt mit der in

♦ **Einzel- und**
♦ **Gemeinkosten**

vor.
Diese Differenzierung ergibt sich in Hinblick auf die Zurechenbarkeit von Kosten auf einen Kostenträger. Ein Kostenträger ist das Produkt, Erzeugnis oder Auftrag, der die Kosten „zu tragen" hat.
Einzelkosten sind Kosten, die auf Grund bestimmter Aufzeichnungen (Fertigungspläne, Stücklisten u.ä.) einem Kostenträger unmittelbar und direkt zugerechnet werden können.
Dies gilt für Gemeinkosten nicht. Sie fallen für mehrere oder sogar für alle Produkte oder Erzeugnisse an. So kommt z.B. dem Lohn des Pförtners ebenso ein Gemeinkostencharakter zu, wie einem Gehalt der Geschäftsleitung. Auch wenn sie sich betragsmäßig erheblich unterscheiden dürften, ist ihnen gemeinsam, dass zwischen ihnen und den einzelnen Endprodukten keine eindeutige Beziehung hergestellt werden kann.
Als Einzelkosten kommen in der Regel die folgenden Positionen zum Tragen (vgl. Abbildung 1.11):

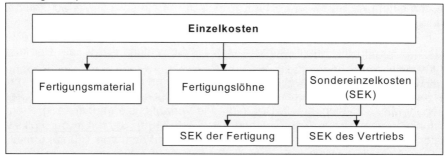

Abbildung 1.11: Mögliche Einzelkosten

Fertigungsmaterialkosten fallen für Rohstoffe oder bezogene Waren an.
Es handelt sich um Stoffe bzw. um Komponenten, die in das Erzeugnis unmittelbar und direkt eingehen und ein Hauptbestandteil darstellen. Beispielhaft wären Bleche in der Automobilindustrie, Stoffe in der Textilindustrie, Motoren oder Gussteile in der Maschinenbauindustrie oder Holz in der Möbelindustrie zu nennen. Sie können einem Kostenträger eindeutig zugeordnet werden, da auf dem Materialentnahmeschein – bei Vorratsmaterial – vermerkt ist, wofür die Stoffentnahme erfolgte. Handelt es sich um Auftragsmaterial, so übt diese Funktion die Eingangsrechnung aus. Die Fertigungsmaterialkosten lassen sich aus den Konstruktions- bzw. Montagestücklisten ableiten.

Die **Fertigungslohnkosten** fallen bei der Be- bzw. Verarbeitung des Einzelmaterials in der Fertigung an. Sie dienen unmittelbar und ausschließlich der Erstellung eines Produktes. Erfasst werden sie mit Hilfe von Lohn-, Auftrags- oder sogenannten Laufzetteln. Auf diesen ist zu vermerken, wie viele produktive Stunden hinsichtlich der anstehenden Tätigkeiten erbracht wurden.

Sondereinzelkosten der Fertigung sind solche, die im Bereich der Fertigung auftreten und sich einem Produkt direkt zurechnen lassen. Beispielhaft wären Modellkosten, Kosten für Prototypen, Aufwendungen für bestimmte Werkzeuge oder Vorrichtungen, Weiterentwicklungskosten oder Lizenzen (Stücklizenzen) zu nennen.

Sondereinzelkosten des Vertriebes treten im Vertriebsbereich auf und lassen sich einem Produkt gleichfalls unmittelbar zuzurechnen. Hier ist z.B. an Kosten der Verpackung, Transportkosten einschließlich der anstehenden Versicherungsgebühren oder Verkaufsprovisionen zu denken.

Als typische **Gemeinkosten** nehmen sich z.B. Abschreibungen, Versicherungsbeiträge, Zinsen, Mieten u.ä. aus. Allerdings werden in der Praxis auch oft Kostenarten als Gemeinkosten geführt, die durchaus einem Kostenträger hätten zugerechnet werden können. Man spricht dann auch von **unechten Gemeinkosten**. Die nicht direkte Zuordnung der unechten Gemeinkosten geschieht aus *Vereinfachungsgründen*. Es handelt sich hier primär um geringwertige Materialien wie Hilfsstoffe (Schrauben, Nägel, Schläuche, Leim etc.). Echte Gemeinkosten sind nur über Kostenstellen abrechenbar. Typische Beispiele mögen sein:

♦ Hilfslöhne und
♦ Gehälter sowie die ihnen entsprechenden Sozialkosten,
♦ Fremdreparaturen und -dienstleistungen,
♦ Steuern, Gebühren, Beiträge,
♦ Mieten und Leasinggebühren,
♦ kalkulatorische Kosten.

Nachdem dargelegt wurde, was variable und fixe Kosten einerseits und Einzel- und Gemeinkosten andererseits sind, stellt sich die Frage nach der Beziehung zwischen diesen Kostenkategorien.

Sind Einzelkosten immer variable Kosten und Gemeinkosten immer fixe Kosten? Wie die folgende Abbildung zeigt, ist dies nicht immer zutreffend.

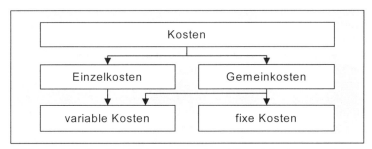

Abbildung 1.12: Das Verhältnis von Einzel- und Gemeinkosten zu variablen und fixen Kosten

Richtig ist, dass Einzelkosten immer auch variable Kosten sind. Aufgrund des bereits angesprochenen semivariablen Charakters wird deutlich, dass Gemeinkosten sowohl variabel wie auch fix sein können, auch wenn der fixe Anteil dominiert. Fraglich mag sein, ob auch Fixkosten den Charakter von Einzelkosten besitzen können. Dies mögen die folgenden Beispiele zeigen:

1. Abschreibungen mögen Fixkosten sein. Wird eine Anlage aber – selbst in einem Mehrproduktunternehmen – ausschließlich für ein Produkt eingesetzt, könnte es sich um Einzelkosten handeln.

2. Gehälter sind Fixkosten. Handelt es sich jedoch um das Gehalt eines Produktmanagers, der ausschließlich für ein Produkt verantwortlich ist, könnten Einzelkosten vorliegen.

Zweifelsohne handelt es sich in beiden angeführten Beispielen bezogen auf die Produktart um Einzelkosten. Dennoch können diese Fixkosten dem einzelnen Produkt nicht als variable (Einzel-) Kosten zugerechnet werden. Bei einem Abschreibungsbetrag von monatlich 10.000 € wären einem Produkt 0,5 € pro Stück bei einer Ausbringungsmenge von 20.000 Stück zuzurechnen und bei einer Beschäftigung von 25.000 Stück nur 0,4 € pro Stück. Kostenvariabilität bedeutet eine produktanzahlspezifische Zuordnungsmöglichkeit – unabhängig von der geplanten oder tatsächlichen Beschäftigung. Umgekehrt mögen typische Gemeinkosten – wie z.B. Energiekosten – sich einem Produkt direkt zurechnen, falls der Verbrauch produktspezifisch nachgehalten werden kann.

4 Stellung der Kostenrechnung im Rechnungswesen

4.1 Begriff, Wesen und Teilgebiete des betrieblichen Rechnungswesens

„Als **betriebliches Rechnungswesen** bezeichnet man die systematische, regelmäßig und/oder fallweise durchgeführte Erfassung, Aufbereitung, Auswertung und Übermittlung der das Betriebsgeschehen betreffenden quantitativen Daten (Mengen- und Wertgrößen) mit dem Ziel, sie für Planungs-, Steuerungs- und Kontrollzwecke innerhalb des Betriebes sowie zur Information und Beeinflussung von Außenstehenden (z.B. Eigenkapitalgebern, Gläubigern, Gewerkschaften, Staat) zu verwenden" (Hummel/Männel 2004, S. 4).

Aus der obigen Definition wird deutlich, dass es sich beim betrieblichen Rechnungswesen um einen Prozess der Informationsgewinnung, -verarbeitung und -weiterleitung handelt. Dabei soll das gesamte betriebliche Geschehen zahlenmäßig, d.h. quantitativ erfasst werden. Des Weiteren beinhaltet die obige Definition bereits die wesentlichen Hauptaufgaben des betrieblichen Rechnungswesens.

Einerseits gilt es, Außenstehende zu informieren. Man könnte auch von der Aufgabe der Dokumentation oder Rechenschaftslegung sprechen.

Andererseits dienen die Zahlen der Planung, Steuerung und Kontrolle.

Lange Zeit dominierte die Dokumentationsfunktion. Hierauf ausgerichtet ist das **externe oder pagatorische Rechnungswesen**. Mit dem Begriff „extern" soll zum Ausdruck kommen, dass sich dieses Werk primär nach außen richtet. „Pagatorisch" besagt (pagare = zahlen, bezahlen), dass eine – wenn auch weite – zahlungsorientierte Sicht verfolgt wird. Im Mittelpunkt stehen die in der Abbildung 1.1 ausgewiesenen Begriffe. Ausgangspunkt ist die Buchhaltung, wozu jeder Kaufmann nach § 238 Abs. 1 HGB verpflichtet ist. Ihr Resultat ist die jährlich zu erstellende Bilanz und die Gewinn- und Verlustrechnung (vgl. § 242 HGB). Es gilt hier, alle Geschäftsvorfälle, mit Hilfe von Belegen, zeitlich und sachlich richtig geordnet, zu erfassen, um die Vermögens-, Schulden- und Ertragslage einer Unternehmung darstellen zu können.

Der Planung, Disposition, Steuerung oder Kontrolle dient das **interne oder kalkulatorische Rechnungswesen**. „Intern" bedeutet, dass es sich hier um ein nach
innen gerichtetes Rechnungswerk handelt, das sich der Unternehmensleitung oder
generell dem Management zuwendet. Mit der Bezeichnung „kalkulatorisch" soll
zum Ausdruck kommen, dass neben den Grundkosten auch kalkulatorische Kosten
Eingang finden. Im Mittelpunkt stehen Kosten und Leistungen, die im Rahmen einer periodenbezogenen Rechnung (Betriebserfolgsrechnung) monatlich gegenüber
gestellt werden, um das reine sachzielbezogene Betriebsergebnis zu ermitteln.
Die wesentlichen Unterschiede zwischen dem externen und internen Rechnungswesen sind noch einmal in der Abbildung 1.13 zusammengefasst:

Unterschieds- merkmale	internes Rechnungswesen	externes Rechnungswesen
formale Vorgaben	keine gesetzlichen Vorgaben (Aus- nahme: öffentliche Aufträge)	Einhaltung der Vorschriften des HGB sowie der Spezialgesetze AktG, GmbH, GenG, PublG, EStG, AO u.a.(international: IFRS/US-GAAP)
formale Ausrichtung	interne Ausrichtung (Unternehmens- leitung/Management), Auswertung für interne Zwecke	Darstellung nach außen, adres- siert an Kapitalgeber, Gläubiger, Arbeitnehmer, Staat, Finanzamt u.ä. (= stakeholder approach oder auch shareholder-value- Ausrichtung)
inhaltliche Ausrichtung	realistische und möglichst genaue Darstellung; Erfassung aller plan-, kontroll- und entscheidungsrele- vanter Daten	gewünschte und plausible Dar- stellung des Ergebnisses entspre- chend der gesetzlichen Vorgaben
Gewinnbegriff	Betriebsergebnis als Differenz zwi- schen Kosten und Leistung	Unternehmensergebnis als Diffe- renz zwischen Aufwendungen und Erträgen bzw. als Summe des Betriebs- und Finanzergebnisses (Neutrales Ergebnis)
organisatorische Einheiten	Kostenrechnung (veraltet: Betriebs- abrechnung oder -buchhaltung), Be- triebswirtschaft, Controlling	Finanz- und Geschäftsbuch- haltung (einschließlich Steuerab- teilung)
Aufgaben	1. kurzfr. Erfolgsrechnung 2. Wirtschaftlichkeitskontrolle 3. Kalkulation betrieblicher Leistun- gen 4. Ermittlung von Zahlenmaterial für planerische und dispositive Zwe- cke 5. Bereitstellung von Zahlen für das externe Rechnungswesen 6. Ermittlung von Selbstkosten für öffentl. Aufträge	1. Dokumentation und Rechen- schaftslegung 2. Ermittlung/Darstellung des Jahreserfolges 3. Darstellung der Vermögens-, Ertrags- und Schuldenlage

Abbildung 1.13: Unterschiede zwischen dem internen und externen Rechnungswesen

4.2 Grundzüge der Aufbauorganisation des Rechnungswesens

Die Aufbauorganisation des Bereiches Rechnungswesens – oder auch oft *Finanz-und Rechnungswesen* genannt – hängt natürlich primär von der Unternehmensgröße ab.

In kleinen Unternehmungen wird das interne Rechnungswesen durch den Geschäftsführer durchgeführt und das externe durch einen Steuerberater, dem die Belege zwecks entsprechender Auf- und Verarbeitung zugesandt werden. Mit zunehmender Unternehmensgröße dürfte ein Buchhalter zwischengeschaltet werden, der die Belegerfassung und -auswertung übernimmt.

In mittleren Unternehmen wird zumindest abteilungsspezifisch zwischen einem internen Rechnungswesen (Kostenrechnung) und einem externen Rechnungswesen (Finanz- und Geschäftsbuchhaltung) unterschieden.

In großen Unternehmen erfolgt eine erheblich tiefere Differenzierung. Der Leiter des Finanz- und Rechnungswesens (in der Regel bezeichnet als Funktionsbereichsleitung „Finanz- und Rechnungswesen" oder auch „Controlling") ist direkt dem kaufmännischen Vorstand bzw. dem kaufmännischen Geschäftsführer unterstellt. Das Organigramm könnte folgendes Aussehen besitzen (vgl. Abbildung 1.14):

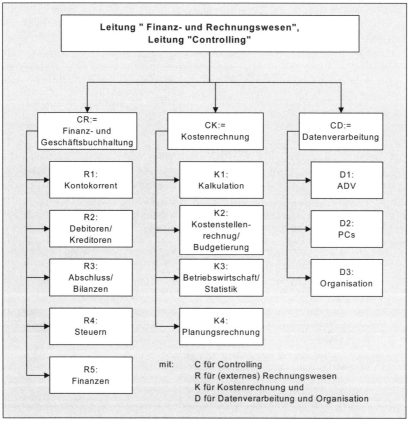

Abbildung 1.14: Mögliche Aufbauorganisation des Finanz- und Rechnungswesens (Controlling) in großen Unternehmen

4.3 Organisation der Abrechnungskreise

Ein wesentliches Ziel der Kostenrechnung (Betriebsabrechnung) liegt in der Ermittlung des tatsächlichen Betriebsergebnisses einer Periode insgesamt und für einzelne Produkte oder Produktgruppen. Die Komponenten des Betriebsergebnisses sind Kosten und Leistungen, wohingegen die Finanz- und Geschäftsbuchhaltung Aufwendungen und Erträge ausweist. Insofern ist eine sachliche Abgrenzung vorzunehmen. Für die Grundkosten ist ferner eine zeitliche Abgrenzung bedeutsam, da hier im Gegensatz zur Finanz- und Geschäftsbuchhaltung eine periodenverursachungsgerechte Verrechnung (bezogen auf den jeweiligen Kalendermonat) erfolgen soll. Gegen eine strikte Übernahme der Zahlen der Finanz- und Geschäftsbuchhaltung in die Kostenrechnung sprechen demnach:

- ♦ die richtige Periodenerfassung (sog. ratierliche Verrechnung)
- ♦ die neutralen Aufwendungen und Erträge und
- ♦ die Zusatz- und Anderskosten (kalkulatorische Kosten).

Auch wenn grundsätzlich gilt, dass soweit wie möglich die Zahlen der Finanzbuchhaltung in die Kosten- und Leistungsrechnung übernommen werden sollten, ist dies aufgrund der skizzierten grundlegenden Unterschiede zwischen dem externen und internen Rechnungswesen nicht immer möglich. Natürlich ist eine **aufwandsnahe Kostenrechnung** im Sinne einer Begrenzung des administrativen Aufwandes (Stichwort: **lean management**) anzustreben, aber sicherlich wird man nicht ernsthaft auf die Idee kommen, z.B. eine steuerrechtlich zulässige Sonderabschreibung als Kostenbestandteil einem Produkt zuzurechnen. Auch wenn moderne „wertorientierte" Ansätze wie das Shareholder Value – Konzept - insbesondere in Anlehnung an die gängige USA – Praxis - eine weitgehende Übernahme nahe legen, sollte auf eine unkritische Übernahme verzichtet werden, da sie zu erheblichen Fehleinschätzungen führen könnte.
Folgt man der Differenzierung in ein internes und externes Rechnungswesen, so könnte man auch sagen: Aus dem *Rechnungskreis 1 der Finanz- und Geschäftsbuchhaltung* ist der *Rechnungskreis 2 der Kostenrechnung* zu entwickeln *(= sog.* **Zweikreissystem***).* Wie dies tabellarisch geschehen könnte, zeigt das folgende Beispiel. Es handelt sich um eine sogenannte *Ergebnistabelle* zur Überführung des Rechnungskreises I (Finanz- und Geschäftsbuchhaltung) in den Rechnungskreis II (Kostenrechnung).

Rechnungskreis I				Rechnungskreis II					
Erfolgsbereich der Finanz- und Geschäftsbuchhaltung Monat: Juli 20..				neutrales Ergebnis/Finanzergebnis		Kosten-rechnerische Korrekturen		Kosten- u. Leistungs-bereich:	
Gesamtergebnis (GuV)		Auf-wand	Ertrag	neutr. Aufwand	neutr. Ertrag	betr. Aufwand	verr. Kosten	Betriebsergebnis	
								Kosten	Leistung
Kto-Nr	Kontobezeichnung								
500	Umsatzerlöse		100.000						100.000
520	Bestandsveränderungen		1.000						1.000
540	Mieterträge		500		500				
548	Ertr. Aufl. v. Rückst.		100		100				
571	Zinserträge		50		50				
600	Fertigungsmaterial	10.000						10.000	
602	Hilfsstoffaufwand	3.000						3.000	
611	Vertriebsprovisionen	600						600	
616	Fremdinstandhaltung	500				500	100	100	
620	Löhne	20.000				20.000	22.000	22.000	
630	Gehälter	15.000				15.000	17.000	17.000	
640	AG-Anteil SV-Löhne	2.500				2.500	2.800	2.800	
641	AG-Anteil SV Gehälter	2.000				2.000	2.200	2.200	
652	Afa Gebäude	4.000				4.000	-		
653	Afa Maschinen	12.000				12.000	14.000	14.000	
654	Afa BGA	8.000				8.000	-		
	kalkulatorische Miete						13.000	13.000	
686	Spenden	100		100					
690	Versicherungen	1.400				1.400	700	700	
700	Gewerbekapitalsteuer	200						200	
702	Grundsteuer	100				100	-		
745	Verlust aus Abgang FA	200		200					
751	Zinsaufwendungen	2.800		2.800			6.000	6.000	
770	Gewerbeertragssteuer	1.600				1.600	1.200	1.200	
	kalk. Unternehmerlohn						2.000	2000	
		84.000	101.650	3.100	650	67.100	81.000	94.800	101.000
	Gewinn	17.650			2.450	13.900		6.200	
		101.650	101.650	3.100	3.100	79.800	79.800	101.000	101.000

Obwohl das Ergebnis der Finanz- und Geschäftsbuchhaltung einen Gewinn von 17.650 € aufweist, liegt der tatsächliche monatliche Betriebserfolg nur bei 6.200 €.

Die Gründe dafür sind:

1. Es liegen neutrale Ergebnispositionen vor, die mit dem Betriebsergebnis nichts gemeinsam haben (Konten 540, 548, 571, 686, 745 und 751).
2. Bei der Fremdinstandhaltung (Konto 616) handelt es sich um eine Maschinen-reparatur, die regelmäßig alle 5 Monate durchzuführen ist.
3. Bei den Lohn- und Gehaltskonten (Konten 620, 630, 640 und 641) ist anteilig das entsprechende Urlaubs- und Weihnachtsgeld zu berücksichtigen.

4. Anstelle der Aufwendungen für Gebäudeabschreibungen, Abschreibungen für Betriebs- und Geschäftsausstattungen (BGA) und Grundsteuern (Konten 652, 654 und 702) wird generell eine kalkulatorische Miete verrechnet.
5. Die kalk. Abschreibungen auf Maschinen (Konto 653) gehen von einem höheren Wiederbeschaffungswert aus.
6. Die Versicherungsbeiträge (Konto 690) beziehen sich auf zwei Kalendermonate.
7. Die kalk. Zinsen übertreffen die bilanziellen (Konto 751) erheblich.
8. Nur ein Teil der Gewerbeertragssteuer (Konto 770) ist auf den betrieblichen Bereich zurückzuführen.
9. Nur im Kosten-Leistungs-Bereich finden kalk. Unternehmerlöhne Berücksichtigung.

Mit der vorgestellten Ergebnistabelle liegt ein tabellarisches Verfahren vor, wie es von Unternehmen, die den **Industriekontenrahmen** einsetzen, häufig praktiziert wird. Der Industriekontenrahmen (IKR) ist vom Prinzip her nach dem Zweikreissystem gegliedert. Der Rechnungskreis I enthält alle Konten der Finanz- und Geschäftsbuchhaltung in den Klassen 0 bis 8. Dabei ist die Gliederung der Kontenklassen und -gruppen den Bezeichnungen der Vorschriften zur Bilanz- und Gewinn- und Verlustrechnung der §§ 266 Abs. 2 und 3 bzw. 275 Abs. 2 und 3 HGB angepasst. Dies erleichtert natürlich alle Abschluss- und Prüfungsarbeiten. Daher sagt man auch, der IKR sei nach dem *Abschlussgliederungsprinzip* aufgebaut.
In der Kontenklasse 9 kann als selbständiger Rechnungskreis II die Betriebsbuchhaltung erfolgen. Weitgehend den Vorschlägen des BDI (1971) folgend, hat Moews (2002, S. 62) einen Gliederungsvorschlag entwickelt, der in der Abbildung 1.15 wiedergegeben ist. Ergänzend zu den bisherigen Ausführungen ist anzumerken, dass mit der Gruppe 902 und 907 Aufwendungen/Erträge ausgewiesen werden, die das Gesamtergebnis betreffen. Es handelt sich hierbei insbesondere um die Körperschaftsteuer sowie Strafen und Bußgelder (bzw. entsprechende Erstattungen als Erträge), deren Kostencharakter vielfach verneint wird. Betriebswirtschaftlich wäre es hingegen auch vertretbar, zumindest Teile dieser Positionen den Kosten zuzurechnen.

90	Abgrenzung zu Finanzbuchhaltung	9167	Umbewertung and. akt. Eigenleistungen
900	Betriebsfremde Aufwendungen	9169	andere verr. Andersleistung
901	Außerordentliche Aufwendungen	918	Kurzfristige Periodenabgrenzung
902	Das Gesamtergebnis betr. Aufwendungen	92	Kostenarten
905	Betriebsfremde Erträge	920/21	Stoffkosten
906	Außerordentliche Erträge	922	Lohnkosten
907	Das Gesamtergebnis betr. Erträge	923	Sozialkosten
91	Kostenrechnerische Korrekturen	924	Miet-, Pacht-, Lizenzkosten u.ä.
910	Verrechnete Zusatzkosten	925	Dienstleistungskosten
91009	verr. kalk. Unternehmerlohn	928	kalk. Abschreibungen
91010	andere verr. Zusatzkosten	927	kalk. Wagnisse
911	Verrechnete Anderskosten	928	Steuern und Beiträge
9110	verr. kalk. Abschreibungen	929	kalk. Zinsen
9111	verr. kalk. Zinsen	93	Kostenstellen
9112	verr. kalk. Wagnisse	930/31	allg. Hilfskostenstellen
9119	andere verr. Anderskosten	932	Fertigungshilfsstellen
912	Zeitliche Verteilung von Aufwendungen	933/35	Fertigungsstellen
9120	verr. Instandhaltungskosten	936	Materialstellen
9121	verr. Urlaubs- und Feiertagslöhne	937	Verwaltungsstellen
9122	verr. Sozialkosten	938	Vertriebsstellen
9123	verr. Werbungskosten	94	Halbfabrikate
9124	verr. Raumkosten	95	Fertigfabrikate (untergliedert nach Kostenträgerarten oder –gruppen)
9129	Andere verr. Kosten	96	Aktivierte Eigenleistungen
913	Umbewertung von Kostenarten	97	Verkaufskonten (untergliedert nach Kostenträgerarten oder –gruppen)
9130	Umbewertung des Materialverbrauchs	98	Umsatzerlöse
9131	Umbewertung von Löhnen	99	Abschlusskonten
9139	Umbewertung anderer Kostenarten	990	Betriebsergebnis - Soll
915	Verrechnete Zusatzleistung	991	Verrechnungsergebnis (Soll/Ist- Abweichungen)
916	Verrechnete Andersleistung	992	Betriebsergebnis - Ist
9160	Umbewertung von Absatzleistungen	995	Neutrales Ergebnis
9165	Umbewertung der Bestands- Veränderungen an Halb- und Fertigfabrikaten	998	Gesamtergebnis
		999	Betriebliches Gesamtergebnis

Abbildung 1.15: Gliederungsvorschlag für die Kontenklasse 9 des IKR
Quelle: Moews 2002, S. 62

Die genaue Gliederung der Kontenklasse 9 ist weitgehend von den betriebsindividuellen Erfordernissen abhängig.

Wie aus der Ergebnistabelle erkennbar, sind es unter Zugrundelegung des IKR die Konten der Klasse 5 (Erträge) sowie Klasse 6 und 7 (Aufwendungen), die es abzugrenzen bzw. in den Rechnungskreis II der Kosten- und Leistungsrechnung zu überführen gilt. Wird der **Gemeinschaftskontenrahmen** (GKR) unterstellt, handelt es sich um die Kontenklassen 4 (Aufwendungen), 7 (Erzeugnisse) und 8 (Erträge). Der **GKR** ist nach dem *Prozessgliederungsprinzip* aufgebaut, d.h. die Kontenklassen sollen den Prozess der Leistungserstellung bzw. -abwicklung widerspiegeln. Dabei sind die Kontenklassen 5 und 6 nicht belegt, d.h. sie dienen explizit der Kostenrechnung. Durch eine gängige Verbuchung über alle Kontenklassen hinweg, kann eine vollständige Integration der Finanzbuchhaltung und der Kostenrechnung erreicht werden. Auch ist eine Verrechnung kalkulatorischer Kosten möglich, wenn eine entsprechende Gutschrift im Neutralen Ergebnis (Klasse 2) erfolgt. Man spricht vom sog. **Einkreissystem**. Es hat den Nachteil, dass sich unterschiedliche Zwecke überlagern und oft die handels- und steuerrechtlichen Vorschriften dominieren. Insofern ist das **Zweikreissystem** vorzuziehen, da es dem eigenständigen und von Formvorschriften losgelösten Charakter der Kosten- und Leistungsrechnung besser entspricht.

5 Teilbereiche der Kostenrechnung und Kostenverrechnungsprinzipien

5.1 Teilbereiche der Kostenrechnung

Als Teilbereiche des Rechnungswesens waren in der Abbildung 1.13 das interne und externe Rechnungswesen unterschieden worden. Anstelle des Begriffs internes Rechnungswesen wird auch oft die Bezeichnung Kostenrechnung und für das externe Rechnungswesen die der Finanz- und Geschäftsbuchhaltung (vgl. z.B. Schweizer/Küpper 2008, S. 8), Finanzbuchhaltung (vgl. Wenz 1992, S. 134) oder Bilanzrechnung (vgl. z.B. Haberstock 2008, S. 12) gewählt.

Häufig wird aber auch noch von der Betriebsstatistik, der Planungsrechnung (vgl. Däumler/Grabe 2008, S.3), der Finanz- und Investitionsrechnung bzw. -planung (vgl. Plinke/Rese 2006,S. 9; Haberstock 2008 S.10f) als Teilbereiche des Rechnungswesens gesprochen. Primär der Kostenrechnung zuzuordnen ist eindeutig die Planungsrechnung, während die anderen Themenschwerpunkte in praxi eher dem „externen Rechnungswesen" oder einer Abteilung „Betriebswirtschaftslehre" bzw. „Controlling" zugewiesen werden und hier nicht aufgegriffen werden sollen (vgl. die umfassende Spezialliteratur).

Im Mittelpunkt der folgenden Betrachtung sollen die klassischen Bereiche der traditionellen Kostenrechnung stehen.

Bereits recht früh haben sich hier die drei Bereiche der

- ♦ Kostenartenrechnung
- ♦ Kostenstellenrechnung und
- ♦ Kostenträgerrechnung (oder Kalkulation oder besser: Kostenträgerstückrechnung)

herausgebildet (zur historischen Entwicklung vgl. insb. Kilger 2000, S. 14).

Zu Beginn einer jeder Kostenrechnung steht die **Kostenartenrechnung**. Sie beschäftigt sich mit der Frage: welche Kosten sind in einer bestimmten Abrechnungsperiode angefallen? Zweckmäßigerweise wird hier als Abrechnungsperiode der Kalendermonat gewählt, da dieser auch für das externe Rechnungswesen ausschlaggebend ist und insofern die geringsten Abstimmungsprobleme aufwirft.

Im Rahmen der Kostenartenrechnung gilt es, die Kosten der Höhe und der Art nach differenziert, d.h. einzeln, zu erfassen. Wie bereits gezeigt (vgl. das Beispiel zur Organisation der Abrechnungskreise), bedient sich die Kostenartenrechnung dabei primär der Zahlen der Finanz- und Geschäftsbuchhaltung. Aber auch dieser vorgelagerte *Hilfsbuchhaltungen* wie die Lagerbuchhaltung, die Lohn- und Gehaltsabrechnung und die Anlagenbuchhaltung liefern Anhaltspunkte einer geeigneten Datenübernahme. Da vielfach eine 1:1 Übernahme nicht möglich ist, werden ergänzende Hilfsrechnungen nötig sein.

Die Kostenartenrechnung ist die Grundlage und Basis der sich anschließenden Kostenstellen- und Kostenträgerrechnung. Sie hat Informationen für die Kostenstellen- und Kostenträgerrechnung zur Verfügung zu stellen. Eine weitere wichtige im Rahmen der Kostenartenrechnung diesbezüglich zu bewältigende Aufgabe ist die Unterscheidung der Kostenarten in Einzel- oder Gemeinkosten bzw. Kostenträgereinzel- und Kostenträgergemeinkosten.

Die Einzelkosten/Kostenträgereinzelkosten gehen unmittelbar auf die Kostenträger, d.h. sie werden direkt in die Kalkulation übernommen. Gemeinkosten können einem einzelnen Kostenträger nicht direkt zugerechnet werden und werden deshalb zunächst in die Kostenstellenrechnung überführt.

Im Rahmen der **Kostenstellenrechnung** sollen die Gemeinkosten solchen betrieblichen Teilbereichen zugeordnet werden, die diese Kosten auch verursacht haben. Ein Kosten verursachender Teilbereich oder ein Ort der Kostenentstehung nennt man **Kostenstelle**. Die Kostenstellenrechnung beantwortet somit die Frage: wo sind welche dem Kostenträger nicht direkt zurechenbaren Kosten während einer Abrechnungsperiode angefallen? Dabei übernehmen die jeweiligen Leiter der Kostenstellen die Verantwortung für die in ihrem Zuständigkeitsbereich angefallenen Kosten. Die Kostenstellenrechnung dient primär der Wirtschaftlichkeitskontrolle und ist somit der geeignetste Ausgangspunkt zur Beeinflussung der Kosten. Ihre Durchführung erfolgt tabellarisch in Form des Betriebsabrechnungsbogens (BAB) und umfasst drei Schritte.

Betrachtet man zunächst die Kostenträgergemeinkosten, die unmittelbar aus der Kostenartenrechnung übernommen werden, spricht man auch von der **Primärkostenerfassung**. Die Verteilung dieser primären Gemeinkosten auf die Kostenstellen kann man auch als *ersten Schritt* der Kostenstellenrechnung bezeichnen.

Der *zweite Schritt* der Kostenstellenrechnung ergibt sich aus dem Umstand, dass sich die Gesamtheit der betrieblichen Kostenstellen einer Unternehmung in zwei Gruppen unterteilen lässt: man kann Haupt- und Hilfskostenstellen bzw. – oft synonym – Vor- und Endkostenstellen unterscheiden. Während Hauptkostenstellen (primäre Kostenstellen) Leistungen für die Kostenträger erbringen, sind Leistungen von Hilfskostenstellen (auch Vorkostenstellen oder sekundäre Kostenstellen genannt) den Hauptkostenstellen dienlich. Deshalb sind die in den Hilfskostenstellen entstandenen Kosten dann in einem zweiten Schritt auf die Hauptkostenstellen zu verteilen. Man spricht auch von der *Verrechnung innerbetrieblicher Leistungen*. Die von Hilfs- auf Hauptkostenstellen verrechneten Gemeinkosten nennt man auch sekundäre Gemeinkosten, weshalb sich in der Literatur auch solche Begriffe wie Sekundärkostenerfassung oder -verrechnung oder einfach **Sekundärkostenrechnung** finden.

Der *dritte* und letzte *Schritt* der Kostenstellenrechnung besteht nun in der **Bildung von Zuschlags- oder Verrechnungssätzen**. Hierzu wird die Summe der primären und sekundären Gemeinkosten jeder Hauptkostenstelle in Relation zu einer bestimmten Kalkulationsbezugsgröße gesetzt. Als solche mögen z.B. die produzierten Mengen, verfahrene Maschinen- oder Fertigungsstunden bezüglich eines Kostenträgers, Material- oder Fertigungslohneinzelkosten o.ä. gelten (vgl. im Detail Kapitel III). Mit diesem dritten Schritt ist die sogenannte Betriebsabrechnung abgeschlossen.

Die ermittelten Zuschlags- und Verrechnungssätze bilden dann die Basis der Verrechnung anteiliger Gemeinkosten auf die Kostenträger. Im Mittelpunkt der **Kostenträger(stück)rechnung** steht somit die Frage: wofür, d.h. für welche Produkte und Leistungen sind Kosten in welcher Höhe angefallen. Es geht darum, die Stückkosten je Auftrags- oder Produktionseinheit zu ermitteln. Man spricht auch von der **Kalkulation**. Die Stückkosten entsprechen den Selbstkosten einer Kostenträgereinheit. Diese setzen sich im Wesentlichen aus den Herstellkosten sowie den Verwaltungs- und Vertriebskosten als mögliche Einzel- und aus der Kostenstellenrechnung abgeleiteten Gemeinkosten zusammen. Im Vergleich mit dem am Markt erzielbarem Verkaufspreis kann dann festgestellt werden, ob diese vom Erlös gedeckt werden. Gegebenenfalls sind Kostensenkungsmaßnahmen zu ergreifen.

Der skizzierte Aufbau und der damit verbundene Datenfluss ist noch einmal in der Abbildung 1.16 zusammengefasst.

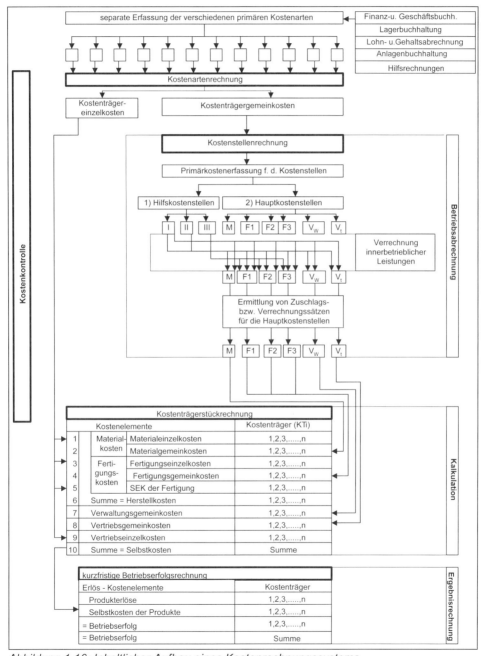

Abbildung 1.16: Inhaltlicher Aufbau eines Kostenrechnungssystems

In der Abbildung 1.16 sind hingegen noch zwei weitere Teilbereiche einer Kostenrechnung ausgewiesen, die bisher nicht angesprochen wurden. Tatsächlich werden diese auch oft nicht explizit als inhaltliche Teilbereiche der Kostenrechnung
in Theorie und Praxis angesprochen. Es handelt sich hierbei um die „Kostenkontrolle" und die „kurzfristige Betriebserfolgsrechnung".

Wenn die **kurzfristige Betriebsergebnisrechnung**, auch kurzfristige Ergebnis-
oder Erfolgsrechnung genannt, hier gesondert ausgewiesen wird, dann ist dies
zwar nicht formal, aber inhaltlich konform mit der traditionellen Kostenrechnungsli-
teratur. Diese unterscheidet nämlich im Rahmen der Kostenträgerrechnung die
Kostenträgerstück- und die **Kostenträgerzeitrechnung**. Während die Kostenträgerstückrechnung synonym für den Begriff Kalkulation steht, entspricht der Terminus „kurzfristige Betriebserfolgsrechnung" dem der Kostenträgerzeitrechnung. Eine
kurzfristige Betriebserfolgsrechnung liegt vor, wenn den für die Produktarten angefallenen Selbstkosten die sich aus der Leistungs- oder Erlösrechnung ergebene
Erlöse gegenübergestellt werden. Als Differenz stellt sich dann das Betriebsergebnis ein. Dabei ist es möglich, dass die Selbstkosten einiger Produkte durch die Erlöse nicht gedeckt werden. Durch hohe Überdeckungen anderer Produkte kann
dies jedoch ausgeglichen werden und die Unternehmung erzielt dennoch einen
Gewinn. Geht es also bei der Kostenträgerstückrechnung um die einzelne Leistung, steht bei der Kostenträgerzeitrechnung die gesamte Leistungserstellung im
Vordergrund.
Ein eigenständiges Teilgebiet der **„Kostenkontrolle"** wird z.B. von Kilger (2000,
S. 12) angesprochen. Da dies von den meisten Autoren nicht geschieht, ist es naheliegend, den Ausweis auch in seiner speziellen Ausrichtung zu sehen. Kilger gilt
als der Pionier der noch vorzustellenden Plankostenrechnung. Da die Plankostenrechnung insbesondere auf die Kontrollfunktion der Kostenrechnung abstellt, ist es
naheliegend, die Kostenkontrolle als eigenständiges Gebiet der Kostenrechnung
auszuweisen. Wenn wie hier – analog zu Kilger – ein separates Teilgebiet „Kostenkontrolle" ausgewiesen wird, so geschieht dies insbesondere unter dem Aspekt,
dass Kostencontrollingperspektiven eine immer bedeutsamere Rolle erlangen.

5.2 Prinzipien der Kostenverrechnung

Als Prinzipien der Kostenverrechnung – auch Zurechnungs- oder Zuordnungsprin-
zipien genannt – sollen Grundsätze verstanden werden, die Auskunft darüber geben, wie und in welchem Ausmaß bestimmten Bezugsobjekten Kosten zugeordnet
werden können. Bezugsobjekte sind in erster Linie Kostenstellen und/oder Kostenträger. Vorstellbar sind aber auch andere Bezugsobjekte wie Verkaufsregionen,
Absatzkanäle, Kunden u.ä. Es sollen im Folgenden die in der Abbildung 1.17 ausgewiesenen Verrechnungsprinzipien unterschieden werden.

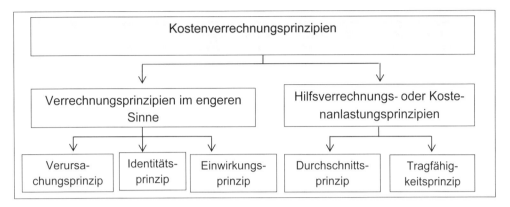

Abbildung 1.17: Kostenverrechnungsprinzipien

Das **Verursachungsprinzip** stellt wohl die beste Rechtfertigung für eine Kostenzuordnung dar. Einem Kostenträger, einer Kostenstelle sollen jene Kosten zugeordnet werden, die sie auch verursacht haben. Dies entspricht dem „allgemeinen Gerechtigkeitsgedanken" bzw. darf sich einer „breiten Zustimmung sicher sein,
(denn) ... es mobilisiert geradezu den Konsens" (Hummel /Männel 2004, S. 54).
Andererseits handelt es sich um eine „pseudonormative Leerformel" (Hum-
mel/Männel 2004, S. 54), solange nicht klare Regeln mit angegeben werden, welche Kostenbestandteile als verursachend angesehen werden sollen.
Dies soll ein einfaches **Beispiel** illustrieren. Ein Student, der am nächsten Wo-
chenende mit seinem eigenen PKW plant, nach Berlin zu fahren, wird von einer
Mitstudentin gebeten, sie unter „Kostenbeteiligung" mitzunehmen. Was soll er aber
als „angemessene" Kostenbeteiligung ansehen? Sind es die Benzinkosten, die als
zusätzlich entstehende Kosten für die Berlinfahrt anfallen und die man sich insofern teilen könnte? Oder ist es ein ADAC-Kostensatz, der vom Fahrzeugtyp und
der durchschnittlichen Kilometerleistung pro Jahr die Kosten eines Fahrkilometers
(einschließlich Steuern, Versicherungen und Abschreibungen) wiedergibt und nun
hälftig angesetzt werden könnte? Oder wäre eine Kostenbeteiligung vielleicht völlig
unangebracht, weil der Student ohnehin nach Berlin gefahren wäre und die Mit-
nahme einer Studentin kaum „zusätzliche Kosten" verursacht, sondern eher die
Eintönigkeit einer stupiden Autofahrt reduziert?
Das Verursachungsprinzip ist zunächst **kausal** begründet worden. Es wird eine
Ursache-Wirkungs-Beziehung unterstellt. Die Ursache – Erbringung einer Leistung, Erstellung eines Produktes – bewirkt einen Güterverzehr, der zu Kosten
führt. Aber zu welchen Kosten? Eine mögliche **Interpretation** gelangt zu den kos-
tentheoretischen Verfechtern des **Proportionalprinzips** (vgl. Hummel/Männel
2004, S.54f). Eine Zurechnung ist dann vorzunehmen – wir sprechen hier vereinfacht für ein Produkt – wenn zwischen seiner Erstellung und der Kostenentstehung
eine proportionale Beziehung existiert. Somit wären Fertigungslöhne, Energiekosten u.a. einem Produkt zurechenbar, d.h. alle Einzelkosten und variable Gemeinkosten. Einem Weg, dem in der Grenzkosten- bzw. Teilkostenrechnung gefolgt
wird. Für unser Beispiel bedeutet das, dass eine Beteiligung an den Benzinkosten
angebracht wäre.
In einer rigiden Interpretation des Kausalitätsprinzips ließe sich einem Produkt nur
jener Werteverzehr zurechnen, der durch seine Herstellung ursächlich in dem Sinne hervorgerufen würde, als dass er durch seine Nicht-Herstellung vermieden

worden wäre. Fertigungslöhne, obgleich als Einzelkosten einem Produkt anlastbar, könnten nun nicht mehr zugerechnet werden, da sie durch eine Nicht-Produktion nicht entfallen.

Diese Interpretation des Kausalitätsprinzips führt schnell zum von Riebel (1994/1969, S. 75) vorgeschlagenen **Identitätsprinzips**. Demnach sind Kosten und Leistungen das Ergebnis derselben identischen Entscheidung.

Kosten und Leistungen sind einem Bezugsobjekt nur in dem Ausmaß anlastbar, wie man nachweisen kann, dass sie auf dieselbe identische Entscheidung zurückzuführen sind (vgl. Riebel 1994/1967, S. 286). Kostenquellen bzw. Kostenbestimmungsfaktoren sind unternehmerische Entscheidungen. Auf der Ebene, wo sie gefällt wurden, sind die damit korrespondierenden Kosten zuzuordnen. Für die Praxis der Kostenrechnung bedeutet dies eine konsequente Orientierung am **Marginalprinzip** (vgl. insb. Hummel/Männel 2004, S. 57). Kostenträgern sind nur solche Kosten zuzurechnen, die durch die Existenz dieses Kalkulationsobjektes zusätzlich ausgelöst wurden. So können z.B. selbst Akkordlöhne einem Kostenträger nicht zugeordnet werden, denn diese wurden durch die Entscheidung „Arbeitskräfte einstellen" ausgelöst und nicht durch die Erstellung des Produktes xyz. Riebel spricht insofern auch von den „echten" Einzelkosten, die nur verursachungsgerecht zugeordnet werden können. Im Gegensatz zur traditionellen Kostenrechnung unterstellt er somit einen anderen Einzelkostenbegriff (den der „relativen, echten" Einzelkosten) und verneint generell die Verrechnung variabler Gemeinkosten auf die Kostenträger.

Für unser Beispiel bedeutet dies, dass der anfragenden Mitstudentin eine „Null-Beteiligung" vorzuschlagen wäre, da die Entscheidung nach Berlin zu fahren nichts mit jener zu tun hat, sie mitzunehmen. Und letztere vermutlich auch nicht zu zusätzlichen Kosten führt.

Von anderen Autoren – wie z.B. Kosiol – wird das Verursachungsprinzip **final** interpretiert. An die Stelle einer Ursache-Wirkungs-Beziehung tritt eine **Zweck-Mittel-Beziehung**. Zum Zweck der Leistungserstellung werden Güter als Mittel eingesetzt. Damit erfolgt eine logische Umkehrung des Gedankens des Kausalprinzips, aber inhaltlich ist damit noch kein neuer Erkenntnisfortschritt verbunden.

Eine Erweiterung des Kausalprinzips enthält das Finalprinzip erst dann, wenn man zulässt, dass eine Leistung zwar nicht ohne Kosten erbracht werden kann, aber Kosten auch ohne eine Leistung entstehen können. Oder anders ausgedrückt: es wird nicht mehr – wie bei der engen Version des Kausalitätsprinzips – gefordert, dass Kosten ohne die Einwirkung auf das Zurechnungsobjekt nicht hätten entstehen können und somit bei Nichteinwirkung entfallen. Da Kosten auf die Leistungserstellung einwirken, spricht Kosiol auch vom **Kosteneinwirkungs- oder Einwirkungsprinzip** (vgl. Kosiol 1979 a, S. 31 ff; 1979 b, S. 21). Nach dem Kosteneinwirkungsprinzip ist somit auch der Anfall bestimmter Fixkosten Mittel zum Zweck der Leistungserstellung und kann gemäß der zeitlichen und räumlichen Beanspruchung auf Bezugsobjekte verteilt werden. So lassen sich nun z.B. anteilige Fertigungslöhne auf ein Produkt oder Gehälter bzw. Hilfslöhne von in einer Kostenstelle tätigen Personen einer Kostenstelle zuordnen. Wird in einer Kostenstelle ein Produkt erzeugt, sind die Maschinenkosten dem Produkt zuzurechnen. Im Endeffekt stellt sich eine Kostenträgerrechnung ein, die sowohl variable als auch fixe Elemente verrechnet.

So mag z.B. unser nach Berlin fahrender Student der Meinung sein, dass neben den anteiligen Benzinkosten für seine Fahrerdienste noch ein zu bezahlender Imbiss in der Kostenbeteiligung enthalten sein müsste, den er nach einer 4-stündigen Fahrzeit dringend benötigt.

Für alle drei beschriebenen Prinzipien ist die Suche nach möglichst gut begründbarer und exakter Kostenzuordnung charakteristisch. Eine „volle" Kostenzuordnung ist damit nicht möglich. Soll zu anderen kostenrechnerischen Zwecken hingegen eine solche gewährleistet werden, kann nur noch auf Hilfsprinzipien oder sog. Kostenanlastungsprinzipien (vgl. Hummel/Männel 2004, S. 58) zurückgegriffen werden.

Das bekannteste Verfahren ist dabei das **Durchschnittsprinzip**. Die entscheidende Frage hierbei lautet: welche Kosten fallen im Durchschnitt für einen Kostenträger an? Damit ist hingegen kein statistischer Durchschnittswert angesprochen, sondern es geht darum, die durch Division mit der Ausbringungsmenge durchschnittlich zu tragenden Gesamtkosten zu ermitteln. Während dies für eine Einproduktunternehmung noch recht einfach ist (gesamte Kosten – also einschließlich der Fixkosten – dividiert durch die Ausbringungsmenge), bedarf es bei einer Mehrproduktunternehmung bestimmter Schlüssel- oder Bezugsgrößen. Das Durchschnittsprinzip führt zum System der Vollkostenrechnung und damit zu den im Kapitel V noch näher zu präzisierenden systemimmanenten Schwächen.

Das **Tragfähigkeitsprinzip** orientiert sich an der eingeschätzten Belastbarkeit der Kostenträger. Gewöhnlich leitet man dieses aus dem erzielbaren Verkaufspreis ab. Es handelt sich um ein Prinzip, das häufig bei der Kuppelkalkulation zum Einsatz kommt (vgl. Kapitel IV).

Beiden Prinzipien ist anzulasten, dass die Rechtfertigung der Kostenzuordnung recht schwach ist. Natürlich bemühen sich beide Verfahren Willkürlichkeiten auszuschließen und um Plausibilität, aber als Basis für betriebliche Entscheidungen eignen sich so entstandene Kostenbeiträge nicht. Dies gilt für das Tragfähigkeitsprinzip insbesondere dann nicht, wenn Marktpreise als Indikator der Tragfähigkeit („tragen soll die Kosten das Produkt, das es kann") herausgezogen werden.

6 Aufgaben einer modernen Kosten- und Leistungsrechnung

Die Aufgaben, die eine moderne Kosten- und Leistungsrechnung (KLR) zu erfüllen hat, wurden bereits kurz in der Übersicht zur Unterscheidung des externen und internen Rechnungswesens (vgl. Abbildung 1.13) skizziert. In der folgenden Abbildung 1.18 seien sie zusammenfassend etwas detaillierter ausgewiesen, bevor sie im Folgenden näher betrachtet werden sollen.

Erstellung kurzfristiger Betriebserfolgsrechnungen
  − realistische, interne und monatliche Betriebsergebnisrechnung
  − differenzierte Erfolgsrechnung z.B. nach Artikeln, Geschäftsbereichen, Regionen u.ä.
  − kurzfristige Erfolgsrechnung nach dem Gesamt- und Umsatzkostenverfahren

Bereitstellung von Informationen zur Preisbildung und Preisbeurteilung
  − Mitwirkung bei der Festlegung von Verkaufspreisen für erzeugte Produkte
    - Ermittlung von Selbstkosten der Erzeugniseinheiten
    - Ermittlung von Preisuntergrenzen für den Absatzbereich
  − Errechnung von Preisobergrenzen für den Einkaufsbereich
  − Festlegung von Verrechnungspreisen für innerbetriebliche Leistungen
  − Vor- und Nachkalkulation

Wirtschaftlichkeitskontrolle
  − Kontrolle von Kostenarten und -strukturen im Zeit-, Betriebs- und Soll-Ist-Vergleich
  − Wirtschaftlichkeitskontrolle für alle Abteilungen und Verantwortungsbereiche
  − Kontrolle der Kostenträger (vgl. Preisbildung)

Publikationsaufgabe (Bereitstellung von Zahlen für die Bilanz)
  − Wertermittlung der Bestände an fertigen und unfertigen Erzeugnissen
  − Wertermittlung von selbsterstellten Anlagen/Vorrichtungen

Dispositions- und Planungsaufgabe wie z.B. für die
  − Kosten-, Erlös- und Ergebnisrechnung zur Analyse und Planung des Produktions- und Absatzprogramms
  − Kostenvergleichsrechnung für die Verfahrenswahl sowie für die Wahl zwischen Eigenfertigung und Fremdbezug, für die Entscheidung über Kauf oder Miete/Leasing, für Absatzmethoden u.ä.
  − Investitionsentscheidungen

Dokumentationsaufgabe (bei öffentlichen Aufträgen oder Leistungsersteller)

Abbildung 1.18: Aufgabenbereiche der Kostenrechnung

6.1 Erstellung kurzfristiger Betriebserfolgsrechnungen

Eine einmal jährlich nach § 242 HGB zu erstellende Gewinn- und Verlustrechnung ist für eine Unternehmensteuerung inakzeptabel. Derartige zudem ungeeignete Zahlen würden viel zu spät zur Verfügung stehen, um eventuell nötige Anpassungen bzw. Korrekturmaßnahmen einleiten zu können. Nötig ist eine monatlich zu erstellende Ergebnisrechnung, die zudem den internen − und nicht auf gesetzliche Bestimmungen abgestellten − Betriebserfolg wiedergibt. Wünschenswert wäre auch eine jederzeitige Zugriffsmöglichkeit auf eine solche Ergebnisrechnung im Sinne eines on-line-Systems. Eine solche kurzfristige Betriebserfolgsrechnung könnte z.B. die in der Abbildung 1.19 ausgewiesene Form annehmen.

1.	Umsatzerlöse
2.	+/- Bestandserhöhungen, -minderungen an fertigen und unfertigen Erzeugnissen
3.	+ andere aktivierte Eigenleistungen
4.	+ sonstige betriebliche Erträge
5.	= Gesamtleistung
6.	- Materialaufwand a) für Roh-, Hilfs-, Betriebsstoffe und bezogene Waren b) für bezogene Leistungen
7.	= Rohertrag
8.	- Personalaufwand
9.	- Abschreibungen
10.	- sonstige betriebliche Aufwendungen
11.	= Betriebsergebnis (= Ergebnis der gewöhnlichen Geschäftstätigkeit – EBIT)
	• •
	= Neutrales Ergebnis/Finanzergebnis
	• •
	= außerordentliches Ergebnis
	- Steuern
	= Unternehmensergebnis

Abbildung 1.19: Beispielhafte Darstellung einer kurzfristigen Erfolgsrechnung

Im vorliegenden Fall ist eine monatliche Ergebnisrechnung ausgewiesen, die die wichtigsten Steuerungsgrößen für ein **Kostenartencontrolling** enthält. Die „Gesamtleistung" dokumentiert, was ein Betrieb im Monat „erwirtschaftet" hat. Der „Rohertrag" ist für produzierende Unternehmen ein Indikator für die **Fertigungstiefe (Wertschöpfung)**, für Handelsbetriebe weist er auf die sog. **Handelsspanne** hin. Ferner werden alle weiteren Teilergebniskomponenten ausgewiesen (Betriebsergebnis, Finanzergebnis, außerordentliches Ergebnis und Unternehmensergebnis). Für eine Kostenrechnung bedeutsam sind insbesondere jene Komponenten, die zu Betriebsergebnis führen
Eine solche oben ausgewiesene Erfolgsrechnung begnügt sich hingegen nur mit einer globalen Erfolgsermittlung. In der Praxis dürfte der Informationsbedarf jedoch erheblich über eine solche globale Darstellung hinausgehen. So wird z.B. von Interesse sein, welche einzelnen Geschäftsbereiche, Produktgruppen oder -arten oder welche Vertriebsregionen oder Kundenkategorien zum Monatserfolg beigetragen haben. Dies soll das folgende **Beispiel** illustrieren:

Gesamtunternehmensbezogene und nach Artikeln differenzierte Erfolgsrechnung

1. Undifferenzierte Erfolgsrechnung (Ergebnisrechnung Mai (€))

Aufwendungen		Erträge	
Materialkosten	25.000	Umsatzerlöse	98.000
Personalkosten	18.000		
Sonstige Kosten	35.000		
Gewinn	**20.000**		
	98.000		98.000

2. Nach Artikeln differenzierte Erfolgsrechnung

	Produkt A	Produkt B	Produkt C	Summe
Erlöse	33.000	24.000	41.000	98.000
./.Materialkosten	10.000	8.000	7.000	25.000
./.Personalkosten	5.000	6.000	7.000	18.000
./. sonst. Kosten	12.000	10.000	13.000	35.000
Gewinn	**6.000**	**0**	**14.000**	**20.000**

Hinsichtlich der Erfolgsermittlung stehen grundsätzlich zwei Verfahren zur Verfügung: das **Gesamtkostenverfahren (GKV)** und das **Umsatzkostenverfahren (UKV)**. Für die undifferenzierte Erfolgsermittlung (vgl. Abb. 1.19) erweist sich das Gesamtkostenverfahren als überlegen, weil es die gesamten Kosten aller Kostenarten ausweist. Für eine differenzierte Artikelerfolgsrechnung ist das Umsatzkostenverfahren angebracht.

Beide Verfahren sind in der betrieblichen Praxis einzusetzen. Während das GKV die Grundlage des **Kostenartencontrollings** darstellt, ist das UKV naheliegend für ein **Kostenträgercontrolling**.

6.2 Informationen zur Preisbeurteilung und Preiskalkulation

Um rentabel zu sein, hat die Kosten- und Leistungsrechnung Informationen zur Preisbeurteilung und -findung (Kalkulation) zur Verfügung zu stellen. Dies gilt sowohl für den Beschaffungs- wie Absatzmarkt: zu welchem Preis müsste ein Produkt mindestens verkauft und zu welchem Preis sind Produktbestandteile (Faktormengen) maximal einzukaufen, damit ein gewünschter Gewinn erreicht werden kann.

Da in jeder größeren Unternehmung auch ein interner Güter- und Leistungsaustausch stattfindet, gilt es, auch Zahlenmaterial für innerbetriebliche Verrechnungspreise zur Verfügung zu stellen.

6.2.1 Findung des Verkaufspreises

Die Bedeutung, die der Kostenrechnung bei der Preisfindung zukommt, kann recht unterschiedlich sein. In einer Zentralwirtschaft (Planwirtschaft) wird den Kosten die entscheidende Rolle zukommen. In einer Marktwirtschaft bildet sich der Preis grundsätzlich durch das Verhältnis von Angebot und Nachfrage, aber dennoch gibt es auch hier Fälle, in denen den Kosten ein preisentscheidender Einfluss zukommt. So werden z.B. bei öffentlichen Aufträgen kostendeckende Preise vereinbart, sofern ein Marktpreis in Form eines Festpreisangebots nicht vorliegt. Oder im

Bergbau ermittelt sich der Steinkohlepreis entsprechend der sog. Schwantag-Formel, in die die jeweiligen Kostenelemente einfließen. Der Kostenrechnung kommt auch immer dann eine größere Bedeutung zu, wenn Markt- bzw. Konkurrenzpreise nicht vorliegen (z.B. bei der Einführung neuer Produkte der auftragsspezifischen Einzelfertigung o.ä.). Aber auch dann, wenn Marktpreise ausschließlich die Resultante von Angebot und Nachfrage darstellen, wird man sich solchen Fragen zuwenden wie:

- ♦ ist der für ein Produkt erzielbare Marktpreis ausreichend, um rentabel arbeiten zu können? oder:
- ♦ was gilt es zu tun, um Verluste zu vermeiden? oder:
- ♦ zu welchem kurz- und langfristigen Preis lässt sich ein Produkt gerade noch verkaufen?

Gerade die Ermittlung dieser sog. Preisuntergrenzen stand lange im Mittelpunkt einer Kostenrechnung, die zur Preisfindung und -beurteilung beitragen will.
Die Vorgehensweise soll anhand von zwei einfachen Beispielen demonstriert werden.

Im ersten Fall sei die Situation des **Polypols** unterstellt. Der Preis ist ein Datum und sei mit 80,- € pro Stück angenommen. Es ergibt sich eine Umsatzfunktion von $U = p \cdot x$ und hier: $U = 80 \cdot x$. Es sei eine Kostenfunktion von $K = k_v \cdot x + K_F$ und hier: $K = 40x + 1.200$ und eine Kapazitätsgrenze (maximale Auslastung) von 60 ME unterstellt. Das Ergebnis dieser Annahmen zeigt die folgende Wertetabelle und Grafik.

X	U	K	K_F	K_v	k	k_v	K'	U'
0	0	1.200	1.200					
10	800	1.600	1.200	400	160	40	40	80
20	1.600	2.000	1.200	800	100	40	40	80
30	2.400	2.400	1.200	1.200	80	40	40	80
40	3.200	2.800	1.200	1.600	70	40	40	80
50	4.000	3.200	1.200	2.000	64	40	40	80
60	4.800	3.600	1.200	2.400	60	40	40	80

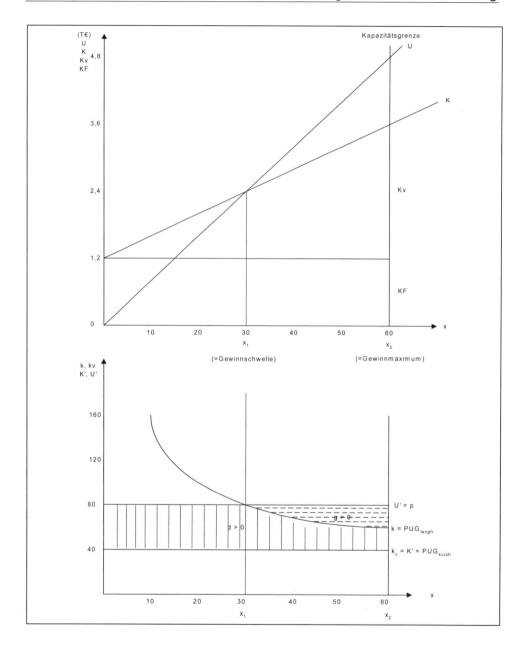

Erkennbar liegt die sog. **Gewinnschwelle** bei 30 Mengeneinheiten (x_1). Bei dieser Auslastungsmenge entsprechen sich Umsatz und Kosten, d.h. die Unternehmung arbeitet nicht mehr mit Verlusten, und jede weitere Ausbringungsmenge führt zu Gewinnen. Dieser Punkt wird auch **„Break-even-point"** genannt. Im Durchschnittskostendiagramm (dem 2. Teil der Abbildung) schneidet hier die Kurve der gesamten Stückkosten die des Grenzumsatzes bzw. Preises.

Offenbar werden die größten Gewinne bei der Kapazitätsgrenze realisiert. In x_2 liegt somit das **Gewinnmaximum**, da hier die Differenz zwischen Erlösen und Kosten am größten ist.

Eine **Gewinngrenze**, also ein Punkt, in dem die Kosten die Umsatzerlöse wieder übersteigen würden, ergibt sich theoretisch allenfalls im Unendlichen und praktisch ist sie identisch mit der Kapazitätsgrenze.

Die **langfristige Preisuntergrenze** ist mit der gesamten Stückkostenkurve gegeben. Bei unterschiedlichen Beschäftigungsgraden (verschiedenen Ausbringungsmengen) wird langfristig ein Preis akzeptiert werden können, der den gesamten Stückkosten entspricht. Zwar werden damit keine Gewinne eingefahren, aber die Unternehmung ist auch nicht in ihrer Existenz durch Verluste bedroht. Die **kurzfristige Preisuntergrenze** ist mit der Geraden der variablen Stückkosten bzw. Grenzkosten gegeben (und daher konstant: 40,-€). Die Fixkosten entstehen als Bereitstellungskosten ohnehin und zwar unabhängig davon, ob produziert wird oder nicht. Also müssten bei unterschiedlichen Beschäftigungsgraden zumindest die variablen Kosten abgedeckt werden. Jeder Auftrag, der zu einem Preis oberhalb der Geraden der variablen Kosten herein genommen wird, führt zu einem positiven Deckungsbeitrag und damit zum Abbau von Fixkosten.

Im zweiten Fall soll die kurzfristige, auch in einer Marktwirtschaft mögliche **Monopolsituation** betrachtet werden. Es wird eine abnehmende Preis-Absatz-Funktion in Form von $p = a - bx$ und hier $p = 300 - 3x$ unterstellt.

Es ergibt sich somit eine Umsatzfunktion als $U = p \cdot x$ und hier $U = (300 - 3x) x = 300x - 3x^2$. Als Kostenfunktion sei wiederum ein linearer Verlauf mit $K = k_v \cdot x + K_F$ und hier $K = 60x + 3.600$ sowie nun eine Kapazitätsgrenze von 80 Mengeneinheiten unterstellt. Die Grenzfunktionen belaufen sich somit auf $U' = 300 - 6x$ bzw. $K' = 60$. Das Ergebnis dieser Annahmen gibt die folgende Wertetabelle und Grafik wieder.

x	U	K	KF	Kv	k	kv	K'	p	U'
0	0	3.600	3.600					300	300
10	2.700	4.200	3.600	600	420	60	60	270	240
20	4.800	4.800	3.600	1.200	240	60	60	240	180
30	6.300	5.400	3.600	1.800	180	60	60	210	120
40	7.200	6.000	3.600	2.400	150	60	60	180	60
50	7.500	6.600	3.600	3.000	132	60	60	150	0
60	7.200	7.200	3.600	3.600	120	60	60	120	-60
70	6.300	7.800	3.600	4.200	111	60	60	90	-120
80	4.800	8.400	3.600	4.800	105	60	60	60	-180
90	2.700	9.000	3.600	5.400	100	60	60	30	-240
100	0	9.600	3.600	6.000	96	60	60	0	-300

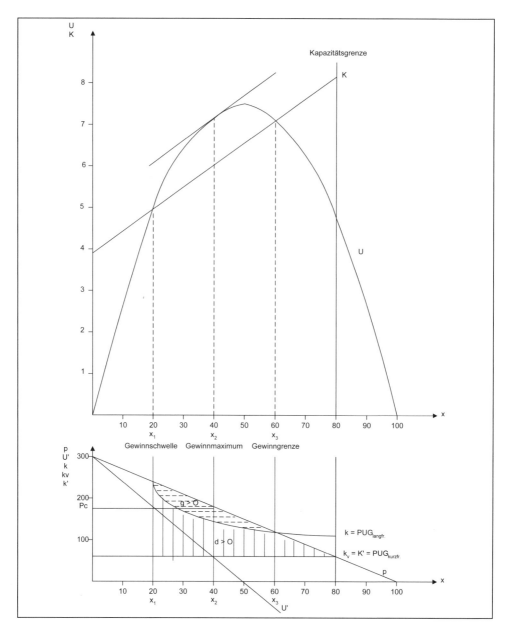

Erkennbar stellen sich nun drei Gewinnpunkt ein. Bei x_1 liegt die **Gewinnschwelle**, d.h. ab diesem Punkt übersteigen die Umsätze die Kosten und es können Gewinn realisiert werden.

Der Abstand zwischen den Umsätzen und den Kosten ist am größten in x_2. Hier entspricht das Steigungsverhalten der Umsatzfunktion dem der Kostenfunktion (vgl. die eingezeichnete Tangente), d.h. es gilt: $U' = K'$. Dies zeigt auch das Durchschnittsdiagramm (2. Teil der Abbildung).Hier ist das **Gewinnmaximum**.

In x_3 liegt die **Gewinngrenze**, d.h. ab hier übersteigen die Kosten wieder die Umsätze, Verluste wären im Weiteren die Folge und eine Produktion bis zur Kapazitätsgrenze wäre unsinnig.

Die Gewinnsituation der obigen Grafik spiegelt auch das Durchschnittsdiagramm wieder: in x_1 und x_3 schneidet die gesamte Stückkostenfunktion die Preis-Absatz-Funktion (Preis = Stückkosten) und in x_2 ist die Differenz zwischen Preis und Stückkosten an größten.

Zur rechnerischen Bestimmung von x_2 sind Grenzkosten und Grenzerlöse gleichzusetzen:

$$U' = K' \text{ und hier}$$
$$300 - 6x = 60$$
$$6x = 240$$
$$x = 40$$

Zur rechnerischen Bestimmung von x_1 und x_3 sind die Kosten- und Umsatzfunktion gleichzusetzen:

$$U = K \text{ und hier}$$
$$300x - 3x^2 = 60x + 3.600$$
$$300x - 3x^2 - 60x - 3.600 = 0$$
$$-3x^2 + 240x - 3.600 = 0 \qquad / -\frac{1}{3}$$
$$x^2 - 80x + 1.200 = 0$$
$$x_1 = 40 - \sqrt{1.600 - 1.200}$$
$$x_1 = 20$$

$$x_3 = 40 + \sqrt{1.600 - 1.200}$$
$$x_3 = 60$$

Die Unternehmung würde also versuchen, die gewinnoptimale Ausbringungsmenge von x_2 zu einem Preis von p_C $(300 - 3 \cdot 40 = 180 \text{ €})$ zu produzieren. Der Preis p_C ergibt sich grafisch durch die Projektion der Menge auf die Preis-Absatz-Funktion (sog. Cournot'sche Punkt).

Im Durchschnittsdiagramm gelten hinsichtlich der **lang- und kurzfristigen Preisuntergrenze** wiederum die gleichen Überlegungen wie im Polypolfall. Langfristig können Preise akzeptiert werden, die der gesamten Stückkostenkurve entsprechen, kurzfristig sind zumindest die variablen Stückkosten abzudecken. Jeder darüber hinausgehende Preis trägt zum Abbau der Fixkosten bei.

Wie bereits erwähnt, ist mit den kostenrechnerischen Überlegungen nur eine Preiskomponente – nämlich die des Anbieters – gegeben. Preise bilden sich am Markt und eine Unternehmung, die das Nachfrageverhalten oder die Konkurrenzsituation bei der Preisbildung ignoriert, läuft schnell Gefahr, sich aus dem Markt hinaus zu kalkulieren.

Dies zeigt ein nostalgisch anmutendes, aber sehr anschauliches **Beispiel** von Cassel (1900, S. 128; hier zitiert nach Hummel/Männel 2004, S. 28 f):

„Ein Reisebureau hatte für eine Reihe von Sonntagen Extrazüge bestellt und sich verpflichtet, für jeden Zug 250 Mark zu zahlen. Der Zug sollte 400 Plätze, alle dritter Klasse, haben. Am ersten Sonntag hatte das Bureau den Fahrpreis auf 2 Mark festgesetzt, und es kamen 125 Teilnehmer. Die Roheinnahmen betrugen also 250 Mark, ebensoviel wie die Ausgaben. Nun sagten sich die Direktoren des Bureaus:

„mit diesem Preis kommen wir ja nur auf die Selbstkosten; etwas müssen wir doch verdienen"; und so wurde der Preis auf 3 Mark erhöht. Nächsten Sonntag kamen 50 Teilnehmer. Das Ergebnis war eine Einnahme von 150 Mark, und ein reiner Verlust von 100 Mark. Daraufhin meinte man im Bureau: „die Durchschnittskosten betragen ja 5 Mark für die Person, und wir befördern die Reisende für 3 Mark; so kann es nicht gehen". Der Preis wurde jetzt auf 6 Mark erhöht mit dem Ergebnis, dass der Zug am nächsten Sonntag nur 6 Reisende beförderte. Der Verlust steigerte sich jetzt auf 214 Mark. Jetzt endlich traten die Direktoren zusammen und sagten sich:" Diese Geschichte mit den Selbstkosten muß doch ein Unsinn sein: die bringt uns ja nur Verluste." So wurde der Preis auf einmal auf 1 Mark herabgesetzt. Der Erfolg war glänzend: die Zahl der Reisenden betrug den nächsten Sonntag 400; es entstand ein Überschuss von 150 Mark, und, das Merkwürdigste von allem, die Selbstkosten waren auf 62,5 PF. für die Person gesunken."

6.2.2 Ermittlung von Preisobergrenzen für den Einkauf

Will eine Unternehmung Gewinne erzielen, so hat sie nicht nur auf befriedigende Verkaufspreise zu achten, sondern sie sollte darüber hinaus Informationen für maximal zulässige Einkaufspreise zur Verfügung stellen. Wie hoch darf der Preis für einen eingesetzten Roh-, Hilfs- oder Betriebsstoff maximal sein, damit bei den bekannten Weiterverarbeitungskosten ein angestrebter bzw. geplanter Gewinn bei gleichbleibender Qualität erzielt werden kann? Es geht somit um die Feststellung der Preisobergrenze für den Einkauf. Die Bedeutung dieser Informationen nimmt aktuell ständig zu, denn sie korrespondiert mit der zur Zeit herrschenden Tendenz des lean production und des damit verbundenen outsourcing. Die generelle Vorgehensweise sei an einem einfachen **Beispiel** aufgezeigt.

Sie planen ihren nächsten Sommerurlaub. Die Frage ist nur, wie ihn finanzieren?
Da es in Spanien warm ist, viele Touristen am Strand liegen und Sie der spanischen Sprache mächtig sind, haben Sie sich überlegt, Plastik-Pinguine am Strand zu verkaufen, um den Urlaub zu finanzieren.
Den maximal erzielbaren Verkaufspreis am Strand schätzen Sie auf 5,- € pro Stück ein. Wenn Sie ihre Plastik-Pinguine an andere Strandverkäufer – und das erscheint ihnen angesichts des weitläufigen Strandgeländes als sinnvoll – weitergeben, erwarten diese – so schätzen Sie – eine Handelsspanne von 30 %, also 1,50 € pro Stück. Ihre eigenen Kosten (Anreise, Hotelunterkunft, Verpflegung etc.) liegen für zwei Wochen bei ca. 1.600,– € und Sie glauben, in der Zeit ca. 800 Pinguine an den Strandmann/-frau bzw. insbesondere an die „quengelnden" lieben Kinder veräußern zu können.
Da Sie gerne eine gute Paella essen, möchten Sie einen Gewinn von 0,50 € pro Plastik-Pinguin erzielen.
Was dürfen Sie maximal für den aus Hongkong bezogenen Plastik-Pinguin bezahlen?:

Verkaufserlöse	5,00 €
./. Handelsspanne	1,50 €
./. geschätzte Selbstkosten	2,00 €
./. Gewinnspanne	0,50 €
max. Einkaufspreis	**1,00 €**

6.2.3 Daten zur Festlegung der innerbetrieblichen Verrechnungssätze

Kosteninformationen werden nicht nur für die Einschätzung des Verkaufs- oder Einkaufspreises benötigt. In fast allen Unternehmungen findet ein innerbetrieblicher Leistungsaustausch statt. Dieser kann in Form von Gütern/Waren oder aber auch in Form von Dienstleistungen erfolgen.

So mag z. B. ein Unternehmen des Maschinenbaus über einen vorgelagerten Stahlbau verfügen. In diesem werden z. B. die angelieferten Stahlplatten zugeschnitten, gefräst u. ä. Diese gehen dann als exakt ausgerichtete Bleche in den anschließenden Maschinenbau ein. Mit welchem Preis aber sollen diese Bleche dem Stahlbau gutgeschrieben und der sich anschließenden Montage im Maschinenbau als Materialkosten belastet werden? Vorstellbar ist eine Orientierung an den gesamten monatlichen Kosten des Stahlbaus (Selbst- oder Herstellkosten) und der gelieferten Stückzahl entsprechend des Durchsatzgewichtes oder unterschiedlicher Abmessungen.

Ein weiteres typisches Beispiel stellen zentrale Dienstleistungen dar. So erbringt z. B. die zentrale Datenverarbeitung Dienstleistungen für etliche andere Abteilungen oder Bereiche. Sie mag Statistiken für die Abteilung „Betriebswirtschaft" oder für den „Vertrieb" erstellen, monatlich die Lohn- und Gehaltsabrechnung durchführen, die Debitorenbuchhaltung übernehmen und vieles andere mehr. Aber mit welchem Verrechnungspreis ist sie zu ent- und die empfangene Stelle zu belasten. Auch hier bietet sich eine Orientierung an einen Minuten- oder Stundensatz an, der aus den monatlichen Gesamtkosten dieser Zentralabteilung abgeleitet wird. Eine solche Orientierung an Kostengrößen ist zwar in der Praxis meist der Regelfall, sie bietet aber auch Anlass erregter Diskussionen:

♦ „Zu dem vorgegebenen Verrechnungspreis will ich die Leistung nicht beziehen; ich bin nur deshalb unwirtschaftlich, weil ich gezwungen werde, Leistungen zu überhöhten Preisen zu beziehen."
♦ „Der Verrechnungspreis entspricht nicht dem Marktpreis; könnte ich extern beziehen, wäre mein Bereich ungleich wirtschaftlicher."

Diese Argumente zielen bereits darauf ab, dass in Konzernen oder Großunternehmen Leistungen von anderen (konzerninternen) Unternehmen zu beziehen sind, deren Preise man als nicht gerechtfertigt empfindet. Oft wird in solchen Fällen dann auch ein Verrechnungspreis als Marktpreis - falls vorhanden – oder ein Preis als Ergebnis eines Verhandlungsprozesses zugelassen. Für die Finanzverwaltung sind solche Transferprozesse natürlich von einem besonderen Interesse, da damit nicht unerhebliche Gewinn-/Verlustverlagerungen möglich sind, die in unterschiedlichen Ländern auch zu einer unterschiedlichen Besteuerung führen können. Für die Kostenrechnung verbleibt die generell typische Frage der tatsächlichen Kostenentstehung und der daraus resultierenden Kostenüberwälzung, denn sie ist letztlich ausschlaggebend für die umfassendere „make or buy Entscheidung" bzw. für entsprechende Wirtschaftlichkeitskontrollen.

6.2.4 Vor- und Nachkalkulation

Die Vorkalkulation basiert in der Regel auf Plan- oder Richtwerten und dient dazu, einem möglichen Auftraggeber Preisvorstellungen darzulegen. Ihr kommt eine große Bedeutung insofern zu, als sie über die Annahme oder Ablehnung eines Auftrages/eines Kaufs mitentscheidend ist. Sind hier zu optimistische Varianten aufgezeigt worden, so zeigt die Nachkalkulation im Ist auf, was zu Verlusten geführt hat oder zu Nachbesserungen in der Auftragsabwicklung führen sollte.

6.3 Wirtschaftlichkeitskontrolle

Die Kontrolle der „Betriebsgebarung" – wie in Anlehnung an Schmalenbach (1963 S. 447 f) etwas altmodisch formuliert – ist von jeher eine der Hauptaufgaben der Kosten- und Leistungsrechnung. Heute spricht man eher von einer Kontrolle der Wirtschaftlichkeit. Wirtschaftlichkeit ist das Grundprinzip jedes wirtschaftlichen Handelns. Dieses gilt für die Fertigung, d.h. für den eigentlichen Leistungserstellungsprozess, aber gleichermaßen auch für alle anderen Bereiche wie den Einkauf, die Verwaltung oder den Vertrieb.

Das **Wirtschaftlichkeitsprinzip** beinhaltet, den Quotienten aus Input und Output zu minimieren, d.h. mit den geringsten Mitteln einen geplanten Output oder mit gegebenen Mitteln den größten Output zu erzielen.

Zur Überwachung dieser Wirtschaftlichkeit lassen sich **Kostenartenkontrollen** vornehmen. Wie haben sich unterschiedliche Kostenarten im Zeitablauf entwickelt?

In der Regel werden Monatswerte (laufender Monat, Vormonat und korrespondierender Monat des Vorjahres) miteinander verglichen und man spricht von einem **Zeitvergleich**. Beurteilende Einblicke in die Kostenstruktur sollen auch **Betriebsvergleiche** liefern, in dem die eigenen Kostenbeträge z.B. mit solchen verwandter Unternehmen der gleichen Branche verglichen werden. Wirtschaftsverbände – wie z.B. der Verein Deutscher Maschinen-Anstalten e.V. (VDMA) – stellen entsprechendes statistisches Material zur Verfügung, das es ermöglicht, die eigene Kostenartenstruktur mit Branchendurchschnittswerten zu vergleichen. Modern ist heute die Bezeichnung **Benchmarking**, die auf einen Vergleich mit dem besten Anbieter (best practice) abstellt.

Solche Kostenkontrollen weisen jedoch erhebliche Mängel auf. Einerseits ist oft eine Vergleichbarkeit im Sinne gleicher Rahmenbedingungen nicht gegeben (Vergleich von „Birnen" mit „Äpfeln") und andererseits läuft man Gefahr „Schlendrian mit Schlendrian" zu vergleichen. Im Mittelpunkt einer Wirtschaftlichkeitskontrolle der Kostenarten steht dann auch der **Soll-Ist-Vergleich**, wie er mit einer Plankostenrechnung möglich wird.

Ein globaler Vergleich der Kostenartenbeträge mag zwar sinnvoll sein, aber will man konkret die Ursachen von möglichen Abweichungen analysieren, so gilt es die Unwirtschaftlichkeiten zu lokalisieren. Die Aufteilung der Kostenarten auf Bereiche übernimmt die noch zu beschreibende Kostenstellenrechnung (vgl. Kapitel III). Sie hat dazu geführt, dass in fortschrittlicheren Unternehmungen heute die Wirtschaftlichkeitskontrolle auf der Basis von Bereichen, Abteilungen bzw. letztendlich von Kostenstellen, d. h. Stellen der Kostenverursachung, durchgeführt wird. Im Mittelpunkt der Wirtschaftlichkeitskontrolle steht demzufolge heute die **Kontrolle der Wirtschaftlichkeit der Kostenstellen**. Hier wurden die Kosten verursacht und demzufolge sind auch auf dieser Basis die Abweichungen zu verantworten. Auch wenn abrechnungstechnisch Einzelkosten nicht in die Kostenstellenrechnung eingehen, erweist es sich unter Kontrollzwecken als sinnvoll, sie hier auszuweisen. Der Kostenstellenleiter hat auch diese im Sinne der Wirtschaftlichkeit seiner Mitarbeiter zu verantworten und kann Abweichungen am besten begründen. Andererseits sind hingegen nicht alle Kostenartenabweichungen auch vom Kostenstellenleiter zu verantworten. Deshalb sollte auf eine Differenzierung in **verantwortbare und nicht verantwortbare Kosten** großer Wert gelegt werden.

Der zunehmende Konkurrenzdruck (auch als Folge der Internationalisierung der Märkte) hat in jüngster Zeit zu einer Entwicklung der Kostenrechnung geführt, die als „**target costing**" bezeichnet wird. Dahinter steckt die alte Erkenntnis, dass Preise am Markt gebildet werden und sich die Kosten diesen Verhältnissen anzupassen haben. Die Kalkulation, d.h. die Zuordnung der Kostenartenbestandteile auf die Produkte (sog. Kostenträger) steht im Mittelpunkt. Wirtschaftlichkeitskontrolle heißt demzufolge auch Überwachung der **Wirtschaftlichkeit der Kostenträger**. Naheliegend ist hier ein Vergleich der Vorkalkulation auf Plankostenbasis, eine kontinuierliche Zwischenkalkulation und eine abschließende Nachkalkulation auf Istkostenbasis (vgl. im Detail Kapitel IV). Es stehen solche Fragen im Mittelpunkt wie: liegen die Kosten noch im Plan, worauf sind Abweichungen zurückzuführen, wie lassen sich Überschreitungen vermeiden oder wo liegen noch welche Kostensenkungspotenziale?

6.4 Publikationsaufgabe

Im Rahmen der Publikationsaufgabe geht es um die Bereitstellung von Zahlen für das externe Rechnungswesen, also für die Bilanz und Gewinn- und Verlustrechnung.

In jeder Unternehmung tritt fast regelmäßig der Fall auf, dass sich die produzierten und die abgesetzten Mengen einer Periode nicht entsprechen. Es kommt zu **Bestandsveränderungen** in Form von Lagerab- oder -zugängen. Diese sich im Lager befindlichen Produkte/Fertigerzeugnisse gilt es, zu bewerten. Handels- und steuerrechtlich sind dafür die Herstellungskosten anzusetzen. So, wie sich die handels- und steuerrechtlichen Ansätze nicht entsprechen müssen, so muss auch keinesfalls der in der Kosten- und Leistungsrechnung verwendete Begriff der Herstellkosten mit dem handels- und/oder steuerrechtlichen Wertansatz identisch sein. Unabhängig von der jeweiligen Ansatzvariante und möglichen Divergenzen obliegt es letzthin aber immer der Kosten- und Leistungsrechnung, die benötigten und gewünschten Zahlen zur Verfügung zu stellen. Die Ermittlung der Herstellungskosten zur Bewertung der **Fertigproduktbestände** ist somit eine wichtige Aufgabe der Kosten- und Leistungsrechnung.

Da in einer Betrachtungsperiode nicht alle Produkte den gesamten Leistungserstellungsprozess durchlaufen haben müssen, und sich somit in einem verkaufsfähigen Zustand befinden, gilt das oben angesprochene gleichermaßen auch für die **unfertigen Erzeugnisse**.

Ein dritter Fall des nötigen Ansatzes zu Herstellungskosten ergibt sich dann, wenn die Unternehmung benötigte Anlagen selbst erstellt. Auch für die Aktivierung **selbst erstellter Anlagen** (in der Gewinn- und Verlustrechnung: **aktivierte Eigenleistungen**) hat die Kosten- und Leistungsrechnung die benötigten Zahlen zur Verfügung zu stellen.

Wie sich die Herstellkosten ermitteln, ist im Wesentlichen Gegenstand des Kapitels IV.

6.5 Dispositions- und Planungsaufgabe

Eine wesentliche Aufgabe der Kosten- und Leistungsrechnung ist es, Informationen bereitzustellen, die für Entscheidungen bzw. Entscheidungsrechnungen benötigt werden. Das diesbezüglich angesprochene Spektrum ist recht groß. Deshalb sollen hier nur die wichtigsten und typischen Entscheidungssituationen skizziert werden, in denen sich die kostenrechnerische Unterstützung bewährt hat.

(1) Programmplanung

Im Rahmen der Programmplanung gilt es, das **optimale Absatz- und Produktionsprogramm** festzulegen. Hinsichtlich des Absatzprogramms ist zunächst die Frage aufzuwerfen, welche Produkte gegebenenfalls neu aufzunehmen und welche zu eliminieren sind. Im zweiten Schritt wird man dann das Absatzprogramm, unter Zugrundelegung der Erlös- und Kostenstrukturen des Produktionsprogramms einschließlich der technischen Rahmenbedingungen, mengenmäßig optimieren. Dieses geschieht mit Methoden des Operations- Research, ist aber ohne die notwendigen Kosten- und Erlösinformationen nicht möglich.

(2) Verfahrensvergleich

Verfahrensvergleiche dienen dazu, die Kosten des Produktionsprogramms zu minimieren. Es stellen sich z. B. Fragen der **optimalen Materialzusammensetzung** und Substitution. So ersetzten im Automobilbau Kunststoffe zunächst die Chromteile und sind heute bereits vielfach tragende Karosseriebestandteile.

Vielfach können in Industriebetrieben neben **unterschiedlichen Maschinen** aber auch **unterschiedliche Fertigungsverfahren** eingesetzt werden. So wurde z.B. in der Automobilindustrie der Frage nachgegangen, künftig Automobilkarosserien zu kleben statt zu schweißen. Die Vorteile des Klebens gegenüber des Punktschweißens bestehen darin, dass das Blech nicht verletzt wird; Korrosionsstellen erst gar nicht entstehen und die Verwendung dünnerer Bleche ermöglicht wird, weil die im Gegensatz zum Punktschweißen durchgängige Verbindung die Karosserie steifer macht.

(3) Losgrößen- und Lagerplanung

Kostenrechnerische Informationen sind nötig zur Bestimmung der **optimalen Losgröße**. Lohnt es sich, Produkte in großen Serien zu fertigen und dann auf Lager zu nehmen oder ist eine Produktion in kleinen Serien mit zwar zunehmenden losgrößenfixen Erzeugniskosten (Rüstkosten), aber abnehmenden zeitabhängigen Lagerhaltungskosten sinnvoll?
Gleichfalls gilt es, für den Einkauf die **optimale Bestellmenge** zu ermitteln. Große Bestellmengen reduzieren die fixen Bestellkosten pro Stück, erhöhen jedoch die Lagerhaltungskosten.

(4) Eigenfertigung versus Fremdbezug

Die Kostenrechnung soll ferner Informationen über die Bereitstellungsverfahren liefern. Lohnt sich die Erstellung eines Zubehörteils oder ist es sinnvoller, dieses hinzuzukaufen? Die Fragen des make or buy gehen jedoch über den Produktionsbereich hinaus. Insbesondere alle zentralen Dienste – wie z.B. die Datenverarbeitung, die Marktforschung, die Rechts- und/oder Steuerabteilung, der zentrale Reparaturdienst u.ä. – haben sich dieser Frage zu stellen.
Dies mag ein einfaches **Beispiel** zeigen:

In der Kostenstelle 5061, Abteilung „Tischlerei", waren im vergangenen Jahr sieben Personen beschäftigt: zwei Meister, vier Facharbeiter und ein Lehrling. Die Personalkosten beliefen sich auf 196.000,– € (2 x 40.000,– € + 4 x 27.500,– € + 1 x 6.000,– €). Die auf dieser Kostenstelle kontierten Sachaufwendungen beliefen sich auf 120.000,– €.
Bei 1.500 Stunden produktiver Arbeitszeit pro Beschäftigter wäre somit ein Stundensatz von ca. 30,– € kostendeckend.
Was hat zu geschehen, wenn extern die Stunde „Schreinerarbeiten" für knapp 20,– € zu beziehen wäre?

(5) Kauf versus Miete oder Leasing

Welche Güter (Gebäude, technische Anlagen, Maschinen bis hin zu Autos, PCs, Kopiergeräte u.ä.) sollen gekauft, gemietet oder geleast werden. Ohne kostenrechnerische Informationen über z.B. Abschreibungen, Betriebskosten u.ä. können solche Entscheidungen nicht getroffen werden.

(6) Absatzmethoden

Ähnlich gelagert wie das make-or-buy-Problem stellt sich auch im Vertrieb die Frage, ob es sich lohnt, den Vertrieb über **eigene Reisende** (fest angestelltes Personal) oder über **freie Handelsvertreter**, die auf Provisionsbasis entlohnt werden, abzuwickeln. Weiterhin fragt sich, ob ein Betrieb seine Produkte direkt an den **Endverbraucher** oder aber unter Einschaltung des **Einzel- oder Großhandels** ausliefern soll. Natürlich hat auch hier die Kostenrechnung Zahlen für entsprechende Wirtschaftlichkeitskontrollen zur Verfügung zu stellen. Dabei geht es weniger um Fragen der Effizienz der einzelnen Mitarbeiter, denn dies ist bereits im Rahmen der Wirtschaftlichkeitskontrollen der Kostenstellen zu überprüfen. Gedacht ist hier vielmehr an solche Fragen wie: hat sich der **Werbefeldzug** gerechnet, wird in den richtigen Medien geworben, **wie viele Verkaufsniederlassungen** sind **wo** einzurichten u.a.m.?

(7) Investitionsentscheidungen

Sieht man von gesetzlich vorgeschriebenen Investitionen ab, sollten nur solche getätigt werden, die wirtschaftlich sinnvoll sind. **Erweiterungsinvestitionen** müssen zu nachhaltigen Erlösverbesserungen führen, sollen remanente Kosten vermieden werden. **Ersatzinvestitionen** müssen über Kosteneinsparungen zu Ergebnisverbesserungen führen, denn sonst lohnt sich die Anschaffung der neuen Anlage oder Maschine nicht. Investitionsentscheidungen sind nicht nur unter dem Markt der einmaligen Investitionsauszahlung zu treffen. Oft führen gerade die daraus resultierenden Betriebskosten zu einer erheblich verbesserten Einschätzung.

6.6 Dokumentationsaufgabe

Das Aufgabenspektrum der in Kapitel 6.4 angesprochenen Publikationsaufgabe kommt dem hier anzusprechenden Sachverhalt sicherlich sehr nahe. Dies erklärt auch, dass einige Autoren hier gleichfalls von einer Publikationsaufgabe sprechen (vgl. z.B. Hoitsch/Lingnau 2004, S. 380; Schildbach/Homburg 2009, S. 18). Da im Folgenden hingegen konkrete Vorgaben einer kostenrechnerischen Ausgestaltung vorliegen, und diese nachvollziehbar nachzuweisen bzw. zu dokumentieren sind, wollen wir hier von der Dokumentationsaufgabe sprechen.

Immer dann, wenn öffentliche Auftraggeber oder Leistungsersteller auf private Personen, Unternehmen oder Institutionen treffen und Marktpreise nicht unmittelbar vorhanden sind, sind spezielle Vorschriften zur Kalkulation bzw. Vorgaben für eine Kostenrechnung zu beachten. Grundlage ist hierfür die **Verordnung über die Preise bei öffentlichen Aufträgen** (VPöA bzw. **VO PR**) des Bundesministeriums der Wirtschaft, die gemeinsam mit den **Leitsätzen für die Preisermittlung aufgrund von Selbstkosten (LSP**, Anhang der VPöA, 1953) die Preisfindung bei öffentlichen Aufträgen von Bund, Ländern, Kommunen und juristischen Personen/Körperschaften des öffentlichen Rechts regelt. Hierzu zählen insbesondere Bundesministerien, wie z.B. das für Verteidigung, die Bundesbahn, die Bundesversicherungsanstalt, Landesbauämter, Stadtwerke, Rundfunkanstalten oder Hochschulen.

Die LSP gliedern sich in drei Abschnitte (vgl. im Folgenden auch Diedrich 1988, Sp. 1023ff; Diedrich 1993 Sp. 298ff):

Im ersten wird der Auftraggeber zur „...Führung eines geordneten Rechnungswesens" (Abschnitt I, Nr. 1, S. 1 LSP) verpflichtet. Darüber hinaus wird eine Abstimmung der Kosten- und Leistungsrechnung (KLR) mit der Finanzbuchhaltung (FiBu) sowie eine im Sinne der LSP nachvollziehbaren Selbstkostenpreisermittlung verlangt (vgl. Abschnitt I, Nr.2, S.2 sowie Abschnitt I, Nr. 3b LSP).

Im zweiten Abschnitt sind allgemeine kostenrechnerische Grundsätze zur „Preisermittlung auf Grund von Selbstkosten" enthalten. Da sich die Kosten aus „...Menge und Wert der für die Leistungserstellung verbrauchten Güter... und Dienste" (Abschnitt II, Nr. 4, Z.1 LSP) ergeben, wird somit grundsätzlich auf eine Istkostenrechnung (vgl. Schildbach/Homburg 2009, S. 193) auf Vollkostenbasis (vgl. Hoitsch/Lingnau 2004, S. 380) abgestellt. Andererseits sind nur die Kosten zu berücksichtigen, die „...bei einer wirtschaftlichen Betriebsführung" (Abschnitt II, Nr. 4, Z. 2 LSP) entstehen. Sind Abweichungszurechnungen möglich, können auch andere Kostenrechnungssysteme herangezogen werden (vgl. Abschnitt II, Nr. 4, Z. 4 LSP). Somit wären auch Systeme einer Normalkostenrechnung(vgl. Schildbach/Homburg 2009, S. 208) bzw. plankostenrechnerische Ansätze zulässig. Obgleich alle Kalkulationsverfahren zugelassen werden (vgl. Abschnitt II, Nr. 5, Z. 2 LPP), wird im Wesentlichen auf das Grundschema der Zuschlagskalkulation (vgl. Abschnitt II, Nr. 10, Z. 3 LSP oder auch Hoitsch/Lingnau 2004, S. 379) abgestellt. Abweichend von der traditionellen Selbstkostenpreisermittlung ist im Sinne der LSP in den Selbstkosten noch ein (kalkulatorischer) Gewinn enthalten (vgl. Abschnitt II, Nr. 4, Z. 3 und Nr. 10, Z 3 LSP).

Im Abschnitt III werden nun die jeweiligen „Bestandteile des Selbstkostenpreises" erläutert. Neben den zu erwartenden Kostenkomponenten (Stoff- = Materialkosten, Personalkosten, Instandhaltung, Forschungs- und Entwicklungskosten, Steuern, Gebühren, Mieten, Vertriebssonderkosten u.ä.) sind im Abschnitt III, Gliederungspunkt K, auch kalkulatorische Kosten ausgewiesen, denen hingegen – wie den übrigen Positionen auch – Grenzen gesetzt werden.

Sind öffentliche Einrichtungen Lieferant von Leistungen, so sind mit den landesrechtlichen **Kommunalabgabegesetzen (KAG)** bzw. Gebührengesetzen und Entgeltordnungen entsprechende Regelungen übernommen worden.

Ein typisches Beispiel liefert die **Krankenhaus-Buchführungsverordnung (KHBV)** in der Fassung von 2002. Nach dieser Vorschrift hat eine Krankenhaus eine KLR durchzuführen, „... die eine betriebsinterne Steuerung sowie eine Beurteilung der Wirtschaftlichkeit und Leistungsfähigkeit erlaubt" (§ 8 KHBV). Insbesondere ist eine Kostenarten- und Kostenstellenrechnung einzurichten (vgl. § 8 KHBV, Z.1 und Z. 3), die sich aus der Finanz- und Geschäftsbuchhaltung ableiten lässt (Z. 2). Eine Kostenträgerrechnung (Kalkulation) ist zwar nicht gesetzlich vorgeschrieben, aber da die Leistungen heute primär mit Fallpauschalen (Diagnostic Retated Groups, DRG) entgolten werden, für ein Krankenhaus eigentlich unentbehrlich. Das DRG - System bietet Anhaltspunkte einer möglichen Spezialisierung. Krankenhäuser sollten sich auf solche Leistungen konzentrieren, die niedrigere Kosten verursachen als ihre Abrechnung nach der DRG – Fallpauschale (=Erlöse).

Auch in anderen regulierten Bereichen kommt der KLR eine Dokumentationsaufgabe zu. So müssen sich z.B. die Gebühren der Telekom AG für die Gewährung eines Netzzuganges an den tatsächlich entstandenen Kosten orientieren (vgl. § 24 TKG).
Die Gefahr, innerhalb dieses Sektors Preise zu gestalten ist natürlich hoch, da im Sinne der LSP nur Preisobergrenzen festgelegt werden (vgl. Hoitsch/Lingnau 2004, S. 380). Da bei öffentlichen Aufträgen ohnehin nur der kostengünstigste zum Zuge kommt, wird diese Gefahr relativiert (Problem: „Frühstückskartell"). Da in der Regel von einer Monopolsituation auszugehen ist, fehlen im umgekehrten Fall oft solche Vergleichsmaßstäbe.
Andererseits nehmen die Anforderungen an eine entsprechend ausgereifte KLR auch im privaten Sektor zu: bei der Vergabe von Bankkrediten stehen – als Folge von Basel II - mehr und mehr auch konkrete KLR – Aspekte im Mittelpunkt der Verhandlungsgespräche.

7 Selbstkontroll- und Übungsaufgaben

Selbstkontroll- und Übungsaufgaben unterscheiden sich derart, dass mit den Selbstkontrollaufgaben eine Art Repetitorium der Lerninhalte beabsichtigt ist. Ihre Antworten lassen sich im Text des entsprechenden Gliederungspunktes nachlesen. Die Aufgabenziffer ist nicht fett gesetzt. Übungsaufgaben – fett gesetzte Aufgabenziffern – stellen in gewisser Weise eine Anwendung der Lerninhalte dar. Ihre Lösungen sind im Musterlösungsteil wiederzufinden.

Aufgaben zum Gliederungspunkt 2

Aufgabe 1
Warum ist die Gewinn- und Verlustrechnung nicht zur Unternehmenssteuerung geeignet?

Aufgaben zum Gliederungspunkt 3.1

Aufgabe 2
Prüfen Sie bei folgenden Sachverhalten, ob und in welcher Höhe neutrale Aufwendungen, Zweckaufwendungen (Grundkosten), Anderskosten und Zusatzkosten angefallen sind:
a)   gezahlte Versicherungsprämie für das Auto der Tochter des Firmeninhabers: 1.000,– €
b)   Verkauf einer Maschine für 1.000,– €, deren Buchwert 1.600,– € betrug
c)   Spende an eine politische Partei: 2.000,– €
d)   die Kfz-Versicherung des betrieblich genutzten Pkws wird fällig: 1.100,– € (Halbjahresbetrag)

e) Einkauf von Rohstoffen, die sofort in die Produktion eingehen: 20.000,– €
f) Auszahlung von Fertigungslöhnen: 30.000,– €
g) die Betriebsräume gehören dem Inhaber, eine Vermietung würde
    1.000,– € erbringen
h) Einkauf von Rohstoffen für 18.000,– €; ein Drittel davon geht auf Lager
i) bevor die gemäß h) eingelagerten Rohstoffe eingelagert werden können,
    werden sie gestohlen
j) Verbrauch von Rohstoffen aus dem Lager
k) die bilanziellen Abschreibungen belaufen sich auf 60.000,– €, die
    kalkulatorischen auf 70.000,– €
l) Forderungsverluste werden bilanziell mit 3 % und kalkulatorisch mit 4 %
    angesetzt
m) der Unternehmer setzt für seine Mitarbeit einen kalkulatorischen
    Unternehmerlohn von 3.000,– € an

Aufgabe 3
Bilden Sie für die folgenden Sachverhalte jeweils Beispiele und fügen sie diese in
die folgende Tabelle ein

Sachverhalte	Beispiel
Finanzauszahlung:	
Ausgabe jetzt, Aufwand später:	
Ausgabe = Aufwand:	
Aufwand, nicht Ausgabe:	
Aufwand jetzt, Ausgabe früher:	
betriebsfremder Aufwand:	
außerordentlicher Aufwand:	
periodenfremder Aufwand:	
Zweckaufwand = Grundkosten:	
Anderskosten:	
Zusatzkosten:	
Finanzeinzahlungen:	
Einnahme jetzt; Ertrag später:	
Einnahme jetzt, Ertrag früher:	
Einnahme = Ertrag:	
Ertrag jetzt, Einnahme später:	
Ertrag jetzt, Einnahme früher:	
betriebsfremder Ertrag:	
außerordentlicher Ertrag:	
periodenfremder Ertrag:	

Aufgabe 4
Eine Unternehmung erwirbt im März Rohstoffe und lagert sie ein. Der Lieferant
erhält im April einen Wechsel, den er im Juni bar einlöst. Im Mai werden die Rohstoffe für Produktionszwecke eingezahlt. Wann entstehen die entsprechenden Aus-

zahlungen, Ausgaben, Aufwendungen und Kosten, wenn als Abrechnungsperiode der Kalendermonat gewählt wird. Tragen Sie das Ergebnis Ihrer Überlegungen in die folgende Tabelle ein:

	März	April	Mai	Juni
Auszahlung				
Ausgabe				
Aufwand				
Kosten				

Aufgabe 5
Prüfen Sie für die folgenden Sachverhalte, ob es sich um eine Einzahlung, Einnahme, Ertrag, neutraler Ertrag oder Zweckertrag handelt.
a) ein Mitgesellschafter stockt seine Kapitaleinlage auf: 50.000 €
b) erstellte Waren im Wert von 20.000 € gehen auf Lager
c) ein Kunde leistet eine Anzahlung in Höhe von 10.000 €
d) die in c) angezahlten Produkte werden ausgeliefert; Wert: 30.000 €
e) es konnten Kursgewinne beim Verkauf eines Wertpapierdepots in
   Höhe von 3.000 € realisiert werden
f) eine voll abgeschriebene Anlage konnte zu 5.000 € veräußert
   werden
g) Waren im Wert von 10.000 € wurden ausgeliefert
h) aufgrund einer steuerlichen Außenprüfung kommt es zu einer Gewerbesteuer-
   Rückerstattung in Höhe von 7.000 €
i) Warenverkauf auf Ziel: 20.000 €

Aufgaben zum Gliederungspunkt 3.2

Aufgabe 6
Nennen Sie typische Beispiele für fixe und variable Kosten?

Aufgabe 7
Was versteht man unter Mischkosten? Bilden Sie Beispiele.

Aufgabe 8
Nehmen Sie zur Veränderbarkeit von fixen Kosten Stellung.

Aufgabe 9
Bilden Sie Beispiele für die wichtigsten Kostenverläufe.

Aufgabe 10
Was versteht man unter remanenten Kosten?

Aufgabe 11
Bilden Sie Beispiele für die wichtigsten Einzelkostenkategorien und für Gemeinkosten.

Aufgabe 12
Was sind „unechte" Gemeinkosten?

Aufgabe 13

In einer Unternehmung wird die betriebliche Leistungserstellung durch folgende Gesamtkostenfunktion beschrieben:

$K = 600 + 1,2x$

a) Handelt es sich um bei dem vorgegebenen Kostenverlauf um proportionalem, degressiven oder progressiven Kostenverlauf?

b) Die Kapazität des Betriebes liegt bei 400 Mengeneinheiten. Ermitteln Sie die folgenden Kostengrößen bei voller Kapazitätsauslastung:

Gesamtkosten	(K)
variable Gesamtkosten	(K_v)
fixe Gesamtkosten	(K_F)
gesamte Stückkosten	(k)
variable Stückkosten	(k_v)
fixe Stückkosten	(k_f)
Grenzkosten	(K')

c) Durch Verhandlungen mit dem Zulieferanten konnte ein betrieblicher Rabatt erreicht werden, der ab Bezugsmengen von mehr als 200 Mengeneinheiten greift. Es stellen sich somit die folgenden neuen Kostenfunktionen ein:

$K_1 = 600 + 1,2x$ für $\quad 0 \le x \le 200$

$K_2 = 600 + 0,9x$ für $201 \le x \le 400$

Welche Kostengrößen sind beeinflusst worden und welche neuen Kosten stellen sich nun im Vergleich zu b) ein?

d) Bei welcher Ausbringungsmenge fallen beim unter c) angenommenen Kostenverlauf die gesamten Stückkosten (k) unter die variablen Stückkosten (k_v)?

Aufgabe 14

Eine betriebliche Kostenstelle produziert 100 Leistungseinheiten zu gesamten Durchschnittskosten von $k= 40$. Die Grenzkosten dieser Kostenstelle sind konstant und belaufen sich auf $K' = 20$. Wie lautet die Gesamtkostenfunktion dieser Kostenstelle?

Aufgabe 15

Eine Kostenstelle mit der Kostenfunktion $K = 36.000 + 8x$ kann in der Periode maximal 8.000 Stück herstellen. Um wie viel Prozent steigen die bei Vollbeschäftigung geltenden gesamten Stückkosten, wenn die Beschäftigung um 20% sinkt?

Aufgabe 16

Es wird von einer linearen Gesamtkostenfunktion ausgegangen. Wie lautet diese, wenn bei einer Ausbringungsmenge von 300 Stück die gesamten Stückkosten 6 € und bei einer Ausbringungsmenge von 400 Stück die Grenzkosten 2 € betragen?

Aufgabe 17

a) Ermitteln Sie für die s-förmige Gesamtkostenfunktion

$\quad K = 100 + 1/3x^3 - 4x^2 + 18x$ die

- Gesamtkosten und Gesamtstückkosten
- variablen Gesamtkosten und variablen Stückkosten
- fixen Gesamtkosten und fixen Stückkosten
- Grenzkosten

bei einer Ausbringungsmenge von 3 und 8 Stück

b) Bestimmen Sie den Wendepunkt der Gesamtkostenkurve bzw. das Minimum der Grenzkostenkurve.

Aufgabe 18
Folgende Kosten liegen Ihnen für die letzte Abrechnungsperiode vor:

- Akkordlöhne   40.000 €
- Hilfslöhne   40.000 €
- Gehälter   80.000 €
- Rohstoffaufwand   70.000 €
- Hilfsstoffaufwand   20.000 €
- Betriebsstoffaufwand   10.000 €
- bezogene Komponenten für Einzelaufträge   30.000 €
- Energiekosten   20.000 €
- Mieten / Raumkosten   10.000 €
- Versicherungen, Gebühren   8.000 €
- Abschreibungen auf Sachanlagen   15.000 €
- Werbungs- und Reisekosten   10.000 €
- Frachtkosten   6.000 €
- Kommunikationskosten (Tel., Fax, etc.)   5.000 €
- Sonstige Kosten   2.000 €
                                                                       366.000 €

Wie hoch sind die Einzel- bzw. Gemeinkosten der Periode?

Aufgabe 19
Für die Kostenstelle „Drehautomat" fielen in der letzten Periode folgende Kosten an:

Abschreibungen	6000 €	Material(einzel)kosten	4000 €
Zinsen	4000 €	Hilfsstoffe	2000 €
Miete/Raumkosten	8000 €	Fertigungslöhne	2000 €
Gehälter	2000 €	Energie (zu 2/3 Variabel)	6000 €

Es wurden in der Periode 500 Leistungseinheiten bearbeitet.
Ermitteln Sie die Kostenfunktion.

Aufgaben zum Gliederungspunkt 4.1

Aufgabe 20
Skizzieren Sie anhand verschiedener Merkmale die Unterschiede zwischen dem internen und externen Rechnungswesen.

Aufgaben zum Gliederungspunkt 4.2

Aufgabe 21
Wovon hängt primär die Aufbauorganisation des Rechnungswesens ab? Skizzieren Sie diese in ihren Extremvarianten.

Aufgaben zum Gliederungspunkt 4.3

Aufgabe 22
Welche Aufwand- und Ertragspositionen des Rechnungskreises I werden nicht oder nur teilweise in den Rechnungskreis II übernommen.

Aufgabe 23
Welche Positionen werden im Rechnungskreis II höher angesetzt als im Rechnungskreis I und warum?

Aufgabe 24
Was versteht man unter einer ratierlichen Verrechnung?

Aufgabe 25
Welche Positionen werden im Rechnungskreis II berücksichtigt, die sich nicht im Rechnungskreis I befinden.

Aufgabe 26
Wodurch unterscheiden sich der IKR und der GKR und welche Konsequenzen hat dies für die Kostenrechnung?

Aufgabe 27
Was versteht man unter einem Ein- und Zweikreissystem?

Aufgabe 28
Welche Vorteile bieten der GKR für die Einrichtung eines Einkreissystems?

Aufgaben zum Gliederungspunkt 5.1

Aufgabe 29
Beschreiben Sie die klassischen Teilgebiete der Kostenrechnung.

Aufgabe 30
Was versteht man unter der Primärkostenerfassung und der Sekundärkostenrechnung?

Aufgaben zum Gliederungspunkt 5.2

Aufgabe 31
Beschreiben Sie das Verursachungsprinzip in der kausalen und finalen Fassung.

Aufgabe 32
Was versteht man unter dem Marginal- und Identitätsprinzip?

Aufgabe 33
Welche Hilfs- oder Kostenanlastungsprinzipien kennen Sie und wie sind sie zu beurteilen?

Aufgabe 34 (vgl. ähnlich Haberstock, 2008, S. 211)
Ein Betrieb stellt bei Fixkosten von 21.000 € insgesamt in der Abrechnungsperiode drei Produkte mit den folgenden Daten her:

Produkt	Produktions- und Absatz- menge (Stück)	Variable Kosten insgesamt (€/Periode)	Gewicht (kg/stück)	Absatzpreis (€/Stück)
1	1.000	9.000	4	20,–
2	2.000	6.000	2	8,–
3	3.000	12.000	3	7,–

Ermitteln Sie die Fixkosten pro Produktart und Stück nach
   a) dem Verursachungsprinzip (kausale Interpretation)
   b) dem Durchschnittsprinzip
   ba) mit der Stückzahl als Schlüsselgröße
   bb) mit den variablen Kosten als Schlüsselgröße
   c) dem Tragfähigkeitsprinzip
   ca) mit dem Gewicht als Schlüsselgröße
   cb) mit dem Absatzpreis als Schlüsselgröße.

Aufgaben zum Gliederungspunkt 6.1
Aufgabe 35
Wie sollte eine kurzfristige Erfolgsrechnung aufgebaut sein, damit sie auch kosten-
rechnerischen Zwecken dienlich ist? Begründen Sie Ihren Vorschlag.

Aufgabe 36
Für den Monat „Mai" belaufen sich die Umsatzerlöse auf 120.000 €, wovon alleine
das Produkt C die Hälfte beisteuerte. Der Restumsatz verteilte sich auf die Produkte A und B im Verhältnis 2 : 1. Die proportionalen Materialkosten belaufen sich auf
30 % des Umsatzes und die proportionalen Fertigungslohnkosten auf 20 %. An
fixen Gehältern sollen jedem Produkt 10.000 € zugeordnet werden. Die sonstigen
(fixen) Kosten werden jedem Produkt mit jeweils 7.000 € angelastet. Stellen Sie
eine undifferenzierte und nach Artikeln differenzierte Erfolgsrechnung auf.

Aufgaben zum Gliederungspunkt 6.2
Aufgabe 37
Ein Industriebetrieb, der nur ein Produkt herstellt, hat 10.000 € fixe Kosten pro Periode. Die maximale Kapazität beträgt 4.000 Stück. Die proportionalen Kosten belaufen sich auf 20,– € je Stück. Das Produkt kann für 25,– € je Stück abgesetzt
werden.
   a) Zeichnen Sie die Gesamtkosten- und Umsatzkurve.
   b) Zeichnen Sie die Grenzkostenkurve, die Kurve der durchschnittlichen
      Gesamtkosten und der durchschnittlichen variablen
      Kosten sowie die Grenzumsatzkurve.
   c) Bestimmen und tragen Sie in die Zeichnung ein: Gewinnschwelle, Gewinn-
      maximum und Gewinngrenze.
   d) Welche kritischen Punkte fallen zusammen und warum?
   e) Bestimmen Sie die kurz- und langfristige Preisuntergrenze.

Aufgabe 38
Für eine Unternehmung gilt die Kostenfunktion $K = 4.000 + 60x$ und die Preisab-
satzfunktion $p = 300 - 3x$. Die Kapazitätsgrenze liegt bei $x = 70$.
   a) Tragen Sie die Kostenfunktion und die Umsatzfunktion in eine Zeichnung ein.
   b) Bestimmen Sie rechnerisch und graphisch k, k_v, K' und U'.
   c) Bestimmen Sie rechnerisch und graphisch: die Gewinnschwelle, das Gewinn-
      maximum und die Gewinngrenze.
   d) Bestimmen Sie die langfristige und kurzfristige Preisuntergrenze.

Aufgabe 39

Sie planen Ihren nächsten Sommerurlaub. Die Frage ist nur, wie ihn finanzieren? Da es in Südfrankreich warm ist, viele Touristen am Strand liegen und Sie der französischen Sprache mächtig sind, haben Sie sich überlegt, ein neues Strandset, bestehend aus „Schwimmring, Plastikschaufel und -ball" am Strand zu verkaufen, um den Urlaub zu finanzieren.

Den maximal am Strand erzielbaren Preis schätzen Sie auf 8,– €/Set. Wenn Sie ihr Set an andere Strandverkäufer - und das erscheint Ihnen anhand des weitläufigen Strandgeländes als sinnvoll – weitergeben, erwarten diese – so schätzen Sie – eine Handelsspanne von 30 % pro Set. Ihre eigenen Kosten (Anreise, Hotelunterkunft, Verpflegung etc.) liegen für 2 Wochen bei ca. 2.000,– € und Sie glauben, in den 2 Wochen ca. 800 Sets an die Strandfrau, den Strandmann bzw. die „quengelnden" Strandkinderchen verkaufen zu können.

Da Sie einige ausgedehnte Diskothekenbesuche nicht ausschließen wollen, möchten Sie einen Gewinn von 1,– €/Set erzielen. Was dürfen Sie maximal für das aus Hongkong bezogene Plastik-Set bezahlen?

Aufgabe 40

Was spricht für und gegen eine Orientierung innerbetrieblicher Verrechnungspreise an Kostengrößen?

Aufgaben zum Gliederungspunkt 6.3

Aufgabe 41

Skizzieren Sie das Wirtschaftlichkeitsprinzip.

Aufgabe 42

Was sind die wesentlichen Objekte einer Wirtschaftlichkeitskontrolle.

Aufgaben zum Gliederungspunkt 6.4

Aufgabe 43

Wofür sind kostenrechnerische Angaben zur Festlegung der Herstellkosten nötig?

Aufgaben zum Gliederungspunkt 6.5

Aufgabe 44

Für welche Entscheidungssituationen hat die Kostenrechnung Informationen bereitzustellen?

Aufgabe 45

Sie planen ein neues Produkt auf den Markt zu bringen. Zur Produktion bieten sich drei Maschinen an, die durch folgende Kostenfunktion charakterisiert sind:

K_I = 1.200 + 18x
K_{II} = 1.800 + 14x
K_{III} = 2.600 + 10x

Bei welchen Absatzmengen bietet sich welche Maschine an?

Aufgabe 46
Für den Verkauf eines Produktes bietet sich eine freie Handelsvertretung an, die 10 % des Verkaufserlöses als Provision erwartet. Würden Sie einen festen Vertriebsmitarbeiter anstellen, erwarten Sie ein monatliches Bruttogehalt (incl. Arbeitgeberanteil zur Sozialversicherung) von ca. 3.000 €. Ab welcher Absatzmenge „rechnet" sich eine Einstellung?

Aufgaben zum Gliederungspunkt 6.6
Aufgabe 47
Skizzieren Sie den Aufbau der Leitsätze für die Preisermittlung aufgrund von Selbstkosten.

Aufgabe 48
Welche kostenrechnerischen Mindestanforderungen werden durch die LSP gestellt?

Aufgabe 49
Dürfen bei der Selbstkostenermittlung im Sinne der LSP kalkulatorische Kosten einbezogen werden? Wenn ja, welche und welche nicht? Wie ist ein kalkulatorischer Gewinnzuschlag zu beurteilen?

Aufgabe 50
Auf welche Leistungen sollte sich ein Krankenhaus beschränken und warum?

II. Kostenartenrechnung

1 Lernziele

Wenn Sie das Kapitel II durchgearbeitet haben, sollten Sie

- die Aufgaben der Kostenartenrechnung kennen;

- Kostenarten nach unterschiedlichen Kriterien gliedern können;

- die Grundsätze der Kostenartenbildung kennen;

- zur Bedeutung der wichtigsten Kostenarten Stellung nehmen können;

- die Methoden zur Erfassung des Materialverbrauchs beschreiben können;

- die Verbrauchsbewertungsmöglichkeiten aus kostenrechnerischer Sicht beurteilen können;

- Brutto- und Nettolöhne bzw. -gehälter unterscheiden können;

- Fertigungs- und Hilfslöhne voneinander abgrenzen können;

- die Lohnermittlungsformen beschreiben können;

- die wichtigsten Personalnebenkosten kennen;

- die Notwendigkeit der Bildung von kalkulatorischen Kosten begründen können;

- die wichtigsten Abschreibungsursachen kennen;

- zu den Determinanten des Abschreibungsbetrages aus kostenrechnerischer Sicht Stellung nehmen können;

- die Notwendigkeit zur Berechnung kalkulatorischer Zinsen begründen und ihre Berechnungsmöglichkeiten beschreiben können;

- kalkulatorische Wagnisse kennen und berechnen können;

- zur Verrechnung eines kalkulatorischen Unternehmerlohnes und einer kalkulatorischen Miete Stellung nehmen können.

2 Bedeutung, Aufgaben und Aufbau der Kostenartenrechnung

Die Kostenartenrechnung ist die erste Stufe einer jeden Kostenrechnung. Ein wesentlicher **Hauptzweck** liegt dann auch darin – wie bereits in Kapitel I erwähnt –, als Basis die notwendigen Informationen für die Kostenstellen- und Kostenträgerrechnung zur Verfügung zu stellen. Darüber hinaus verfolgt sie aber auch durchaus **eigene Rechnungszwecke**:
„Die Kostenartenrechnung hat die Aufgabe, sämtliche für die Erstellung und Verwertung betrieblicher Leistungen innerhalb einer Periode anfallenden Kosten vollständig, eindeutig und überschneidungsfrei nach einzelnen Kostenarten gegliedert zu erfassen und auszuweisen" (Hummel/Männel 2004, S. 128).
Im Mittelpunkt der Kostenartenrechnung steht somit eher eine *geordnete Erfassung* als eine gesonderte Rechnung. Es geht darum,

- – alle Kosten einer Unternehmung zu erfassen,
- – die entsprechenden Kostenarten zu identifizieren und
- – die Kostenbeträge der einzelnen Kostenarten zu ermitteln.

Einer solchen Aufgabe kommt durchaus eine eigenständige Bedeutung zu. Dies wird insbesondere auch dann deutlich, wenn man bedenkt, dass in Klein- und Mittelbetrieben oft lediglich eine Kostenartenrechnung eingerichtet wird. Sie ist dann die **Grundlage der Planung, Analyse bzw. Kontrolle der Kostenarten**.
Wie haben sich die Kostenarten der Höhe nach im Periodenablauf entwickelt? Wie hoch ist der spezielle Anteil bestimmter Kostenarten an den Gesamtkosten? Und: wie wirken sich dann bestimmte Artenveränderungen (z.B. Lohnerhöhungen, Energiepreis-, Mieterhöhungen) auf die Gesamtkosten aus? So mag z.B. eine 3 %ige Gehaltserhöhung bewirken, dass sich die Personalkosten insgesamt um 2 % und die Gesamtkosten um 1 % erhöhen. Aggregiert und detailliert sind dann Zeit-, Betriebs- oder Unternehmensvergleiche möglich (vgl. insb. Kapitel V). Beliefen sich z.B. die Materialkosten in 2005 auf 100 Mio € und liegen sie 2010 bei 150 Mio €, so ist eine Steigerung von 50 % gegeben (Zeitvergleich) oder machen die Energiekosten eines Stahlwerkes A 12 % der Gesamtkosten aus und in einem Stahlwerk B 16 %, so könnte dies auf Unwirtschaftlichkeiten schließen lassen (Betriebsvergleich). Eine Kostenartenrechnung ist somit die Voraussetzung eines **Kostenartencontrollings**, das von vielen Unternehmen auch dann eingesetzt wird (wenn vielfach auch nicht so genannt), obwohl sie ansonsten über keine Kostenrechnung verfügen.

Der Kostenartenrechnung kommt ferner noch die Aufgabe zu, die Kosten nach ihrer Zurechenbarkeit auf Kostenträger in **Einzel- und Gemeinkosten** zu gliedern.
In der Praxis werden darüber hinaus auch Überlegungen hinsichtlich des Beschäftigungsverhaltens in **fixe und variable Kostenbestandteile** angestellt. Sofern eine Kostenstellenrechnung nicht eingeführt wird, mag dies gegebenenfalls unter Kalkulationsaspekten sinnvoller sein, als hierauf gänzlich zu verzichten. Andererseits ist dies auch kein ganz unproblematisches Verfahren. Im Regelfall sind nämlich gesamtunternehmensbezogene Aussagen (z.B. 80 % fix, 20 % variabel o.ä.) nicht möglich. Relevant sind die unterschiedlichen Leistungen der einzelnen Kos-

tenstellen, so dass die Differenzierung in fixe und variable Bestandteile im Rahmen einer differenzierten Kostenstellenrechnung erfolgen sollte.

Die Kostenartenrechnung ist ferner die **Basis der Ermittlung des** kurzfristigen, monatlichen **Betriebserfolges**.

Die Kostenartenrechnung entnimmt ihre Daten zum überwiegenden Teil der **Finanz- und Geschäftsbuchhaltung** (FiBu). Darüber hinaus liefern **Nebenbuchhaltungen** wie die Lohn- und Gehaltsabrechnung, die Lagerbuchhaltung oder die Anlagenbuchhaltung die notwendigen Zahlen.

Die **Lohn- und Gehaltsabrechnung** befasst sich mit allen Fragen der Lohnfindung, -verrechnung und -auszahlung.

Im Rahmen der **Lagerbuchhaltung** werden alle Zu- und Abgänge sowie die Bestände der unterschiedlichen Materialien erfasst.

Die **Anlagenbuchhaltung** überwacht die Zu- und Abgänge sowie Bestände sämtlicher Betriebsmittel einschließlich der vorzunehmenden Abschreibungen.

Für kalkulatorische Kosten, die sich nicht oder nur zum Teil aus buchhalterischen Geschäftsvorfällen ableiten lassen, sind im Rahmen der Kostenartenrechnung **Hilfsrechnungen** durchzuführen.

Bevor im Gliederungspunkt 4 die wichtigsten Kostenarten im Detail zu besprechen sind, sollen vorab die Differenzierungsmöglichkeiten (Gliederungspunkt 3) aufgezeigt werden. Der abschließende Gliederungspunkt 5 enthält dann wiederum die Selbstkontroll- und Übungsaufgaben.

3 Gliederung der Kostenarten

Die Gliederung der Kostenarten folgt den unterschiedlichsten Kriterien. Einen Überblick vermittelt die Abbildung 2.1

Kriterien für die Bildung von Kostenarten	
Kriterien	**Kostenarten**
1. Zurechenbarkeit auf die Kosten- träger	– Einzelkosten – Gemeinkosten
2. Verhalten bei Beschäftigungs- schwankungen	– variable Kosten – fixe Kosten
3. Produktions- und Kostentheorie	– Verbrauchsfaktoren (Repetierfaktoren) – Gebrauchsfaktoren (Potentialfaktoren)
4. in der Kostenartenrechnung er- fasste Kosten	– primäre Kosten – sekundäre Kosten
5. betriebliche Funktionsbereiche	– Beschaffungskosten – Fertigungskosten – Verwaltungskosten – Vertriebskosten
6. nach der Art der verbrauchten Produktionsfaktoren	– Materialkosten – Arbeitskosten – Kapitalkosten – Fremdleistungskosten – Kosten der menschlichen Gesellschaft

Abbildung 2.1: Gliederung der Kostenarten nach unterschiedlichen Kriterien

Die ersten zwei angeführten Unterscheidungsmerkmale wurden bereits hinreichend thematisiert. Die 3. Unterscheidung ist zwar theoretisch nicht uninteressant, wird aber von der Kostenrechnung in der Praxis kaum aufgegriffen.

Anders verhält es sich bei der 4. Unterscheidung. Man könnte diese Unterscheidung auch in der **Herkunft der Kosten** begründet sehen. Den **primären Kosten** – auch einfache oder ursprüngliche Kosten genannt – liegen solche zugrunde, die die Unternehmung von *außen* bezieht. Beispielhaft seien Löhne, Materialien, Fremddienstleistungen u.ä. genannt.

Sekundäre Kosten resultieren aus dem bewerteten Verbrauch selbsterstellter innerbetrieblicher Leistungen. Hierzu zählen z.B. die Kosten der selbsterzeugten Energie, der zentralen (Eigen-) Reparaturwerkstatt u.ä.

Eine häufig angesprochene Einteilung liegt mit **betrieblichen Funktionsbereichen** vor. Dieser dürfte heute eine noch gesteigerte Bedeutung zukommen, da das Umsatzkostenverfahren zur Gewinnermittlung (vgl. § 275 Abs. 3 HGB) sich nicht unwesentlich an Funktionsbereichen orientiert. Eine solche Systematisierung besitzt zwar eine große Bedeutung für die Kostenstellenrechnung, nicht jedoch für die Kostenartenrechnung. Hier hat sich eine sachliche Gliederung **nach den verbrauchten** bzw. in Anspruch genommenen **Produktionsfaktoren** weitestgehend durchgesetzt.

Die seitens einer Unternehmung als zweckmäßig eingeschätzte Kostenartengliederung schlägt sich im **Kostenartenplan** nieder. Auch heute noch in der Praxis weit verbreitet ist der im Jahre 1948/49 seitens des Bundesverbandes der Deutschen Industrie erarbeitete und empfohlene Gemeinschaftskontenrahmen der Industrie (GKR), der in der Kontenklasse 4 die in der Abbildung 2.2 dargestellte Systematik der Kostenarten bietet.

Kostenartenplan-Auszug	
40 Stoffkosten	463 Andere Steuern
400 Stoffverbrauch-Sammelkonto	464 Allgemeine Abgaben und Gebühren
403 Rohstoffe	465 Gebühren und dgl. für den gewerblichen Rechtsschutz
404 Hilfskosten	
405 Betriebsstoffe	466 Gebühren und dgl. für den allgemeinen Rechtsschutz
42 Brennstoffe, Energie	
420 Brenn- und Treibstoffe	467 Prüfungsgebühren und dgl
429 Energie	468 Beiträge und Spenden
43 Personalkosten	469 Versicherungsprämien
430 Löhne – Sammelkonto	
431 Fertigungslöhne	**47 Mieten, Verkehrs-, Büro- und Werbungskosten**
433 Hilfslöhne	
438 Andere Löhne	470 Raum-, Maschinenmieten
439 Gehälter und Tantiemen	472 Allgemeine Raumkosten
44 Sozialkosten und andere Personalkosten	473 Versandkosten
	474 Reisekosten
440 Sozialkosten	475 Personalkosten
440 Gesetzliche Sozialkosten	476 Bürokosten
447 Freiwillige Sozialkosten	477 Werbe- und Vertreterkosten
448 Andere Personalkosten	479 Finanzspesen und sonstige Kosten
45 Instandhaltung, verschiedene Leistungen	**48 Kalkulatorische Kosten**
450 Instandhaltung	481 Verbrauchsbedingte Abschreibungen
450 Instandhaltung an Grundstücken und Gebäuden, Maschinen, Fahrzeugen, Werkzeuge, Betriebs- und Geschäftsausstattung	482 Betriebsbedingte Zinsen
	483 Betriebsbedingte Wagnisprämien
	484 Unternehmerlohn
	485 Sonstige kalkulatorische Kosten
455 Allgemeine Dienstleistungen	**49 Innerbetriebliche Kosten- und Leistungsverrechnung, Sondereinzelkosten**
456 Entwicklungs-, Versuchs- und Konstruktionskosten	
457 Ausschuss, Gewährleistungen	490 Innerbetriebliche Kosten- und Leistungsverrechnung
46 Steuern, Gebühren, Beiträge, Versicherungsprämien	495 Sondereinzelkosten der Fertigung
	496 Sondereinzelkosten des Vertriebs
460 Vermögens-, Grundsteuern	498 Sammelkonto Zeitliche Abgrenzung
461 Gewerbesteuern	

Abbildung 2.2: Kostenartenplan bei Anwendung des GKR
Quelle: analog zu: Haberstock, 2008, S. 63

Erkennbar werden hier jedoch unterschiedliche Kriterien bemüht. Der Aufbau orientiert sich nach verbrauchten Produktionsfaktoren (z.B. Stoff-, Personalkosten, Steuern), nach dem Ort der Kostenentstehung (z.B. Bürokosten), nach dem Wertbegriff (z.B. pagatorische und kalkulatorische Kosten) und geht mit der Kontenklasse 49 über eine reine Primärkostenerfassung hinaus. Im Rahmen des 1971 gleichfalls vom Bundesverband der Deutschen Industrie herausgegebenen Industriekontenrahmens (IKR) findet sich die Kostenartendifferenzierung in den Klassen 6 und 7.

Bei dem in der Abbildung 2.2 vorgestellten Kontenplan handelt es sich um eine allgemeine Empfehlung. Die konkrete Ausgestaltung im Einzelfall hinsichtlich der Gliederungsnotwendigkeit und -tiefe hängt einerseits von den betriebsspezifischen Verhältnissen und andererseits von der zu Planungs- und Kontrollzwecken notwendig erachten Erfassungsgenauigkeit ab. Die konkrete Einteilung der Kostenarten bleibt jedem Betrieb freigestellt. Die Differenzierung des Kostenartenplans findet dort seine Grenzen, wo die zusätzlichen Erfassungskosten keinen Planungs- oder Kontrollnutzen mehr erbringen.

In jedem Fall sollten jedoch bei der Erstellung des Kostenartenplans die folgenden **Grundsätze** beachtet werden.

(1) Grundsatz der Reinheit

Nach dem Grundsatz der Reinheit (oder Eindeutigkeit) gilt es, möglichst saubere Kostenarten zu bilden. Unklare oder mehrdeutige Kostenartenbezeichnungen sind zu vermeiden. Als Beispiel einer „unsauberen Kostenart" verweist z.B. Haberstock (2008, S. 61) auf das gleichzeitige Auftreten von „Schlossereikosten" und „Lohnkosten" hin, da damit nicht mehr klar ist, wo die Schlosserlöhne zu erfassen sind. Unsaubere Kostenarten sind fast immer auch Mischkosten wie z.B. „sonstige Kosten". Sie gilt es, möglichst zu vermeiden. Wenn sie aus wirtschaftlichen Gründen dennoch gebildet werden, so sollten hier nur solche Kostenarten erfasst werden, die betragsmäßig gering sind und nicht regelmäßig anfallen (z.B. Fachliteratur, Fachzeitschriften im Industriebetrieb).

(2) Grundsatz der Einheitlichkeit

Nach dem Grundsatz der Einheitlichkeit (oder Überschneidungsfreiheit) soll gewährleistet werden, dass Kosten einer Kostenart einheitlich, d.h. personen- und zeitunabhängig auch gleichbleibend zugeordnet werden. Würden die Kostenarten nicht gleichbleibend in der Kostenartenrechnung angesprochen, so wären die Ergebnisse der Kostenrechnung im Periodenablauf nicht mehr vergleichbar und Fehler in den anderen Teilgebieten der Kostenrechnung (z.B. Kalkulation und Kontrolle) zwangsläufig. Zur sachlich richtigen Erfassung der Kostenarten dienen zunächst **eindeutige Begriffsbestimmungen**. Unklare, mehrdeutige Kostenartenbezeichnungen sind zu vermeiden. Eine einheitliche und sachlich richtige Erfassung sollte durch eindeutige und überschneidungsfreie Kontierungsvorschriften erreicht werden. Neben der Kostenartenbezeichnung sollten in den Kontierungsvorschriften jeweils typische Beispiele ausgewiesen werden. Da Zweifelsfragen niemals ganz auszuschließen sind, sollten gerade für solche Fälle möglichst Beispiele angeführt werden. Generell gilt, dass ein möglichst detaillierter Kostenartenplan zu den geringsten Überschneidungen und damit zur größten Eindeutigkeit führt. Andererseits sollte eine Kontierung auch möglichst schnell und einfach erfolgen können, d.h. der Grundsatz der Einheitlichkeit sollte sich auch in ökonomisch sinnvoller Weise erfüllen lassen (vgl. Haberstock 2008, S. 62).

(3) Grundsatz der Vollständigkeit

Es ist sicherzustellen, dass alle Kosten erfasst werden. Und dazu zählen – entgegen der Praxis vieler Klein- und Mittelbetriebe – auch die kalkulatorischen Kosten.

Die **Bedeutung der einzelnen Kostenarten** dürfte von Branche zu Branche divergieren. Spielen im Einzelhandel Raum-, Material- und Personalkosten eine dominierende Rolle, dürften im Großhandel daneben Transportkosten eine große Bedeutung erlangen. Im Dienstleistungssektor (z.B. Banken und Versicherungen) dominieren eindeutig die Personalkosten. In der Industrie sind erhebliche Unterschiede feststellbar. Dies zeigt die Abb. 2. 3:

(Werte in %) für 2008	(1)	(2)	(2.1)	(2.2)	(2.3)	(3)
Personalkosten	4,6	17,8	1,4	14,8	24,2	28,6
Materialkosten	73,1	60,8	67,0	60,0	55,8	61,6
Dienstleistungen	8,2	1,6	0,8	2,7	1,5	1,2
Miete/Pacht	1,2	1,3	0,4	1,0	1,3	2,8
sonstige Kosten	2,6	9,2	3,3	12,0	8,8	4,9
Kostensteuern	1,4	3,1	26,6	0,5	0,6	0,6
Abschreibungen auf Sachanlagen	2,0	2,6	0,7	3,1	2,2	1,7
Fremdkapitalzinsen	0,6	0,9	0,1	1,6	0,9	0,6
Pers. Kosten 98	14,1	22,8	2,7	22,1	30,4	33,8
Pers. Kosten 03	10,3	21,2	1,6	20,6	30,9	32,8
Pers. Kosten 08	4,6	17,8	1,4	14,8	24,2	28,6
Mat. Kosten 98	53,1	53,5	55,4	48,1	48,9	51,4
Mat. Kosten 03	55,8	55,8	57,4	49,3	49,9	52,9
Mat. Kosten 08	73,1	60,8	67,0	60,0	55,8	61,6

(1):   Energieversorgungsunternehmen
(2):   verarbeitendes Gewerbe insgesamt und speziell
(2.1): Mineralölverarbeitung   (2.2): Chemie
(2.3): Maschinenbau   (3):   Baugewerbe

Abbildung 2.3: Kostenstrukturen in der Industrie
Quelle: Statistisches Jahrbuch 2000,S. 183; 2005, S.369; 2010, S.377

Eindeutig überwiegt durchgängig der Einfluss der Materialkosten.
Im Detail zeigt sich:
Bei den Energieversorgungsunternehmen und in der Mineralölindustrie spielen die Personalkosten eine recht geringe (4,6%) bzw. eine fast schon zu vernachlässige Rolle (1,4%), wohingegen die Materialkosten mit 73 % bzw. 67 % als wesentliche Kostengröße dominieren. Wird von den Energieversorgungsunternehmen und dem Baugewerbe abgesehen, sind die sonstigen Kosten (mit ca. 7 % im Durchschnitt) nicht unerheblich. Hier handelt es sich vorwiegend um Vertriebskosten (Werbungskosten, Provisionen, Frachten u.ä.) und Beratungskosten.
Betrachtet man die Personalkosten im Zeitablauf, so steht ihrer durchwegs sinkenden Tendenz eine deutliche Zunahme der Materialkosten im gleichen Zeitablauf gegenüber. Im Verlaufe der letzten 10 Jahre ist somit eine Strategie des generell verfolgten outsourcing, verbunden mit einem gleichzeitigen Personalabbau, erkennbar. Einhergehen dürfte dies auch mit einer Verringerung der Wertschöpfung (Fertigungstiefe), der Beschränkung auf „Kernkompetenzen" und einer „Verlängerung/Verlagerung der Werksbank ins Ausland".

4 Erfassung und Verrechnung der wichtigsten Kostenarten

4.1 Materialkosten

Zu den Materialkosten (oft auch Werkstoff- oder einfach Stoffkosten genannt) zählen der Verbrauch von Roh-, Hilfs- und Betriebsstoffen einschließlich solcher für gekaufte Fertigteile (Rohstoffkosten) sowie Verschleißwerkzeuge (Betriebsstoffkosten). Die Erfassung der Zu- und Abgänge der unterschiedlichen Materialarten, einschließlich ihrer Bestandsführung und Bewertung, erfolgt in der Materialbuchhaltung. Hier ist auch zu gewährleisten, dass die Materialkosten auf die Kostenstellen und -träger weiterverrechnet werden.
Die Materialkosten sind das Ergebnis des mengenmäßigen Verbrauchs sowie der preislichen Bewertung.

4.1.1 Ermittlung des mengenmäßigen Verbrauchs

Zur mengenmäßigen Verbrauchsermittlung bieten sich 4 Methoden an (vgl. Abb. 2. 4).

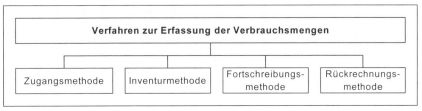

Abbildung 2.4: Methoden zur Erfassung der Verbrauchsmengen

(1) Zugangsmethode
Die einfachste Methode zur Erfassung des Materialverbrauches ist die Zugangsmethode. Hier wird auf eine Bestandsführung verzichtet und die während einer Abrechnungsperiode angelieferten Stoffmengen werden als Kosten der Abrechnungsperiode ausgewiesen. Natürlich ist damit eine genaue Erfassung nicht möglich, und sie ist somit im Allgemeinen allenfalls für geringwertige Gemeinkostenmaterialien geeignet. Andererseits stellt sie für kleine Handwerksbetriebe, Einzelhandelsunternehmen oder sonstige Dienstleistungsunternehmen (Restaurants, Frisöre ect.) eine zulässige Vereinfachung dar, die mit der Jahresinventur dann wieder ihren Ausgleich findet.
(2) Inventurmethode
Eine genaue Erfassung der Materialverbrauchsmengen wird dann erreicht, wenn am Ende einer Abrechnungsperiode eine körperliche Bestandsaufnahme – also eine Inventur – durchgeführt wird. Die Inventurmethode – auch Bestandsvergleichs- oder Befundrechnung genannt – ermittelt den Materialverbrauch einer Periode, indem sie vom Anfangsbestand und den Zugängen den Endbestand subtrahiert:

> Anfangsbestand (Lagerbestand zu Periodenbeginn)
> + Zugänge (laut Materialeingang)
> ./. Endbestand (laut Inventur zum Periodenende)
> =Materialverbrauch

Der **Vorteil** der Inventurmethode besteht darin, dass ein entsprechendes Beleg-wesen nicht aufgebaut werden muss, d.h. der verwaltungsmäßige Aufwand zu-nächst gering zu sein scheint. Die **Nachteile** der Inventurmethode sind jedoch er-heblich:

- Eine Inventur führt zu einem Istbestand. Inwieweit sich dieser aufgrund des re-gulären Leistungserstellungsprozesses einstellt oder sich auch aufgrund außer-ordentlicher Bestandsminderungen ergibt (z.B. bedingt durch Schwund, Diebs-tahl, Verderb u.ä.), lässt sich mit der Inventurmethode nicht aufdecken.
- Aufgrund der globalen Saldierung von Beständen und Zugängen ist nicht fest-stellbar, für welche Kostenstellen bzw. -träger der Lagerabgang erfolgte.
- Eine Inventur ist mit einem ganz erheblichen Zeit- und Personalaufwand ver-bunden. Diesem kostspieligen Verfahren wird man sich, da gesetzlich vorge-schrieben, einmal im Jahr zuwenden (müssen). Für die Kostenrechnung ist ein solches Intervall natürlich erheblich zu lang. Es gilt, die Kosten zeitnah und ge-nau zu erfassen. Mindestens monatlich müssen die Materialverbrauchsmengen zur Verfügung stehen. Monatlich jedoch eine Inventur durchführen, ist wirt-schaftlich nicht vertretbar.

Die Nachteile der Inventurmethode lassen erkennen, dass sie für die Zwecke der Kostenrechnung nicht geeignet und für größere Mehrproduktunternehmen mit vie-len unterschiedlichen Materialien praktisch unbrauchbar ist.

(3) Fortschreibungsmethode

Das genauste Verfahren zur Verbrauchsmengenermittlung stellt das Fortschrei-bungs- oder *Skontrationsverfahren* dar. Es setzt allerdings eine ordnungsgemäße Lager- oder Materialbuchhaltung voraus. Neben den ohnehin anhand der Liefer-scheine aufgezeichneten Lagerzugängen pro Materialart wird nun auch jeder La-gerabgang belegmäßig erfasst. Dies geschieht mit Hilfe eines sog. **Materialent-nahmescheins**. Er ist auch die Grundlage der Verrechnung der Materialkosten auf die Kostenstellen und Kostenträger. Ein Materialentnahmeschein sollte zumindest die in der folgenden Abbildung enthaltenen Angaben enthalten:

Materialentnahmeschein			Kostenstellen-Nr.:		5341	
Nr.: 00084592	Ausgestellt am: 12.08.2011		Kostenträger-Nr.:		75219934	
Material-Nummer	Materialbezeichnung	Mengeneinheit	Ausgabe-menge	Preis pro Men-geneinheit	Material-kosten	
3245635	Fahrradreifen 28 x 1,75	Stück	300	€ 7,50	€ 2.250	
8908643	Pedale Tourenrad	Stück	450	€ 5,80	€ 2.610	
Summe					€ 4.860	
Vermerke	Ausgaben			Annahme	Buchung	
	Datum: 14.08.2011	Name: Meier	Lagerort: N 19	Name: Müller	Datum: 15.08.2011	Name: Schulze

Abbildung 2.5: Beispiel eines Materialentnahmescheins
Quelle: Gabele/Fischer 1992, S. 70

Die Materialentnahmescheine werden zu Beginn eines jeden Auftrages maschinell erstellt und mit den anderen Fertigungsunterlagen (z.B. Lohnscheine, Montagelisten u.ä.) der Fertigung zugestellt.

Erkennbar wird hier sowohl die Kostenstellen- wie Kostenträgernummer ausgewiesen. Dies sollte immer dann der Fall sein, wenn wie bei Rohstoffen, bezogenen Fertigteilen oder gegebenenfalls noch genau zuzuordnenden Hilfsstoffen eine direkte Zuordnung auf die Kostenträger möglich ist. Aus kontrolltechnischen Aspekten – Kosten sind dort am einfachsten zu kontrollieren, wo sie auch verursacht werden – sollte auch auf die Angabe der Kostenstelle nicht verzichtet werden.

Kostenträger können bestimmte Produkte oder Aufträge sein. Es kann sich aber auch um einen „Werksauftrag" handeln wie z.B. zur Vorratsfertigung bestimmte Zubehörteile oder Reparaturen.

Der Materialverbrauch einer Periode ergibt sich nun aus der Addition der Materialentnahmescheine. Er ist genau, sofern zwischen der Lagerentnahme und dem tatsächlichen Verbrauch keine allzu großen zeitlichen Differenzen auftreten. Dies wird im Regelfall für wertmäßig höher anzusiedelnde Materialien auch zutreffen. Geringwertige Materialien werden jedoch oft in größeren Stückzahlen entnommen und in einem „Handlager" in der Kostenstelle zwischengelagert. Für die Kostenartenrechnung ist dies aufgrund des geringen Wertanteils solcher Materialien unproblematisch. Hinsichtlich der Zuordnung solcher Materialien auf die Kostenträger bedarf es zusätzlicher Verbrauchsaufschreibungen oder aber man lässt zu, dass Kostenträger bei der Isterfassung unregelmäßig belastet werden (z.B. jeder 5. Auftrag mit 250 Schrauben – laut Entnahmebeleg –,statt jeder einzelne mit ca. 50 Schrauben). Die sich einstellenden Differenzen gleichen sich im Periodenablauf dann wieder aus.

Werden Zu- und Abgänge festgehalten, so lässt sich der buchmäßige Lagerbestand ermitteln:

	Lageranfangsbestand
+	Zugänge (laut Lieferscheine)
./.	Abgänge (laut Materialentnahmescheine)
=	buchmäßiger Lagerbestand

Man nennt den buchmäßigen Lagerbestand auch oft den **Sollbestand** oder rechnerischen Sollbestand. Wird er dem aufgrund einer jährlichen Inventur ermittelten **Ist-Bestand** gegenübergestellt, so können die Inventurdifferenzen aufgedeckt werden, die auf irreguläre, d.h. nicht leistungserstellungsbedingte Abgänge (z.B. Diebstahl, Schwund u.ä.) zurückzuführen sind. Diese sind dann in das Betriebsergebnis (Minderungen) einzubeziehen.

Die Fortschreibungsmethode weist somit die folgenden **Vorteile** auf:
- Es ist nachhaltbar, für welche Kostenstellen und -träger ein Lagerabgang erfolgte.
- Eine Inventur kann zu jedem beliebigen Zeitpunkt eines Jahres erfolgen (sog. permanente Inventur), da aufgrund der Lagerbuchhaltung eine Fortschreibung zum Bilanzstichtag gewährleistet ist. Mit dem Fortfall der Stichtagsinventur ($\pm$ 10 Tage zum Bilanzstichtag) ist oft eine erhebliche Vereinfachung gegeben.

Der **Nachteil** ist sicherlich in der erheblich aufwendigeren Belegorganisation bzw. in der Einrichtung einer geordneten Lagerbuchhaltung zu sehen. Da heute jedoch in unterschiedlichen Varianten eine Standardsoftware für die Materialbuchhaltung zur Verfügung steht, hält sich dieser Zusatzaufwand in Grenzen. Deshalb dürfte die Fortschreibungsmethode heute auch in der Praxis weit verbreitet sein.

(4) Rückrechnungsmethode

Bei der Rückrechnungsmethode wird der Materialverbrauch aus den gefertigten Stückzahlen der fertigen Erzeugnisse ableitet. Deshalb nennt man sie auch die *retrograde Methode*. Sie setzt allerdings voraus, dass die in eine Erzeugniseinheit eingehenden Materialien nach der Art und Menge genau bekannt und in entsprechenden Stücklisten oder Rezepturen aufgelistet sind. Anhand dieser Standard- oder Normverbrauchsmengen, die auch den unvermeidlichen Abfall bzw. Ausschuss zu berücksichtigen haben, kann durch Multiplikation mit den hergestellten Erzeugnismengen die Materialverbrauchsmenge einfach ermittelt werden:

Material-	Standardverbrauchsmenge
verbrauchsmenge =	(pro Stück + Aufschlag für Abfall) · hergestellte Stückzahl

Der einfachen Handhabung steht aber insbesondere ihre Ungenauigkeit gegenüber. Demzufolge wäre sie für eine Verbrauchsmengenbestimmung allenfalls für Hilfs- oder Betriebsstoffe heranzuziehen.

4.1.2 Bewertung des Materialverbrauchs

Zur Bewertung des mengenmäßigen Materialverbrauches stehen die in der Abbildung 2.6 ausgewiesenen Möglichkeiten zur Verfügung.
Die konkrete inhaltliche Ausgestaltung der einzelnen Methoden kann hier nicht erläutert werden. Sie ist Gegenstand der Fachliteratur zum „Externen Rechnungswesen". Im Folgenden sollen ausschließlich die kostenrechnerischen Implikationen beschrieben werden.

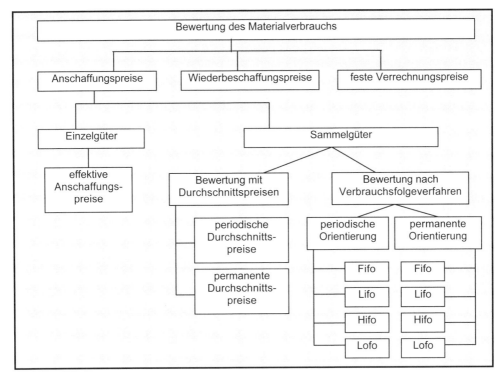

Abbildung 2.6: Bewertung des Materialverbrauchs

(1) Bewertung zu Anschaffungspreisen
Als erste Möglichkeit der Bewertung eines Materialverbrauches bieten sich die historischen (tatsächlichen) Anschaffungspreise an. Dabei verstehen sich diese als Nettoeinstandspreis zuzüglich der stückbezogenen Anschaffungsnebenkosten (Transport, Versicherungen, Kosten der Aufstellung u.ä.) und abzüglich der Anschaffungspreisminderungen (Rabatte, Boni, Skonti).
Eine Bewertung zu Anschaffungspreisen kommt insbesondere für Unternehmen mit einer **Auftragsfertigung** in Frage, wo speziell für einen ganz bestimmten Kundenauftrag Rohstoffe oder Fertigteile angeschafft wurden.
Für *Vorratsmaterialien*, die ständig in einer größeren Menge auf Lager gehalten werden müssen – sog. Sammelgüter – kommt eine Verbrauchsbewertung mit den effektiven Anschaffungspreisen nicht in Frage. Unterschiedliche Lieferanten, Rabatte und Preise im Periodenablauf führen dazu, dass eine Trennung der Materialien nach ihrem effektiven Beschaffungspreis praktisch kaum noch möglich ist, da mit der Einlagerung eine Vermischung eintritt.
Für solche Materialien ist handels- und steuerrechtlich eine *Gruppenbewertung* zulässig. Für die Übernahme eines solchen Wertes aus der Finanz- und Geschäftsbuchhaltung in die Kostenrechnung spricht hier auch der Stetigkeitsgedanke bzw. das in der Kostenrechnung oft zitierte **Stetigkeitsprinzip** (= gleiche Wertansätze). Zumindest triff dies auf das Verfahren der *periodischen Durchschnittspreisbildung* zu, da hier über die gesamte Periode ein Durchschnittspreis gebildet wird. Andererseits kann sich ein solcher, über die gesamte Periode gebildeter Durchschnittspreis insbesondere bei stark steigenden Preisen und einer langen Abrechnungsperiode erheblich von den aktuellen Istpreisen unterscheiden. Eine

diesbezüglich stärkere Orientierung bietet die Methode der *permanenten Durch-schnittspreisbildung*, da hier sukzessive, d.h. nach jedem Lagerzugang ein neuer sich einstellender Durchschnittspreis gebildet wird. Dies kommt der kostenrechnerischen Überlegung entgegen, den Verbrauch möglichst aktuell, d.h. mit Tages- bzw. den entsprechenden Wiederbeschaffungspreisen zu bewerten, da nur so eine Substanzerhaltung möglich ist.

Sieht man von den Methoden der Durchschnittswertbildung ab, so hat sich in der betrieblichen Praxis heute auch durchaus die *Bewertung nach Verbrauchsfolgever-fahren* durchgesetzt. Wenn z.B. aus Wirtschaftlichkeitsgründen ein enger Verbund zwischen dem externen und internen Rechnungswesen vorliegt, so finden diese Verfahren auch Eingang in die Kostenrechnung (vgl. Hummel/Männel 2004, S. 150).

Die Verbrauchsfolgeverfahren lassen sich mit den Begriffen Fifo (= first in – first out), Lifo (= last in – first out), Hifo (= highest in – first out) und Lofo (= lowest in – first out) umschreiben und sind gleichfalls in den Varianten der periodischen bzw. permanenten Bildung vorstellbar. Diese Verbrauchsfolgeverfahren sind praktisch dann einsetzbar, wenn die Lagerorganisation diese Annahmen faktisch erzwingt. Ihre Wahl darf also nicht willkürlich erfolgen bzw. verändert werden. So führt z.B. ein Hochregallager, in dem Teile aufeinander, d.h. horizontal gestapelt werden, zu einer inhaltlich richtigen Lifo-Bewertung. Lifo und Fifo besitzen demzufolge in der Praxis auch die größte Bedeutung, das Hifo-Verfahren ist praktisch schwer darstellbar und das Lofo-Verfahren ist bedeutungslos (letztere sind auch handelsrechtlich nicht zulässig).

In Zeiten steigender Preise führt das *Lifo-Verfahren* zur höchsten Verbrauchs- und geringster Bestandsbewertung. Bei monoton steigenden Preisen würde es dann dem *Hifo-Verfahren* entsprechen. Aus kostenrechnerischer Sicht erfolgt eine Orientierung am Wiederbeschaffungs- bzw. Tagespreis. Nachteilig wäre hier eine Orientierung am *Fifo-Verfahren*, da sich dann der Werteverzehr zu sehr von den aktuellen Tagespreisen entfernen würde. Aufgrund des in der Kostenrechnung verfolgten Strebens nach Substanzerhaltung ist im Fall steigender Preise das Lifo-Verfahren zu präferieren.

Sollten die Preise in der Tendenz zwar steigen, aber zwischenzeitlich durchaus schwanken, so führt das *Hifo-Verfahren* zur höchsten Verbrauchsbewertung und gewährleistet so am besten die Substanzerhaltung.

(2) Bewertung zu Wiederbeschaffungspreisen

Wird der Materialverbrauch auf der Grundlage der historischen Anschaffungskosten bewertet, so ist eine reale Substanzerhaltung nur sehr eingeschränkt gewährleistet. Die Schätzung von Wiederbeschaffungswerten ist jedoch im Einzelfall recht schwierig, da man weder den Preis, noch den Zeitpunkt kennt, zu dem das betreffende Wirtschaftsgut wieder zu beschaffen ist. Deshalb wird man sich eher am Tagespreis orientieren. Aber auch die Erfassung eines Materialverbrauchs mit dem Tagespreis ist ein aufwendiges Verfahren. Man wird sich - wenn überhaupt - auf hochwertige Materialien beschränken.

(3) Bewertung zu festen Verrechnungspreisen

In der Praxis besitzt das Festpreis-Verfahren eine große Bedeutung. Insbesondere wird es von allen Unternehmen eingesetzt, die über eine Plankostenrechnung verfügen. Das Festpreis-Verfahren besitzt Vorteile hinsichtlich der Abrechnungstechnik (keine Bildung ständig neuer Durchschnittswerte, konstante Kalkulation u.ä.) und erleichtert darüber hinaus erheblich die mengenmäßige Wirtschaftlichkeitskontrolle. Andererseits entstehen Preisdifferenzen, die buchhalterisch auf einem Preisdifferenzenkonto zu erfassen sind.

4.2 Personalkosten

Neben den Materialkosten sind die Personalkosten für viele Unternehmen von großer Bedeutung. Sie setzen sich aus den **Arbeitsentgelten** (Bruttolöhne und -gehälter) sowie den **Personalnebenkosten** zusammen. Oft sind es auch die Steigerungsraten, die sich für Unternehmen als problematisch erweisen. Allerdings sind hinsichtlich der Arbeitsentgelte hiervon nicht alle Branchen gleichermaßen betroffen. Dies zeigt beispielhaft die Abbildung 2.7.

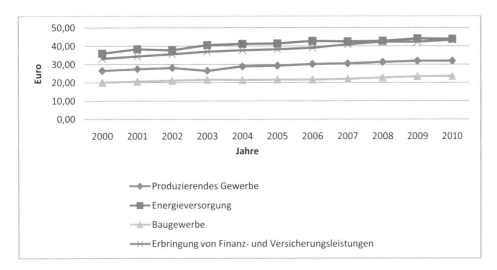

Abbildung 2.7: Arbeitskosten je geleisteter Stunde (€) in unterschiedlichen Branchen
Quelle: Statistisches Bundesamt Deutschland, Wiesbaden 2011a,
Stand: 13.04.2011

Während in den Branchen der ohnehin bereits auf einem recht hohen Niveau anzusiedelnden Arbeitsentgelte (Energieversorgung und Banken/Versicherungen) innerhalb der Jahre 2000 bis 2010 die durchschnittlichen Arbeitsentgelte von 36 € auf 43,95 € um 22 % bzw. um 30 % (von 33,2 € auf 43,30 €) stiegen, lag die Rate im produzierenden Gewerbe bei 20 % (von 26,5 € auf 31,9 €) und im Baugewerbe bei 17 % (von 20,1 € auf 23,5 €). Im 10-Jahres-Vergleich also Steigerungsvolumina, die sich allenfalls geringfügig oberhalb der allgemeinen Preissteigerungsrate bewegten. Allerdings sind die Arbeitskosten in Deutschland deutlich höher als z.B. in anderen EU-Ländern. Wie die Abbildung 2.8 zeigt, liegt Deutschland hier auf dem 7. Platz und es werden in der Privatwirtschaft um 32 % höhere Arbeitsentgelte pro Stunde gezahlt als im EU-Durchschnitt, aber auch 28 % weniger als beim Spitzenreiter Dänemark.

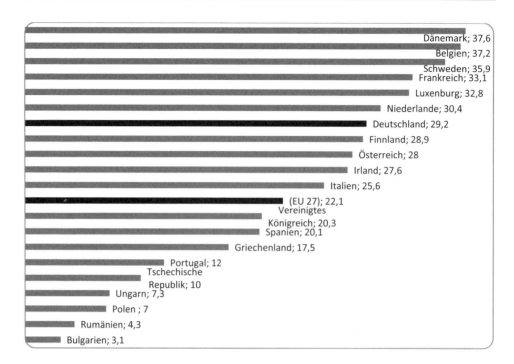

Abb. 2.8 Arbeitskostenniveau in den Mitgliedstaaten der EU (27) -ausgewählte Länder
Quelle: Statistisches Bundesamt Deutschland, 2011b, Stand 12.04.2011

Natürlich wecken Billiglohnländer (weniger als 10 € pro Stunde – angeführt von der Tschechischen Republik bis hin zu Bulgarien im Rahmen der EU) und weltweit insbesondere China mit Entgeltkosten von ca. 0,8 € pro Stunde Begehrlichkeiten. Zumal oft noch zusätzliche Investitionsanreize (Subventionen) staatlicherseits gewährt werden, um den eigenen Arbeitsmarkt bzw. die Wirtschaft zu stimulieren. Andererseits sind neben den vermehrten Transportkosten die eingegangenen länderpolitischen Risiken und sozio-kulturellen Besonderheiten nicht unerheblich. Die Folge: Der Industriesektor, der typischerweise auf Arbeitsteilung und somit auf eine lohnkostendifferenzierende Betrachtung ausgerichtet ist, nimmt in der westlichen Hemisphäre ab, da sich ganze Erzeugnisbereiche verabschiedet haben bzw. den Weg der internationalen Arbeitsteilung folgten. Andererseits spielen im Rahmen der zunehmenden Automatisierung im Produktionsbereich die traditionellen Fertigungslöhne heute keine große Rolle mehr und die Nähe zum Verbraucher legen eine Fertigung im „eigenen" Land nahe. Im Dienstleistungssektor (vom Handwerksbetrieb über Banken, Versicherungen bis hin zu Beratungsunternehmen) ist dies zwingend und in anderen Branchen oft nicht verzichtbar.
Mit dem Bruttoarbeitsentgelt einerseits und den Personalnebenkosten andererseits sind die wesentlichen Kategorien genannt, die als Personalkosten durch die Inanspruchnahme menschlicher Arbeitskraft anfallen. Das sich insgesamt einstellende Spektrum ist in der Abbildung 2.9 wiedergegeben.

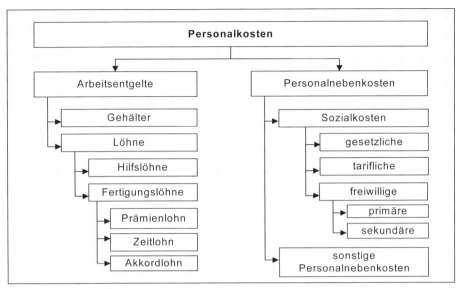

Abbildung 2.9: Systematik der Personalkosten

Die Personalkosten werden in der Lohn- und Gehaltsabrechnung (-buchhaltung) ermittelt. Die Erfassung erfolgt mittels Lohnscheinen (Zeitlohn-, Akkordlohn-, Zusatzlohnschein), Stempelkarten, Lohn- und Gehaltslisten, Stundenzetteln, Prämienunterlage u.ä.. Welche Komponenten hier im Detail zu beachten sind, zeigt die folgende Übersicht (vgl. ähnlich auch Hummel/Männel 2004, S. 158).

1.	Direkte Personalkosten	2	Personalnebenkosten
1.1	Fertigungs- und Hilfslöhne	2.1	Gesetzliche Sozialkosten
1.1.1	Akkordlöhne	2.1.1	Arbeitgeber-Anteil zur Sozialversicherung
1.1.2	Zeitlöhne	2.1.2	Berufsgenossenschaftsbeiträge
1.1.3	Prämienlöhne	2.1.3	Lohnfortzahlung
1.1.3.1	Grundlöhne	2.1.3.1	Krankheit (6 Wochen)
1.1.3.2	Prämien	2.1.3.2	Urlaub (20-30 Tage)
1.2	Gehälter	2.1.3.3	Bildungsurlaub (NRW: 5 Tage)
1.2.1.	Kaufmännischer Bereich	2.1.3.4	Mutterschaftsurlaub (6/8 Wochen)
1.2.1.1	Außertariflicher Bereich	2.1.3.5	gesetzliche Feiertage
1.2.1.2	Tariflicher Bereich	2.1.3.6	Vorruhestand u. Altersversorgung (BAV)
1.2.2	*Technischer Bereich*	2.2	Tarifliche Sozialkosten
1.2.2.1	Außertariflicher Bereich	2.2.1	Sozialumlagen (Familien-, Kindergeld)
1.2.2.2	Tariflicher Bereich	2.2.2	Zuschuss zum ges. Krankengeld
1.2.3	Meistergehalt	2.2.3	Altersversorgung
1.3	Zulagen	2.2.4	Weihnachtsgeld
1.4	Zuschläge	2.2.5	Urlaubsgeld
1.4.1	Überstundenzuschläge	2.2.6	Mutterschaftsgeld
1.4.2	Schicht- und Nachtarbeitszuschläge	2.2.7	Sonstiges
1.4.3	Sonn- und Feiertagszuschläge	2.3	Freiwillige Sozialkosten
1.5	Ausbildungsvergütungen	2.3.1	Altersversorgung
1.6	Heimarbeitslöhne	2.3.2	Urlaubsgeld
1.7	Provisionen	2.3.3	Sonstiges
1.8	Personalleasinggebühren		
1.9	Kalkulatorischer Unternehmerlohn		

Abbildung 2.10: Bestandteile der Personalkosten

4.2.1 Löhne und Gehälter

Zu den aus der Lohn- und Gehaltsabrechnung übernommenen Bruttolöhne und -gehälter gehen in die Kostenrechnung ferner die gezahlten Zuschläge und Zulagen ein. Dabei unterscheidet sich der Bruttobetrag vom am Arbeitnehmer ausgezahlten Nettobetrag durch die einbehaltenen Steuern (Lohnsteuer, Kirchensteuer, Solidaritätsbeitrag) und dem Arbeitnehmerbeitrag zur gesetzlichen Sozialversicherung (vgl. Kapitel 4.2.2).

Wie die Abbildung 2.11 zeigt, lassen sich Löhne nach der Zurechenbarkeit und der Ermittlung unterscheiden.

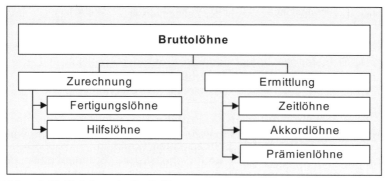

Abbildung 2.11: Einteilung der Bruttolöhne

Die Unterscheidung hinsichtlich der Zurechenbarkeit bezieht sich auf den Kostenträger. **Fertigungslöhne** sind nach dieser Differenzierung Einzelkosten, die sich produkt- bzw. auftragsspezifisch erfassen lassen und somit einem Kostenträger direkt zugerechnet werden können. Unstrittig gilt dies für Provisionen, Heimarbeitslöhne und Fertigungslöhne, die als Akkordlöhne gezahlt werden. Sie werden proportional zum Leistungsvolumen gezahlt. Kontrovers wird in der Literatur die Frage diskutiert, ob Fertigungslöhne, die als Zeitlöhne gezahlt werden, Einzelkosten sind. Dies gilt auch, wenn es eine ausgebaute Zeitwirtschaft erlaubt, die für die eigentliche Produktion in Anspruch genommene Zeit genau nachhält. Insbesondere Vertreter einer (relativen) Einzelkostenrechnung sehen in Fertigungslöhnen, die als Zeitlöhne gezahlt werden, keine Einzelkosten. Dies begründen sie damit, dass es nicht die Produkteinheit ist, wofür der Lohn gezahlt wird. Es ist die Zeiteinheit, also der Monat oder – je nach Kündigungsfrist – das Quartal oder ein noch längerer Zeitraum, der Zeitlöhne zu einer disponiblen Größe macht. „Diese arbeitsrechtlichen Faktoren bewirken, dass Fertigungszeitlöhne kurzfristig nicht abbaubar, demzufolge auf kurze Sicht leistungsunabhängig (fix) sind" (Hummel/Männel 2004, S.160).

Wenn Einzelkosten dem Kostenträger direkt zugerechnet werden können, so hat es sich in der Praxis darüber hinaus als zweckmäßig erwiesen, sie daneben auch auf den Kostenstellen auszuweisen. Hierfür sprechen drei Gründe (vgl. Kilger 2007, S. 203). Einerseits ist die Kostenstelle der Ort der Kostenverursachung und damit auch der Kostenkontrolle und zum anderen ist für Unternehmen, die eine Lohnzuschlagskalkulation einsetzen, mit diesen Einzelkosten die entsprechende Bezugsbasis sofort ersichtlich. Und drittens fallen für Lohneinzelkosten (wie auch bei den Gemeinkostenlöhnen und -gehältern) ähnliche kalkulatorische Quoten an Lohn-

nebenkosten an, wie sie auch im Rahmen der Kostenstellenrechnung zu berücksichtigen sind.
Hilfslöhne lassen sich nicht produktweise erfassen und können einem Kostenträger nicht direkt zugerechnet werden. Es handelt sich stets um Gemeinkosten, die
dann den unterschiedlichen Kostenstellen ganz oder teilweise zugerechnet werden. Typische Beispiele mögen Löhne für Betriebsreinigungen, Transportarbeiten,
Betriebselektriker, -schlosser o.ä. sein.

Hinsichtlich der Ermittlung können Zeit-, Akkord- und als Mischform der Prämienlohn unterschieden werden. Beim **Zeitlohn** erfolgt die Entlohnung ohne Rücksicht
auf die erbrachte Arbeitsleistung in Abhängigkeit der erbrachten Zeiteinheiten.

> Zeitlohn =   Lohnsatz je Zeiteinheit · Anzahl der Zeiteinheiten

Der Zeitlohn kann als Stunden-, Tages-, Wochen-, Monats oder sogar Jahreslohn
festgelegt werden. Er bietet sich immer dann an, wenn der Arbeitsqualität eine be-
sondere Bedeutung zukommt oder aber die Arbeitsleistung nicht beeinflussbar oder
messbar ist. Fast immer werden Gemeinkostenlöhne als Zeitlöhne entlohnt.

Im Gegensatz zum Zeitlohn wird beim **Akkordlohn** die geleistete Arbeitsmenge
entlohnt, d.h. der Lohn soll sich proportional zur erbrachten Arbeitsleistung verhalten. Typisches Einsatzgebiet ist der Fertigungsbereich in Industrieunternehmen. Er
kann als Einzel- oder Gruppenakkord gezahlt werden und hinsichtlich der Lohner-
mittlung ist der Geld- und Zeitakkord unterscheidbar. Wesentliche Voraussetzung
ist die individuelle (oder gruppenspezifische) Beeinflussbarkeit der Arbeitsleistung
und ihre quantitative Erfassung.
Beim **Geldakkord** ergibt sich der Lohn durch die Multiplikation des Geldakkordsat-
zes pro Stück – auch Akkordlohnsatz pro Stück oder einfach Lohnbetrag pro Stück
genannt – mit der bearbeiteten Stückzahl:

> Akkord(stunden)lohn = Geldakkordsatz je Stück · Stückzahl

Beispiel:
Für ein herzustellendes Gewinde wird ein Geldakkordsatz von 2,50 €/Stück festgelegt. Ein Arbeiter fertigt in einer Stunde 6 Gewinde. Der Stundenlohn beläuft sich
demnach auf 15,– € (= 2,50 € * 6).
Von größerer praktischer Bedeutung ist der **Zeitakkord**, da hier bei Tarifänderun-
gen die Akkordvorgaben nicht geändert werden müssen. Beim Zeitakkord werden
den Arbeitskräften Vorgabezeiten – oder Zeitakkordsätze (in Minuten) pro Stück –
vergütet. Ausgangspunkt ist zunächst einmal der Akkordrichtsatz, der sich aus
dem tariflichen Mindestlohn und dem prozentualen Akkordzuschlag zusammen-
setzt. Da die Vorgabezeit in Minuten angegeben wird, ist der Akkordrichtsatz in
einen Minutenfaktor umzurechnen:

$$\text{Minutenfaktor} = \frac{\text{Akkordrichtsatz}}{60} = \frac{\text{tariflicher Mindestlohn} + \text{Akkordzuschlag}}{60}$$

Der Zeitakkord(stunden)lohn ergibt sich nun durch die Multiplikation der Vorgabezeit pro Stück mit der bearbeiteten Stückzahl und dem Minutenfaktor:

> Zeitakkordlohn (pro Stunde) = Vorgabezeit (pro Stück) · Stückzahl · Minutenfaktor

Beispiel:
Der tarifliche Mindestlohn betrage 10,– € und der Akkordlohnzuschlag 25 %. Es ergibt sich ein Akkordrichtsatz von 12,50 € (=10,– + 2,50) und ein Minutenfaktor von 0,2083 (= 12,50 : 60). Die Vorgabezeit eines Gewindes beläuft sich auf 20 Minuten und ein Arbeiter fertigt 4 Stück in einer Stunde. Der Zeitakkord beläuft sich auf 16,66 €/Stunde.

Der **Prämienlohn** kombiniert Elemente des Zeit- und Akkordlohnes, indem leistungsunabhängig ein Grundlohn und eine leistungsabhängige Prämie gewährt werden. Prämien können für bestimmte zusätzliche Mengen (Mengenleistungsprämie), Qualitäten (Güteprämie), für Ersparnisse (Ersparnisprämien) u.ä. gewährt werden.
Einen zusammenfassenden Überblick über die Entlohnungsformen vermittelt noch einmal die Abbildung 2.12.

	Zeitlohn	Akkordlohn	Prämienlohn
Charakteristika	die Bezahlung orientiert sich an der zur Verfügung gestellten Zeit	die Bezahlung verhält sich proportional zur erbrachten Leistung	vgl. Zeit- wie Akkordlohn
Anwendungs-voraussetzungen	– besondere Bedeutung der Qualität der Arbeit – kontinuierlicher, d.h. nicht beeinflussbarer Arbeitsablauf – erhebliche Unfallgefahr – quantitativ nicht oder schwer messbare Arbeit	– es liegen homogene, in sich gleichartige, regelmäßig in derselben Weise wiederkehrende Arbeiten vor, die einen ausgeprägten, mechanistischen Charakter besitzen – die Zeit muss beeinflussbar sein – es liegt ein zeitlich und inhaltlich erfassbarer Arbeitsablauf vor und das Leistungsergebnis ist messbar	vgl. Zeit- wie Akkordlohn
Erfassung	einfach	eher aufwendig	mittel

Abbildung 2.12: Vergleich der Lohnermittlungsformen

Gehälter sind zeitabhängige Entgelte, die an technische und kaufmännische Angestellte gezahlt werden. Ein direkter Leistungsbezug liegt ihnen nicht zugrunde, so dass sie auch bestimmten Kostenträgern nicht zugeordnet werden können. Sie besitzen Gemeinkostencharakter und sind jenen Kostenstellen zuzuordnen, wo die Gehaltsempfänger beschäftigt sind. Insbesondere in kleinen Unternehmen werden Angestellte oft für mehr als eine Kostenstelle tätig, so dass letztlich eine entsprechende Verteilung nötig wird.

Bei allen **Löhnen und Gehältern**, die sich als Gemeinkosten ausnehmen, stellt sich generell die Frage, ob die Kostenstellen auch tatsächlich mit den *effektiven Bruttogrößen* belastet werden sollen. Dem Vorteil des Ausweises der tatsächlichen Kosten steht entgegen, dass sich in den Kostenstellen Kostenunterschiede auftun, die allein in der persönlichen Sphäre der jeweiligen Mitarbeiter begründet liegen. So kann ein Kostenstellenleiter nicht vergleichsweise höhere Personalkosten verantworten, weil z.B. in seinem Bereich viele ältere oder kinderreiche Mitarbeiter tätig sind, die allein deshalb höhere Löhne oder Gehälter beziehen. Ebenso ist es natürlich auch nicht einsehbar, dass ein Kostenträger einmal mit einem Fertigungslohn von 15,– €/Stunde belastet wird, weil Herr Schulz den Auftrag bearbeitet und dann mit 18,– €/Stunde, weil Herr Meier den Auftrag entgegengenommen hat. Aus diesem Grund werden in der Praxis deshalb auch oft berufsspezifische Durchschnittskosten gebildet (z.B. Personalkosten einer Schweißerstunde, unabhängig vom Alter und der Qualifikation des Schweißers).

4.2.2 Personalnebenkosten

Hinsichtlich der Personal- bzw. Lohnnebenkosten liegt statistischen Angaben zufolge Deutschland mit 28 % unter dem EU-Durchschnitt (31 % auf 100 € Bruttolohn bzw. -gehalt) und weit hinter dem Spitzenreiter Schweden (51 %) und Frankreich (49 %). Die geringsten Lohnnebenkosten fallen in Malta (10 %) bzw. Dänemark (11 %) an (vgl. Statistisches Bundesamt Deutschland, 2011c, Stand 24.03.2011). Somit nimmt Deutschland innerhalb der EU eine mittlere Platzierung ein. Dabei fallen unter den Lohnnebenkosten des Statistischen Bundesamtes die Sozialabgaben (Arbeitgeberanteil) und die Aufwendungen für die betriebliche Altersvorsorge. Die Arbeitgeberanteile zur **gesetzlichen Sozialversicherung** und die **Berufsgenossenschaftsbeiträge** sind kostenrechnerisch einfach zu erfassen, da sie als fester Prozentsatz von der Lohn- bzw. Gehaltssumme anfallen und monatlich abzuführen sind. Für 2012 gelten die folgenden Beitragssätze (und Bemessungsgrenzen).

(alle Angaben für 2012)	Beitragssatz (in %; Arbeitgeber- und Arbeitnehmeranteil)	AN-Anteil (in %)	AG-Anteil (in %)	Beitrags-bemessungsgrenze (in €/Monat)
Rentenversicherung	19,6 %	9,8	9,8	5.600 €/Monat
Arbeitslosenversicherung	3,0 %	1,5	1,5	5.600 €/Monat
Pflegeversicherung	1,95 %	0,975	0,975	3.825 €/Monat
Krankenversicherung, allgemein	15,5 %	8,2	7,3	3.825 €/Monat
und ermäßigt	14,9 %	7,9	7,0	3.825 €/Monat
Berufsgenossenschaftsbeitrag (ges. Unfallversicherung)			1-3	

Die Sozialversicherungsbeiträge sind hälftig vom Arbeitnehmer und -geber zu zahlen. Dies gilt nicht für die Krankenversicherung, wo der Arbeitgeberanteil prozentual geringer ausfällt. Der ermäßigte Krankenversicherungssatz ergibt sich für alle Steuerpflichtigen, die im Krankheitsfall keinen Anspruch auf Krankengeld haben (z.B. Altersrentner, Selbständige u.ä.). Werden vom Bruttolohn die fälligen Steuern (Lohnsteuer, Solidaritätszuschlag, Kirchensteuer) und die vom Arbeitnehmer zu tragenden Sozialversicherungsbeiträge subtrahiert, so ergibt sich das an den Arbeitnehmer auszuzahlende **Nettoentgelt**. Der Arbeitgeber hat zumindestens das Bruttogehalt und die anteiligen Sozialversicherungsbeiträge als Basiskosten effektiv zu zahlen.

Die Berufsgenossenschaftsbeiträge (die Prozentpunkte richten sich nach dem Ge-fährdungsgrad der Tätigkeit und verstehen sich als Durchschnittswerte) sind vom Arbeitgeber allein zu entrichten. Zu den gesetzlichen Sozialkosten zählen aber ferner noch die sog. **Soziallöhne**. Hierunter versteht man die Lohnfortzahlung im Kranken-wie Urlaubsfall und die Feiertagslöhne. Kostenrechnerisch problematisch ist, dass sich Soziallöhne wie aber insbesondere auch **tarifliche Sozialkosten** wie z.B. das Weihnachts- oder Urlaubsgeld ungleichmäßig über das Kalenderjahr erstreckt. So gibt es Monate mit durchschnittlich vielen Feiertagen und ein gewährtes Urlaubsgeld (neben dem Urlaubslohn) fällt primär in den Monaten Juli und August und das Weih-nachtsgeld z.B. im November oder Dezember an.

Eine direkte Verrechnung dieser Personalkosten im Monat des Anfalls würde bezo-gen auf die Kostenstellen und Kostenträger zu nicht mehr vergleichbaren Kosten füh-ren und insbesondere das monatliche Betriebsergebnis verfälschen. Eine solche Vorgehensweise widerspricht auch dem einer Kostenrechnung innewohnenden Ver-gleichbarkeitsgedanken (**Egalitätsprinzip**).

Und generell stellt sich die Frage, wie kostenrechnerisch mit Personalnebenkosten umzugehen ist. Die Praxis hat zur Lösung dieses Problems zwei Methoden entwi-ckelt:

(1) Ratierliche Verrechnung

Bei der ratierlichen Verrechnung werden alle aperiodisch anfallenden Soziallöhne (wie insbesondere Weihnachts- und Urlaubsgeld) gezwölftelt und unabhängig vom tatsächlichen Monatsanfall in jedem Monat mit einem gleichbleibenden Betrag ver-rechnet.

Problematisch ist die nicht so gute Anpassung an Beschäftigungsschwankungen. Da die Beschäftigung monatlich schwankt, variiert der bei einer gleichmäßigen Pe-riodenbelastung auf die jeweiligen Leistungseinheiten entfallende Betrag nicht.

(2) Proportionale Verrechnung zu den Personalkosten

Die proportionale Verrechnung zu den Lohn- und Gehaltskosten bietet sich an, da dies z.B. für einen Teil der Personalkosten auch bereits faktisch der Fall ist (vgl. Arbeitgeberanteil zur Sozialversicherung).

Andererseits wird im Rahmen der Verrechnung der Personalnebenkosten stets auch unternehmensindividuell vorzugehen sein. Denn diese variieren mit der/dem

- Branche (im Dienstleistungssektor der Banken und Versicherungen sind sie erheblich höher als im produzierenden Gewerbe)
- Betriebsgröße (tarifliche und/oder freiwillige Sozialkosten großer Unterneh-men sind deutlich höher als in kleinen)
- Region (vgl. den anfänglich vorgenommenen EU-Vergleich und inner-deutsch sind die Sozialkosten in den neuen Bundesländern niedriger als in den alten)
- Angestelltenverhältnis (Arbeiter zu Angestellten).

Auf letzteres zielt dabei exemplarisch das folgende von Gabele/Fischer (1992, S. 84) übernommene Beispiel ab (vgl. Abbildung 2.13).

	erwartete Kosten pro Jahr	Prozentsätze
Brutto*lohn*summe	1.168.800	
Arbeitgeberanteil der Sozialversiche-rungsbeiträge	218.566	
	28.051	18,7
Berufsgenossenschaftsbeiträge	65.453	2,4
Lohnfortzahlung im Krankheitsfall	250.123	5,6
Urlaubs- und Feiertagslöhne	123.893	21,4
Urlaubs- und Weihnachtsgeld	31.558	10,6
Vermögenswirksame Leistungen	72.466	2,7
Betriebliche Altersversorgung	68.959	6,2
Sonstige freiwillige Sozialkosten		5,9
Gesamte Lohnnebenkosten	859.069	
Verrechnungssatz		73,5[1]

1) $\dfrac{859.069}{1.168.800} = 73,5\ \%$

	erwartete Kosten pro Jahr	Prozentsätze
Brutto*gehalts*summe	679.900	
Arbeitgeberanteil der Sozialversiche-rungsbeiträge	102.665	
	8.159	15,1
Berufsgenossenschaftsbeiträge	95.866	1,2
Urlaubs- und Weihnachtsgeld	8.839	14,1
Vermögenswirksame Leistungen	58.471	1,3
Betriebliche Altersversorgung	16.318	8,6
Sonstige freiwillige Sozialkosten		2,4
Gesamte Gehaltsnebenkosten	290.318	
Verrechnungssatz		42,7

Abbildung 2.13: Ermittlung von Verrechnungssätzen für die Personalnebenkosten
Quelle: ähnlich zu Gabele/Fischer 1992, S.84

Die Grundidee der proportionalen Verrechnung ist die Bildung eines Quotienten aus der Jahreslohn- und -gehaltssumme und den zu erwartenden Lohn- bzw. Gehaltsnebenkosten. Neben den – allerdings weniger wichtigen – unterschiedlichen Prozentsätzen in der Abbildung 2.13 erklärt sich die Differenz zwischen dem Lohn- und Gehaltsprozentsatz in erster Linie zwischen den im Gehaltsprozentsatz nicht berücksichtigten Prozentsätzen der Lohnfortzahlung im Krankheitsfall und den Urlaubs- und Feiertagslöhnen. Dies erklärt sich daraus, dass bei Löhnen, die auf der Basis der geleisteten Stunden abgerechnet werden, diese Bestandteile gesondert einzurechnen sind. Gehälter werden hingegen monatlich weitgehend gleichbleibend entrichtet. Somit verändert sich die Höhe nicht in Abhängigkeit von Krankheit, Urlaub oder Feiertagen. Gehälter sind insofern – bezogen auf den Nebenkostenverrechnungssatz – nicht generell günstiger, sondern in der Bruttogehaltssumme sind bereits Bestandteile enthalten, die nicht in der Bruttolohnsumme ausgewiesen sind.
In der Abbildung 2.9 wurden u.a. die noch nicht angesprochenen **freiwilligen So-**

zialleistungen ausgewiesen. Dabei ist die Grenze zwischen tariflichen und freiwilligen Sozialkosten fließend. Während tarifliche Vereinbarungen von solchen für ganze Branchen bis hin zu „Haustarifen" reichen, basieren freiwillige auf Absprachen mit der Belegschaft, Belegschaftsteile oder einzelnen Belegschaftsmitgliedern. Diesbezüglich lassen sich die *primären* und die *sekundären* freiwilligen Sozialleistungen unterscheiden. Primär nennt man solche, die direkt den Mitarbeitern gewährt werden. Beispielhaft seien Fahrtzuschüsse, Pensionszusagen, Beihilfen für Verpflegungsmehraufwendungen, Kuren, Jubiläen u.ä. zu erwähnen. Sekundäre freiwillige Sozialleistungen kommen dem Mitarbeiter indirekt zu gute. Zu nennen wären hier Zuschüsse für Betriebskindergärten, Sportanlagen, Kantinen, Büchereien u.ä.

In der Fachliteratur werden Personalnebenkosten generell als Gemeinkosten eingestuft. Sicherlich trifft dies auf den größten Teil der Personalnebenkosten zu. Zwingend ist dies nicht für rechtlich prozentual mit dem Fertigungslohn (zumindest als Akkordlohn) verknüpfte Nebenkosten. So werden z.B. auch die Arbeitgeberanteile zur Sozialversicherung für die Fertigungslöhne als Einzelkosten verrechnen. Ähnliches gilt auch für Zulagen und Zuschläge. Da dies auch handels- wie steuerrechtlich zulässig ist, handelt es sich um eine vertretbare Variante.

Bei den **sonstigen Personalnebenkosten** handelt es sich eindeutig um Gemeinkosten. Hier kommen Kosten der Personalbeschaffung (Inserate, Bewerbungsgespräche und andere Kosten der Personalauswahl wie z.B. des Assessment-Centers oder Personalberaters), der Personalerhaltung (medizinische und psychologische Betreuung), der Personalentwicklung (Aus- und Weiterbildungskosten) und der Personalfreisetzung (Abfindungen u.ä.) zum Tragen.

4.3 Dienstleistungskosten

Unter Dienstleistungskosten sollen hier – in einer sehr weiten Fassung – alle anderen von Dritten bezogenen Güter und Leistungen subsumiert werden. Es handelt sich um die Zusammenfassung sehr *heterogener Kostenarten*, denen gemeinsam ist, dass sie aus kostenrechnerischer Hinsicht sehr einfach zu erfassen sind. Es liegen Fremdbelege (Rechnungen Dritter, Gebührenbescheide etc.) vor und diese Zahlen können in der Regel problemlos für kostenrechnerische Zwecke aus der Finanz- und Geschäftsbuchhaltung übernommen werden. Zu beachten ist lediglich die Notwendigkeit der ratierlichen Verrechnung einzelner Positionen (z.B. der in einem bestimmten Monat anfallende Wartungs- oder Instandhaltungsaufwand, die Versicherungsprämie, die quartalsmäßig anfallenden Steuern u.ä.).

Typische **Beispiele** solcher Dienstleistungskosten sind Mieten, Pachten, Leasinggebühren, Fremdreparaturen und Instandhaltungen, Frachten und Provisionen, Prüfungs- und Beratungsgebühren, Versicherungs- und Werbekosten. Ferner zählen hierzu die öffentlichen Abgaben in Form von Gebühren und Beiträgen sowie die sog. Kostensteuern.

Typische **Kostensteuern** sind die Gewerbesteuer (Gewerbeertragsteuer, die Grundsteuer, Kraftfahrzeugsteuer und Versicherungssteuer). Sie entstehen verursachungsgerecht mit der Leistungserstellung bzw. der Aufrechterhaltung der Betriebsbereitschaft.

Da eine Gewinnerzielung nicht unerlässliche Voraussetzung einer betrieblichen Tätigkeit ist, zählen die **Gewinn- oder Personensteuern** nicht zu den Kostensteuern. Die Einkommens-, Kirchen- und Körperschaftsteuern sollten deshalb nicht als Kosten verrechnet werden.

4.4 Kalkulatorische Kosten

Kalkulatorische Kosten sind solche, deren Ansatz in der Kostenrechnung vom Aufwand in der Finanz- und Geschäftsbuchhaltung abweicht. Wie bereits im Kapitel I gezeigt, stehen ihnen in der Finanz- und Geschäftsbuchhaltung keine Aufwendungen (Zusatzkosten) oder betragsunterschiedliche Aufwendungen (Anderskosten) gegenüber. Die Bildung kalkulatorischer Kosten verfolgt die folgenden **Zwecke**:

- die Kostenrechnung soll von möglichen Unregelmäßigkeiten und Zufallsschwankungen befreit werden,
- es ist der richtige, tatsächliche Werteverzehr zu erfassen,
- die Kostenrechnung soll von den sich in der Finanz- und Geschäftsbuchhaltung auswirkenden handels- und steuerrechtlichen Vorschriften losgelöst werden und
- den Aufgaben der Kostenrechnung als Planungs- und Kontrollinstrument soll entsprochen werden.

Buchhalterisch kann der Einbeziehung kalkulatorischer Kosten wie folgt begegnet werden. Im Gemeinschaftskontenrahmen wird für jede kalkulatorische Kostenart eine Verbuchung der Art „Klasse 4 (jeweiliges Kostenartenkonto) an Klasse 2 (verrechnete kalkulatorische Kosten)" vorgenommen. Damit kann die Kostenrechnung ab der Klasse 4 mit den richtigen Kosten rechnen, die dann auch in das Betriebsergebniskonto (Klasse 9) eingehen. Gleichfalls werden alle korrespondierenden bilanziellen Aufwendungen in der Klasse 2 eingebucht. Im Neutralem Ergebnis (Klasse 9) stellt sich dann als Saldo zwischen den bilanziell erfassten Aufwendungen und verrechneten kalkulatorischen Kosten der Unterschiedsbetrag zwischen der Finanz- und Geschäftsbuchhaltung einerseits und der Kostenrechnung andererseits ein. Da beide Konten, also das Betriebs- und Neutrale Ergebnis, auf dem Gewinn- und Verlustkonto abgeschlossen werden, ist letztlich die Verrechnung der kalkulatorischen Kosten erfolgsneutral. Die gewünschte Auswirkung der richtigen Kosten im Betriebsergebnis wird also hinsichtlich der Finanz- und Geschäftsbuchhaltung über den Verrechnungssaldo des Neutralen Ergebnisses wieder kompensiert, so dass die Gewinn- und Verlustrechnung in der Konsequenz nur die bilanziell erwünschten Aufwendungen und Erträge ausweist.

Die Vorgehensweise sei anhand eines einfachen **Beispiels** aufgezeigt:

tatsächlich gezahlte Fremdkapitalzinsen   30.000,– €
Kalkulatorische Zinsen   40.000,– €

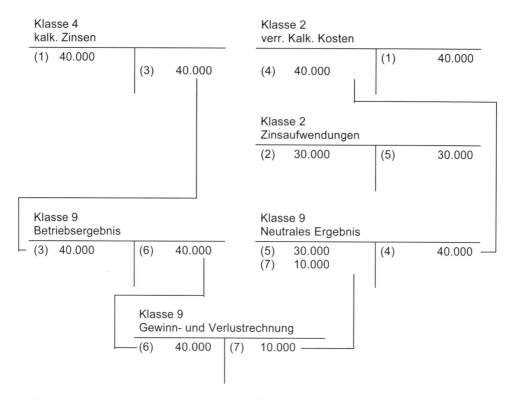

(1)   Verbuchung der kalkulatorischen Kosten
(2)   Verbuchung des bilanziellen Zinsaufwandes
(3)   Einbuchung der kalk. Zinsen in das Betriebsergebnis
(4)/(5) Abschluss der Klasse 2 im Neutralen Ergebnis
(6)/(7) Abschluss des Betriebsergebnisses und des Neutralen Ergebnisses in der
          Gewinn- und Verlustrechnung

Die wesentlichsten kalkulatorischen Kosten sind die kalkulatorischen Abschreibungen, kalkulatorische Zinsen, kalkulatorische Wagnisse und der kalkulatorische Unternehmerlohn bzw. die kalkulatorische Miete.

4.4.1 Kalkulatorische Abschreibungen

(1) Wesen und Bedeutung der kalkulatorischen Abschreibungen

In nahezu allen Wirtschaftszweigen steigt heute die Anlagenintensität. Die stetig zunehmende Mechanisierung, Automatisierung bzw. Robotarisierung führt dazu, dass immer leistungsfähigere, aber auch teurere Produktionsmittel bzw. Anlagen eingesetzt werden. Demzufolge werden Abschreibungen zu einem immer bedeutsameren Kostenfaktor.

Unter **Abschreibungen** versteht man allgemein die Verteilung einer einmalig für die Anschaffung oder Herstellung eines Anlagegutes getätigter Ausgabe oder Auszahlung auf die einzelnen Teilperioden ihrer Nutzung.

Im Sinne dieser allgemeinen Definition ist zunächst kein Unterschied zwischen den bilanziellen und kalkulatorischen Abschreibungen zu sehen. Dieser ergibt sich erst, wenn man die jeweiligen Rechnungszwecke betrachtet.
Die **bilanziellen Abschreibungen**

- dienen der bilanzpolitisch gewollten und möglichen Bewertung der Anlagengegenstände in der Bilanz,
- gehen in die extern orientierte Gewinn- und Verlustrechnung ein und
- werden durch handels- und steuerrechtliche Vorschriften geprägt.

Demgegenüber wollen **kalkulatorische Abschreibungen**

- den „richtigen", betriebsnotwendigen, zeitanteiligen Verzehr der im Anlagevermögen gebündelten Nutzungspotenziale erfassen,
- die reale Substanzerhaltung gewährleisten,
- den richtigen Werteverzehr im intern orientierten operativen Betriebsergebnis widerspiegeln
- und zur richtigen Kalkulation der betrieblichen Leistung beitragen.

Dass derartig unterschiedliche Rechnungszwecke auch zu unterschiedlichen Abschreibungsbeträgen führen können, ist naheliegend.
Im Vorfeld sei noch auf zwei weitere Fälle verwiesen, die einer gesonderten Behandlung erfahren.

1. Kalkulatorisch wird nur das **betriebsnotwendige Vermögen** abgeschrieben. Abschreibungen auf betriebsfremde bzw. nicht dem eigentlichen Betriebszweck dienende Anlageteile, wie z.B. auf im Firmenbesitz befindliche Miets- oder Wohnhäuser eines Industriebetriebes, gehen nicht in die Kostenrechnung der betrieblichen Erzeugnisse ein.
2. In handels- und steuerrechtlicher Hinsicht lassen sich die planmäßigen und außerplanmäßigen Abschreibungen unterscheiden. Ist von kalkulatorischen Abschreibungen die Rede, so ist hier das Pendant zur planmäßigen bilanziellen Abschreibung zu sehen. Außerplanmäßige Abschreibungen werden in der Kostenrechnung nicht unter den kalkulatorischen Abschreibungen erfasst. Wenn sie kostenrechnerisch berücksichtigt werden, dann als kalkulatorische Wagnisse.

Abschreibungs-veranlassung	handels-, steuerrechtliche Behandlung	kostenrechnerische Behandlung
planmäßig, ordentlich	planmäßige Abschreibung	kalkulatorische Abschreibung
außerordentlich	außerordentliche Abschreibung/Teilwertabschreibung	kalkulatorische Wagnisse

(2) Abschreibungsursachen

Abschreibungen zu verrechnen, bedeutet davon auszugehen, dass das in einer Anlage innenwohnende Nutzungspotenzial im Zeitablauf aufgezehrt wird. Die wesentlichen Ursachen sind in der Abbildung 2.14 zusammengefasst.

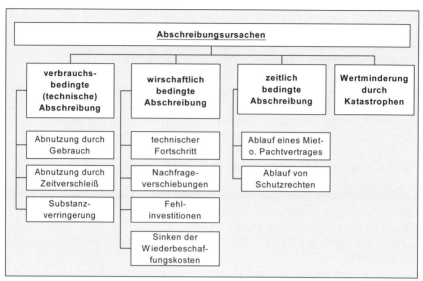

Abbildung 2.14: Abschreibungsursachen

Demnach lassen sich primär verbrauchsbedingte (technische), wirtschaftlich bedingte und zeitlich bedingte Abschreibungsursachen unterscheiden. Darüber hinaus ist eine Wertminderung durch Katastrophen vorstellbar.

Verbrauchsbedingt ist zunächst einmal der Werteverzehr durch den bestimmungsgemäßen Gebrauch (z.B. Fahrkilometer eines Kraftfahrzeuges, insgesamt erbrachte Maschinenlaufzeiten einer Maschine o.ä.). Aber auch sogar völlig ungenutzte Betriebsmittel unterliegen einem Werteverzehr z.B. durch Korrosion, Rosten, Verwitterung u.ä. Von einer Abnutzung durch Substanzverringerung spricht man bei Gewinnungsbetrieben (z.B. Steinkohlebergbau, Goldminen u.ä.).
Wertminderungen durch den technischen Fortschritt können derart auftreten, dass verbesserte Anlagen die Wettbewerbsfähigkeit des eigenen Maschinenparks in Frage stellen. Nachfrageverschiebungen können bedeuten, dass technisch noch nutzbare Anlagen nicht mehr eingesetzt werden können, weil die hiermit erzeugten Produkte nicht mehr oder in einem erheblich verringerten Umfang verkaufbar sind. Ähnliches gilt für Fehlinvestitionen.

Bei den technisch bedingten Abschreibungsursachen ist zunächst die auf den Gebrauch zurückzuführende angeführt worden. Immer dann, wenn eine Anlage oder Maschine ausschließlich gebrauchsbedingt verschleißt, ist das wirtschaftlich/ technisch maximale Leistungspotential der beste Indikator zur Erfassung der Totalkapazität. Liegt diese Bedingung vor, so wird man in Abhängigkeit der genutzten Periodenkapazität eine leistungsbezogene Abschreibung vornehmen. Da dann einer Periode genau jene Kosten angelastet werden, die der tatsächlichen Leistungsinanspruchnahme entsprechen, handelt es sich um **variable Kosten.**

Nimmt das Leistungs- oder Nutzungspotential aber auch leistungsunabhängig ab – z.B. allein durch das Verstreichen einer Zeit (Zeitverschleiß), durch technische Überholung o.ä. –, so handelt es sich hier um **fixe Kosten**. Dies dürfte bei den meisten Betriebsmitteln der Regelfall sein, da nur in den seltensten Fällen aus-

schließlich ein Gebrauchsverschleiß vorliegt, sondern die Summe der anderen Abschreibungsursachen dominiert.
In den meisten Fällen ist es darüber hinaus unrealistisch anzunehmen, die unterschiedlichen Abschreibungsursachen isolieren zu können.

Die wesentlichen Determinanten zur Ermittlung der kalkulatorischen Abschreibungen sind in der

- Bestimmung der Abschreibungssumme,
- der Ermittlung des Abschreibungszeitraumes und in
- der Festlegung des Abschreibungsverfahrens

zu sehen.

(3) Determinanten des Abschreibungsbetrages

(a) Abschreibungssumme

Handels- wie steuerrechtlich wird die Abschreibungssumme – oder der Abschreibungsausgangsbetrag – aus den **Anschaffungs- oder Herstellungskosten** abgeleitet. Diese sind um einen Resterlös zu bereinigen. In der Praxis wird jedoch auf eine Berücksichtigung des Resterlöswertes zumeist verzichtet, da seine Einschätzung einerseits mit erheblichen Unsicherheiten behaftet ist und andererseits angenommen wird, dass der Restverkaufserlös den Abbruchkosten entspricht.
Selbst dann, wenn die sich auf die Anschaffungs-, Herstellungskosten beziehenden Abschreibungen in voller Höhe in die Kalkulation eingehen und dieser Preis auch im vollen Umfang am Markt durchgesetzt werden kann, d. h. die Abschreibungen im Umsatz „voll verdient" werden, ist damit nicht gewährleistet, dass sie ausreichen, um die nötige Ersatzinvestition zu finanzieren. Ein solches Vorgehen berücksichtigt nämlich nicht, dass eine Maschine in acht oder zehn Jahren, wenn sie wiederzubeschaffen ist, in der Regel einen sehr viel höheren **Wiederbeschaffungswert** aufweist.

Einer Abschreibung, die sich wie die handels- und steuerrechtliche an den Anschaffungs- oder Herstellungskosten orientiert, spricht man die Fähigkeit der **nominalen Kapitalerhaltung** zu. Eine Anlage, die 100.000,– € gekostet hat und über 5 Jahre mit 20.000,– € abgeschrieben wird, kann – wenn die Abschreibungsbeträge im „zinslosen Sparstrumpf" aufbewahrt werden – auch nur wieder zu einer Ersatzinvestition in Höhe von 100.000,– € führen. Und das, obwohl die Maschine heute im Ersatzzeitpunkt eventuell 130.000,– € kostet.

In der Kostenrechnung wird man diesem Prinzip – zumindest in inflationären Zeiten – nicht folgen wollen oder können. Angestrebt wird hier, anstatt einer nominalen Kapitalerhaltung die **reale Substanzerhaltung**. Die reale Substanzerhaltung ist aber nur dann gewährleistet, wenn als Abschreibungsbetrag vom Wiederbeschaffungswert ausgegangen wird. Nur mit einer solchen Abschreibungsverrechnung ist gewährleistet, dass der Absatzmarkt theoretisch jene Beträge in den Preisen vergütet, die ausreichen, um die Betriebsmittel nach Ablauf der Nutzungsperiode wiederzubeschaffen.
Eine Abschreibung auf der Basis von Anschaffungs- oder Herstellungskosten ist offenbar nur bei annähernd konstanten, d. h. gleichbleibenden Preisen angebracht.

In allen anderen – realistischen – Fällen ist von Wiederbeschaffungswerten auszugehen. Die Ausrichtung an dem **Wiederbeschaffungswert** ist nach herrschender
Meinung die **beste Lösung für die Kostenrechnung**. Tatsächlich ist es aber in
der Praxis oft recht schwierig, einen weit in der Zukunft liegenden Wiederbeschaffungswert betragsmäßig einzuschätzen. Konnte man z. B. vor 10 Jahren jährlich
erhebliche Preissteigerungen für einen PKW prognostizieren, so ist für die letzten
2 Jahre eher von einer Preiskonstanz und, berücksichtigt man die Zubehörteilepoli-
tik der Automobilindustrie, von einem relativen Preisverfall auszugehen.
In einem solchen Fall sollte die **zweitbeste Möglichkeit** gewählt werden, indem
von aktualisierten Anschaffungskosten, z.B. von bekannten **Tagespreisen** ausgegangen wird. Oft findet sich in der Praxis eine Orientierung an den vom Statistischen Bundesamt für Gruppen von Anlagengegenständen regelmäßig veröffentli-
chen Preisindizes. Die Wiederbeschaffungswerte können dann wie folgt ermittelt
werden:

$$\text{Wiederbeschaffungswert} = \text{AK/HK} \cdot \frac{\text{Preisindex des Abrechnungsjahres}}{\text{Preisindex des Anschaffungsjahres}}$$

Beispiel:
Maschinen (Maschinenbauerzeugnisse)
Quelle: Statistisches Jahrbuch 2010, S. 513
2006 101,7
2007 104,–
2008 106,4
2009 108,9
2010 109,3
gesucht: lineare Afa einer in 2006 angeschafften Maschine mit einer Nutzungsdauer von 10 Jahren, AK:150.000 €; für 2010:

Ergebnis: $\dfrac{150.000 * 1,093}{1,017} : 10 = 16.121 \, \text{p.a.}; \; 1.343 \, \text{mtl.}$

Man spricht in einem solchen Fall auch von der **Zeitwertabschreibung**. Sie hat
den Nachteil sich im Periodenablauf verändernder Abschreibungsbeträge. Da diese in der Regel jedoch einmal pro Kalenderjahr angepasst werden, bleibt monatlich die notwendige Konstanz und Einheitlichkeit erhalten. Im Übrigen bleibt festzuhalten, dass eine Orientierung an Wiederbeschaffungswerten kostenrechnerisch
natürlich auch im Falle sinkender Wiederbeschaffungswerte sinnvoll ist.
Ist eine Orientierung an den Wiederbeschaffungspreisen oder aktualisierten An-
schaffungs- bzw. Herstellungskosten nicht möglich oder zu aufwendig, so ist die
Ausrichtung an den tatsächlichen **Anschaffungs- oder Herstellungskosten** die
drittbeste Möglichkeit.

Entgegen dieser Wertung der Kostentheorie bleibt festzuhalten, dass in der Praxis
vielfach die Anschaffungs- oder Herstellungskosten als Abschreibungsgrundlage –
sehr wohl unzutreffend – gewählt werden.
Eine theoretische Begründung findet ein solches Vorgehen darin, dass mit einer
Orientierung am Wiederbeschaffungswert Beträge angesammelt werden können,
die die Wiederbeschaffungskosten erheblich übersteigen. Die dahinterstehende
Kernidee ist die, dass „verdiente Abschreibungen" auch verzinslich angelegt werden könnten. Unter der einfachen Annahme, dass die Teuerungsrate des Wirt-
schaftsgutes dem Anlagezins entspricht, könnten dann die verdienten Abschrei-

bungen auf den Wiederbeschaffungswert anwachsen. Ferner erscheint dies aus Vereinfachungsgründen und der oft schwer prognostizierbaren Wiederbeschaffungswerte praktisch auch naheliegend.

(b) Nutzungsdauer

Ebenso wie der Abschreibungsausgangsbetrag übt die festgelegte Nutzungsdauer einen großen Einfluss auf die Höhe des Abschreibungsbetrages aus. Eine zu gering angesetzte Nutzungsdauer (hohe Abschreibung) birgt für die Unternehmung die Gefahr, sich aus dem Markt herauszukalkulieren, eine zu lang angesetzte, Aufträge mit nicht kostendeckenden Preisen entgegenzunehmen (vgl. Däumler/Grabe 2008, S. 132).
Insofern ist die richtige Festlegung der Nutzungsdauer für die Kostenrechnung von großer Bedeutung. Im Sinne der Kostenrechnung steht bei der Festlegung der Nutzungsdauer die richtige Kalkulation im Vordergrund. Demgegenüber verfolgt die bilanzielle Abschreibung eher den Zweck der gewünschten Ergebnisermittlung bzw. -darstellung. Gewinnerzielende Unternehmen werden an möglichst hohen Abschreibungen interessiert sein, um Steuern „sparen" zu können. Diese lassen sich dann durch relativ kurze Nutzungsdauern realisieren. Insofern ist es auch nicht verwunderlich, wenn in der Praxis teilweise eine kalkulatorische Nutzungsdauer unterstellt wird, die die bilanzielle übersteigt.

Die bilanziellen Abschreibungszeiträume können nicht willkürlich gewählt werden. In der Regel richten sich die Unternehmen nach **steuerrechtlichen AFA-Tabellen**, denen branchenbezogene Hinweise für unterschiedliche Wirtschaftsgüter entnommen werden können. Diese Abschreibungsrichtsätze wurden vom Bundesfinanzministerium entwickelt und von den Finanzverwaltungen herausgegeben. Andere Orientierungsmöglichkeiten liegen z.B. in Herstellerangaben, technischen Verbrauchsmessungen oder eigenen Erfahrungen mit solchen Maschinen in der Vergangenheit. Zu beachten ist jedoch, dass solche Überlegungen vielfach auf die technische Nutzungsdauer ausgerichtet sind. Für kostenrechnerische Zwecke kommt eine solche nicht in Frage, zumal sich eine technische Nutzungsdauer durch Reparaturen und immer neue Ersatzteile im Extremfall beliebig verlängern lässt. Die Nutzungsdauer einer Maschine wird nicht durch technische Eigenschaften bestimmt, sondern ist das Ergebnis einer wirtschaftlichen Optimierungsrechnung (z. B. Ermittlung des optimalen Ersatzzeitpunktes). Die wirtschaftliche, d. h. betriebswirtschaftlich optimale Nutzungsdauer ist ein wichtiger Orientierungsmaßstab für die Kostenrechnung. Insgesamt sind es jedoch die Abschreibungsursachen, die die kostenrechnerische Nutzungsdauer bestimmen.
Andererseits sind Änderungen im Periodenablauf auch vorstellbar.
Hier ist zunächst einmal der Fall zu erwähnen, dass eine Maschine nach Ablauf der Nutzungsdauer weiterhin genutzt werden kann. Bilanziell ist eine Abschreibung über die Anschaffungs- oder Herstellungskosten nicht möglich. Es findet keine Abschreibung mehr statt und das Wirtschaftsgut wird bis zum tatsächlichen Abgang mit einem Erinnerungswert von 1,– € geführt. Unabhängig von dem in einem solchen Fall in der Kostenrechnung anzusetzenden Abschreibungsbetrag gilt generell, dass kalkulatorische Abschreibungen immer auch so lange angesetzt werden, wie das Wirtschaftsgut genutzt wird. Kalkulatorische Abschreibungen werden also auch über den ursprünglich vorgesehenen Nutzungszeitraum hinaus verrechnet und enden umgekehrt auch dann, wenn eine Maschine unvorhergesehen während des Nutzungszeitraumes aus dem Produktionsprozess ausscheidet.

Die Frage des anzusetzenden Abschreibungsbetrages bei Fehleinschätzungen der Nutzungsdauer in der kalkulatorischen Abschreibung soll anhand eines einfachen **Beispiels** gezeigt werden.

Für eine Maschine mit einer Abschreibungssumme von 20.000,– € wird eine Nutzungsdauer von 8 Jahren unterstellt. Es wird kalkulatorisch eine lineare Abschreibung unterstellt, so dass sich ein jährlicher Abschreibungsbetrag von 2.500,– € (20.000 : 8) einstellt.

Nach 6 Jahren stellt sich heraus, dass die Nutzungsdauer 10 Jahre beträgt. Folgende Möglichkeiten stehen zur Verfügung:

ba) Beibehaltung des bisherigen Abschreibungsbetrages

Es stellt sich folgendes Bild ein:

Jahr	kalk. Abschreibung	Restwert
1	2.500	17.500
2	2.500	15.000
.	.	.
.	.	.
.	.	.
6	2.500	5.000
7	2.500	2.500
8	2.500	–
9	2.500	-2.500
10	2.500	-5.000

Bei dieser Methode handelt es sich zwar um die praktisch bedeutsamste, die insbesondere auch fast immer dann eingesetzt wird, wenn die geschätzte Nutzungsdauer überschritten wird. Betriebswirtschaftlich ist sie abzulehnen. Ab der 7. Periode werden offenbar nicht mehr dem tatsächlichen Werteverzehr entsprechende kalkulatorische Abschreibungen verrechnet.

bb) Verteilung des Restbuchwertes auf die Restlaufzeit

Jahr	kalk. Abschreibung	Restwert
1	2.500	17.500
2	2.500	15.000
.	.	.
.	.	.
.	.	.
6	2.500	5.000
7	1,250	3.750
8	1.250	2.500
9	1.250	1.250
10	1.250	–

Diese handels- und steuerrechtlich angebrachte Variante ist aus kostenrechnerischer Hinsicht gleichfalls abzulehnen. Der *tatsächliche* Werteverzehr wird weder in den ersten sechs, noch in den letzten vier Perioden wiedergegeben.

bc) Verteilung der richtigen Abschreibung mit Zusatzinformationen

Jahr	kalk. Abschreibung	Restwert
1	2.500	17.500
2	2.500	15.000
.	.	.
.	.	.
.	.	.
6	2.500	5.000
7	2.000	3.000
8	2.000	1.000
9	2.000	-1.000
10	2.000	-3.000

Bei diesem Verfahren wird zumindest ab der 7. Periode der „richtige" Werteverzehr verrechnet. Die Vorperioden sind Vergangenheit und lassen sich nicht mehr korrigieren. Betriebswirtschaftlich ist es am richtigsten, während der Restnutzungsdauer jenen Betrag kalkulatorisch abzuschreiben, den man richtigerweise angesetzt hätte, wenn man von vornherein die Nutzungsdauer richtig eingeschätzt hätte.

Bei den anderen Verfahren wäre dem Kostenrechner vorzuwerfen, „einen Fehler der Vergangenheit durch einen weiteren Fehler für die Zukunft zu kompensieren" (Haberstock 2008, S. 90). Die angestellten Überlegungen treffen natürlich auch analog auf den Fall einer zu langen Einschätzung der Nutzungsdauer zu. Scheidet die Anlage aus dem Produktionsprozess aus, so endet die kalkulatorische Abschreibung. Der durch die Überschätzung der Nutzungsdauer verursachte Fehler lässt sich nicht mehr korrigieren. Die Sonderabschreibung in der Finanzbuchhaltung ist kostenrechnerisch irrelevant.

(c) Abschreibungsmethoden

Die wichtigsten Abschreibungsmethoden sind die
  – lineare Abschreibung,
  – die degressive Abschreibung,
  – die Leistungsabschreibung und
  – Kombinationen obiger Methoden.
Die progressive Abschreibung – als Pendant zur degressiven – spielt in der Praxis keine Rolle und soll deshalb auch hier nicht vorgestellt werden.

(ca) Lineare Abschreibung

Bei der linearen Abschreibung wird die Abschreibungssumme gleichmäßig über die gesamte Nutzungsdauer verteilt.
Seien:
A: = die Abschreibungssumme und
n: = die Nutzungsdauer (in Jahren),
so ergibt sich die Abschreibung (a) als:

$$a = \frac{A}{n}$$

und für den Fall, dass nach Ablauf der Nutzungsdauer noch ein Liquidationserlös (L) erzielt werden kann:

$$a = \frac{A - L}{n}$$

Die Vorgehensweise soll anhand eines einfachen **Beispiels** skizziert werden.
Eine Maschine, die für 18.000 € gekauft wird, wird voraussichtlich nach Ablauf einer Nutzungsdauer von 5 Jahren 22.000 € kosten. Es ist mit einem Restwert von 2.000 € zu rechnen. Wie hoch ist die jährliche kalkulatorische Abschreibung bei Anwendung der linearen Methode?
A = (22.000 - 2.000) : 5 = 4.000 €

n	WB/RW	Afa
1	22000	4000
2	18000	4000
3	14000	4000
4	10000	4000
5	6000	4000
6	2000	

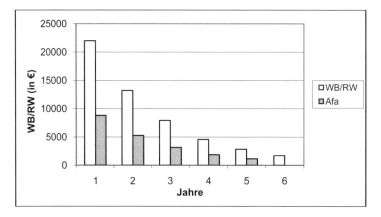

Abschreibungsmethoden werden in der Regel mit dem **Verursachungsargument** und dem **Vergleichbarkeitsargument** begründet (vgl. auch Zimmermann 1982, S. 55). Nach dem Verursachungsargument ist die Abschreibungsmethode die beste, die den tatsächlichen Werteverzehr am genauesten widerspiegelt. Wie bereits an anderer Stelle erwähnt, ist der Werteverzehr die Resultante unterschiedlichster Ursachen, die sich ihrerseits kaum isolieren lassen. Die Konsequenz ist, dass in der Praxis das Vergleichbarkeitsargument an Bedeutung gewinnt. Dem entspricht natürlich die lineare Abschreibung. Sie ist rechnerisch sehr einfach und hat den Vorteil, dass sie die Abschreibungsperioden gleichmäßig belastet. Dies entspricht dem **Egalisierungs- oder Normalisierungsstreben** der Kostenrechnung. Insofern ist es auch nicht verwunderlich, wenn die betriebliche Praxis „zu Recht" (Haberstock 2008, S. 93) überwiegend die lineare Methode einsetzt. Darüber hinaus kann sie bei einer relativ konstanten Beschäftigung auch durchaus zu einer verursachungsgerechten Erfassung des Werteverzehrs führen.

(cb) Leistungsabschreibung

Die leistungsbezogene Abschreibung passt sich der Beschäftigung an, da für den Abschreibungsbetrag das Ausmaß der Leistungsbeanspruchung ausschlaggebend ist.
Seien:
A: = die Abschreibungssumme
L_G: = der gesamte Leistungsvorrat des Betriebsmittels (Totalkapazität) und
L_{PT}: = die Leistungsentnahme in der Periode T,
dann ist die jährliche Abschreibung (a):

$$a = \frac{A}{L_G} \cdot L_{PT}$$

bzw. unter Berücksichtigung eines Liquidationserlöses (L):

$$a = \frac{A - L}{L_G} \cdot L_{PT}$$

Auch diese Vorgehensweise sei anhand eines einfachen **Beispiels** aufgezeigt.
Eine Maschine mit einem Wiederbeschaffungswert von 22.000,– € und einem Restwert von 2.000 € leistet voraussichtlich 1.000 Betriebsstunden. Im Jahr 2001 wurden 300 Stunden geleistet. Wie hoch ist der Abschreibungsbetrag?

a = (22.000 - 2.000) : 1.000 · 300 = 6.000,– €

Wenn die Maschine die in der folgenden Tabelle ausgewiesenen Leistungen abgibt, so ergibt sich der ebenfalls in der Tabelle ausgewiesene Abschreibungsverlauf.

n	Stunden	WB/RW	Afa
1	300	22000	6000
2	200	16000	4000
3	250	12000	5000
4	150	7000	3000
5	100	4000	2000
6		2000	

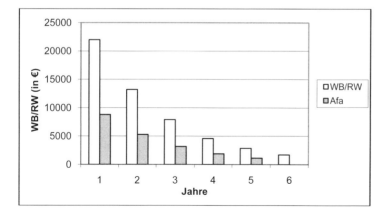

Sind die Voraussetzungen der Leistungsabschreibungen gegeben, so handelt es sich zweifelsfrei unter kostenrechnerischen Aspekten um die **beste Lösung**. Leistungsabschreibungen sind – wie bereits erwähnt – variable Kosten, d.h. hier wird einer Forderung der Kostenrechnung entsprochen, möglichst viele Kosten verursachungsgerecht als Einzelkosten den Kostenträgern zuzuordnen. Andererseits führen Leistungsabschreibungen als variable Kosten nur zu einer verursachungsgerechten Erfassung des Gebrauchsverschleißes. Kommen auch andere Abschreibungsursachen zum Tragen – wie z.B. ein Zeitverschleiß –, so ist sie ungeeignet. Darüber hinaus setzt ihr Einsatz in der Praxis schwierige Einschätzungen voraus: Einmal muss das Gesamtnutzungspotential (Totalkapazität) quantifiziert werden können und zum anderen muss der laufende Nutzungsverbrauch der jeweiligen Periode feststellbar sein. Diese Anwendungsvoraussetzungen führen dazu, dass die Leistungsabschreibung – obwohl kostenrechnerisch wünschenswert – in der Praxis eher selten eingesetzt wird.

(cc) Degressive Abschreibung
Die degressive Abschreibung ist in zwei Formen vorstellbar: als geometrisch-degressive Abschreibung und als arithmetisch- degressive Abschreibung bzw. digitale Abschreibung. Die arithmetisch-degressive Abschreibung ist steuerrechtlich nicht zulässig und ihr kommt weder in der Kostenrechnung noch im externen Rechnungswesen eine Bedeutung zu. Auf ihre Darstellung wird hier deshalb verzichtet.
Die geometrisch-degressive Abschreibung schreibt vom Buch- bzw. Restbuchwert jeweils einen festen Prozentsatz ab. Da sie sich an dem jeweiligen Buch- oder besser Restbuchwert orientiert, bezeichnet man sie auch als **Buchwertabschreibung**. Sie führt zu anfänglich recht hohen und im Periodenablauf immer geringer werdenden Abschreibungsbeträgen. Da die Methode nie zu einem Restwert von Null führt, nennt man sie auch eine „unendliche Abschreibung". Die Vorgehensweise sei wieder anhand eines **Beispiels** aufgezeigt.

Eine Maschine mit einem Wiederbeschaffungswert von 22.000 € und einer Nutzungsdauer von 5 Jahren wird mit einem Prozentsatz von 40 % geometrisch-degressiv abgeschrieben:

n	WB/RW	Afa
1	22000	8800
2	13200	5280
3	7920	3168
4	4572	1901
5	2671	1068
6	1603	

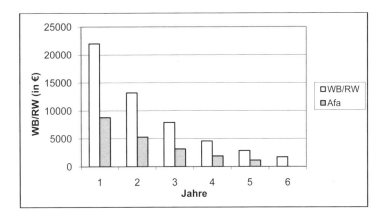

Der geometrisch-degressiven Abschreibung kommt handels- und steuerrechtlich eine sehr große Bedeutung zu. Sie führt in den ersten Perioden zu dem größten gesetzlich zulässigen Abschreibungsaufwand und ist insofern ein bilanzpolitisches Instrument der Ergebnisdarstellung. Der Nachteil, dass die Abschreibungsform nicht zu einem Nullwert führt, wird durch die Möglichkeit ausgeschaltet, im Laufe des Nutzungszeitraumes auf die lineare Abschreibung überzugehen. Allerdings setzt der Gesetzgeber hinsichtlich des Prozentsatzes Grenzen. So ist derzeit maximal ein Prozentsatz von 25 % zulässig, wobei zudem nicht das Zweieinhalbfache der linearen Abschreibung überschritten werden darf (vgl. § 7, Ab. 2 EStG, Stand 2011).

Diese Beschränkungen gelten natürlich nicht für die Kostenrechnung. Würde hingegen seitens der Kostenrechnung ein Prozentsatz von z.B. 30 % unterstellt und nicht der handels- wie steuerrechtlichen Gepflogenheiten des Wechsels von der degressiven auf die lineare Abschreibung gefolgt, so hätte dies zumindest bei kurzen Laufzeiten ganz erhebliche Restbuchwerte am Ende der Nutzungsdauer zur Folge. Die im Umsatz während der geplanten Nutzungsdauer verdiente Abschreibungsverrechnung würde eventuell weder zur nominalen Kapitalerhaltung und erst Recht nicht zur realen Substanzerhaltung führen.

Insgesamt kommt der geometrisch-degressiven Abschreibung in kostenrechnerischer Hinsicht somit keine große Bedeutung zu. Dies gilt auch, obwohl sie früher von namhaften Vätern der Kostenrechnung wie z.B. Schmalenbach ausdrücklich favorisiert wurde (vgl. dazu Zimmermann 1982, S. 55). Nach ihm sind sie verursachungsgerecht, weil Anlagen in den ersten Jahren ihrer Nutzung eine höhere Leistung abzugeben vermögen als in den letzten, in denen der ständige Einsatz zu erhöhten Stillstandzeiten und Qualitätsverschlechterungen führt. Bei den heutigen Qualitätsansprüchen und den immer geringer werdenden wirtschaftlichen Ersatzzeitpunkten dürfte hingegen eine solche Argumentation nicht mehr so zwingend sein.

Richtig ist, dass in den ersten Jahren die Wiederverkaufserlöse viel stärker sinken als in den folgenden. Aus der kostenrechnerischen Perspektive ist dies jedoch unerheblich, denn der Wiederverkauf ist nicht Zweck des Einsatzes.

Nach einer weiteren Argumentation sind degressive Abschreibungen deshalb angebracht, weil sie als **„Betriebsmittelkosten"** im Zusammenhang mit den Reparaturkosten zu sehen sind. Zunehmende Reparatur- und Wartungskosten korrespondieren im Periodenablauf mit abnehmenden Abschreibungsbeträgen und führen dann zu einer gleichen Periodenbelastung. Mit einer ähnlichen Argumentation lässt sich im Übrigen der Einsatz von progressiven Abschreibungen rechtfertigen. Betrachtet man den „**Kapitaldienst**" so stehen den steigenden Abschreibungen dann sinkende Zinsen im Periodenablauf gegenüber (vgl. Hummel/Männel 2004, S.174). Zu beiden Vorschlägen bleibt anzumerken, dass eine gleichmäßige Periodenbelastung dort ihre Grenzen findet, wo sie zu einer kostenartenmäßigen Vermengung und damit nicht mehr zu einer ursachenspezifischen Schwachstellenidentifikation führt.

(cd) Kombinationen

Während in der Handels- und Steuerbilanz eine gängige Kombination in der Verbindung der degressiven und der linearen Abschreibung besteht, da hier im Sinne möglicher Zins- und Stauersparniseffekte die *abschreibungsmaximale Variante* gewählt wird, ist aus kostenrechnerischer Sicht die Verbindung der Leistungsabschreibung mit der linearen Abschreibung interessant. Man spricht auch von der **gespaltenen bzw. gebrochenen Abschreibung.** Mit ihr ist es möglich, variable und fixe Elemente zu trennen: Der Gebrauchsverschleiß soll in Abhängigkeit von der Beschäftigung und der Zeitverschleiß in Abhängigkeit von der Nutzungsdauer erfasst werden.

Die Vorgehensweise soll wiederum anhand eines einfachen **Beispiels** illustriert werden.

Eine Maschine hat einen Wiederbeschaffungswert von 22.000 € und einen Restwert von 2.000 €. 60 % des abzuschreibenden Betrages wird dem Zeitverschleiß zugerechnet, der durch eine lineare Abschreibung bei einer Laufzeit von 5 Jahren erfasst werden soll. 40 % entfällt auf den Gebrauchsverschleiß, für dessen Abrechnung die Leistungsabschreibung gewählt wird.

Die Leistungsabgabe von insgesamt 1.000 Betriebsstunden verteilt sich in der folgenden Weise auf die Perioden:

n	Stunden
1	300
2	200
3	250
4	150
5	100

Wie hoch sind die Abschreibungsbeträge in den 5 Jahren? :
Der abzuschreibende Betrag in Höhe von 20.000 € wird in zwei Teile aufgespalten: 12.000 € sind linear abzuschreiben, 8.000 € werden nach der Leistung abgeschrieben.

n	Zeitverschleiß		Gebrauchsverschleiß		Summe	
	WB/RW	Afa	WB/RW	Afa	WB/RW	Afa
1	13200	2400	8800	2400	22000	4800
2	10800	2400	6400	1600	17200	4000
3	8400	2400	4800	2000	13200	4400
4	6000	2400	2800	1200	8800	3600
5	3600	2400	1600	800	5200	3200
6	1200		800		2000	

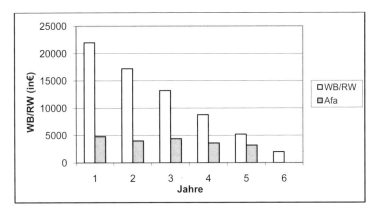

Falls von einem Gebrauchs- und Zeitverschleiß auszugehen ist, so führt die Anwendung von zwei Abschreibungsverfahren sicherlich zu einer verursachungsgerechteren Zuordnung, als wenn man nur ein Verfahren einsetzen würde. Andererseits dürfte die notwendige Aufteilung praktisch nicht ganz einfach und oft ohne grobe Einschätzungen nicht möglich sein. Zudem handelt es sich auch um ein theoretisch nicht unumstrittenes Verfahren, da eine *additive Verknüpfung der Abschreibungsursachen* nicht für möglich gehalten wird (vgl. Hummel/Männel 2004, S. 166).

4.4.2 Kalkulatorische Zinsen

Jede Unternehmung setzt für ihre Betriebszwecke Vermögensteile ein. Hierfür benötigt sie zur Finanzierung Kapital, das in Form von Eigen- und Fremdkapital zur Verfügung gestellt werden kann.
Im Rahmen der Finanzbuchhaltung werden die Zinsen erfasst und als Aufwand ausgewiesen, die ein Betrieb für das aufgenommene Fremdkapital effektiv gezahlt hat.

Eine solche Vorgehensweise ist aus kostenrechnerischer Hinsicht nicht angebracht. Denn:

– Durch eine Zinsverrechnung auf den gesamten Kapitaleinsatz wird der **Finanzierungseinfluss** ausgeschaltet, d. h. die Finanzierungsart bzw. entsprechende Änderungen beeinflussen nicht mehr die Kostenrechnung, womit die Aussagekraft innerbetrieblicher und zwischenbetrieblicher Kostenvergleiche erhöht wird.
– Auch wenn für Eigenkapital keine vereinbarten Zinsen zu zahlen sind, so entstehen den Eigenkapitalgebern doch **Opportunitätskosten**, da ihnen die Zinserträge entgehen, die sie durch eine andersartige Anlage hätten erzielen können.

Nun wäre es natürlich abrechnungstechnisch sehr schwierig, für jeden Vermögensgegenstand das Ausmaß des Eigen- und Fremdfinanzierungsanteils feststellen zu wollen, und dann neben den Fremdfinanzierungskosten noch zusätzlich solche der Eigenfinanzierung hinzuzurechnen. Da sich die Aktiv- und Passivseite einer Bilanz entsprechen, ist dies auch gar nicht nötig. Es reicht aus, wenn man für alle Vermögensgegenstände aktivisch das *gebundene Kapital* ermittelt und hierauf die Zinsen berechnet.

Allerdings sind mit kalkulatorischen Zinsen nicht alle im Anlage- und Umlaufvermögen gebundenen Wirtschaftsgüter zu belegen. Kalkulatorische Zinsen sind **nur auf die betriebsnotwendigen Anlagegüter** zu verrechnen. Auszuklammern sind dann z. B. stillgelegte, nicht mehr benötigte Anlagen, zu spekulativen Zwecken gehaltene Beteiligungen und Anteile, eigene Aktien, außerhalb des Sachziels gehaltene Grundstücke und Gebäude (z.B. Wohngebäude) u. ä.

Allgemein lassen sich dann die kalkulatorischen Zinsen nach dem folgenden **Rechenschema** ermitteln wobei die folgenden Wertansätze zugrunde gelegt werden:

Vermögensgegenstände	Wertansatz
nicht abnutzbares Anlagevermögen	Anschaffungskosten
+ abnutzbares Anlagevermögen	Restbuchwerte oder Durchschnittswerte
= Betriebsnotwendiges AV	
+ Betriebsnotwendiges UV	Durchschnittswerte
= Betriebsnotwendiges Vermögen	
./. Abzugskapital	Restbuchwerte
= Betriebsnotwendiges Kapital	
x kalkulatorischer Zinssatz	
= kalkulatorische Zinsen	

Abb. 2.15 Ermittlungsschema kalkulatorischer Zinsen

Hinsichtlich des Wertansatzes der Vermögensgegenstände wird seitens der Literatur (vgl. z. B. Freidank 2001, S. 126; Zimmermann 1982, S. 63) teilweise eine Bewertung zu Wiederbeschaffungswerten bzw. Tagespreisen vorgeschlagen. Zu einem solchen Zweck wären dann die gegebenenfalls gebildeten stillen Reserven aufzulösen. Ein solcher Wertansatz ist natürlich theoretisch begründbar und sinnvoll, wenn auch nicht unumstritten (vgl. z. B. Hummel/Männel 2004, S. 176), soll hier aber deshalb nicht favorisiert werden, da er keine praktische Bedeutung besitzt und zu einem zusätzlichen Erfassungs- bzw. Ermittlungsaufwand führt. Werden, wie hier vorgeschlagen, die Anschaffungskosten bzw. daraus abgeleitete Werte als Basis genommen, können alle nötigen Zahlen der Anlagenbuchhaltung entnommen werden.

Demnach wären für das **nicht abnutzbare Anlagevermögen** (z. B. Grundstücke) die vollen Anschaffungskosten heranzuziehen. Hinsichtlich des **abnutzbaren Anlagevermögens** (z. B. Gebäude, Maschinen u. ä.) haben sich in der Theorie und Praxis zwei Verfahren herausgebildet.

Bei der **Methode der Restbuchwertverzinsung** werden die kalkulatorischen Zinsen vom jeweiligen sich in der Abrechnungsperiode einstellenden Restbuchwert (Anschaffungskosten - Abschreibungen) berechnet. Bezogen auf ein einzelnes Wirtschaftsgut ergeben sich im Periodenablauf abnehmende Zinsen. Bei der **Durchschnittswertverzinsung** werden als Berechnungsgrundlage die halben Anschaffungskosten gewählt, denn diese sind durchschnittlich während der gesamten Nutzungsdauer im Unternehmen gebunden. Grafisch lassen sich diese Zinsberechnungen wie folgt veranschaulichen.

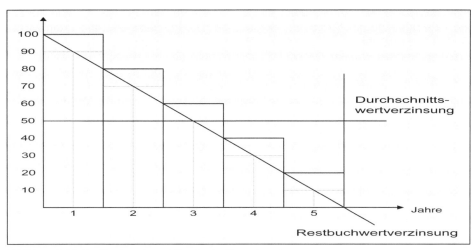

Abbildung 2.16: Restbuchwert- und Durchschnittswertverzinsung

Wie erkennbar, setzt auch die „richtige" Restbuchwertverzinsung eine Durch-schnittswertbildung der jeweiligen Restbuchwerte zu Beginn und zum Ende der jeweiligen Periode voraus. Bezogen auf die gesamte Nutzungsdauer führen dann natürlich beide Methoden zur gleichen Zinsbelastung. Dies gilt hingegen nicht, wenn – wie in der Praxis vereinfacht üblich – nur die einzelnen Restbuchwerte zum Ende des jeweiligen Geschäftsjahres herangezogen werden.

Wird die Frage nach der **kostenrechnerisch zu präferierenden Methode** aufge-worfen, so gehen hier wieder das Verursachungs- und Vereinheitlichungsprinzip auseinander. **Verursachungsgerechter** wäre sicherlich eine Berechnung nach der Restwertverzinsung und unter dem Aspekt der **Vereinheitlichung** ist die Durch-schnittsverzinsung zu wählen. Der überwiegende Teil der Literatur (vgl. z. B. Ha-berstock 2008, S. 96; Gabele/Fischer 1992, S. 86) misst dem Normalisierungsstre-ben die größere Bedeutung zu. Dies dürfte auch für den praktischen Einsatz ge-lten, da eine solche Berechnung überaus einfach ist. Die Methodenfrage wird auch nicht dadurch relativiert, dass der Unterschied durch die heterogene Altersstruktur unterschiedlicher Maschinen ausgeglichen wird, denn dies mag zwar für den Ge-samtbetrieb gelten, nicht aber für die zu ermittelnden kalkulatorischen Zinsen ein-zelner Kostenstellen oder Maschinenplätze. Für eine Durchschnittswertverzinsung spricht auch, dass im Falle einer Restwertverzinsung die Stückkosten im Falle ei-ner Vollkostenrechnung jährlich sinken bzw. bei laufendem Ersatz alte Anlagen „billig gerechnet" und neue „teuerer" sind. Dieses Problem wäre zwar durch eine Bewertung zu Wiederbeschaffungskosten lösbar, wird aber durch eine Durch-schnittsbewertung zumindest teilweise entschärft.

Das **betriebsnotwendige Umlaufvermögen** wird generell mit jenem Betrag ange-setzt, der durchschnittlich während einer Periode gebunden ist.

$$\text{durchsch. gebundenes UV} = \frac{\text{AB} + \text{EB (der betrachteten Periode)}}{2}$$

Hinsichtlich des Ansatzes von **Abzugskapital** unterscheidet sich die betriebliche Praxis. Abzugskapital ist zinslos überlassenes Fremdkapital. Als solches werden regelmäßig Kundenanzahlungen, zinsfreie Darlehen, kurzfristige Rückstellungen und Lieferantenkredite (Verbindlichkeiten aus Lieferungen und Leistungen) ange-führt. Diese noch heute anzutreffende Praxis geht „zweifellos auf den Regierungs-erlass über » allgemeine Grundsätze der Kostenrechnung vom 16.01.1939 « zu-rück, obwohl sie nach Kriegsende ihre bindende Wirkung verloren hatten" (Moews 2002, S. 107). Wird vom betriebsnotwendigen Vermögen das Abzugskapital subt-rahiert, so wird dies im angelsächsischen Raum als „investment" oder „capital employed" bezeichnet (vgl. Coenenberg u.a. 2009, S.89). Die kostenrechnerische Fachliteratur ist sich – spätestens seit den Veröffentlichungen von Lücke (1965, S. 3 ff.) und Kosiol (1979b, S. 189 ff.) – einig, dass Abzugskapital nicht mehr ab-zusetzen ist und das betriebsnotwendige Vermögen dem betriebsnotwendigen Ka-pital entspricht. Generell ist die Einbeziehung von Abzugskapital deshalb abzuleh-nen, weil damit doch wieder Finanzierungseinflüsse in die Kostenrechnung einge-hen und die angestrebte Vergleichbarkeit wieder aufgehoben wird. Im Einzelnen lässt sich dies damit begründen, dass

- Kundenanzahlungen hinsichtlich des Zinseffektes im Verkaufspreis antizipiert werden,
- ein nicht abgezogenes Skonti als Zins für einen Lieferantenkredit anzusehen ist,
- zu niedrig angesetzte Rückstellungen z.B. eine potentielle Zinsbelastung be-gründen können,
- in zinslosen Darlehen eine altruistische Verhaltensweise zu sehen ist, die es in der heutigen Finanz- und Geschäftswelt nicht mehr gibt.

Die betriebliche Praxis ist dadurch gekennzeichnet, dass Großunternehmen die-sem theoretischen Vorschlag der Nichteinbeziehung von Abzugskapital langsam, aber zunehmend folgern, während Kleinunternehmen vielfach ohnehin keine kalku-latorischen Zinsen berechnen.

Welcher **Zinssatz** zur Berechnung der kalkulatorischen Zinsen zugrunde gelegt werden soll, war gleichfalls eine vieldiskutierte Frage der Kostenrechnung und Kostentheorie. Heute wird in Theorie und Praxis auf den Satz für **langfristig ver-fügbares Fremdkapital** verwiesen. Neueren Aufsätzen zufolge wird auf den **„ge-wichteten Gesamtkapitalkostensatz"** (**wacc** = weigthed average cost of capital) abgestellt (vgl. Coenenberg u.a. 2009 S. 90; Schweizer/Küpper 2008, S. 113f). Demnach ist als gewichteter Gesamtkapitalkostensatz die Größe

$$\text{wacc} = \frac{EK}{GK} * r_{EK} + \frac{FK}{GK} * r_{FK}$$

mit EK:= Eigenkapital; r_{EK}:= Eigenkapitalzinssatz
 FK:= Fremdkapital; GK:= Fremdkapital; r_{FK}:= Fremdkapitalzinssatz
heran zu ziehen.

Dabei stellen sich die Eigenkapitalkosten nach dem **capital asset pricing model (CAPM)** ein als

$$r_{EK} = r_{RL} + r_{RZ} * \text{ß-Faktor}$$

mit r_{RL}:= risikoloser Zinssatz (z.B. für Bundesanleihen)
 r_{RZ}:= Risikozuschlag

ß-Faktor:= Votabilität des unternehmensspezifischen Aktienwertes zum Gesamtindex (z.B. des DAX 30).

Und wird beim Fremdkapitalkostensatz die steuerliche Abzugsfähigkeit (tax shield) berücksichtigt, so ergibt sich dieser als

$$r_{FK} = r_{FK_0}(1-s)$$

Beispiel:
EK = 25 %; FK = 75 %; risikoloser Zinssatz = 4 %; Risikoprämie= 6 %;
ß-Faktor = 1,4; Fremdkapitalzins = 8 %; Steuersatz = 30 %;
r_{EK} = 4 + 6 * 1,4 = 12,4;
r_{FK} = 8 (1 - 0,3) = 5,6
wacc= 0,25 * 12,4 + 0,75 * 5,6 = 7,3 %

4.4.3 Kalkulatorische Wagnisse

Jede unternehmerische Tätigkeit ist mit Risiken behaftet, die zu zeitlich und betraglich nicht vorhersehbaren Aufwendungen führen. Man nennt diese auch Wagnisse und die daraus resultierenden Kosten Wagniskosten. Generell lassen sich zwei unterschiedliche Wagnisarten unterscheiden:

– das allgemeine Unternehmerwagnis und
– spezielle Einzelwagnisse.

Das **allgemeine Unternehmerwagnis** umfasst Risiken, die die Unternehmung als Ganzes betreffen. Zu denken wäre hier z. B. an konjunkturelle Entwicklungen, Nachfrageschwankungen, Gesetzesänderungen, Inflation o. ä. Dieses allgemeine Unternehmerwagnis wird im Gewinn bzw. seiner sich einstellenden Schmälerung abgegolten. In der Kostenrechnung wird es nicht berücksichtigt.

Eine andere Regelung ergibt sich bei den **speziellen Einzelwagnissen**. Sie sind im Rahmen der betrieblichen Leistungserstellung größtenteils unvermeidbar. Sie können für die unterschiedlichsten Wagnisarten gebildet werden, sofern diese nicht bereits durch entsprechende **Fremdversicherungen** abgedeckt sind. So ist z. B. ein Anlagewagnis (Aufwendungen, die sich aus einem Maschinenausfall ergeben) nicht kalkulatorisch zu erfassen, wenn eine entsprechende Maschinenbruchversicherung abgeschlossen wurde. In einem solchen Fall wäre allenfalls die Versicherungsprämie periodisch exakt aufzuteilen. Kalkulatorische Wagniskosten sind somit mit einer **Eigen- oder Selbstversicherung** gleichzusetzen.
Einen Überblick über die wichtigsten Einzelwagnisse, eine Beschreibung und die Bezugsgrößen als Grundlage der Berechnung gibt die Abbildung 2.17.

Wagnisse	Beschreibung	Bezugsgröße	Nachweis
Beständewagnis	Lagerverluste bei RHB, Halb- u. Fertigfabrikaten, die durch Schwund, Diebstahl, Veraltern u.ä. entstehen	Wert des Lagerbestandes	Inventur/Abstimmung mit FiBu-Zahlen
Anlagenwagnis	Verluste durch Maschinenbruch, Unfälle, Katastrophen u.ä.	Wert des AV: Anschaffungs- oder Buchwerte	Statistik über ausgefallene/ausgemusterte Anlagen
Ausschusswagnis	Ausschüsse jeder Art, die durch Material-, Arbeits- oder Konstruktionsfehler entstehen	Fertigungs- oder Herstellungskosten der Produktion einer Periode	besondere Belegkennzeichnung
Gewährleistungswagnis	Verluste aus Garantieleistungen, wie z.B. Nachbesserungen, Ersatzlieferungen etc. (sog. Garantiekosten)	Herstellkosten des Umsatzes oder Umsatz der mit Garantie gelieferten Erzeugnisse	Aufzeichnungen des Vertriebs
Entwicklungswagnis	Verluste durch fehlgeschlagene Forschungs- und Entwicklungsarbeiten	Entwicklungskosten der Periode	gesonderte belegmäßige Erfassung
Vertriebswagnis	Forderungsausfälle	Forderungsbestand oder Umsatz	lfd. Aufzeichnungen der FiBu
sonstige Wagnisse	Verluste die besonders in bestimmten Branchen entstehen, wie z.B. durch Bergschäden, Flugzeugabstürze, Schiffsunfälle u.ä.	Gesamtkosten oder Herstellkosten des Umsatzes	gesonderte belegmäßige Erfassung

Abbildung 2.17: Einzelwagnisse und ihre Behandlung
Quelle: ähnlich Däumler/Grabe 2008, S. 153

Wie bereits erwähnt, fallen die speziellen Einzelwagnisse zeit- und betragsmäßig unvorhersehbar an. Kalkulatorisch werden sie mit einem gleichbleibenden, aus der Vergangenheit abgeleiteten, normalisierten Betrag verrechnet.
Nach Däumler/Grabe werden „aus einer großen einmaligen Katastrophe ... gleichmäßig verteilte kleine Katastrophen gebildet" (Däumler/Grabe 2008, S. 153). Die Grundlage dieser normalisierten Werte stellen die während eines längeren Zeitraumes – in der Regel fünf Jahre – tatsächlich eingetretenen Wagnisverluste dar. Sie werden dann in Relation zu der geeigneten Bezugsgröße gesetzt und es wird ein Wagnissatz (als durchschnittlicher Prozentsatz) ermittelt. Dieser ist dann die Basis des kalkulatorisch zu verrechnenden Betrags der Folgeperiode. Die Vorgehensweise sei anhand eines **Beispiels** noch einmal aufgezeigt.
In den letzten Jahren ergaben sich folgende Garantiekosten:

Jahr	Garantieaufwand (in Mio €)	Herstellkosten des Umsatzes (in Mio €)
2006	4	420
2007	3	430
2008	3	430
2009	4,5	440
2010	4	450

Durchschnittlicher Garantieaufwand: 18,5 : 2.170 = 0,0085 %.
Bei geschätzten Herstellkosten des Umsatzes von 480 Mio. € im Jahre 2011 wären monatlich ca. 341.000,– € an kalkulatorischen Gewährleistungskosten zu verrechnen.

4.4.4 Kalkulatorischer Unternehmerlohn und kalkulatorische Miete

Bei Kapitalgesellschaften erhalten die im Leitungsbereich tätigen Personen in der Regel Gehälter, die in die Kostenrechnung als fester Aufwandsbestandteil und somit als Kostenelement eingehen. Bei Einzelunternehmen und Personengesellschaften – teilweise jedoch auch bei kleineren GmbHs – erhält der Unternehmer kein Gehalt, sondern seine Tätigkeit wird mit dem Gewinn abgegolten. In einem solchen Fall bedarf es des Ansatzes eines **fiktiven Unternehmerlohnes** in der Kostenrechnung, da

– die Arbeitsleistung des Unternehmers sonst nicht in die Kalkulation Eingang finden würde und
– die Kostenrechnung rechtsformunabhängig nicht mehr vergleichbar wäre.

Als Orientierungsmöglichkeit kommt das Gehalt eines vergleichbaren leitenden Angestellten in einer entsprechenden Position oder das Gehalt, das der Unternehmer anderweitig erzielen könnte, in Frage.

Der Ansatz **kalkulatorischer Mieten** wird bei Einzelunternehmen und Personengesellschaften aus ähnlichen Gründen nötig, wenn vom Unternehmer Privaträume für betriebliche Zwecke bereitgestellt werden. Orientierungsmöglichkeit wäre eine ortsübliche Miete laut Mietspiegel. Einer kalkulatorischen Miete entspricht natürlich auch jener Betrag, den ein Privatunternehmer in Form von Abschreibungen, Zinsen, Versicherungsgebühren, Erhaltungsaufwand u.ä. dem Betrieb anteilig zurechnet und dann in dieser Höhe kalkulatorisch berücksichtigt wird.

5 Selbstkontroll- und Übungsaufgaben

Zur Einordnung der Selbstkontroll- und Übungsaufgaben vgl. Kapitel I. Nur die Lösungen der fett gesetzten Übungsaufgaben sind im Anhang (Musterlösungen) ausgewiesen.

Aufgaben zum Gliederungspunkt 2
Aufgabe 1
Was ist der Hauptzweck der Kostenartenrechnung und welche eigenen Rechnungszwecke verfolgt sie?

Aufgabe 2
Welche Kostendifferenzierung ist im Rahmen der Kostenartenrechnung vorzunehmen und welche nicht?

Aufgaben zum Gliederungspunkt 3

Aufgabe 3
Nach welchen Kriterien lassen sich Kostenarten wie differenzieren?

Aufgabe 4
Was sind primäre und sekundäre Kosten?

Aufgabe 5
Was versteht man unter einem Kostenartenplan? Skizzieren Sie ihn.

Aufgabe 6
Welche Grundsätze sind bei der Erstellung eines Kostenartenplanes zu beachten?

Aufgabe 7
Welche Kostenarten sind in der Industrie von besonderer Bedeutung?

Aufgaben zum Gliederungspunkt 4.1

Aufgabe 8
Berechnen Sie für die folgenden Zahlenangaben den mengenmäßigen Materialverbrauch der Abrechnungsperiode unabhängig voneinander nach allen drei ihnen
bekannten Methoden und diskutieren Sie die Ergebnisse.

Anfangsbestand des Materials	402 kg
Zugang laut Beleg 1.6.	300 kg
Abgang laut Beleg 10.6.	350 kg
Abgang laut Beleg 14.6.	350 kg
Zugang laut Beleg 20.6.	700 kg
Abgang laut Beleg 21.6.	380 kg
Zugang laut Beleg 29.6.	600 kg
Endbestand laut Inventur	890 kg

In der Abrechnungsperiode abgelieferte Stückzahlen:
Produkt 1   110 Stück
Produkt 2   480 Stück
Aufgrund der Stücklisten sind in jedem Stück des ersten Produktes 3 kg Material
und in jedem Stück des zweiten Produktes 1,5 kg Material (einschließlich des un-
vermeidbaren Materialabfalls) enthalten.

Aufgabe 9
Im Monat März wurden Rohstoffe in der folgenden Form bezogen:

Datum	Menge	Preis/Stück	Gesamtwert
3.3.	250	9,50	2.375, -
6.3.	300	11,50	3.450, -
9.3.	150	9, -	1.350, -
16.3	350	10,5	3.675, -

Ein Anfangsbestand war nicht vorhanden.
Insgesamt wurde mit einem Verrechnungssatz von 10,– € gerechnet. Wie hoch ist die Preisdifferenz zwischen dem mit dem Verrechnungssatz bewerteten Verbrauch und dem mit dem tatsächlichen Istpreis. Dabei kann unterstellt werden, dass alle bezogenen Rohstoffe auch im März verbraucht wurden.

Aufgabe 10
Es gelten weiterhin die Angaben zur Aufgabe 9. Der Verbrauch wird nun durch eine Rückrechnung ermittelt. Das Unternehmen fertigt 2 Produkte (A und B), wobei zur Produktion einer Einheit von A 2 Einheiten des Rohstoffes und von einer Einheit B 1 Einheit des Rohstoffes benötigt wird. Im März wurden von A 150 Stück und von B 400 Stück gefertigt. Die Inventur zum Monatsende erbrachte, dass sich vom Rohstoff noch 300 Einheiten auf Lager befanden.
a) Ermitteln Sie den mengenmäßigen Verbrauch und Endbestand nach der Rückrechnungsmethode.
b) Wie groß ist die sich gegebenenfalls einstellende Inventurdifferenz und worauf ist sie zurückzuführen?

Aufgaben zum Gliederungspunkt 4.2

Aufgabe 11
Für Montagearbeiten an Gehäusen wird ein Satz von 8,55 € pro fertiggestelltes Gehäuse bezahlt.
a) Wie nennt man ein solches Entlohnungsverfahren?
b) Wie hoch ist der durchschnittliche Stundenlohn eines Arbeiters, wenn er – für den Abrechnungszeitraum einer Woche – in 38 Stunden 80 Gehäuse montiert hat?

Aufgabe 12
Der tarifliche Mindestlohn eines Arbeiters beläuft sich auf 15,– €/Stunde. Der Akkordzuschlag liegt bei 30 %. Die Vorgabezeit für ein Gewinde liegt bei 20 Minuten. Der Arbeiter fertigt 4 Stück in einer Stunde.
Wie hoch ist sein Stundenlohn?

Aufgabe 13
In der Kunststoff GmbH werden Teicheinbettungen hergestellt. Die Vorgabezeit beträgt 20 Minuten je Stück. Es wird 8 Stunden pro Tag gearbeitet. Der Stundenlohn als Grundlohn liegt bei 16,– €. Es wird eine Prämie gewährt, die 50 % des ersparten Zeitlohns umfasst.
a) Wie hoch ist der Bruttolohn des Arbeiters, wenn er fertigt:

Tag	Ist-Leistung
1	24 Stück
2	27 Stück
3	33 Stück

b) Wie hoch sind die Stücklohnkosten an jedem der drei Tage?
c) Wie hoch ist der Stundenlohn des Arbeiters an den jeweiligen Tagen?

Aufgabe 14

Die Titan GmbH, die für den medizinischen Bedarf Hüftknochenimplantate herstellt, denkt über eine Verlagerung ihrer Produktion ins Ausland nach. Die Fertigungslöhne würden sich von 45 € pro Stunde auf 7 € reduzieren und die jährliche Arbeitszeit von 50 Mitarbeitern im produktiven Bereich von 1.600 Stunden im Inland auf 1.800 Stunden im Ausland erhöhen.
Die Titan GmbH stellt zur Zeit 250.000 Titanknochenimplantate her, die von primär heimischen Abnehmern zu 88 € pro Stück abgenommen werden. Da sich der Wettbewerb primär über den Preis abspielt, dürfte eine Auslandsverlagerung der Produktion zu keinen Nachfrageverlusten durch Imageverschlechterungen führen und die heimischen Qualitätskontrollen sollten dies auch gewährleisten. An zusätzlichen Transportkosten würden pro Stück ca. 2 € anfallen.
Sollte das Werk im Ausland neu errichtet werden, wären Neuinvestitionen von 80 Mio. € nötig, wovon 20 % als Investitionsbeihilfe durch den ausländischen Staat zur Verfügung gestellt würden. Um langfristig auch im Inland konkurrenzfähig zu sein, schätzen Sie den Investitionsbedarf auf 10 Mio. €. Für Ihre Berechnungen unterstellen Sie eine durchschnittliche 15-jährige Nutzungsdauer für die Auslands- und eine 10-jährige für die Inlandsinvestitionen. In beiden Fällen rechnen Sie mit einer Zinsbelastung von 5 %. Zurzeit belaufen sich die Fertigungslöhne auf 20 % der Gesamtkosten und es ist davon auszugehen, dass sich dieser Kostenbetrag auch kurz- bzw. mittelfristig durch die Auslandsverlagerung der Produktion nicht verändert. Würden Sie als Kostenrechner „des schnellen Bleistifts" eine Auslandverlagerung befürworten, indem Sie auf einen absoluten Gesamtkosten- und Gewinnvergleich abstellen?

Aufgabe 15

Erstellen Sie die Gehaltsabrechnung vom Jungmanager (M) und der Krankenschwester (K).
M bezieht ein Bruttogehalt von 6.000 €, ist verheiratet und hat keine Kinder. Seine Lohnsteuer beläuft sich auf (Steuerklasse 3) 1.037 €. K ist dagegen alleinerziehend mit einem Kind und ihre Lohnsteuer beläuft sich bei einem Bruttogehalt von 2.200 € (Steuerklasse 2) auf 236 €. Der Solidaritätszuschlag beträgt 5,5 % und die Kirchensteuer 9 % der Einkommensteuer, wobei M von der Kirchensteuer befreit ist. Beide sind in der gesetzlichen Krankenversicherung. Wie hoch ist das jeweilige Nettogehalt und was hat der Arbeitgeber als Basiskosten monatlich zu zahlen?

Aufgabe 16 (vgl. ähnlich Haberstock 2008, S. 224)

Es sollen die monatlich in die Kostenrechnung eingehenden Lohnkosten ermittelt werden, wenn von folgender Situation auszugehen ist:
Eine Unternehmung beschäftigt 100 Mitarbeiter, die jeweils Anspruch auf einen Monat Urlaub haben (Betriebsferien bei Schließung des Werkes). Der Bruttostundenlohn beträgt 10,– € und es wird in jedem Monat durchschnittlich 160 Arbeitsstunden pro Arbeiter angesetzt. Die gesetzlichen Sozialabgaben (Arbeitgeberan-

teil) belaufen sich insgesamt auf 20 %. Die Krankheitsquote beträgt 10 %. Hierfür stellt die Unternehmung kurzfristig Arbeitskräfte von einer Personalvermittlungs-agentur zu einem Stundenlohn von 20,– € ein, wobei damit auch die von der Personalvermittlungsagentur zu tragenden Sozialabgaben abgegolten sind. Jeder Arbeiter erhält ferner ein Urlaubsgeld von 500 € und ein Weihnachtsgeld von 3.000 € im Jahr

Aufgabe 17
Für das   nächste Kalenderjahr rechnen Sie mit einer Bruttolohnsumme von 4,5 Mio €. Ermitteln Sie den Verrechnungssatz für die Personalnebenkosten, wenn ihnen folgende Zusatzinformationen zur Verfügung stehen.

Arbeitgeberanteil zur Sozialversicherung	20 %
Berufsgenossenschaftsbeiträge	2 %
geschätzte Krankheitsquote	6 % (insgesamt erwartete Arbeitstage: 251)
Urlaubs- und Feiertagslöhne	33 Tage von insgesamt 251 erwarteten Arbeitstagen
Urlaub- und Weihnachtsgeld	650.000 € im Vorjahr; erwartete Erhöhung: 3 %
Vermögenswirksame Leistungen	90.000 €; wie Vorjahr
Betriebliche Altersversorgung	280.000 € wie Vorjahr; Erhöhung um 3 %
Sonstige freiwillige Sozialleistungen	240.000 €; wie Vorjahr

Aufgaben zum Gliederungspunkt 4.4.1

Aufgabe 18
Im Januar 2006 wurde ein Drehautomat für 250.000 € angeschafft, dessen voraussichtliche Nutzungsdauer auf 10 Jahre geschätzt wird. Laut Statistischem Bundesamt für die Bundesrepublik Deutschland hat die Preisentwicklung für Drehautomaten folgende Entwicklung genommen:

	2004	2005	2006	2007	2008	2009	2010
In %	100	109,7	114,6	122,3	135,5	148,2	156

Ermitteln Sie die kalkulatorische Abschreibungen für die Jahre 2006 bis 2010 nach der linearen Methode indem Sie
  a) von den Anschaffungskosten und
  b) von den Wiederbeschaffungskosten (aktualisierte Tageswerte) abschreiben.

Aufgabe 19
Der Wiederbeschaffungswert einer Maschine soll sich auf 200.000 € belaufen. Die Nutzungsdauer wird auf 10 Jahre geschätzt. Kostenrechnerisch soll die lineare Abschreibung gewählt werden. Welchen Abschreibungsbetrag würden Sie abschreiben, wenn
a) die Maschine im 8. Jahr ihrer Nutzung wegen eines technischen Defektes ausscheidet (bitte den Abschreibungsbetrag des 8. Jahres angeben),
b) sich am Ende des 8. Jahres herausstellt, dass die Maschine über eine realistische Nutzungsdauer von 12 Jahren verfügt (Afa- Beträge des 8. und 9. Nutzungsjahres),
c) am Ende der Laufzeit festgestellt wird, dass die Maschine durchaus wirtschaft-

lich weiterhin genutzt werden kann, aber keine Vorstellungen entwickelt werden können, wie lange dies noch der Fall sein dürfte.

Aufgabe 20 (vgl. ähnliche Haberstock 2008, S. 224 f)
Die Preise für eine im Betrieb genutzte und in der 1. Periode angeschafften Maschine entwickeln sich wie folgt:

Periode 1	Periode 2	Periode 3	Periode 4
70.000	72.800	75.712	78.740,48

In diesen Perioden wurden jährlich folgende Beträge als kalkulatorische Abschreibungen verrechnet:

Periode 1	Periode 2	Periode 3	Periode 4
8.750, -	9.100, -	9.464, -	9.842,56

a) Um welche Abschreibungsmethode handelt es sich hier, und von welcher Nutzungsdauer wird ausgegangen?
b) Wie hoch wird voraussichtlich die kalkulatorische Abschreibung der 5. Periode sein?

Aufgabe 21
Die Anschaffungskosten eines Lkws betragen 120.000,– €. Die Wiederbeschaffungskosten werden auf 150.000 € geschätzt. Die Gesamtleistung dürfte bei 250.000 km liegen.
Ermitteln Sie
a) die Afa, wenn im ersten Nutzungsjahr 48.000 km, im 2. Jahr 84.000 km, im 3. Jahr 62.000 km und im 4. Jahr 56.000 km gefahren werden und
b) stellen Sie den Verlauf der Leistungs-Afa grafisch in einem Koordinatensystem dar.

Aufgabe 22
Eine Maschine sollte 80.000 € kosten. Noch vor Lieferung erhöht der Hersteller den Preis um 15 %. Man rechnet damit, mit der Maschine 100.000 Werkzeuge bearbeiten zu können. Nach Ablauf der Nutzungsdauer soll die Maschine noch einen Resterlös von 12.000 € erbringen.
Wie hoch ist die Abschreibung in der ersten Periode, wenn 16.000 Stück bearbeitet worden sind?

Aufgabe 23
Stellen Sie für eine Maschine, die für 250.000 € angeschafft wurde und deren Wiederbeschaffungswert auf 270.000 € (Restwerterlös 20.000 €) eingeschätzt wird, das Abschreibungs- und Restwertvolumen der kalkulatorischen Abschreibung
a) im Falle der linearen und
b) der degressiven Abschreibungsmethode (30 %) dar. (Nutzungsdauer: 5 Jahre)
c) Ist im Falle der degressiven Abschreibung eine nominale Kapitalerhaltung oder eine reale Substanzerhaltung gewährleistet?

Aufgabe 24

Der Bruttopreis einer Maschine einschließlich 19 % USt. beträgt 107.100 €, die geschätzte Nutzungsdauer 18 Jahre oder 30.000 Betriebsstunden.

Nach 4 Jahren wird eine zu aktivierende Verbesserung an der Maschine im Wert von 6.000 € (netto) durchgeführt. Im 1. Jahr wurde die Maschine 2.800, im 2. Jahr 3.200, im 3. Jahr 2.400, im 4. Jahr 2.600 und im 5. Jahr 2.700 Stunden genutzt.

Vergleichen Sie die Abschreibungen in den ersten 5 Jahren, wenn Sie linear, geometrisch-degressiv (20 %; jedoch maximal das 2-fache der linearen) und nach Leistungseinheiten abschreiben.

Aufgabe 25

Das Reiseunternehmen „Sonne GmbH" hat am 15.10.2002 ein Bus mit einem Nettowert von 240.000 € angeschafft. Die Nutzungsdauer nach der Afa-Tabelle beträgt 7 Jahre. Für das interne Rechnungswesen rechnet der Reiseunternehmer mit einer Gesamtleistung von 300.000 km. Dabei erwartet er für die einzelnen Jahre die folgenden Kilometerleistungen:

Jahr	km/Jahr
2002	10.000
2003	30.000
2004	40.000
2005	50.000
2006	45.000
2007	55.000
2008	40.000
2009	30.000

Der Wiederbeschaffungswert des Busses wird mit 300.000 € angesetzt. 40 % des abzuschreibenden Betrages wird dem Zeitverschleiß zugerechnet, 60 % entfällt auf den Gebrauchsverschleiß.

Bestimmen Sie die Abschreibungsbeträge in der Kostenrechnung in den Jahren 2002 bis 2009.

Aufgaben zum Gliederungspunkt 4.4.2

Aufgabe 26

Die unbebauten Grundstücke wurden vor 5 Jahren mit einem Wert von 800.000 € erworben. Der derzeitige Wiederbeschaffungswert wird mit ca. 1,2 Mio € angenommen.

Ermitteln Sie die monatlichen kalkulatorischen Zinsen nach der Durchschnitts- und der Restwertmethode, wenn ein Zinssatz von 8 % p.a. unterstellt wird.

Aufgabe 27

Eine Maschine mit einem kalkulatorischen Ausgangswert von 180.000 € wird in 5 Jahren linear abgeschrieben. Berechnen Sie die kalkulatorischen Zinsen für diese 5 Jahre nach der Rest- und Durchschnittswertmethode und einem unterstellten langfristigen Zinssatz von 8 % p.a. Wie hoch ist der gesamte verrechnete Zinsaufwand nach 5 Jahren.

Aufgabe 28

Ein Industriebetrieb verfügt über folgende Vermögenswerte

Anlagevermögen	Gebäude	850.000
	Maschinelle Anlagen	300.000
	Betriebs- u. Geschäftsausstattung	180.000
	Fuhrpark	340.000
Umlaufvermögen	Vorräte	300.000
	Forderungen	200.000
	Zahlungsmittel	150.000

Das Abzugskapital besteht aus Lieferantenkrediten in Höhe von 250.000 €, das berücksichtigt werden soll. Der kalkulatorische Zinssatz wird mit 8 % angesetzt. Ermitteln Sie das betriebsnotwendige Kapital sowie die kalkulatorischen Jahres- und Monatszinsen.

Aufgabe 29

Zur Bestimmung der kalkulatorischen Zinsen ist von folgender „Scheibenbilanz" auszugehen:

Aktiva		31.12.2010 (T€)		Passiva
Anlagevermögen			Eigenkapital	800
- nicht abnutzbar	200		langfr. Verbindl.	500
- abnutzbar	800	1.000	Rückstellungen	100
Umlaufvermögen		550	Kundenanz.	50
			Kurzfr. Verb. L+L	100
		1.550		1.550

Bestimmen Sie die kalkulatorischen Zinsen bei einem Zinssatz von 8 %
a) ohne Ansatz von Abzugskapital und
b) mit Abzugskapital.
Am 31.12.2009 war das Umlaufvermögen mit 450.000 € bilanziert worden.
Ermitteln Sie die kalkulatorischen Zinsen für a) und b) jeweils nach der Restwert- und Durchschnittswertverzinsung, wobei es sich bei dem abnutzbaren Anlagevermögen um eine technische Anlage handelt, die 2009 für 1 Mio. € angeschafft worden ist.

Aufgabe 30

Zur Bestimmung der kalkulatorischen Zinsen ist von folgender „Scheibenbilanz" auszugehen:

Aktiva		31.12.2011 (in t €)		Passiva
Anlagevermögen			Eigenkapital	400
Grundstücke	400		Darlehen	1.100
Gebäude	200		Rückstellungen	200
Maschinen	500	1.100	Kundenanzahlungen	50
Umlaufvermögen		800	Verbindlichkeiten L+L	150
		1.900		1.900

Am 31.12.2010 war das Umlaufvermögen mit 700.000 € bilanziert worden. Das Gebäude war Anfang 2002 für 400.000 € angeschafft worden. Hinsichtlich der Maschinen gelten die folgenden Daten der Anlagenkartei:

Anschaffungs-zeitpunkt	Anschaffungs-kosten	Nutzungs-dauer	Restbuchwert 31.12.2011
Anfang 2000	240.000	12 Jahre	20.000
Anfang 2002	400.000	10 Jahre	40.000
Anfang 2002	500.000	10 Jahre	100.000
Anfang 2002	400.000	10 Jahre	240.000
Anfang 2004	400.000	8 Jahre	100.000
Summe	1.940.000		500.000

Ermitteln Sie die monatlichen kalkulatorischen Zinsen bei einem Zinssatz von 8 %
a) ohne Abzugskapital jeweils aa) nach der Restwert- und ab) Durchschnittswert-methode und
b) mit Abzugskapital jeweils ba) nach der Restwert- und bb) Durchschnittswertme-thode.

Aufgabe 31
Zur Bestimmung der kalkulatorischen Zinsen ist von folgender „Scheibenbilanz"
auszugehen:

Aktiva	31.12.2010 (in T €)		Passiva
Anlagevermögen		**Eigenkapital**	500
Grundstücke	200	**Rückstellungen**	100
Gebäude	269	**Fremdkapital**	
Maschinen	420	Kundenanzahlungen	50
Betr.u. Geschäftsausst.	120	Verbindlichkeiten L+L	100
Umlaufvermögen		Darlehen	539
Roh-,Hilfs-, Betr.stoffe	60		
Fert./Unfertige Erz.	80		
Wertpapiere	20		
Liquide Mittel	40		
Forderungen	80		
Summe	**1.289**	**Summe**	**1.289**

Bestimmen Sie die monatlichen kalkulatorischen Zinsen für 2011 bei einem Zins-satz von 10 %
a) ohne Abzugskapital und
aa) hinsichtlich des abnutzbaren Anlagevermögens mittels der Restwert- und
ab) mittels der Durchschnittswertverzinsung sowie
b) mit Abzugskapital und
ba) hinsichtlich des abnutzbaren Anlagevermögens mittels der Restwert- und
bb) mittels der Durchschnittswertverzinsung.

Folgende Zusatzinformationen sind dabei noch zu beachten:

(1) Im Betriebsvermögen enthalten sind noch zwei privat vermietete Wohnungen, die ebenso wie der betrieblich genutzte Teil Anfang 2010 angeschafft wurden. Anschaffungskosten dieser Wohnungen jeweils 60.000 €, wovon die erste für 400 € monatlich vermietet ist und die 2. leer steht. Die Nutzungsdauer dieser Wohnungen wurde mit 40 Jahren und die Nutzungsdauer des betrieblich genutzten Teils mit 20 Jahren angenommen.

(2) Die Maschinen wurden wie die Betriebs- und Geschäftsausstattung zum Jahresbeginn 2010 erworben und es wurde eine Nutzungsdauer von 8 bzw. 5 Jahren unterstellt.

(3) Bei den Wertpapieren handelt es sich um spekulativ gehaltene Aktien einer Unternehmung der IT – Branche, die zu Jahresbeginn erworben und zum Anschaffungskurs bewertet wurden.

(4) Ohne die Wertpapiere war das Umlaufvermögen zu Jahresbeginn mit 160.000 € angesetzt worden.

Aufgaben zum Gliederungspunkt 4.4.3
Aufgabe 32
Zum 31.12 eines Jahres ist der Werkstoffverbrauch nach der Inventur- und Fortschreibungsmethode festgehalten worden. Dabei ergab die Inventurmethode einen Endbestand von 24.500 kg (Anfangsbestand 56.000 kg, Zugänge 84.000 kg). Laut Materialentnahmescheine lag der Verbrauch bei 110.000 kg. Der durchschnittliche Istpreis belief sich auf 5,80 €/kg.
a) Im nächsten Kalenderjahr ist aufgrund der geplanten Produktion von den gleichen Abgängen auszugehen. Wie hoch ist das monatliche kalkulatorische Beständewagnis?
b) In der abgelaufenen Periode wurden 5.500 Stück gefertigt, wobei pro Stück ein Werkstoffverbrauch von 20 kg angenommen werden kann. In der Folgeperiode wird eine Produktionsausweitung von 10 % als realistisch eingestuft, Wie hoch ist nun das monatliche kalkulatorische Beständewagnis, wenn angenommen wird, dass der durchschnittliche Istpreis pro kg sich auch in der Folgeperiode nicht verändert?

Aufgabe 33
Bei einem Umsatz von 600 Mio € p.a. (davon 90 % Zielverkäufe) hat die Unternehmung Forderungsverluste von 18,4 Mio € hinnehmen müssen. Dabei beliefen sich die Forderungsverluste aus dem Exportgeschäft allein auf 13 Mio €. Die Exportquote lag bei 50 %.
a) Bei gleicher Absatzstruktur (In- und Auslandabsatz) und gleicher Zahlungsmodalität wird der Umsatz der folgenden Periode auf 700 Mio € geschätzt. Wie hoch ist das kalkulatorische Vertriebswagnis anzusetzen?
b) Unter sonst gleichbleibenden Umständen wird der Exportanteil des Folgejahres auf 60 % eingeschätzt. Wie ist nun das kalkulatorische Vertriebswagnis einzustufen?

Aufgabe 34
Zur Einschätzung des Gewährleistungs-, Ausschuss- und Vertriebswagnisses haben Sie sich die folgenden Zahlen der letzten Jahre zusammenstellen lassen:

(in Mio €)	2008	2009	2010
Umsatz	423	510	601
Herstellkosten des Umsatzes	330	376	430
Herstellkosten der Produktion	310	396	450
Garantieaufwand	14	18	22
Fehlarbeiten, Ausschuss	8	12	15
Forderungsausfall	17	19	24

Wie ist kostenrechnerisch vorzugehen, wenn der Umsatz in 2011 auf 700 Mio € geschätzt wird und die Kostenstrukturen sich nicht entscheidend verändern dürften?

Aufgabe 35
Die durchschnittliche Ausfallzeit der Maschinen beträgt arbeitstäglich 25 Minuten. Es wird an 250 Tagen im Jahr gearbeitet. Das in der Maschine gebundene Kapital wird auf 1,6 Mio € beziffert. Zudem entstehen zusätzlich arbeitsstündlich 30,– € an Reparaturkosten. Wie ist das Anlagenwagnis zu berücksichtigen?

Aufgaben zum Gliederungspunkt 4.4.4
Aufgabe 36
Peter Müller hat ein kleines Einzelhandelsgeschäft, in dem er - mit stundenweiser Unterstützung seiner Ehefrau - allein arbeitet. Er beabsichtigt, einen kalkulatorischen Unternehmerlohn anzusetzen. Zu diesem Zweck fragt er einen Bekannten nach seinem Gehalt, das er als Geschäftsführer von drei Supermarkt-Filialen bezieht. Dieses Gehalt setzt er als kalkulatorischen Unternehmerlohn an.
Wie ist diese Vorgehensweise zu beurteilen?

III. Kostenstellenrechnung

1 Lernziele

Wenn Sie das Kapitel III durchgearbeitet haben, sollten Sie

- eine Kostenstelle definieren können;

- die Aufgaben der Kostenstellenrechnung skizzieren können;

- aufzeigen können, warum es nicht sinnvoll ist, die Gemeinkosten insgesamt als Block einfach den Produkten proportional im Sinne der Einzelkosten zuzuordnen;

- erläutern können, warum es keinen einheitlichen Kostenstellenplan für alle Industrieunternehmen geben kann;

- die Grundsätze der Kostenstellenbildung diskutieren können;

- die Kostenstelleneinteilungsmöglichkeiten kennen;

- typische Kostenstellen nennen können, die zum „Allgemeinen Bereich", zum „Materialbereich", zum „Fertigungsbereich" und zum „Verwaltungs-" wie „Vertriebsbereich" zählen könnten;

- Beispiele für Hilfs- und Hauptkostenstellen bilden können;

- Stellung dazu nehmen können, wann gleichartige Maschinen zu einer Kostenstelle zusammengefasst werden können;

- einen Kostenstellenplan in Grundzügen entwerfen können;

- die Durchführung der Kostenstellenrechnung (prinzipieller Aufbau) skizzieren können;

- direkte und indirekte Stellen-Gemeinkosten und ihre Verteilungsgrundlagen kennen;

- zum Hauptproblem der innerbetrieblichen Leistungsverrechnung Stellung nehmen können;

- die wichtigsten Verfahren der innerbetrieblichen Leistungsverrechnung sowie ihren Umgang mit dem Leistungsaustausch innerhalb der Hilfskostenstellen beschreiben können;

- die generellen Möglichkeiten zur Bildung eines Kalkulationssatzes kennen;

- zur Problematik eines einheitlichen Materialkostenzuschlages, Fertigungsgemeinkostenzuschlages sowie Verwaltungs- und Vertriebsgemeinkostenzuschlages Stellung nehmen können.

2 Wesen und Aufgaben der Kostenstellenrechnung

Im Rahmen der Kostenartenrechnung sind in einem ersten Schritt die Kosten artmäßig erfasst und gegliedert worden. Die Kostenstellenrechnung wendet sich nun der Frage zu, *wo welche Kosten entstanden* sind.

Dabei versteht man unter einer **Kostenstelle** einen Teilbereich einer Unternehmung, einen Ort der Kostenentstehung, der kostenrechnerisch selbständig abgerechnet wird. Die Ermittlung und Verteilung der Kostenarten auf die Kostenstellen stehen somit im Mittelpunkt der Kostenstellenrechnung.

Da Einzelkosten sich einem Kostenträger unmittelbar zuordnen lassen, geht es im Rahmen der Kostenstellenrechnung zunächst primär um eine verursachungsgerechte Zuordnung der Gemeinkosten.

Gemeinkosten fallen für alle (oder mehrere) Kostenträger an und sie sollten einen Kostenträger nur in dem Ausmaß zugerechnet werden, wie er die betreffende Kostenstelle in Anspruch genommen hat. Insofern ist die Kostenstellenrechnung ein wichtiges *Bindeglied* zwischen der Kostenarten- und Kostenträgerrechnung.

Ihre **erste wichtige Aufgabe** ist in der *Erhöhung der Kalkulationsgenauigkeit* zu sehen.

Ohne eine Kostenstellenrechnung wären die Gemeinkosten in einem irgendwie plausibel erscheinenden Verhältnis auf die Kostenträger zu verteilen.

Das folgende **Beispiel** basiert auf der Annahme eines proportionalen Verhältnisses von Einzel- und Gemeinkosten.

Produkt	Einzelkosten	Gemeinkosten
A	40.000	
B	80.000	440.000
C	100.000	

Produkt	Einzelkosten	Verteilungsschlüssel		verteilte Gemeinkosten	Gesamtkosten
A	40.000	4	2	80.000	120.000
B	80.000	8	4	160.000	240.000
C	100.000	10	5	200.000	300.000
Summe	220.000	22	11	440.000	660.000

Da die Einzelkosten in Relation 40.000 € zu 80.000 € und 100.000 € stehen, sollen die Gemeinkosten im Verhältnis von 4 zu 8 zu 10 bzw. 2 zu 4 zu 5 verteilt werden. Für das Produkt A ergeben sich somit Gemeinkosten in Höhe von 440.000 : 11 · 2 = 80.000 €. Entsprechend erfolgt die Gemeinkostenzuordnung für die Produkte B und C.

Wie noch gezeigt wird, beschreitet die traditionelle Vollkostenrechnung tatsächlich zum Teil diesen Weg, wenn sie – in Ermangelung eines besseren Wissens – auf alle Produkte einen gleich hohen Verwaltungs- und /oder Vertriebsgemeinkostenzuschlag von x-Prozent weiterverrechnet.

Allerdings ist dies auch für eine traditionelle Vollkostenrechnung auf Istkostenbasis keinesfalls zwingend.

Wird dem Grundsatz der möglichst verursachungsgerechten und richtigen Gemeinkostenschlüsselung gefolgt, so bietet eine Kostenstellenrechnung gegenüber einer allgemeinen Proportionalisierung die folgenden Vorteile:

1. Die Gemeinkosten werden nicht als Block, sondern inhaltlich z.B. nach Material-, Fertigungs- oder Vertriebsgemeinkosten differenziert zugerechnet.
2. Mit einer zunehmenden Differenzierung der Kostenstellen wird es auch möglich, Kostenträger differenziert mit Kosten nur solcher Kostenstellen zu belasten, die sie auch beansprucht haben. Ein, zumindest im Fertigungsbereich, mittlerweile durchaus übliches Verfahren.

Die **zweite wichtige Aufgabe** der Kostenstellenrechnung besteht in der *kostenstellenbezogenen Wirtschaftlichkeitskontrolle*. Dies zeigt sich auch daran, dass selbst in Unternehmen, die zu Kalkulationszwecken keine Kostenstellenrechnung benötigen (die Einproduktunternehmung mit einstufiger Fertigung wie Gewinnungsbetriebe, Elektrizitätswerke, Bergbaubetriebe u.ä.), ein solche eingerichtet wird. Die Wirtschaftlichkeitskontrolle stellt somit einen eigenständigen Aufgabenbereich der Kostenstellenrechnung dar. Allerdings ist dies mit einer Istkostenrechnung nur sehr eingeschränkt möglich. Hierzu ist in der schlechteren Variante eine Normalkosten- und in der besseren Variante eine Plankostenrechnung nötig. Nur durch einen Soll-Ist-Vergleich lassen sich Aussagen zur Wirtschaftlichkeit gewinnen (vgl. Kapitel V).

In der Praxis ist es vielfach üblich, auch Einzelkosten auf den Kostenstellen auszuweisen. Zu Kalkulationszwecken wäre dies – sieht man von der Anwendung von Hilfsverrechnungsprinzipien (in overhead-Bereichen) ab – im Fertigungsbereich dann eher als „Vereinfachung" anzusehen (z.B. die Einbeziehung mittlerweile geringfügiger Fertigungslohnkosten in den Maschinenstundensatz). Der wesentliche Zweck eines solchen Ausweises auch im Fertigungsbereich lässt sich primär durch die Kontrollfunktion erklären, denn „… eine wirksame Kontrolle der Einzelkosten (ist) nur mit einer kostenstellenbezogenen Zuordnung möglich" (Kilger 2007, S. 203) oder anders ausgedrückt: wer kann besser beurteilen, welche Fertigungslöhne und -materialien wofür eingesetzt wurden als der jeweilige Kostenstellenleiter.

Nachdem die Aufgaben der Kostenstellenrechnung kurz dargestellt wurden, sollen im folgenden Gliederungspunkt die Grundsätze und Möglichkeiten der Bildung von Kostenstellen angesprochen werden. Die eigentliche Durchführung der Kostenstellenrechnung ist Gegenstand des Gliederungspunktes 4. Dem schließen sich wiederum die Selbstkontroll- und Übungsaufgaben an.

3 Kostenstellenbildung

Ist ein Kostenartenplan den betriebsindividuellen Rahmenbedingungen anzupassen, so gilt dies erst Recht für einen Kostenstellenplan. Kostenstellenpläne sind immer das Ergebnis betriebsindividueller Vorgaben. Ihre Bildung hängt z.B. von der Unternehmensgröße, der Branche, dem Produktionsprogramm, dem Produktionsverfahren (Technologie) und dem Organisationsaufbau ab. Jede Unternehmung ist anders gewachsen und strukturiert. Es existieren zwar Grundsätze und Orientierungspunkte zur Bildung eines Kostenstellenplans, aber ein Kostenstellenplan, den man aus der Fachliteratur oder von einem vergleichbaren Unternehmen übernehmen könnte, den gibt es nicht. Kostenstellenpläne sollen das konkrete betriebliche Geschehen einer Unternehmung abbilden und sind insofern für jedes Unternehmen individuell einzurichten.

Selbstverständlich wird natürlich auch die angestrebte Aufgabenerfüllung der Kostenstellenrechnung, also ihre angestrebte Fähigkeit zur Kalkulationsgenauigkeit und Wirtschaftlichkeitskontrolle, einen Einfluss auf die Kostenstellenbildung ausüben. Kleinere Einheiten erlauben genauere Kostenkontrollen und ermöglichen durch die Anwendung differenzierter Bezugsgrößen stellenspezifische Verrechnungssätze, die die Kalkulationsgenauigkeit erhöhen.
Ihre Grenzen findet die Bildung kleinerer Einheiten im Wirtschaftlichkeitsprinzip, d.h. dort, wo der zusätzliche Erkenntnisnutzen mit dem Erfassungs- bzw. Rechenaufwand nicht mehr vereinbar ist.

3.1 Grundsätze der Kostenstellenbildung

Für die Bildung von Kostenstellen haben sich in der Theorie und Praxis die folgenden Grundsätze entwickelt.

(1) Schaffung selbständiger Verantwortungsbereiche

Eine wirksame Kostenkontrolle ist nur dann möglich, wenn es sich bei Kostenstellen um selbständige Verantwortungsbereiche handelt. Ein Kostenstellenleiter kann nur für solche Kostenentwicklungen zur Rechenschaft gezogen werden, die er auch zu verantworten hat. Da die Verantwortungsbereiche in der Aufbauorganisation festgelegt sind, bietet sich das **Organigramm** einer Unternehmung als eine **erste Orientierungsmöglichkeit** zur Kostenstellenbildung an.

(2) Bestimmung sinnvoller Bezugsgrößen

Für jede Kostenstelle müssen sich sinnvolle Bezugsgrößen bestimmen lassen. Eine Bezugsgröße ist ein **Maßstab der Kostenverursachung**. Die Genauigkeit einer Kostenrechnung hängt wesentlich davon ab, ob es gelingt, für die Verrechnung der Kosten die geeignete Bezugsgröße zu finden. Geeignet heißt, eine Verteilung der Kosten nach dem Verursachungsprinzip zu gewährleisten. Oder anders ausgedrückt: die Veränderung der Bezugsgröße muss zur Veränderung der zu verrechnenden Kosten *proportional* sein. Bezugsgrößen können Mengen- oder Wertschlüssel sein.
Als **Mengenschlüssel** kommen in Frage: Fertigungs- oder Maschinenstunden; Rüststunden; Anzahl an Arbeitsverrichtungen, produzierte oder abgesetzte Mengen nach der Anzahl, dem Gewicht, der Fläche oder des Rauminhaltes u.ä..
Wertschlüssel mögen sein: Löhne, Einzelmaterialkosten, Herstellkosten der Produktion oder des Umsatzes.
Bezugsgrößen haben eine **Kontroll- und Kalkulationsfunktion**. Sie sollen einerseits ein Maßstab der Inanspruchnahme der Kostenart durch die Kostenstellen sein (Kontrollfunktion) und andererseits ein solcher der Inanspruchnahme der Kostenstellen durch die Kostenträger (Kalkulationsfunktion). Diese gewünschte „doppelte Funktion" (doppelte Proportionalität) zeigt die folgende Abbildung.

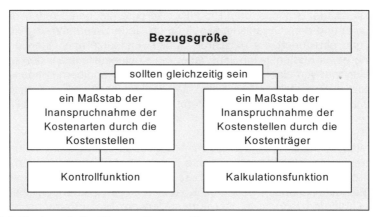

Abbildung 3.1: Die doppelte Funktion von Bezugsgrößen

Sowohl hinsichtlich der Beanspruchung der Kostenarten durch die Kostenstellen als auch der Kostenträger mit Kostenstellenkosten wird eine proportionale Beziehung angestrebt.

Dies soll ein einfaches **Beispiel** verdeutlichen.

Die Kostenstelle „Schleiferei" in einer Möbelfabrik leistet monatlich 160 Maschinenstunden bzw. 9.600 Maschinenminuten, wofür Kosten in Höhe von 4.800 € anfallen. Die Kosten dieser Kostenstelle verhalten sich proportional zur Maschinenminute. Je länger die Maschinenlaufzeit, desto größer die anfallenden Kosten. Die Bezugsgröße „Maschinenminuten" eignet sich somit zur Kontrolle.

Sie eignet sich aber gleichfalls auch zur Kalkulation. Offenbar beträgt der Kalkulationssatz 0,50 €/Maschinenminute. Wird minutengerecht erfasst, wie lange ein Kostenträger die Kostenstelle „Schleiferei" beansprucht hat, ist eine verursachungsgerechte Belastung möglich. So benötigt man z.B. für das Abschleifen einer Tischplatte laut Arbeitsplan 10 Minuten. Dem Kostenträger „Tischplatte" wären somit 10 Minuten, d.h. 5 € anzulasten.

(3) Möglichkeit einer fehlerfreien und einfachen Kontierung

Der Kontroll- und Kalkulationsaufgabe kann natürlich nur entsprochen werden, wenn die Istkosten auf den Kostenstellen auch richtig erfasst werden. Eine fehlerfreie Zuordnung (Kontierung) ist somit eine unumgängliche Voraussetzung. Je feiner hingegen die Kostenstellen eingeteilt werden, desto größer ist die Wahrscheinlichkeit, dass Kontierungsprobleme auftreten. Es gilt generell: **je feiner die Kostenstellenbildung, desto höher die Kalkulationsgenauigkeit, aber desto schwieriger wird die richtige Kontierung und desto größer wird der Abrechnungsaufwand.**

Insofern ist zwischen den beiden gleichgerichteten Grundsätzen 1 und 2 und dem diesen entgegengerichteten Grundsatz 3 ein Kompromiss zu finden.

Unter Berücksichtigung dieser generellen Anforderungen bieten sich für die Kostenstellenbildung die folgenden Orientierungsmöglichkeiten an.

3.2 Orientierungspunkte der Kostenstellenbildung

Kostenstellen können gebildet werden nach

- Funktionsbereichen,
- der Abrechnungsart,
- räumlichen Aspekten,
- organisatorischen Aspekten und/oder
- rechnungsorientierten Aspekten.

(1) Bildung nach betrieblichen Funktionsbereichen

Die betriebliche Praxis teilt die Kostenstellen auf der obersten Ebene zumeist nach funktionellen Kriterien ein. Es werden betriebliche Funktionsbereiche gebildet und dann zumeist die in der Abbildung 3.2 ausgewiesenen Kostenstellenbereiche unterschieden.

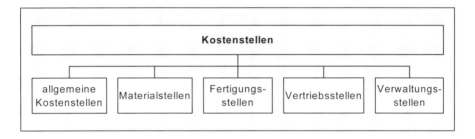

Abbildung 3.2: Kostenstellenbildung nach Funktionsbereichen

Darüber hinaus kann auch noch ein weiterer Bereich „Forschung und Entwicklung/Konstruktion" gebildet werden. Oft wird dieser Bereich in der Praxis auch den „Allgemeinen Kostenstellen" bzw. dem „Allgemeinen Bereich" zugeordnet und seltener dem Bereich „Fertigung".

Allgemeine Kostenstellen sind solche, die Leistungen für die gesamte Unternehmung erbringen. Hierzu zählen z.B. Grundstücke und Gebäude, Beleuchtung, Reinigung, Heizung, die Strom-, Gas-, Wasserversorgung, Soziales, Werksbücherei, Kantine, Tagesstätten, Betriebsrat, die zentrale Reparaturwerkstatt, die Schreinerei, Malerei, Werksfeuerwehr u.a.m.
Der **Materialbereich** dient dazu, das benötigte Material (Roh-, Hilfs- und Betriebsstoffe, Waren und Halbfabrikate) zu beschaffen (Einkauf), den Wareneingang zu kontrollieren (Wareneingangskontrolle einschließlich Prüflabor u.ä.), einzulagern (Materiallager) und wieder fristgerecht zur Produktion auszugeben (Materialausgabe). Erkennbar ist die Abgrenzung zur **Logistik** recht unscharf. Tendenziell wird in der Praxis die Beschaffungslogistik dem Materialbereich, die Produktionslogistik dem Bereich Fertigung und die Vertriebslogistik dem Bereich Vertrieb zugeordnet.
Der **Fertigungsbereich** umfasst alle Kostenstellen, die der eigentlichen Leistungserstellung dienen. Dabei können hier *unmittelbare* und *mittelbare* Stellen unterschieden werden. Ein mittelbarer Bezug ist z.B. bei der Arbeitsvorbereitung, der Lehrwerkstatt, der Werkzeugmacherei, der Konstruktion u.ä. gegeben. Unmittelbare Stellen dienen der direkten Leistungserstellung wie z.B. die Gießerei, Dreherei, Fräserei, Schlosserei, Montage u.ä..

Der **Vertriebsbereich** befasst sich mit dem Verkauf, der Lagerung und der Auslieferung (Versand) der Fertigprodukte. Mögliche Kostenstellen sind Marktforschung, Werbung bzw. Verkaufsförderung, Außendienst oder Verkauf Inland/Ausland, unterschiedliche Fertigungslager, Kundendienst u.ä.

Der **Verwaltungsbereich** umschließt alle verwaltenden Tätigkeiten einer Unternehmung und nimmt sich somit als Zusammenschluss recht unterschiedlicher administrativer Tätigkeiten aus. Er umfasst die Geschäftsführung, zentrale Bereiche wie Finanz- und Rechnungswesen, Datenverarbeitung, Controlling, Personalwesen, Öffentlichkeitsarbeit bis hin zum Wachdienst oder Pförtner.

(2) Bildung nach der Abrechnungsart

Nach der Abrechnungsart lassen sich

- Hilfs- und
- Hauptkostenstellen

unterscheiden.

Der Begriff „Hilfskostenstelle" soll hier synonym zu dem der „Vorkostenstelle" und der der „Hauptkostenstelle" zu dem der „Endkostenstelle" verwendet werden. Dieser Gleichsetzung wird in der Literatur oft, aber keineswegs immer gefolgt (vgl. z.B. Hummel/Männel 2004, S. 192 f; Moews 2002, S. 118f). Auf den gesonderten Ausweis von Nebenkostenstellen, die der Erfassung der Kosten von Nebenleistungen dienen, sei hier verzichtet, da sie abrechnungstechnisch mit den Haupt- bzw. Endkostenstellen identisch sind.

Hilfskostenstellen erbringen ihre Leistungen nicht unmittelbar für die Endprodukte. Vielmehr erbringen sie Vorleistungen für andere Hilfs- oder Hauptkostenstellen. Demzufolge sind die hier angefallenen Kosten im Rahmen der innerbetrieblichen Leistungsverrechnung letztendlich auf die Hauptkostenstellen zu verrechnen. Man spricht in diesem Zusammenhang auch von der Belastung der Hauptkostenstellen mit sekundären Gemeinkosten.

Hilfskostenstellen sind zunächst einmal die „allgemeinen Kostenstellen" bzw. die des „allgemeinen Bereiches". Darüber hinaus können sie aber auch für ganz bestimmte Unternehmensbereiche eingerichtet werden. Als Materialhilfskostenstelle könnte z.B. der innerbetriebliche Transport oder der Fuhrpark angesehen werden. Die „Arbeitsvorbereitung" oder die „Ablauf- oder Terminplanung" wären typische Hilfskostenstellen des Fertigungsbereiches. Im Vertriebsbereich wäre an Hilfskostenstellen wie z.B. „Werbung und Verkaufsförderung", „Verpackung" o.ä. zu denken. Die „hauseigene Druckerei" könnte als Hilfskostenstelle im Verwaltungsbereich angesiedelt werden.

Demgegenüber sind **Hauptkostenstellen** dann gegeben, wenn ihre Kosten direkt auf die Kostenträger verrechnet werden können. Mit den Material-, Fertigungs-, Verwaltungs- und Vertriebshauptkostenstellen sind bereits die wichtigsten Bereiche angesprochen worden.

Ist eine verursachungsgerechte Beziehung zwischen den Kosten und den Kostenträgern hinsichtlich der Fertigungshauptkostenstellen noch am ehesten vorstellbar, so ist dies hinsichtlich der Material- und Vertriebshauptkostenstellen schon sehr viel schwieriger einzuschätzen. Hinsichtlich des Verwaltungsbereiches ist sie faktisch nicht mehr herstellbar.

Mit den Funktionsbereichen und der Abrechnungsart sind zwei wichtige Orientierungsmöglichkeiten genannt, denen die Praxis folgt. Die anderen Einteilungskriterien besitzen eher eine untergeordnete Bedeutung. Sie sollen dennoch kurz skizziert

werden, weil sie oft als Einteilungskriterien auf einer niedrigeren – zweiten oder dritten – Ebene herangezogen werden.

(3) Bildung nach räumlichen Aspekten

Bei der raumorientierten Kostenstellenbildung stehen prinzipiell zwei Möglichkeiten
offen. Entweder werden mehrere betriebliche Funktionen zu räumlich differenzierten
Kostenstellen zusammengefasst (Zentralisierung) oder es wird eine betriebliche
Funktion räumlich differenziert (Dezentralisierung). Dies zeigen die folgenden Beispiele.

1. Eine Unternehmung hat drei Werksvertretungen, die Verkaufs-, Werbe-, Kun-
   dendienst-, Reparatur- und Verwaltungsaufgaben wahrnehmen.

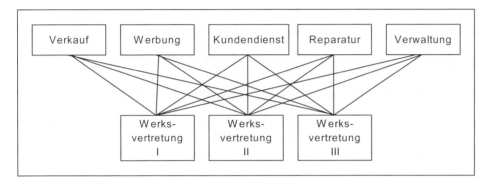

2. Eine Unternehmung verfügt über mehrere Zweigwerke, die alle einen Fuhrpark
   unterhalten.

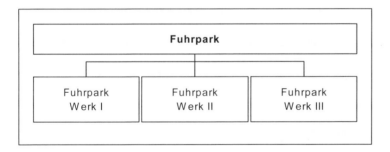

(4) Bildung nach organisatorischen Aspekten

Unter organisatorischen Aspekten ist auf die *Kongruenz von Kostenstellen und Ver-
antwortungsbereichen* zu achten. Insbesondere ist zu vermeiden, dass Kostenstellen
gebildet werden, denen mehr als ein Verantwortungsbereich zugeordnet werden
kann. Eine Bildung nach organisatorischen Aspekten folgt insbesondere dem Grundsatz der Schaffung selbstständiger Verantwortungsbereiche. Eine so ausgerichtete
Orientierung ist zwingend, wenn eine aussagefähige Budgetierung oder eine Plankostenrechnung eingeführt werden soll.

(5) Bildung nach rechnungsorientierten Gesichtspunkten

Bei der Bildung von Kostenstellen können auch rechnungsorientierte Gesichtspunkte greifen, wenn sie eine verursachungsgerechte Kostenverteilung gewährleisten. So ist es z.B. vorstellbar, mehrere Maschinen bzw. Maschinenplätze zu einer Kostenstelle zusammenzufassen (Fräserei I, Fräserei II, Fräserei III zur Kostenstelle 5711). Dies ist immer dann möglich, wenn sich die Maschinen hinsichtlich ihrer Leistungsfähigkeit und des Kostensatzes pro Bezugsgröße (z.B. Maschinenminute oder -stunde) nicht sonderlich unterscheiden.
Ein einfaches **Beispiel** soll diese Zusammenhänge illustrieren.

In einer Unternehmung stellt sich die Frage, ob zwei Maschinengruppen zu einer Kostenstelle zusammengefasst werden können. Es gelten die folgenden Daten:

	Maschinengruppe 1	Maschinengruppe 2
Kosten Beschäftigung Kostensatz/h	30.000 €/Monat 1500 h 20,– €/h	15.000 €/Monat 500 h 30,– €/h
Gesamtkosten Gesamtstunden Durchschnittsstundensatz	45.000 € 2.000 h 22,50 €/h	

Bei der Zusammenfassung zu einer Kostenstelle könnten sich erhebliche Ungenauigkeiten ergeben:
Würde ein Produkt nur auf der Maschine 1 gefertigt, so würden diesem Produkt mit 22,50 € 12,5 % zuviel Kosten belastet.
Würde das Produkt hingegen lediglich auf der 2. Maschinengruppe gefertigt, so würden dem Produkt 25 % zuwenig Kosten belastet.
Lediglich wenn ein Produkt im Zeitverhältnis 3 : 1 auf der Maschinengruppe 1 und 2 gefertigt wird, ergibt sich bei der Durchschnittsrechnung kein Unterschied zur differenzierten Verrechnung.

Das Ergebnis der Kostenstelleneinteilung wird in einem **Kostenstellenplan** dokumentiert.
Ein Kostenstellenplan enthält eine systematische und unternehmensindividuelle Auflistung der Kostenstellenbezeichnungen und der entsprechenden Kostenstellennummern.
Er ist in der Abbildung 3.3 für einen Industriebetrieb beispielhaft wiedergegeben.
Die Anzahl der Kostenstellen ist natürlich betriebsspezifisch. In einem mittelständischen Industrieunternehmen dürfte hingegen ca. 100 Kostenstellen keine Seltenheit sein. In größeren Industrieunternehmungen dürften auch 1.000 Kostenstellen und mehr nicht überraschen.

1	**Allgemeiner Bereich**	32	Fertigungsbereich I (Vorfertigung)
11	Forschung und Entwicklung	321	Leitung
111	Leitung	322	Dreherei
112	Zentrallabor	323	Fräserei
113	Konstruktion	324	Schleiferei
		325	Bohrerei
12	Raum		
121	Grundstücke	33	Fertigungsbereich II (Endfertigung)
122	Fabrikgebäude	331	Leitung
123	Lagerhalle	332	Lackiererei
124	Verwaltungsgebäude	333	Endmontage Band I
		334	Endmontage Band II
13	Energie	335	Qualitätskontrolle
131	Wasser(gewinnung) und -verteilung	**4**	**Vertriebsbereich**
132	Stromerzeugung und -verteilung	41	Verkauf
133	Gaserzeugung und -verteilung	411	Verkaufsleitung
		412	Verkauf Inland
14	Transport	413	Verkauf Ausland
141	Schienenfahrzeuge		
142	Förderanlagen und Kräne	42	Marketing
143	Fuhrpark LKW	421	Marktforschung
144	Fuhrpark PKW	422	Werbung
		43	Lager
15	Reparatur und Instandhaltung		
151	Leitung	44	Kundendienst
152	Bauabteilung	441	Montage
153	Schlosserei	442	Material
154	Elektrowerkstatt		
		45	Versand
16	Soziales	451	kfm. Abwicklung
161	Gesundheitsdienst	452	Verpackung
162	Kantine	**5**	**Verwaltungsbereich**
163	Betriebsrat	51	kfm. Leitung
2	**Materialbereich**	511	Leitung
21	Einkauf		
211	Leitung	52	Rechnungswesen
212	Einkauf Rohstoffe und Waren	521	Finanz- und Geschäftsbuchhaltung
213	Einkauf Hilfs- und Betriebsstoffe	522	Kostenrechnung
214	Einkauf Verwaltung		
		53	ADV
22	Lager	531	Zentrales Rechenzentrum
221	Leitung	532	PC-Netzwerk
222	Warenannahme		
223	Prüflabor	54	Rechtsabteilung
224	Rohstofflager		
225	Werkstattlager	55	Betriebswirtschaftslehre
3	**Fertigungsbereich**	551	Organisation und Revision
31	Fertigungshilfsbereich	552	Planung und Controlling
311	Technische Betriebsleitung		
312	Arbeitsvorbereitung	56	Sonstiges
313	Ablaufplanung	561	Poststelle/Botendienst
		562	Büromaterial und -ausgabe
		563	Gästehaus

Abbildung 3.3: Beispiel eines Kostenstellenplans
   Quelle: ähnlich auch Haberstock, 2008, S. 110 f

4 Durchführung der Kostenstellenrechnung

Wie bereits im Kapitel I angesprochen, gibt es zwei Möglichkeiten, eine Kostenstellenrechnung durchzuführen.

Die buchhalterische Durchführung im Rahmen eines Einkreissystems ist mit einem recht hohen Buchungsaufwand verbunden, der jedoch mit den zunehmenden EDV-technischen Möglichkeiten immer weniger Gewicht erhielt. Aufgrund der größeren Übersichtlichkeit und flexibleren Gestaltungsmöglichkeiten hat sich in der Praxis die statistisch-tabellarische Form durchgesetzt. Diese Darstellungsform ist immer möglich und wird praktisch in komprimierter Form auch dann gewählt, wenn im Vorfeld die buchhalterische Form eingesetzt wurde. Insofern trifft die sich anschließende Darstellung auf beide Methoden zu.

Im Mittelpunkt der Kostenstellenrechnung steht der sog. **Betriebsabrechnungsbogen (BAB)**. Er ist eine Tabelle, in der zeilenweise die unterschiedlichen Kostenarten und spaltenweise die unterschiedlichen Kostenstellen ausgewiesen werden.

Im Rahmen der Kostenstellenrechnung werden im **ersten Schritt** die sog. primären Gemeinkosten aus der Kostenartenrechnung in den BAB übernommen und den Hilfs- und Hauptkostenstellen zugeordnet, die den entsprechenden Kostenanfall verursacht haben.

Da Hilfskostenstellen für die einzelnen Hauptkostenstellen und nicht für die einzelnen Kostenträger bzw. Produkte tätig werden, gilt es in einem **zweiten Schritt** die Kosten der Hilfskostenstellen auf die Hauptkostenstellen zu verteilen. Man nennt die von den Hilfskostenstellen auf die Hauptkostenstellen verteilten Gemeinkosten auch die sekundären Gemeinkosten. Die Zurechnung der Kosten der Hilfskostenstellen auf die Hauptkostenstellen bezeichnet man als innerbetriebliche Leistungsverrechnung.

Die Gesamtkosten einer Hauptkostenstelle ergeben sich nun aus der Summe der primären und sekundären Gemeinkosten.

Sie bilden die Basis für den **dritten Schritt** der Kostenstellenrechnung: die Bildung von Verrechnungssätzen. Statt von Verrechnungssätzen werden synonym auch die Ausdrücke Kalkulationssätze oder Gemeinkostenzuschlagssätze oder einfach Gemeinkostenzuschläge verwendet. Es handelt sich dabei um den „Satz", womit ein Kostenträger hinsichtlich seiner Beanspruchung der in Frage stehenden Kostenstelle zu belasten ist. Er ergibt sich, indem die ermittelten Gesamtkosten der Hauptkostenstellen in Relation zu einer für die jeweilige Kostenstelle vorher festgesetzten Bezugsgröße gesetzt werden. Da die Bezugsgröße als Maßstab der Kostenverursachung der entsprechenden Kostenstelle zu betrachten ist, führt die Relation der Gesamtkosten einer Hauptkostenstelle und der Bezugsgröße zu einer annähernd verursachungsgerechten (proportionalen) Belastung der Kostenträger mit den entsprechenden Gemeinkosten der beanspruchten Hauptkostenstellen. Diesem theoretisch richtigen Begründungszusammenhang wird jedoch in der Praxis nicht immer gefolgt, da sich die Wahl einer geeigneten Bezugsgröße als sehr schwierig herausstellt.

Die generelle Vorgehensweise der Kostenstellenrechnung sei anhand der Abbildung 3.4 skizziert.

Kostenstelle / Kostenarten	Hilfskostenstellen	Hauptkostenstellen
Einzelkosten	v v	w . . . . w
Primäre Gemeinkosten - - -	1. Verteilung der primären Gemeinkosten auf die Kostenstellen nach dem Verursachungsprinzip x x ..... x x x ..... x x x x	x x ..... x x x ..... x x x x
Sekundäre Gemeinkosten	y y y y y 2. Durchführung der innerbetrieblichen Leistungsverrechnung	
	-y -y -y -y =0 =0 =0 =0	x+y x+y x+y x+y x+y
Bezugsgrößen für die Hauptkostenstellen		z z z z z
		3. Bildung von Kalkulations-, Verrechnungs-, Zuschlagssätzen x+y : z

Abbildung 3.4: Der Ablauf der Kostenstellenrechnung

4.1 Verteilung der primären Gemeinkosten im BAB

Im ersten Schritt der Kostenstellenrechnung sind die primären Gemeinkosten auf die Kostenstellen zu verteilen. Man spricht auch synonym von der **Primärkostenrechnung** oder einfach von der **Primärrechnung**. Die primären Gemeinkosten sind in der Kostenstelle – egal ob Hilfs- oder Hauptkostenstelle – auszuweisen, in der sie auch angefallen sind.

Kann man die Gemeinkosten aufgrund einer entsprechenden Verteilungsgrundlage einer Kostenstelle eindeutig zuordnen, so spricht man auch von *Kostenstellen-Einzelkosten* oder **direkten Stellen-Gemeinkosten**. Mögliche Beispiele für direkte Stellen-Gemeinkosten sind in der folgenden Übersicht (vgl. Abbildung 3.5) zusammengefasst.

Kostenart	Verteilungsgrundlage
Strom	Stromzähler
Wasser	Wasserzähler
Gas	Gaszähler
Hilfsstoffe	Entnahmescheine
Betriebsstoffe	Entnahmescheine
Hilfslöhne	Lohnlisten
Gehälter	Gehaltslisten
Fremdreparaturen	Rechnungen
Büromaterial	Entnahmescheine/Rechnungen
kalk. Zinsen	Anlagenwerte
kalk. Abschreibung	Anlagenwerte

Abbildung 3.5: Beispiel für direkte Stellen-Gemeinkosten

Strom, Gas und Wasser sind Kostenstellen dann einfach zuzurechnen, wenn sie über einen eigenen Zähler verfügen. Vielfach ist dies jedoch nicht der Fall, und die Energiekosten wären dann über indirekte Schlüssel zu verrechnen. Im Fertigungsbereich bieten sich die Betriebs- oder Fertigungsstunden und/oder die installierten kWh an. Hilfs- und Betriebsstoffe lassen sich in der Regel aufgrund von Materialentnahmescheinen eindeutig zuordnen. Dieses gilt aufgrund der Lohn- und Gehaltslisten auch für Hilfslöhne und Gehälter, sofern die diesbezüglichen Mitarbeiter ausschließlich für eine Kostenstelle tätig werden. Ist dies nicht der Fall, so sollten diese Beträge auf einer übergeordneten Kostenstelle gesammelt werden. Für die Verrechnung der kalkulatorischen Zinsen und Abschreibungen bieten sich die in der Kostenstelle gehaltenen Anlagewerte an.

Die Vorgehensweise sei anhand eines einfachen **Beispiels** demonstriert.

Eine Unternehmung hat fünf Kostenstellen eingerichtet, in denen die folgenden Anlagenwerte gehalten werden.

I. Allgemeiner Bereich	Betriebsgrundstücke und -gebäude 2,4 Mio Anschaffungskosten Afa: 1,5 % Zinsen: 6 %
II. Materialbereich	Lagereinrichtung, Gabelstapler u.a. 0,8 Mio Wiederbeschaffungskosten; 0,6 Mio Restbuchwert; Vorräte: 0,2 Mio Durchschnittsperiodenwert Afa: 10 % Zinsen: 6 %
III. Fertigung	Technische Anlagen/Maschinen 1,8 Mio Wiederbeschaffungswert; 1,4 Mio Restbuchwert; Afa: 10 % Zinsen: 6 %
IV: Verwaltung	Betriebs- und Geschäftsausstattung 0,6 Mio Restbuchwert Afa: 20 % Zinsen: 6 %
V. Vertrieb	Betriebs- und Geschäftsausstattung 0,3 Mio Restbuchwert; Vorräte: 0,2 Mio Durchschnittsperiodenwert Afa: 20 % Zinsen: 6 %

Für die Primärkostenverteilung ergeben sich folgende monatliche Kostenstellenbelastungen:

	I. allg. Bereich	II. Material-bereich	III. Fertigungs-bereich	IV. Verw.-bereich	V. Vertriebsbereich
kalk. Abschreibung	3.000	6.667	15.000	10.000	5.000
kalk. Zinsen	12.000	4.000	7.000	3.000	2.500

Andere Gemeinkosten lassen sich für eine Kostenstelle nicht direkt erfassen. Sie gilt es, mittels indirekter **Verteilungsschlüssel** umzulegen. Man spricht diesbezüglich auch von den *Kostenstellen-Gemeinkosten* bzw. den **indirekten Stellen-Gemeinkosten** oder einfach von den Schlüsselkosten. Mögliche Beispiele sind in der folgenden Übersicht ausgewiesen.

Kostenart	Verteilungsgrundlage
Heizungskosten	Raumgröße in m^2, m^3, Anzahl der Heizkörper
Gebäudekosten	Raumgröße in m^2
Energiekosten	Installierte KW, Maschinenlaufstunden
Mieten	Flächengröße in m^2
Grundsteuer	Flächengröße in m^2
Unfallversicherung	Zahl der Beschäftigten
ges. und freiw. Sozialleistungen	Bruttolöhne und -gehälter,
Büromaterial	Anzahl der Beschäftigten, Angestellten

Abbildung 3.6: Beispiel für indirekte Stellen-Gemeinkosten

Heizungskosten können nach der jeweiligen Raumgröße in m^2 oder m^3 bzw. nach der Anzahl der installierten Heizungskörper umgelegt werden. Allerdings sind diese Schlüssel oft in der Praxis für die unterschiedlichen Bereiche nicht gleichermaßen einsetzbar, da vielfach im Fertigungs- und Lagerbereich nur in begrenzten Zonen geheizt wird/werden kann, während in den Verwaltungs- und Vertriebsbereichen von einer generellen Beheizung auszugehen ist. Für die **Gebäudekosten** bieten sich die Raumgrößen in m^2 an. Für **Energiekosten** (insbesondere Strom) im Fertigungsbereich lassen sich Maschinenlaufstunden oder Fertigungsstunden und/oder die installierten KWh heranziehen. Sieht man von besonders energieintensiven Bereichen der Datenverarbeitung, der CAD-Konstruktion oder ähnliches ab, reduzieren sich die Energiekosten im Verwaltungs- und Vertriebsbereich auf Heizkosten, Licht, Strom für PCs u.ä. Da die diesbezüglichen Kostenstellen in der Regel auch nicht über einen eigenen Zähler verfügen, könnten auch hier die m^2 eine Orientierung bieten.

Eine indirekte Verteilung bietet sich rechentechnisch nach Anteilssätzen, nach prozentualen Zuschlagssätzen, mit Hilfe kombinierter Schlüssel oder nach Verhältniszahlen an.
Dies soll das folgende **Beispiel** zeigen.
Die Kosten der Kantine in Höhe von 15.000 € monatlich sollen im Verhältnis der Anzahl der Beschäftigten und die Mietkosten in Höhe von 57.500 € monatlich im Verhältnis der beanspruchten Fläche in m^2 auf die Kostenstellen A bis E verteilt werden. Die freiwilligen und gesetzlichen Sozialkosten betrugen in der Betrachtungsperiode 58.800 € bei einer Bruttolohn- und Gehaltssumme von 140.000 € (= 42 %). Die Energiekosten in Höhe von 30.000 € sollen in Abhängigkeit der verfahrenen Betriebsstunden und der installierten Leistung (in KW) verteilt werden. Die Verteilung der kalkulatorischen Abschreibungen in Höhe von 40.000 € erfolgt durch Verhältniszahlen. Alle kostenstellenbezogenen Daten ergeben sich wie folgt:

	Kostenstellen					
	A	B	C	D	E	Summe
Kantine (Personen)	70	60	20	40	10	200
Mietkosten (m²)	800	600	200	500	200	2.300
Bruttolöhne und -gehälter €	45.000	30.000	5.000	40.000	20.000	140.000
Energie:						
Betriebsstunden	1.400	1.500	1.200	1.000	200	-
installierte Leistung (KW)	1.000	800	400	300	500	-
Umrechnungsziffer Energie[1]	1.400	1.200	480	300	100	3.480
kalk. Abschreibungen	8 :	8 :	2 :	3 :	1	12

[1]Da die Energiekosten sowohl nach Betriebsstunden als auch nach der installierten Leistung (in KW) berechnet werden sollen, ist in der obigen Tabelle eine Umrechnungsziffer Energie gebildet worden, die sich als Produkt beider Ziffern und dann jeweils dividiert durch 1.000 ausnimmt.

Die Verteilung der primären Gemeinkosten ergibt das folgende Bild

	Kostenstellen					
	A	B	C	D	E	Summe
Kosten der Kantine	5.250[1]	4.500	1.500	3.000	750	15.000
Mietkosten	20.000[2]	15.000	5.000	12.500	5.000	57.500
freiw. und ges. Sozialkosten						
(42 % der Bruttolohn und -						
gehaltssumme)	18.900[3]	12.600	2.100	16.800	8.400	58.800
Energie	12.069[4]	10.345	4.138	2.586	862	30.000
kalk. Abschreibung	14.545[5]	14.545	3.636	5.455	1.819	40.000

$$1) \quad \frac{15.000}{200} \cdot 70 = 5.250 \qquad 2) \quad \frac{57.500}{2.300} \cdot 800 = 20.000$$

$$3) \quad 45.000 \cdot 0{,}42 = 18.900$$

$$4) \quad \frac{30.000}{3.480} \cdot 1.400 = 12.069 \qquad 5) \quad \frac{40.000}{22} \cdot 8 = 14.545$$

Wie die Position „Büromaterial" in der Abbildung 3.5 und 3.6 zeigt, ist die Trennung in direkte und indirekte Gemeinkosten nicht immer eindeutig. Auch wenn der Verbrauch mittels Entnahmescheine direkt erfassbar ist, mag aus Vereinfachungsgründen darauf verzichtet werden und es werden die Kostenstellen innerhalb der Bereiche Verwaltung und Vertrieb nach der Mitarbeiteranzahl belastet.

4.2 Innerbetriebliche Leistungsverrechnung

In einem Industriebetrieb werden in der Regel nicht nur Produkte und Leistungen erstellt, die für den externen Markt bestimmt sind. Intern erbrachte Leistungen nennt man auch **innerbetriebliche Leistungen**. Handelt es sich um eine **selbst erstellte Anlage** (Maschine, Betriebsvorrichtung o.ä.), die mehrjährig genutzt werden kann, ist ihre kostenrechnerische Behandlung unproblematisch. Für eine derartige „Eigenleistung" wird, wie für jeden externen Auftrag auch, ein Kostenträger eröffnet, auf dem die anfallenden Kosten gesammelt werden. Nach Fertigstellung erfolgt die Aktivierung in der Bilanz und Abschreibungen und Zinsen gehen dann in den Folgejahren wie bei jedem anderen Anlagegegenstand auch in die Kostenrechnung ein.

Liegen **Betriebsvorrichtungen bzw. Werkzeuge** vor, die nicht mehrjährig genutzt werden und speziell für ein Produkt entwickelt wurden, so handelt es sich um Sondereinzelkosten der Fertigung.

Schwieriger zu beurteilen ist hingegen der Fall, dass in einer Periode Leistungen erbracht werden, die in der gleichen Periode auch wieder verbraucht werden. In einem solchen Fall gilt es, *die leistungsabgebende Stelle zu entlasten und die leistungsempfangende Stelle zu belasten*. Die Ermittlung dieses „Preises" steht im Mittelpunkt der innerbetrieblichen Leistungsverrechnung. Es handelt sich hier vorwiegend um Leistungen des „Allgemeinen Bereiches" (vgl. Abb. 3.2 und insb. Abb. 3.3) wie z.B. Grundstücke/Gebäude, Erzeugung und Verteilung von Strom, Gas und Wasser, Reparaturen u.ä. Diese Kostenstellen werden in der Regel als Hilfskostenstellen geführt, da sie ihre Leistungen für den Betrieb als Ganzes oder für bestimmte Kostenstellenbereiche erbringen, nicht aber für das Endprodukt.

Das Problem der innerbetrieblichen Leistungsverrechnung tritt also immer dann auf, wenn ein Betriebsabrechnungsbogen mit Hilfs- und Hauptkostenstellen vorliegt (vgl. auch Rüth 2008, 124f). Im Rahmen der innerbetrieblichen Leistungsverrechnung geht es darum, die Kosten der Hilfskostenstellen entsprechend der Inanspruchnahme durch die Hauptkostenstellen zu verteilen. Man spricht auch von der Verteilung der sekundären Gemeinkosten auf die Hauptkostenstellen, von der **Sekundärkostenrechnung** oder einfach von der **Sekundärrechnung**. Dabei kann es bei Konzernen auch so weit gehen, dass die Leistungen einzelner Betriebsstätten, Firmen oder Werke dann zu Verrechnungspreisen zu bewerten sind. Solche Verrechnungspreise stehen natürlich auch im Fokus der Finanzbehörden, als damit erhebliche Gewinnverlagerungen möglich werden (sog. „verdeckte Gewinnausschüttungen –VGA's-" könnten erfolgen), d.h. Gewinne werden dort realisiert, wo die Steuerbelastung gering ist. Im nationalen Umfeld spielt dies steuertechnisch eher eine geringere Rolle, aber im internationalen Rahmen mögen sich erhebliche Divergenzen einstellen. Diese Problematik soll hier hingegen nicht weiter problematisiert werden, denn sie ist Gegenstand umfangreicher weiterführender Literatur (vgl. Coenenberg u.a. 2009, S. 689ff)

Neben der Bestimmung von Verrechnungspreisen über Marktpreise – falls es sich um ein marktgängiges Produkt handelt (vgl. z. B. die Energiepreise eines eigenen Kraftwerkes) -, sind solche auch über Abstimmungsprozesse (was bin ich bereit, für die Leistung zu zahlen?) und solche der Kostenüberwälzung möglich. Nur die letzte Variante steht im Mittelpunkt der folgenden Betrachtung.

Das sich hier nun einstellende **Hauptproblem der innerbetrieblichen Leistungsverrechnung** besteht darin, dass sich die Hilfskostenstellen auch gegenseitig beliefern können. Sollen die zu verteilenden Kosten der 1. Hilfskostenstelle bestimmt werden, so setzt dieses die Kenntnis des Verrechnungssatzes der 2., 3. oder n-ten Hilfskostenstelle voraus, die die 1. Hilfskostenstelle beliefert haben können.

Zur Bewältigung dieses Problems werden in der Literatur die folgenden Verfahren vorgeschlagen:

- Kostenartenverfahren
- Kostenstellenausgleichsverfahren
- Anbauverfahren
- Stufenleiterverfahren
- Kostenträgerverfahren
- simultanes Gleichungsverfahren
- iterative Verfahren

Die gebräuchlichsten Verfahren sind das Anbau- und das Stufenleiterverfahren. Eine exakte Lösung bietet das simultane Gleichungsverfahren. Deshalb sollen im folgenden nur diese 3 Methoden beschrieben werden (hinsichtlich einer ausführlichen Beschreibung aller Methoden vgl. z.B. Ehrmann 1997, S. 92 ff; Fischer 1998 S. 83ff; Zdrowomyslaw 2001, S. 312).

(1) Das Anbauverfahren

Beim Anbauverfahren werden Hilfskostenstellen eingerichtet, der innerbetriebliche Leistungsaustausch zwischen diesen Hilfskostenstellen wird hingegen *nicht* berücksichtigt. Basis der Verrechnung sind die an die Hauptkostenstellen abgegebenen Leistungen. Der Verrechnungssatz ergibt sich, indem die primären Gemeinkosten der entsprechenden Hilfskostenstelle durch die an die Hauptkostenstellen abgegebenen Leistungen dividiert werden. Dadurch wird gewährleistet, dass alle Kosten der Hilfskostenstellen auf die Hauptkostenstellen überwälzt werden. Dies soll das folgende **Beispiel** zeigen.
Ein Industriebetrieb hat zwei Hilfskostenstellen, einen zentralen Reparaturdienst und eine Stromerzeugungs- bzw. -versorgungsanlage, und vier Hauptkostenstellen (Material, Fertigung, Verwaltung, Vertrieb) eingerichtet. Der Leistungsaustausch und die Verteilung der primären Gemeinkosten auf die Kostenstellen kann den folgenden Tabellen entnommen werden.

Leistungsinanspruchnahme durch die Kostenstelle	Leistungsabgabe der Hilfskostenstellen	
	Reparaturdienst	Stromversorgung
Reparaturdienst	-	8.000 kWh
Stromversorgung	100 Stunden	-
Material	200 Stunden	15.000 kWh
Fertigung	1.500 Stunden	45.400 kWh
Verwaltung	80 Stunden	3.000 kWh
Vertrieb	120 Stunden	4.000 kWh
Summe	2.000 Stunden	75.400 kWh

Kostenstellen		allg. Hilfskosten-stelle		Hauptkostenstelle			
Kostenart	Summe	Rep.-dienst	Strom-vers.	Mat.	Fert.	Verw.	Vertr.
primäre Gemein-kosten	393.000	40.000	8.000	60.000	240.000	15.000	30.000

Als Verrechnungssätze ergeben sich:

Reparaturkostenverrechnungssatz: $\dfrac{40.000\ €}{1.900\ h} = 21,05\ €/h$

Stromverrechnungssatz: $\dfrac{8.000\ €}{67.400\ kWh} = 0,12\ €/kWh$

Der sich einstellende BAB zeigt die folgende Tabelle:

Kostenstellen		Allg. Hilfskostenstelle		Hauptkostenstellen			
Kostenarten	Summe	Rep.-abt.	Strom-vers.	Materi-al	Ferti-gung	Verwal-tung	Ver-trieb
primäre Ge-meinkosten	393.000	40.000	8.000	60.000	240.000	15.000	30.000
Umlagen Rep.abteilung		- 40.000		4.211	31.579	1.684	2.526
Umlagen Strom			- 8.000	1.780	5.389	356	475
Gemeinkosten	393.000	0	0	65.991	276.968	17.040	33.001

Das Anbauverfahren ist offenbar eine sehr grobe Näherungslösung und nur dann vertretbar, wenn der Leistungsaustausch zwischen den Hilfskostenstellen sehr gering ist. Ist der Leistungsaustausch zwischen den Hilfskostenstellen jedoch nicht unerheblich, so ist es nach Kilger nicht einsetzbar, denn „...es führt in den meisten Fällen ... zu unvertretbar hohen Kalkulationsfehlern" (Kilger 2000, S. 183).

(2) Das Stufenleiterverfahren

Beim Stufenleiterverfahren – Stufen- oder Treppenverfahren genannt – werden die Hilfskostenstellen nacheinander, also Stufe für Stufe, abgerechnet. Mit dem Satz der ersten Hilfskostenstelle werden alle folgenden Hilfs- und Hauptkostenstellen belastet. Danach wird die zweite Hilfskostenstelle abgerechnet, die nun aber – neben den reinen primären Gemeinkosten – auch bereits belastete Kosten der 1. Hilfskostenstelle verteilt. Dieses Verfahren wird solange fortgesetzt, bis alle Hilfskostenstellen abgerechnet wurden.

Grafisch ergibt sich das folgende Bild, das für das Verfahren auch namensgebend gewesen sein dürfte.

	Hilfskostenstellen					Hauptkostenstellen		
	1	2	3	4	5	...	10	....
primäre Ge-meinkosten	X	X	X	X	X		X	
innerbetrieb-.liche Leistungs-verrechnung		X→	X→	X→	X→	→	X	→
			X→	X→	X→	→	X	→
				X→	X→	→	X	→
					X→	→	X	→
							X	→

Abbildung 3.7: Prinzip des Stufenleiterverfahrens
Quelle: Haberstock 2008, S. 131

Das Verfahren führt dann zu einer exakten bzw. genauen Lösung, wenn es gelingt, die Hilfskostenstellen so zu ordnen, dass die *vorgelagerten Hilfskostenstellen keine Leistungen mehr von nachgeordneten Hilfskostenstellen empfangen*. Denn dann entsprechen die den nachgeordneten Stellen belasteten Kosten auch genau den Gesamtkosten der jeweiligen Hilfskostenstelle. Sekundäre Gemeinkosten wären bei vorgelagerten Stellen dann nicht zu berücksichtigen und somit auch nicht in fälschlicher Weise vernachlässigt worden.

In der Realität wird eine solche Anordnung in den seltensten Fällen gelingen. Deshalb wird man bestrebt sein, die Hilfskostenstellen so anzuordnen, dass zunächst immer die abgerechnet werden, die von nachgelagerten Stellen möglichst wenige Leistungen empfangen. Dabei wird natürlich auf den üblichen Leistungsaustausch abzustellen sein, denn die „... Abrechnung innerhalb des BAB sollte eine gewisse formale Kontinuität wahren" (Haberstock 2008, S. 133).

Für das bereits beim Anbauverfahren ausgewiesene **Beispiel** könnten die folgenden Überlegungen gelten.

Der Reparaturdienst weist primäre Gesamtkosten von insgesamt 40.000 € auf und leistet insgesamt 2.000 Betriebsstunden. Dieses führt zu einem Stundensatz von 20,– €. Da er 100 Stunden für die Stromversorgung tätig wird, käme dies einer ungefähren Belastung von 2.000 € gleich. Die Stromversorgung hat 8.000 € gekostet und 75.400 kWh erzeugt. Dies entspricht einem Satz von 0,1061 €/kWh. Der Reparaturdienst bezieht 8.000 kWh und würde somit mit 848,– € belastet. Offenbar empfängt der Reparaturdienst weniger als die Stromversorgung, so dass er als 1. Hilfskostenstelle abgerechnet werden soll.

Der Reparaturverrechnungssatz ergibt sich nun als

$$\frac{\text{primäre Gemeinkosten des Reparaturdienstes}}{\text{Gesamtleistung des Reparaturdienstes}}$$

und hier: $\dfrac{40.000}{2.000} = 20,-\text{€/h}$

Im Stromverrechnungssatz ist zu berücksichtigen, dass Leistungen vom Reparaturdienst bezogen und Leistungen für den Reparaturdienst erbracht wurden. Er ergibt sich nun als

$$\frac{\text{prim. Gemeinkosten der Stromvers.} + \text{sek. Kosten des Rep. dienstes}}{\text{Gesamtleistung} - \text{Leistung an vorgelagerte Kostenstellen}}$$

und hier: $\dfrac{8.000 + 100 \cdot 20,-}{75.400 - 8.000} = \dfrac{10.000}{67.400} = 0,15\ \text{€/kWh}$

Der BAB hätte demnach das folgende Aussehen:

Kostenstellen		Allg. Hilfskostenstellen		Hauptkostenstellen			
Kostenarten	Summe	Rep.-abteilung	Strom-vers.	Material	Ferti-gung	Verwal-tung	Ver-trieb
primäre Ge-meinkosten	393.000	40.000	8.000	60.000	240.000	15.000	30.000
Umlagen Rep.abteilung		- 40.000	2.000	4.000	30.000	1.600	2.400
Umlagen Strom			-10.000	2.226	6.736	445	593
Gemeinkosten	393.000	0	0	66.226	276.736	17.045	32.993

Auch das Stufenleiterverfahren ist eine Näherungslösung. Je besser es gelingt, die Kostenstellen so anzuordnen, dass sie möglichst wenige Leistungen von nachgeordneten Stellen empfangen, umso genauer ist die Lösung. Aufgrund der einfachen und übersichtlichen Abrechnungstechnik kommt dem Stufenleiterverfahren – zumindest in kleineren und mittleren Betriebe – die wohl größte praktische Bedeutung zu.

(3) Simultanes Gleichungsverfahren

Ist zwischen den Kostenstellen ein Leistungsaustausch in einem größeren Ausmaß gegeben, so sollte immer das simultane Gleichungsverfahren gewählt werden, denn nur dieses führt zu einer genauen Lösung.

Ausgangspunkt einer simultanen Lösung ist die generelle Überlegung, dass sich Input- und Output zu entsprechen hat. Bezogen auf eine beliebige Hilfskostenstelle bedeutet dies, dass die Summe der primären und sekundären Kosten genau den zu einem Verrechnungspreis zu bewertenden und insgesamt abgegebenen Leistungen zu entsprechen hat.

Für das bereits zweimal angesprochene **Beispiel** gilt somit:

	Input	Output
I. Reparaturdienst	$40.000 + 8.000x_1$	$= 2.000x_2$
II. Stromversorgung	$8.000 + 100x_2$	$= 75.400x_1$
I.	$40.000 - 2.000x_2$	$= -8.000x_1$
II	$8.000 + 100x_2$	$= 75.400x_1 \vert \cdot 20$
I:	$40.000 - 2.000x_2$	$= -8000x_1$
II.	$160.000 + 2.000x_2$	$= 1.508.000x_1$
I.	200.000	$= 1.500.000x_1$
	x_1	$= 0,1333$ €/kWh
	$40.000 + 8.000 \cdot 0,13$	$= 2.000x_2$
	41.067	$= 2.000x_2$
	x_2	$= 20,53$ €/h

Wie sich mit diesen Verrechnungssätzen der BAB entwickelt, zeigt die folgende Abbildung:

Kostenstellen		allg. Hilfskosten-stellen		Hauptkostenstellen			
Kostenarten	Summe	Rep.-abteilung	Strom-vers.	Material	Ferti-gung	Verwal-tung	Ver-trieb
primäre Ge-meinkosten	393.000	40.000	8.000	60.000	240.000	15.000	30.000
Umlagen Rep.-Abteilung		- 41.067	2.053	4.107	30.800	1.643	2.464
Umlagen Strom		1.067	-10.053	2.000	6.053	400	533
Gemeinkosten	393.000	0	0	66.107	276.853	17.043	32.997

Das simultane Gleichungsverfahren liefert die richtigen Verrechnungssätze und führt insofern zu keinen darauf aufbauenden Kalkulationsfehlern. Der Einwand, dass es rechnerisch zu aufwendig ist – bei mehr als zwei Hilfskostenstellen führt es zur not-wendigen Lösung linearer Gleichungssysteme – ist heute nicht mehr stichhaltig. Eine geeignete und leistungsfähige Standardsoftware steht zur Verfügung.
Abschließend seien die sich ergebenden Verrechnungssätze in der folgenden Über-sicht noch einmal zusammengefasst:

	Reparaturstundensatz	Stromverrechnungssatz
sim. Gleichungsverf. Stufenleiterverfahren	20,53 €/h	0,13 €/kWh
a)	20, – €/h	0,15 €/kWh
b)	21,52 €/h	0,11 €/kWh
Anbauverfahren	21,05 €/h	0,12 €/kWh

Offenbar kommen sowohl die Stundensätze nach dem Anbauverfahren und dem Stu-fenleiterverfahren – in der betrachteten Version a) – den tatsächlichen recht nahe. Wie wichtig es ist, beim Stufenleiterverfahren die richtige Hilfskostenauswahl zu tref-fen, zeigt die Version b). Hier sind die Verrechnungssätze ausgewiesen, die sich er-geben, wenn zuerst die Stromversorgung und dann der Reparaturdienst abgerechnet wird. Offenbar sind in diesem Fall die Verrechnungssätze noch unzutreffender als bei der Anwendung des Anbauverfahrens. Dies ist sicherlich nicht generell der Fall, son-dern bleibt zunächst auf das vorliegende Beispiel begrenzt. Es zeigt jedoch die po-tentiellen Gefahren auf, die sich bei einer nicht korrekten Hilfskostenstellenauswahl im Falle des Stufenleiterverfahrens einstellen können.
Das ausgewiesene Beispiel weist keinen **Eigenverbrauch** der Hilfskostenstellen aus. Sollte hingegen ein solcher vorliegen, so ist sowohl beim Anbau- wie Stufenleiterver-fahren dieser bei der Ermittlung der Bezugsbasisbildung (Nenner) für die Verrech-nungssätze heraus zurechnen, da ansonsten keine vollständige Verteilung der ange-fallenen Kosten möglich ist. Beim simultanen Gleichungsverfahren ergibt sich die Subtraktion automatisch, da hier die Inputvariable des Eigenverbrauchs genauso wie die gesamte Outputvariable dimensioniert ist.
Gelingt es ferner, die Hilfskostenstellen so anzuordnen, dass nachgelagerte Kosten-stellen an die vorgelagerte nichts liefern (einseitiger Leistungsaustausch), so ent-spricht das Stufenleiterverfahren dem simultanen Gleichungsverfahren.

4.3 Bildung von Kalkulationssätzen

Sind alle primären und sekundären Gemeinkosten auf die Hauptkostenstellen verteilt, stellt sich als dritter Schritt im BAB die Ermittlung von Kalkulationssätzen.

Die Kalkulations- und Verrechnungssätze – Gemeinkostenzuschlagssätze oder einfach Zuschlagssätze genannt – sind das Verbindungsglied zwischen der Kostenstellen- und Kostenträgerrechnung.

Ging es bisher darum, die Kostenarten verursachungsgerecht auf die Kostenstellen zu verrechnen, so steht nun die Frage im Mittelpunkt, wie die Kostenträger adäquat mit den Gemeinkosten einer Kostenstelle belastet werden, deren Leistung sie beansprucht haben.

Kostenträger sollen mit den Gemeinkosten belastet werden, die sie auch ausgelöst bzw. verursacht haben. Als Maßstab für die Kostenverursachung war bereits die sog. Bezugsgröße angesprochen worden. Der Kalkulations- oder Verrechnungssatz ergibt sich nun, indem die gesamten Gemeinkosten in Relation zur Bezugsgröße gesetzt werden:

$$\text{Kalkulationssatz} = \frac{\text{gesamte Gemeinkosten einer Hauptkostenstelle}}{\text{Bezugsgröße(n) der Hauptkostenstelle}}$$

Wie bereits erwähnt, können Bezugsgrößen Wert- oder Mengenschlüssel sein. Handelt es sich um Mengenschlüssel, so sind Zuschlagssätze pro Bezugsgrößeneinheit (Schlüsseleinheit) die Folge (z.B. 30,– € je Maschinenstunde). Wertschlüssel führen zu einem prozentualen Zuschlags- oder Kalkulationssatz (z.B. Materialgemeinkostensatz: 5%).

(1) Kalkulationssätze für Materialkostenstellen

In der Praxis wird vielfach für den Materialbereich (Einkauf, Lagerhaltung einschließlich Wareneingang und Warenausgabe, Prüflabor u.ä.) für alle Materialien ein **einheitlicher Materialgemeinkostenzuschlagssatz** ermittelt, indem die gesamten Gemeinkosten dieser Stellen in Relation zu den gesamten Materialeinzelkosten der Periode gesetzt werden.

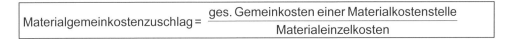

$$\text{Materialgemeinkostenzuschlag} = \frac{\text{ges. Gemeinkosten einer Materialkostenstelle}}{\text{Materialeinzelkosten}}$$

Es wird somit eine Abhängigkeit der Materialgemeinkosten von den Einzelkosten unterstellt. Ein Erzeugnis, das doppelt so viele Einzelkosten wie ein anderes Erzeugnis verursacht hat, soll auch doppelt so viele Gemeinkosten tragen. In der Industrie liegen die verrechneten Materialgemeinkosten in der Regel zwischen 7 und 14 % (vgl. Däumler/Grabe 2008, S. 203).

Ein solches Verfahren ist zwar äußerst einfach, aber es bleibt anzuzweifeln, ob damit eine verursachungsgerechte Kostenträgerbelastung erreicht werden kann.

- Materialgemeinkosten sind nicht oder zumindest nicht ausschließlich von den Materialeinzelkosten abhängig. Andere Kosteneinflussfaktoren wie z.B. die verbrauchte Lagerfläche, die Lagerdauer, die Anzahl der Anfragen und Bestellungen des Einkaufs u.ä. dürften gleichfalls eine Rolle spielen.

- Steigen für bestimmte Materialien die Preise, so führt dies aufgrund des prozentualen Aufschlags auch zu einer höheren Belastung des Kostenträgers mit
  Gemeinkosten, obwohl sich die Kosten des Einkaufes, der Einlagerung, Lagerung u.ä. nicht verändert haben.

Aufgrund der angesprochenen Kritik sind in der Theorie und Praxis Ansätze entwickelt worden, die eine Erhöhung der Kalkulationsgenauigkeit anstreben. So schlägt
Kilger (2007, S. 342 f) für die Plankostenrechnung die Bildung von mehreren nach
Materialgruppen differenzierten Verrechnungssätzen vor. Da den Materialgruppen
nicht eindeutig alle Kostenstellen des Materialbereiches zugeordnet werden können
– so ist z.B. der Einkauf für alle Materialgruppen zuständig – ist eine Funktions- bzw.
Tätigkeitsanalyse in solchen Kostenstellen nötig, um eine gruppenspezifische Zuordnung zu gewährleisten. Eine solche Vorgehensweise ist in planerischer Hinsicht
sinnvoll und möglich, würde aber im Rahmen der Istkostenerfassung wiederum einen
erheblichen zusätzlichen Erfassungsaufwand heraufbeschwören, so dass in der Istkostenrechnung darauf auch oft verzichtet wird.
Einen – zumindest in planerischer Hinsicht – konsequenteren Weg schlägt hier die
Prozesskostenrechnung vor (vgl. hierzu: Rüth, 2009, S. 276 ff).

(2) Kalkulationssätze für Fertigungskostenstellen

Im Fertigungsbereich, der in Industrieunternehmen oft mit erheblichen Gemeinkosten
einhergeht, werden für jede Kostenstelle differenzierte Verrechnungssätze ermittelt.
Nicht selten wird in der Praxis der traditionellen Kostenrechnung als Bezugsgröße
der Gemeinkostenverrechnung auf die Fertigungslöhne zurückgegriffen.

$$\text{Fertigungsgemeinkostenzuschlag} = \frac{\text{ges. Gemeinkosten einer Fertigungskostenstelle}}{\text{ges. Fertigungslöhne der Kostenstelle}}$$

Ein solches Vorgehen ist natürlich recht einfach, da die Fertigungslöhne seitens der
Lohnabrechnung laufend erfasst werden.
Eine verursachungsgerechte Zuordnung ist damit jedoch oft nicht gewährleistet:

1. Eine Veränderung bei den Fertigungslöhnen führt zu einer sachlich nicht ge-
   rechtfertigten Veränderung des Gemeinkostenzuschlages. Dies zeigt das folgende von Gabele/Fischer (1992, S. 122) übernommene **Beispiel**:

Endmontage des Mountainbikes durch Herrn Schulz:		
Fertigungslohn	30 Minuten · 18,– €/Stunde	9,– €
Fertigungsge-meinkosten	80%	7,20 €
Fertigungskosten		16,20 €

Endmontage des Mountainbikes durch Herrn Schmidt:		
Fertigungslohn	30 Minuten · 20,– €/Stunde	10,– €
Fertigungsge-meinkosten	80%	8,– €
Fertigungskosten		18,– €

2. Die übliche Lohnzuschlagskalkulation führt allenfalls in sehr lohn- bzw. arbeits-
    intensiven Bereichen zu einer befriedigenden Kalkulationsgenauigkeit. Die zu-
    nehmende Automatisierung und Mechanisierung in den Fertigungsbereichen
    führt hingegen dazu, dass Fertigungslöhne nicht mehr kausal für die Entste-
    hung von Gemeinkosten heranziehbar sind. Die Gemeinkosten werden primär
    durch maschinenabhängige Kosten wie Abschreibungen und Kapitaldienst be-
    dingt und kaum noch durch die in den Kostenstellen erfassten Lohnkosten. Da
    diese immer geringer werden, werden die Zuschlagssätze immer größer und
    tatsächlich sind Zuschlagssätze von 300 bis 1.000 % nicht mehr selten. Solche
    Zuschlagssätze sagen hingegen nichts mehr aus bzw. dürften eher zu Kalkula-
    tionsfehlern führen als zu einer verursachungsgerechten Belastung.

Die traditionelle Lohnzuschlagskalkulation hat hingegen in modernen Systemen der
Kostenrechnung – wie z.B. der Plankostenrechnung – nur noch eine sehr untergeordnete Bedeutung und ist in der traditionellen Istkostenrechnung auf Vollkostenbasis auch nur in vereinzelten Kostenstellen noch anzutreffen. Für eine anlagenin-
tensi-
ve Fertigung werden die Maschinenlaufzeiten oder Fertigungsstunden herangezogen, die Anzahl der bearbeiteten Werkstücke oder in der Chemie z.B. das Durch-
satzvolumen oder Durchsatzgewicht der be- und verarbeiteten Stoffe, Zwischen-
oder Endprodukte. Nicht selten ist es im Fertigungsbereich üblich, mehr als eine Verteilungsgrundlage heranzuziehen. So werden z.B. im Rahmen der Maschinenstundensatzrechnung (vgl. Kapitel IV) die maschinenabhängigen Kosten nach der Maschinenlaufzeit und nur die Restgemeinkosten nach den Fertigungslöhnen verteilt.

(3) Kalkulationssätze für Vertriebs- und Verwaltungskostenstellen

Die in den Vertriebs- und Verwaltungsbereichen anfallenden Gemeinkosten werden
in der Regel als globale Zuschlagssätze auf die Herstellkosten eines Erzeugnisses
verrechnet.
Herstellkosten setzen sich aus den Material- und Fertigungskosten zusammen und
die Vorstellung ist jene, dass sich Vertriebs- bzw. Verwaltungskosten als nachgelagerte Stufen auf den gesamten Herstellungsbereich beziehen, wofür sie *insgesamt*
tätig werden.
Die in Frage stehenden Herstellkosten sind wie folgt ermittelbar (vgl. Abbildung 3.8).

Zeilen		Kostenarten
1 2	 +	Materialeinzelkosten Materialgemeinkosten
3 = 1+2	=	Materialkosten
4 5 6	 + +	Fertigungslöhne Fertigungsgemeinkosten Sondereinzelkosten der Fertigung
7 = 4+5+6	=	Fertigungskosten
8 = 3+7		Herstellkosten der Produktion
9 10	+ -	Bestandsminderungen bei fertigen und unfertigen Erzeugnissen Bestandsmehrungen bei fertigen und unfertigen Erzeugnissen
11 = 8+9-10	=	Herstellkosten des Umsatzes

Abbildung 3.8: Ermittlung der Herstellkosten

Als Verrechnungssätze ergeben sich somit die gesamten Vertriebs- bzw. Verwaltungsgemeinkosten dieser Kostenstellen zu den entsprechenden Herstellkosten.

$$\text{Vertriebs-, Verwaltungsgemeinkosten} = \frac{\text{gesamte Gemeinkosten der Vertriebs-}}{\text{Herstellkosten des Umsatzes (o. der Produktion)}}$$

Die Frage, ob **Herstellkosten des Umsatzes oder der Produktion** (oft auch „Erzeugung" genannt), heranzuziehen sind, ist eindeutig zugunsten der Herstellkosten des Umsatzes zu beantworten. Vertriebskosten entstehen für den Absatz von Produkten und auf Lager genommene Erzeugnisse dürften weniger vertriebliche Anstrengungen verursacht haben als tatsächlich verkaufte Produkte. Im Sinne einer strengen Marktorientierung sollte dies auch für Verwaltungskosten gelten, allerdings ist dieser Zusammenhang weniger zwingend. Dies liegt in erster Linie aber daran, dass eine verursachungsgerechte Zuordnung von Verwaltungsgemeinkosten ohnehin nicht für möglich gehalten wird, so dass die Frage der adäquaten Herstellkostenzuordnung müßig erscheint.

Mag der Herstellkostenbezug bei einer oberflächlich gewollten und abrechnungstechnisch vereinfachten Betrachtung der Verwaltungsgemeinkosten noch zulässig erscheinen, so liegt der wahrscheinliche Fehlbezug bei Vertriebsgemeinkosten auf der Hand. So unterscheiden sich z.B. deutlich die Vertriebsaufwendungen für neue Produkte oder bekannte Selbstläufer, oder Exportprodukte verursachen andere Vertriebsgemeinkosten als national abgesetzte Produkte. Für bestimmte Vertriebsaufwendungen (Werbung, Transportkosten) wäre es somit angebracht, Produkte zu Produktgruppen zusammen zu fassen und diese mit unterschiedlichen Verrechnungssätzen zu belegen.

Allgemein gilt für den Vertriebsbereich, dass auch hier – ähnlich wie im Fertigungsbereich – eine starke Differenzierung der Kostenstellen nach unterschiedlichen Gesichtspunkten erfolgen sollte (vgl. Hummel/Männel 2004, S. 298 ff; Kilger 2000, S. 192 ff), um zu differenzierten Gemeinkostenzuschlägen zu gelangen.

Wenn die Verwaltungsgemeinkosten in Abhängigkeit von den Herstellkosten des Umsatzes (oder der Produktion) berechnet werden, so handelt es sich um eine rechentechnisch zulässige Vereinfachung, da sich verursachungsgerechte Bezugsgrößen ohnehin nicht finden lassen.

Je größer die Vertriebs- und Verwaltungsgemeinkosten sind, desto wichtiger wird eine differenzierte Kostenstelleneinteilung unter Kalkulations- und Kontrollaspekten.

In Betrieben, in denen sie einen geringen Umfang einnehmen, werden umgekehrt dann in der Praxis beide Bereiche zusammengefasst und als ein Verrechnungssatz auf die Herstellkosten ausgewiesen.

Die Berechnung der Zuschlagssätze sei noch einmal anhand eines abschließenden **Beispiels** aufgezeigt.

Ein Betrieb verfügt über 8 Hauptkostenstellen: Material I, Material II, Fertigung I bis III, Verwaltung sowie Vertrieb I und II.

Die sich einstellenden primären und sekundären Gemeinkosten sind der folgenden Tabelle entnehmbar.

Kostenstelle	primäre und sekundäre Gemeinkosten
Material I	9.000
Material II	6.000
Fertigung I	40.000
Fertigung II	130.000
Fertigung III	60.000
Verwaltung	8.000
Vertrieb I	10.000
Vertrieb II	5.480

Für die Hauptkostenstellen sind die folgenden Bezugsgrößen zu verwenden:

Material I: 6.000 kg Einzelmaterialgewicht
Material II: 50.000 € Einzelmaterialkosten
Fertigung I: 1.600 Maschinenstunden
Fertigung II: 65.000 kg Durchsatzgewicht
Fertigung III: 30.000 € Fertigungslöhne
Vertrieb II: 21.920 kg Verladegewicht

Die Gemeinkosten der Stellen Verwaltung und Vertrieb I sind als einheitlicher Zuschlag auf die Herstellkosten des Umsatzes in Höhe von 250.000 € zu verrechnen.
Die sich einstellenden Verrechnungssätze sind in der folgenden Tabelle ausgewiesen:

	Material I	Material II	Ferti-gung I	Fertigung II	Ferti-gung III	Verwaltung + Vertrieb I	Vertrieb II
Prim. und sek. Gemeinkosten	9.000	6.000	40.000	130.000	60.000	8.000 + 10.000	5.480
Bezugsgröße	6.000 kg	50.000 EK	1.600 M-Std.	65.000 kg	30.000 €	250.000 HK	21.920 kg
Verrechnungs-sätze	1,50 €/kg	12% auf EK	25,– €/Std.	2,– €/kg	20 % auf FL	7,2 % auf HK	0,25 €/kg
Ermittlung	(9.000 : 6.000)	(6.000 : 50.000)	(40.000 : 1.600)	(130.000 : 65.000)	(60.000 : 30.000)	(18.000 : 250.000)	(5.480 : 21.920)

Mit der Ermittlung der Verrechnungssätze sind somit die Voraussetzungen gegeben, um die diesbezüglichen Gemeinkosten auf die Kostenträger zu verrechnen. Wie dies im Einzelnen durchzuführen ist, ist Gegenstand des folgenden Kapitels.

5 Selbstkontroll- und Übungsaufgaben

Zur Einordnung der Selbstkontroll- und Übungsaufgaben vgl. Kapitel I. Nur die Lösungen der fett gesetzten Übungsaufgaben sind im Anhang (Musterlösungen) ausgewiesen.

Aufgaben zum Gliederungspunkt 2

Aufgabe 1

Welche Vorteile bietet die Kostenstellenrechnung im Vergleich zu einer einfachen Proportionalisierung der Gemeinkosten?

Aufgabe 2

Warum kann die Durchführung einer Kostenstellenrechnung dennoch sinnvoll sein, obwohl sie zu Kalkulationszwecken nicht benötigt wird?

Aufgaben zum Gliederungspunkt 3

Aufgabe 3

Was versteht man unter einer Bezugsgröße, was soll sie zum Ausdruck bringen und welche Mengen- und Wertgrößen kennen Sie für eine Bezugsgröße?

Aufgabe 4

Wann liegt eine „doppelte Funktion" einer Bezugsgröße vor?

Aufgabe 5

Warum ist zwischen den Grundsätzen der Kostenstellenbildung ein Kompromiss zu schließen?

Aufgabe 6

Nennen Sie Beispiele für nach Funktionsbereichen differenzierte Kostenstellen?

Aufgabe 7

Wodurch unterscheiden sich Hilfs- und Hauptkostenstellen?

Aufgabe 8

Es ist zu prüfen, ob die folgenden Maschinen zu einer Kostenstelle zusammengefasst werden können.

Maschine 1: Kosten pro Monat   40.000 €
             Beschäftigung   1.000 Stunden
Maschine 2: Kosten pro Monat   44.000 €
             Beschäftigung   800 Stunden

Aufgaben zum Gliederungspunkt 4.1

Aufgabe 9

Kostenart	insgesamt	Material	Fertigung	Verwaltung	Vertrieb
Hilfsstoffe	180.500	3.500	165.000	4.500	7.500
Betriebsstoffe	18.000	2.800	9.000	3.500	2.700
Hilfslöhne	160.800	14.000	125.400	2.500	18.900
Gehälter	200.800	18.500	34.400	106.000	41.900
soz. Abgaben	80.400	6.200	32.800	21.700	19.700
Kostensteuern	40.600		28.400	12.200	
Bürok./Werbung	80.800	4.200	14.400	18.600	43.600
Miete	60.000	(siehe unten)			
Versicherung	28.000	(siehe unten)			

In die Kostenstellenrechnung eines Industriebetriebes gehen für den Monat Mai folgende Zahlen der Kostenrechnung ein.
Die Miete wird nach der beanspruchten Fläche und die Versicherungsbeiträge werden nach den entsprechenden Anlagenwerten der Kostenstellen verteilt. Ferner sind kalk. Abschreibungen und Zinsen zu berücksichtigen. Die Verhältniszahlen sind der folgenden Tabelle entnehmbar:

	Fläche (m²)	Anlagenwerte (€)	Verhältniszahlen Abschreibung	Zinsen
Material	2.000	200.000	1	1,5
Fertigung	6.000	1.200.000	6	5
Verwaltung	1.200	400.000	2	2
Vertrieb	800	200.000	1	1,5

jährliche Abschreibungen:
- auf Betriebsgebäude: 1,5 % der Anschaffungskosten von 2,8 Mio €
- auf technische Anlagen/Maschinen: 10 % der Wiederbeschaffungskosten von 1,8 Mio €
- auf Betriebs- und Geschäftsausstattung: 20 % der Wiederbeschaffungskosten von 0,6 Mio €

jährliche Zinsen:
6 % vom betriebsnotwendigen Kapital in Höhe von 6 Mio €.
Erstellen Sie den BAB.

Aufgabe 10
In die Kostenstellenrechnung eines Industriebetriebes gehen für den Monat Mai folgende Zahlen der Kostenrechnung ein:

Kostenart	insgesamt	Material	Fertigung	Verwaltung	Vertrieb
Fertigungsmaterial	1.602.857				
Fertigungslöhne	280.667				
Hilfsstoffe	180.000	5.500	158.000	6.000	10.500
Betriebsstoffe	20.000	2.500	14.500	1.000	2.000
Hilfslöhne	158.000	20.000	108.000	10.000	20.000
Gehälter	207.000	27.000	30.000	110.000	40.000
soz. Abgaben	(20 % der gezahlten Hilfslöhne und Gehälter)				
Betriebssteuern	40.000		28.000	12.000	
Bürok./Werbung	60.400	4.800	21.600	16.000	18.000
Miete	140.000	(siehe unten)			
Versicherung	40.000	(siehe unten)			

Die Miete wird nach der beanspruchten Fläche und die Versicherungsbeiträge werden nach den entsprechenden Anlagenwerten der Kostenstellen verteilt. Ferner sind kalk. Abschreibungen und Zinsen zu berücksichtigen. Die Verhältniszahlen sind der folgenden Tabelle entnehmbar:

	Fläche (m²)	Anlagenwerte (€)	Verhältniszahlen Abschreibung	Zinsen
Material	3.000	600.000	2	1
Fertigung	7.000	2.000.000	7	5
Verwaltung	2.500	800.000	2	2
Vertrieb	1.500	600.000	1	1

jährliche Abschreibungen:
- auf Betriebsgebäude: 2 % der Anschaffungskosten von 1,8 Mio €
- auf technische Anlagen/Maschinen: 10 % der Wiederbeschaffungskosten von 2,6 Mio €
- auf Betriebs- und Geschäftsausstattung: 10 % der Wiederbeschaffungskosten von 0,64 Mio €

jährliche Zinsen: (in Mio €)

Anlagevermögen:	Grundstücke	1,2
	Gebäude	0,6
	Maschinen	1,6
	Betr./Geschäftsausst.	0,3
Umlaufvermögen:	Vorräte	0,2
	Forderungen	0,1

Das Abzugskapital besteht aus Lieferantenkredite und Rückstellungen in Höhe von 0,4 Mio €, das berücksichtigt werden soll. Der Zinssatz für langfristige Kredite liegt bei 6 %.
Erstellen Sie den BAB.

Aufgabe 11
In die Kostenstellenrechnung eines Industriebetriebes gehen für den Monat Mai folgende Zahlen der Kostenrechnung ein (alle Beträge in €):

Kostenart	Insgesamt	Material	Fertigung	Verwaltung	Vertrieb
Fertigungsmaterial	1.600.000				
Fertigungslöhne	300.000				
Hilfsstoffe	80.000	4.000	62.000	8.000	6.000
Betriebsstoffe	40.000	5.000	29.000	2.000	4.000
Hilfslöhne	160.000	20.000	110.000	10.000	20.000
Gehälter	380.000	50.000	60.000	150.000	120.000
soz. Abgaben	(20 % der gezahlten Hilfslöhne und Gehälter)				
Betriebssteuern	20.000		12.000	8.000	
Bürok./Werbung	40.000	2.000	4.000	12.000	22.000
Miete	58.000	(siehe unten)			
Versicherung	72.000	(siehe unten)			

Die Miete wird nach der beanspruchten Fläche und die Versicherungsbeiträge werden nach den entsprechenden Anlagenwerten der Kostenstellen verteilt. Ferner sind kalk. Abschreibungen und Zinsen zu berücksichtigen. Die Verhältniszahlen sind der folgenden Tabelle entnehmbar:

	Fläche (m²)	Anlagenwerte (€)	Verhältniszahlen	
			Abschreibung	Zinsen
Material	800	200.000	3	1
Fertigung	1.600	2.000.000	7	4
Verwaltung	200	800.000	1	3
Vertrieb	300	600.000	2	2

Die für die Berechnung der kalkulatorischen Abschreibungen und Zinsen relevanten Daten sind in der folgenden Tabelle zusammengefasst:

Bilanzposition	Anschaffungskosten bzw. Restbuchwerte (in Mio €)	Wiederbesch.werte (in Mio €)
Grundstück	0,8	1,2
Gebäude (betr. Nutzungsdauer: 20 Jahre)	2,4	3,6
Maschinen / Technische Anlagen (betr. Nutzung: 10 Jahre)	2,4	3,2
Betriebs- und Geschäftsausstattung (betr. Nutzung: 5 Jahre)	1,0	1,4
Vorräte	0,4	0,4
Forderungen	0,6	0,6
Spekulativ gehaltene Wertpapiere	0,2	0,3
Verbindlichkeiten (L+L)	0,8	0,8
Rückstellungen	1,2	1,2
Kundenanzahlungen	0,2	0,2

Der Zinssatz für langfristige Kredite liegt bei 6% p.a. und Abzugskapital soll berücksichtigt werden.
Erstellen Sie den BAB und tragen Sie die Ergebnisse Ihrer Überlegungen in den folgenden Rest-BAB ein.

Kostenart	insgesamt	Material	Fertigung	Verwaltung	Vertrieb
Soz. Abgaben					
Miete					
Versicherung					
kalk. Abschreibung					
Kalk. Zinsen					

Aufgaben zum Gliederungspunkt 4.2

Aufgabe 12
12.1   Folgende Kostenarten sind mit Hilfe des BAB zu verteilen. Wenden sie dabei das Stufenleiterverfahren an!

1. Kostenarten

a) Einzelkosten
Auf dem Rohstoffkonto in der Klasse 3 stehen ein Anfangsbestand von 91.000 € (14.000 Stück zu 6,50 €) und Zugänge von 37.500 € (5.000 Stück zu 7,50 €). Es werden 12.000 Stück zu einem Verrechnungspreis von 7,50 € pro Stück in die Fertigung übernommen. Die Fertigungslöhne betragen 30.000 €.

b) Gemeinkosten

Konto	Betrag	Konto	Betrag
404 Hilfs-und Betriebsstoffe	8.000 €	433 Hilfslöhne	32.000 €
405 Heizkosten	6.000 €	439 Gehälter	53.000 €
429 Energie	6.500 €	470 Raumkosten	18.000 €
		476 Bürokosten	2.200 €

Gemeinkosten sind ferner noch die kalkulatorischen Kosten wie
480 kalkulatorische Abschreibungen und
482 kalkulatorische Zinsen

2. Kostenstellen

I.   Allgemeiner Hilfsbereich   IV.   Verwaltungsbereich
II.   Materialbereich   V.   Vertriebsbereich
III.   Fertigungsbereich
Schlüsselgrößen:

404	1	1	4	1	1
	(Verhältniszahlen)				
405	2	1	6	1	2
	(Verhältniszahlen)				
429	200	100	4.000	100	200
	(geleistete Betriebsstunden)				
	100	50	800	50	100
	(installierte Leistung in KW)				
433	2.000	4.000	20.000	2.000	4.000
	(€)				
439	3.000	6.000	8.000	16.000	20.000
	(€)				
470	50	100	200	100	150
	(m²)				
476	2	3	10	3	4
	(Anzahl der Mitarbeiter)				
480	8.000	12.000	50.000	15.000	25.000
	(Wiederbeschaffungswerte; kalk. Afa jeweils 10 %)				
482	3.000	6.000	20.000	6.000	12.000
	(Anlagenbuchwert; kalk. Zinsen jeweils 8% vom Restbuchwert)				

Allgemeiner Hilfsbereich: 2 : 5 : 3 : 2

12.2 Zu welchem Ergebnis wären Sie gelangt, hätten Sie das Anbauverfahren gewählt?

12.3 Wann kommen alle drei Ihnen bekannten Verfahren der Verrechnung innerbetrieblicher Leistungen zum gleichen Ergebnis?

Aufgabe 13

Stellen Sie für die folgenden Angaben einen BAB auf.

Kostenstelle	primäre Gemeinkosten (€)	Verbrauch (kWh)	Fläche (m²)	Zahl der Beschäftigten
Strom	3.400	–	120	2
Raum	4.000	–	–	3
Soziales	2.200	–	–	–
Material 1	3.080	1.000	300	5
Material 2	6.080	2.000	80	3
Arbeitsvorbereitung	940	500	60	2
Fertigung 1	10.400	15.000	600	20
Fertigung 2	4.640	6.000	460	8
Verwaltung	3.260	1.500	200	4
Vertrieb 1	1.820	3.000	100	3
Vertrieb 2	2.780	2.000	140	5

Dabei gilt ferner

- ordnen Sie die Hilfskostenstellen für die Anwendung des Stufenleiterverfahrens;
- die Umlagen der Gemeinkosten der Hilfskostenstellen erfolgt nach dem in der obigen Tabelle angegebenen Schlüsselzahl;
- die Umlage der Arbeitsvorbereitung erfolgt im Verhältnis 2 : 1 auf die Fertigung 1 und 2.

Aufgabe 14

Für die folgenden Hilfskostenstellen sind die Verrechnungssätze
a) nach dem Anbau- und
b) Stufenleiterverfahren zu ermitteln.
Wählen sie beim Stufenleiterverfahren als erste Hilfskostenstelle jene, die die geringsten Leistungen von anderen Stellen empfängt. Es gelten die folgenden Daten:

Nummer der Kostenstelle	Kostenstelle	gesamte Gemeinkosten	Gesamtleistung
1	Grundst./Gebäude	1.000	500 qm
2	Dampferzeugung	500	200 t
3	Reparaturwerkstatt	800	100 Std.

gegenseitiger Leistungsaustausch:
    1 verbraucht 50 t und 5 Stunden
    2 verbraucht 5 Stunden und 20 qm
    3 verbraucht 100 t und 40 qm
    Der Eigenverbrauch ist in allen Stellen Null.

Aufgabe 15

Stellen Sie für die Aufgabe 14 das Gleichungssystem auf.

Aufgabe 16

Errechnen Sie für folgende Angaben die innerbetrieblichen Verrechnungssätze nach dem Gleichungsverfahren:

- Kostenstelle 1 erzeugt 250 Leistungseinheiten bei 750,– € Gemeinkosten pro Periode;
- Kostenstelle 2 erzeugt 150 Leistungseinheiten bei 1.000 € Gemeinkosten pro Periode;
- Kostenstelle 1 gibt 100 Leistungseinheiten an 2 ab und erhält 50 Leistungseinheiten von Kostenstelle 2.

250 - 100 - 150 // 150 - 50 - 100

Aufgabe 17

Für die Produktion der Aluprofilwerke werden auf dem Betriebsgelände ein Elektrizitätswerk und ein Wasserwerk als Hilfskostenstellen betrieben. Deren monatlichen primären Kosten und Leistungsabgaben sind der folgenden Aufstellung entnehmbar:

	Elektrizitätswerk	Wasserwerk
Primäre Gemeinkosten	24.800 €	36.000 €
Leistung	124.100 Kwh	511.000 l
Leistungsabgabe an		
- Elektrizitätswerk	100 Kwh	0 l
- Wasserwerk	24.000 Kwh	1.000 l
- Hauptkostenstelle 1	80.000 Kwh	360.000 l
- Hauptkostenstelle 2	20.000 Kwh	150.000 l

a) Ermitteln Sie die Verrechnungspreise für die innerbetriebliche Leistungsverrechnung nach dem Anbauverfahren:

b) Welche Verrechnungspreise ergeben sich nach dem Stufenleiterverfahren und welche Hilfskostenstelle rechnen Sie – warum – zuerst ab?:
   ba) Begründung der Abrechnungsfolge
   bb) Verrechnungspreise

a) Welche Verrechnungspreise ergeben sich nach dem simultanen Gleichungssystemverfahren?

Aufgabe 18

Ein Industriebetrieb hat zwei Hilfskostenstellen, einen zentralen Reparaturdienst und eine Stromerzeugungs- bzw. -versorgungsanlage, und vier Hauptkostenstellen (Material, Fertigung, Verwaltung, Vertrieb) eingerichtet. Der Leistungsaustausch und die Verteilung der primären Gemeinkosten auf die Kostenstellen kann der folgenden Übersicht entnommen werden.

Leistungsinanspruchnahme durch die Kostenstelle	Leistungsabgabe der Hilfskostenstelle Reparaturdienst	Leistungsabgabe der Hilfskostenstelle Stromversorgung
Reparaturdienst	– 40	– 100.000
Stromversorgung	– 120	– 40.000
Material	160	80.000
Fertigung	420	360.000
Verwaltung	100	60.000
Vertrieb	120	40.000
Summe	800 960	540.000 680.000

An primären Gemeinkosten sind im Monat August angefallen:

Kostenstellen	allg. Hilfskostenstellen		Hauptkostenstellen			
	Rep. dienst	Stromvers.	Mat	Fert.	Verw.	Vert.
prim. Gemeinkosten	40.000	60.000	100.000	280.000	90.000	120.000

a) Ermitteln Sie die Verrechnungspreise nach dem Anbauverfahren.

b) Ermitteln Sie die Verrechnungspreise nach dem Stufenleiterverfahren.
Für eine möglichst exakte Ermittlung der Verrechnungspreise nach dem Stufenleiterverfahren ist es wichtig, die Hilfskostenstellen in einer bestimmten Reihenfolge anzuordnen. Geben Sie diese Regel an und untermauern Sie rechnerisch, warum Sie welche Abrechnungsfolge gewählt haben. Stellen Sie im letzten Schritt den sich ergebenden BAB auf.

c) Ermitteln Sie die Verrechnungspreise nach dem simultanen Gleichungsverfahren und stellen Sie den sich ergebenden BAB auf.

Aufgaben zum Gliederungspunkt 4.3

Aufgabe 19

Ermitteln Sie die Zuschlagssätze für die Aufgaben

- a) 10
- b) 11
- c) 12

Aufgabe 20

Für die Hauptkostenstellen der Aufgabe 13 sind folgende Bezugsgrößen zu verwenden:

Material 1:	8.000 kg Einzelmaterialgewicht
Material 2:	66.000 € Einzelmaterialkosten
Fertigung 1:	1.500 Maschinenstunden
Fertigung 2:	70.000 kg Durchsatzgewicht
Verwaltung und Vertrieb 1:	als einheitlicher Zuschlagssatz auf die Herstellkosten in Höhe von 130.000 €
Vertrieb 2:	17.500 kg Verladegewicht

Aufgabe 21

In einem Industriebetrieb sind im Monat Januar folgende Kosten angefallen:

Fertigungsmaterial	550.000 €	Raumkosten	36.000 €
Gemeinkostenmaterial	20.000 €	Energiekosten	44.000 €
Fertigungslöhne	71.400 €	Instandhaltung	12.000 €
Hilfslöhne	35.000 €	Kalkulatorische Abschreibungen	36.000 €
Gehälter	50.000 €	kalkulatorische Zinsen	30.000 €

Der Betrieb ist in die vier Hauptkostenstellen „Material, Fertigung, Verwaltung und Vertrieb" unterteilt. Für die Verteilung der primären Kosten wurden folgende Verteilungsgrundlagen gewählt:

Gemeinkosten	Verteilungs-grundlage	Material	Fertigung	Verwaltung	Vertrieb
Gemeinkosten-material	Materialent-nahmescheine	2.500	10.000	2.500	5.000
Hilfslöhne	Lohnscheine	5.000	27.500	-	2.500
Gehälter	Gehaltsliste	10.000	15.000	20.000	5.000
Raumkosten	qm	300	600	300	300
Energiekosten	Schlüssel	2 :	6 :	1 :	1
Instandhaltung	Schlüssel	1 :	5 :	1 :	1
kalk. Afa	Schlüssel	2 :	8 :	1 :	1
kalk. Zinsen	Schlüssel	2 :	12 :	3 :	3

Erstellen Sie den BAB und ermitteln Sie die Zuschlagssätze.

Aufgabe 22

Ein Industriebetrieb hat zwei Hilfskostenstellen, einen zentralen Reparaturdienst und eine Stromerzeugungs- bzw. -verteilungsanlage, und vier Hauptkostenstellen (Material, Fertigung, Verwaltung, Vertrieb) eingerichtet.
Der Leistungsaustausch und die Verteilung der Primären Gemeinkosten auf die Kostenstellen kann der folgenden Übersicht entnommen werden.

Leistungsinanspruch-nahme durch die Kosten-stelle	Leistungsabgabe der Hilfskostenstelle Reparaturdienst (in Std.)	Leistungsabgabe der Hilfskostenstelle Strom-versorgung(in kWh)
Reparaturdienst	–	8.000
Stromversorgung	10	–
Material	20	15.000
Fertigung	150	46.000
Verwaltung	8	4.000
Vertrieb	12	3.000
Summe	200	76.000

An primären Gemeinkosten sind im Monat August angefallen:

Kostenstelle	allg. Hilfskostenstellen		Hauptkostenstellen			
	Rep.-dienst	Stromvers.	Mat.	Fert.	Verw.	Vert.
prim. Gemeinkosten	8.000	9.000	60.000	260.000	20.000	30.000

a) Ermitteln Sie die Verrechnungspreise nach dem Anbauverfahren und stellen Sie den sich ergebenden BAB auf.

b) Ermitteln Sie den Verrechnungspreis nach dem Stufenleiterverfahren. Für eine möglichst exakte Ermittlung der Verrechnungspreise nach dem Stufen-leiterverfahren ist es wichtig, die Hilfskostenstellen in einer bestimmten Reihen-folge anzuordnen. Geben Sie diese Regel an und untermauern Sie rechnerisch, warum Sie welche Abrechnungsfolge gewählt haben. Stellen Sie im letzten Schritt den BAB auf.

c) Ermitteln Sie die Verrechnungspreise nach dem simultanen Gleichungsverfah-ren.

d) Ermitteln Sie die Zuschlagssätze auf Basis des BAB nach dem Stufenleiterver-fahren, wobei die folgenden Bezugsgrößen gelten:

Einzelmaterial:	314.370 €
Fertigung:	3.000 Maschinenstunden
Fertigungslöhne:	40.000 € (die Fertigungslöhne sind im o.a. Maschinenstundensatz nicht enthalten)
Verwaltung u. Vertrieb:	einheitlicher Zuschlag auf die Herstellkosten

IV. Kostenträgerrechnung

1 Lernziele

Wenn Sie das Kapitel IV durchgearbeitet haben, sollten Sie

- einen Kostenträger definieren und unterscheiden können;

- die Aufgaben der Kostenträgerstück- und -ergebnis- oder -zeitrechnung beschreiben können;

- die Zusammenhänge zwischen der Produktvielfalt, dem Fertigungsverfahren und den Kalkulationsmethoden schildern können;

- die Massenfertigung eines einzelnen Produkts, die Sortenfertigung, die Serienfertigung und die auftragsgebundene Einzelfertigung beschreiben und voneinander abgrenzen können;

- die Kuppelproduktion charakterisieren können;

- die Kalkulationsarten nach dem Zeitpunkt ihrer Erstellung unterscheiden und hinsichtlich ihrer Aufgabenstellung beschreiben können;

- die ein-, zwei- und mehrstufige Divisionskalkulation beschreiben können;

- die ein- und mehrstufige Äquivalenzziffernrechnung erläutern können;

- das Grundprinzip der mehrstufigen Äquivalenzziffernrechnung skizzieren können;

- die Varianten der Zuschlagskalkulation kennen;

- die Methoden der Kuppelkalkulation darstellen können;

- die kritischen Einwände gegen die Restwertmethode kennen;

- dazu Stellung nehmen können, warum sich die Verteilungsrechnung nicht für dispositive Zwecke einer ordentlichen Kostenrechnung eignet;

- Erlösbeeinflussungsgrößen beschreiben können;

- das Gesamtkosten- und Umsatzkostenverfahren beschreiben und voneinander abgrenzen sowie die jeweilige Ergebnisrechnung durchführen können.

2 Wesen und Aufgaben der Kostenträgerrechnung

Die Kostenträgerrechnung beantwortet nun als 3. und letzte Stufe der Kostenrechnung die Frage, für *welche Kostenträger* die Kosten angefallen sind. Kostenträger sind betriebliche Leistungen, deren Erstellung Kosten verursacht haben. Da sie die Kosten verursacht haben, sollen sie diese auch „tragen". Dabei kann es sich um einen ganz speziellen Kundenauftrag, um ein Produkt, Erzeugnis oder um eine Dienstleistung handeln.
Generell können **Kostenträger** sein:

1) Absatzbestimmte Produkte oder Leistungen (Außenaufträge) in Form von
   – Kundenaufträgen, wenn Produkte/Dienstleistungen in Einzel- oder zumeist Kleinserienfertigung aufgrund eines speziellen Kundenauftrages gefertigt werden;
   – Lageraufträgen, wenn zumeist in Großserien- und Massenfertigung zunächst anonym auf Lager produziert wird, bevor dann später ein Kundenauftrag befriedigt wird.

2) Innerbetrieblich genutzte Produkte oder Leistungen (Innenaufträge) in Form von
   – Anlagenaufträgen, wenn es sich um eine mehrjährig nutzbare Leistung handelt, die zu aktivieren ist (z.B. selbsterstellte Anlagen);
   – Gemeinkostenaufträge, wenn nicht aktivierbare Leistungen in der gleichen Rechnungsperiode wieder verbraucht werden (z.B. selbst erzeugter Strom, die zentrale Reparaturwerkstatt u.ä.).

Sowohl bei den absatzbedingten als auch bei den innerbetrieblich genutzten Produkten kann es sich um Fertigerzeugnisse oder um unfertige Erzeugnisse handeln. **Fertigerzeugnisse** sind solche, die sich im verkaufsfähigen Zustand befinden. **Unfertige Erzeugnisse** haben noch nicht alle Fertigungsstufen durchlaufen.
Ferner können materielle und immaterielle Produkte, die insbesondere von Dienstleistungsunternehmen angeboten werden, unterschieden werden.

Die Kostenträgerrechnung kann nach dem Rechnungsziel in die

   – Kostenträger**stück**rechnung und die
   – Kostenträger**zeit**rechnung

unterschieden werden.
Im Rahmen der Kostenträgerstückrechnung werden die Kosten für eine Einheit eines Kostenträgers ermittelt. Man spricht auch von der **Kalkulation**. Bei der Kostenträgerzeitrechnung werden die Kosten eines bestimmten Zeitraums – in der Regel eines Monats – den entsprechenden Umsatzerlösen gegenüber gestellt. Man spricht auch von der **kurzfristigen Erfolgsrechnung** oder Betriebsergebnisrechnung.

Die **Aufgaben der Kostenträgerrechnung** sind:

- die Ermittlung der Kosten der Kostenträger sowohl stück- als auch zeitbezogen;
- die Ermittlung des Erfolges der Kostenträger sowohl stück- als auch zeitbezogen;
- die Bereitstellung von Informationen zur Preispolitik (von dem die Vollkosten umschließenden Angebotspreis bis hin zu der sich an den Grenzkosten orientierenden kurzfristigen Preisuntergrenze);
- die Bereitstellung von Informationen für die Entscheidung der Auftragsannahme bei vorgegebenen Marktpreisen (in kurz- und langfristiger Hinsicht);
- die Überprüfung und Kontrolle der Kosten eines Kostenträgers im Zeitablauf (z.B. durch eine begleitende Zwischenkalkulation oder Nachkalkulation);
- die Bereitstellung von Informationen für die Programmpolitik, um Kostenträger entsprechend ihres Beitrages zum Unternehmensergebnis gezielt fördern zu können, neu aufzunehmen oder zu eliminieren;
- die Bereitstellung von Informationen zur Beschaffungspolitik, um Preisobergrenzen festzulegen und die Frage der Eigenfertigung oder Fremdbezug beantworten können;
- die Bereitstellung von Informationen zur Bewertung der Bestände an fertigen und unfertigen Erzeugnissen.

Die meisten der o.a. Aufgaben wurden zum großen Teil bereits im Kapitel I beschrieben, so dass hier auf eine nähere Betrachtung verzichtet werden kann.
Um den angeführten Aufgaben gerecht zu werden, bedient man sich der unterschiedlichsten **Kalkulationsverfahren (-arten)**. Dabei bleibt festzuhalten, dass sich grundsätzlich alle Verfahren als Ist-, Normal- und Plankalkulation auf einer Voll- oder Teilkostenbasis durchführen lassen (vgl. Kapitel V).
Im Folgenden wollen wir uns in den Gliederungspunkten 3 und 4 der Kostenträgerstückrechnung zuwenden. Dabei soll zunächst das sich insgesamt einstellende Spektrum der Kalkulationsverfahren angesprochen werden (Gliederungspunkt 3). Im sich anschließenden Gliederungspunkt 4 werden dann die Kalkulationsverfahren im Detail dargestellt. Dabei wird eine Istkostenrechnung auf Vollkostenbasis unterstellt. Die entsprechenden Kalkulationsarten auf Teil- bzw. Plankostenbasis sind Gegenstand des Bandes 2.
Im abschließenden Gliederungspunkt 5 wird dann die kurzfristige Erfolgsrechnung (Kostenträgerzeitrechnung) behandelt.

3 Das Spektrum der Kalkulationsverfahren

Die Kalkulationsarten lassen sich nach unterschiedlichen **Kriterien** unterscheiden (vgl. z.B. Däumler/Grabe 2008, S. 256 ff). Hier sollen lediglich die drei wichtigsten Kriterien aufgegriffen werden. Es handelt sich um die Unterscheidung der Kalkulationsarten
- nach dem Zweck der Kalkulation,
- nach der Erzeugnisvielfalt bzw. dem Fertigungsverfahren und
- nach dem Zeitpunkt ihrer Erstellung.

(1) Zweck der Kalkulation

Nach dem Zweck der Kalkulation lassen sich die folgenden Kalkulationsverfahren unterscheiden.

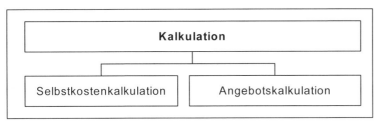

Abbildung 4.1: Kalkulationsverfahren nach ihrem Zweck

Die Kalkulation dient in erster Linie der Ermittlung der Herstellkosten und der Selbstkosten einer Erzeugniseinheit. Obgleich die einzusetzenden Kalkulationsverfahren stark vom Produktprogramm und dem eingesetzten Fertigungsverfahren abhängen, gibt es ein sogenanntes **„allgemeines Grundschema"** (Kilger 2000, S. 267) **der Kalkulation**, das in der Abbildung 4.2 ausgewiesen ist:

Zeilen		Grundschema der Kalkulation	
1		Materialeinzelkosten	(MEK)
2	+	Materialgemeinkosten	(MGK)
3 = 1+2	=	Materialkosten	(MK)
4		Fertigungslöhne	(FL)
5	+	Fertigungsgemeinkosten	(FGK)
6	+	Sondereinzelkosten der Fertigung	(SEF)
7 = 4+5+6	=	Fertigungskosten	(FK)
8 = 3+7	=	Herstellkosten	(HK)
9	+	Verwaltungsgemeinkosten	(VwGK)
10	+	Vertriebsgemeinkosten	(VtGK)
11	+	Sondereinzelkosten des Vertriebs	(SEV)
12 = 8+9+10+11	=	Selbstkosten	(SK)

Abbildung 4.2 Grundschema der Selbstkostenkalkulation

Das Grundschema stellt einen allgemeinen *Strukturierungsrahmen für alle Kalkulationsverfahren* dar. Es gibt an, in welcher Reihenfolge bestimmte Kostenarten in die Kalkulation eingehen.

Ausgangspunkt sind immer die **Materialeinzelkosten**. Sie sind sehr genau zu kalkulieren, da sie – wie bereits im Kapitel II gezeigt – oft 50 % und mehr der Selbstkosten pro Stück ausmachen können. Die Materialkosten setzten sich aus den Materialeinzel- und -gemeinkosten zusammen.

Im Anschluss an die Materialkosten sind die **Fertigungskosten** zu kalkulieren. Sie setzten sich aus den Fertigungslöhnen, den Fertigungsgemeinkosten und den Sondereinzelkosten der Fertigung zusammen.
Material- und Fertigungskosten ergeben die **Herstellkosten** einer Erzeugnis- oder Leistungseinheit. Dies ist auch jener Betrag, der in der Regel zur **Bestandsbewer-**

tung herangezogen wird. Zumindest gilt dies in kostenrechnerischer Hinsicht. Inwieweit dem auch handels- und steuerrechtlich entsprochen wird, ist eine Ermessensfrage.

Werden den Herstellkosten die anteiligen Verwaltungs- und Vertriebskosten sowie die Sondereinzelkosten des Vertriebs hinzugefügt, so ergeben sich die **Selbstkosten** einer Erzeugniseinheit.

Diesem Grundschema folgen implizit alle Kalkulationsverfahren. Unterschiedlich ist lediglich, wie die einzelnen Komponenten ermittelt werden.

Die vom Kostenrechner durchzuführende Selbstkostenkalkulation kann von der Verkaufsabteilung zur **Absatz- oder Angebotskalkulation** fortgeführt werden. Die Abbildung 4.3 zeigt die Vorgehensweise.

Zeilen	Position	Ermittlung
12 13	Selbstkosten + Gewinnaufschlag	in % der Selbstkosten 12
14 = 12+13 15	Barverkaufspreis + Skonto	in % des Zielverkaufspreises 16 (i.H.)
16 17	Zielverkaufspreis + Rabatt	in % des Netto-Angebotspreises 18 (i.H.)
18 = 16+17 19	Netto-Angebotspreis Mehrwertsteuer	in % des Netto-Angebotspreises 18
20 = 18+19	Brutto-Angebotspreis	

Abbildung 4.3 Grundschema der Angebotskalkulation

Gemäß des Grundschemas der Selbstkostenkalkulation wird, ausgehend von den Selbstkosten, der **Gewinnzuschlag** als Prozentsatz von den Selbstkosten ermittelt.

Kundenskonti und **Kundenrabatte** sind Verkaufszuschläge, die vom Verkäufer entweder für eine Zahlung innerhalb einer bestimmten Frist (z.B. Zahlung innerhalb von 8 Tagen unter Abzug von 3 % Skonto) oder für die Abnahme bestimmter Mengen (Mengenrabatte) o.ä. gewährt werden. Sie sind im Zielverkaufspreis bzw. im Netto-Angebotspreis einzurechnen (Rechnung im Hundert). Anstatt vom Netto- bzw. Brutto-Angebotspreis spricht man oft auch vom Netto- bzw. Brutto-Listenpreis.

Wie bereits mehrfach erwähnt (vgl. Kapitel I), ist damit nicht der Verkaufspreis bestimmt. Dieser bildet sich am Markt, d.h. der sich einstellende Marktpreis hängt vom Nachfrager und Anbieter und der Konkurrenz ab.

Die Grundschemata der Selbstkosten- und /oder Angebotskalkulation bieten dann lediglich eine *Orientierungsmöglichkeit*.

(2) Kalkulationsverfahren in Abhängigkeit von dem Fertigungsverfahren und der Erzeugnisvielfalt

Eine zweite wichtige Entscheidung der Kalkulationsarten liegt in der Erzeugnisvielfalt bzw. dem Fertigungsverfahren begründet. Das sich diesbezüglich einstellende Spektrum zeigt die Abbildung 4.4.

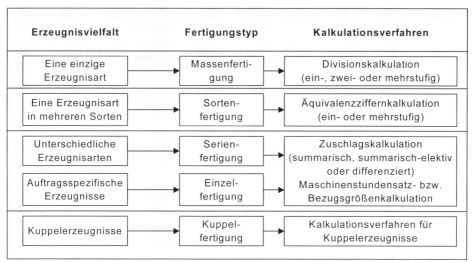

Abbildung 4.4 Erzeugnisvielfalt, Fertigungs- und Kalkulationsverfahren

Von einer **Massenfertigung** spricht man, wenn eine Unternehmung ein einzelnes Produkt (Einproduktunternehmung) über einen längeren Zeitraum in großen Mengen herstellt. Zu denken wäre z.B. an den Kohlebergbau, an Elektrizitätswerke, Wasserwerke bzw. Trinkwasseraufbereitungsanlagen u.ä. Als Kalkulationsverfahren bietet sich die (ein-, zwei- oder mehrstufige) **Divisionskalkulation** an.

Eine **Sortenfertigung** liegt vor, wenn eine Unternehmung mehrere Varianten oder Sorten einer Erzeugnisart produziert. Typische Beispiele sind Brauereien (Biere unterschiedlicher Art wie Pils, Export, Alt), Steinwerke (Steine unterschiedlicher Größe/Gewicht), Sägewerke (Holz in verschiedenen Abmessungen), Ziegeleien (Ziegel unterschiedlichster Abmessungen und Formen) u.ä. Auch wenn sich die verschiedenen Sorten in Hinblick auf die beanspruchten Produktionskapazitäten unterscheiden, sind ihre Kostenstrukturen insgesamt recht ähnlich. Als Kalkulationsverfahren bieten sich die (ein- oder mehrstufige) **Äquivalenzziffernkalkulation** an.

Eine **Serienfertigung** liegt vor, wenn ein bestimmtes Produkt mehrfach in kleiner Zahl (Kleinserienfertigung) oder großer Zahl (Großserienfertigung) nacheinander gefertigt wird, bevor dann die nächste Produktart wieder in einer bestimmten Seriengröße aufgelegt wird.

Typisches Beispiel für die Großserienfertigung ist die Automobilindustrie. Im Maschinenbau ist vielfach eine Kleinserienfertigung anzutreffen.

Unternehmen der Serienfertigung setzen in der Regel die **Zuschlagskalkulation** bzw. als davon abgeleitete Spezialform die **Maschinenstundensatz- bzw. Bezugsgrößenkalkulation** ein.

Ist für alle bislang beschriebenen Fertigungstypen die Produktion für einen anonymen (Massen-) Mark der Regelfall, so gilt dies nicht für Unternehmen einer **auftragsorientierten Einzelfertigung**. Eine solche findet sich häufig im Anlagenbau (z.B. Errichtung eines Hüttenwerkes), in der Fördertechnik (z.B. Erstellung eines Stück- oder Schüttgutförderers), im Schiffsbau und zum großen Teil in der Bauindustrie (z.B. Errichtung einer bestimmten Brücke o.ä.). Da sich jeder Auftrag vom vorhergehenden unterscheidet, ist eine auftragsspezifische Kalkulation nötig. Hier bietet die **Zuschlagskalkulation** die nötige Flexibilität, indem sie ein grobes Raster vorgibt, das auftragsspezifisch angepasst werden kann.

Neben diesen Grundtypen der Fertigung ist ferner noch der Fall der verbundenen Fertigung oder **Kuppelproduktion** zu betrachten. Eine Kuppelproduktion liegt dann vor, wenn zwangsläufig mit der Erstellung eines Produktes (z.B. des Hauptproduktes) auch die anderer Produkte (z.B. von Neben- oder Abfallprodukte) einhergeht. Ein solcher Verbund ist oft in der chemischen Industrie anzutreffen, trifft jedoch auch auf andere Industriezweige zu. So führt z.B. die Gasgewinnung aus Kohle gleichzeitig zur Gewinnung von Koks, Teer und Ammoniak. In der Eisen- und Stahlindustrie führt die Produktion von Roheisen (-stahl) auch zur Erzeugung von Schlacke und Gichtgas. Und in der petrochemischen Industrie ergeben sich aus Rohöl Benzin, schweres und leichtes Heizöl, Bitume und Gase. In Schlachthöfen werden neben dem Hauptprodukt der unterschiedlichen Fleischsorten noch als Nebenprodukte Haut und Knochen gewonnen.

Solche Unternehmen bedienen sich der **Kuppelkalkulation**.

(3) Zeitpunkt der Kalkulation
Nach dem Erstellungszeitpunkt lassen sich die folgenden Kalkulationsarten unterschieden.

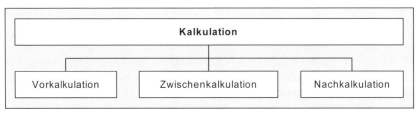

Abbildung 4.5: Kalkulationsarten nach dem Erstellungszeitraum

Die **Vorkalkulation** ist vor der eigentlichen Leistungserstellung durchzuführen. Vielfach wird sie aufgrund einer Anfrage erstellt, um dann ein Angebot zur Erlangung eines Auftrages abgeben zu können. Deshalb wird sie auch als **Angebotskalkulation** bezeichnet. Anlässe einer Vorkalkulation sind hingegen nicht nur in Kundenanfragen zu sehen. Sie sind ebenfalls für produkt- oder sortimentspolitische Entscheidungen, Fragen der Eigenfertigung oder Fremdbezugs, für die Herausgabe von Preislisten, als Basis der Verhandlungen mit Kunden u.ä. zu erstellen.

Hinsichtlich des *Mengengerüstes* sind technische Unterlagen – wie z.B. Stücklisten, Rezepturen, Vorgabezeiten für den Personal- und Maschineneinsatz – heranzuziehen. Diesen sollten die zukünftig *zu erwartenden Preise* möglichst exakt zugeordnet werden. Sind diese nicht bekannt, sind Anfragen bei Vorlieferanten durchzuführen. Alle *Einzelkosten* sind möglichst exakt und genau zuzurechnen. Hinsichtlich der *Gemeinkosten* wird auf normalisierte Istgrößen der Vergangenheit bzw. geplante Gemeinkosten zurückgegriffen. Die so angesprochene Vorkalkulation ist typisch für die auftragsorientierte Einzel- oder Kleinserienfertigung. Für Großserienbetriebe und solche der Massenfertigung tritt an ihrer Stelle die **Plankalkulation**. Ihr kommt natürlich eine sehr große Bedeutung zu, da sich solche Unternehmen für einen bestimmten Zeitraum – in der Regel ein Kalenderjahr – preislich nach den herausgegebenen Preislisten zumindest als Preisobergrenze zu orientieren haben.

Die **Zwischenkalkulation** liegt ‚zwischen‘ der Vor- und Nachkalkulation. Sie findet während des Prozesses der Leistungserstellung statt und wird deshalb auch als *mitlaufende* oder *begleitende Kalkulation* bezeichnet. Sie ist besonders bedeutsam für Unternehmen der auftragsorientierten Einzel- oder Kleinserienfertigung, sofern es sich um größere Aufträge und Projekte handelt. Die Zwischenkalkulation ist zunächst ihrem Charakter nach eine Nachkalkulation mit Istkosten zu einem bestimmten Zeitpunkt der Leistungserstellung. So kann z.B. ein Bauauftrag in bestimmte Bauabschnitte zerlegt werden, wofür isoliert Zwischenkalkulationen durchgeführt werden. Somit sind zeitnah Kostenabweichungen erfassbar. Wird für die noch zu erbringende Leistung eine Vorkalkulation erstellt, wird mit der Zwischen- und weiterer Vorkalkulation erkennbar, ob sich das Gesamtprojekt, der Großauftrag noch im Rahmen des gegebenenfalls vereinbarten Festpreises befindet. Ergeben sich Kostenüberschreitungen, so sind alle denkbaren Maßnahmen zu überprüfen, um durch entsprechende Einsparungen in der Zukunft, das Auftragsergebnis zu verbessern. Eventuell sind auch Nachverhandlungen möglich. Darüber hinaus können Zwischenkalkulationen auch die Basis von Teilabrechnungen und Abschlagszahlungen sein. Wenn sich Aufträge oder Projekte über mehr als ein Kalenderjahr erstrecken, sind Zwischenkalkulationen auch nötig zur Bewertung dieser „unfertigen Erzeugnisse" in der Handels- und Steuerbilanz.

Die **Nachkalkulation** erfolgt – wie das Wort bereits sagt – nach der Leistungserstellung. Den vorkalkulierten Größen werden nun die korrespondierenden Istgrößen gegenübergestellt. Es geht darum, die *Abweichungen* zu identifizieren und ihre Ursachen genau zu analysieren. Dabei sollen weniger die möglichen Verursacher der Kostenabweichungen aufgespürt werden, sondern der wesentliche Zweck der Nachkalkulation liegt darin, sie zur *Verbesserung zukünftiger Vorkalkulationen* nutzen zu können.

4 Die Kalkulationsverfahren

4.1 Divisionskalkulation

Die Divisionskalkulation kommt für Unternehmen in Frage, die nur ein Produkt **(Einproduktunternehmung) in Massenfertigung** herstellen.

Es gibt in solchen Unternehmen kein verzweigtes Produktionsprogramm, so dass bestimmte Kostenstellen durch den Kostenträger in keinem unterschiedlichen Ausmaß in Anspruch genommen würden.

Für die Kalkulation auf Vollkostenbasis entfällt die Aufteilung in Einzel- und Gemeinkosten und damit das Problem der Gemeinkostenschlüsselung über in Anspruch genommene Kostenstellen, denn der einzige Kostenträger hat ohnehin alle Kosten zu tragen. Eine Kostenstellenrechnung wäre zu Kalkulationszwecken entbehrlich und wenn sie dennoch durchgeführt wird, so dient sie anderen Zwecken (vgl. z.B. Kapitel I).

Die Divisionskalkulation lässt sich in einer ein-, zwei- oder mehrstufigen Variante durchführen. Welche Methode eingesetzt wird, hängt davon ab, ob Bestandsveränderungen der fertigen und unfertigen Erzeugnisse vorliegen.

4.1.1 Einstufige Divisionskalkulation

Bei der einstufigen – oder auch „einfach" genannten – Divisionskalkulation ergeben sich die Selbstkosten pro Stück (Stückselbstkosten), indem die gesamten Kosten der Periode durch die produzierte Stückzahl (der Periode) dividiert werden.

$$\text{Stückselbstkosten} = \frac{\text{Gesamtkosten}}{\text{Produktionsmenge}} = \frac{K}{x}$$

Diese Rechnung ist unter den folgenden **Bedingungen** einsetzbar:

1. Es treten keine Lagerbestandsveränderungen bei den Fertigerzeugnissen auf, d.h. produzierte und abgesetzte Mengen sind identisch.
2. Es liegt ein einstufiger Produktionsprozess vor, so dass Lagerbestandsveränderungen an unfertigen Erzeugnissen nicht auftreten können. Sollte der Produktionsprozess mehrstufig sein, ist das Verfahren dann einsetzbar, wenn Lagerbestandsveränderungen an Halbfabrikaten nicht auftreten.

Das Verfahren soll anhand eines einfachen **Beispiels** demonstriert werden.

Die Schüssel GmbH stellt eine bestimmte Kunststoffschüssel in Massenfertigung her. In der Abrechnungsperiode wurden 600.000 Stück produziert. Lagerbestandsveränderungen an fertigen und unfertigen Erzeugnissen traten nicht auf. Seitens der Kostenartenrechnung wurden für die Periode folgende Kosten ermittelt:

Materialkosten	720.840
Personalkosten	439.000
kalkulatorische Kosten	60.160
sonstige Kosten	40.000
Gesamtkosten	1.260.000

Es sind zu ermitteln:
a) die Selbstkosten pro Stück
b) der Bruttostückerlös, wenn sich der Bruttoerlös der Periode auf 1.500.000 € beläuft,
c) der Nettostückerlös, wenn ein Skontoabzug von 3 % und ein Rabatt in Höhe von 4 % zu berücksichtigen ist und
d) das Nettostückergebnis unter Beachtung von a) bis c).

Die Stückselbstkosten stellen sich mit 2,10 € ein (1.260.000 : 600.000). Der Bruttostückerlös liegt bei 2,50 € (1.500.000 : 600.000).
Der Nettostückerlös ergibt sich wie folgt:

Bruttostückerlös	2,50 €
./. Rabatt (4 %)	0,10 €
Zielverkaufspreis	2,40 €
./. Kundenskonto (3 %)	0,07 €
Barverkaufspreis = Nettostückerlös	2,33 €

Das Nettostückergebnis beläuft sich auf 0,23 € pro Schüssel.

Die gleichzeitige Einhaltung beider Voraussetzungen dürfte in den seltensten Fällen gegeben sein. Typisch wäre der Fall nur für ein Elektrizitätswerk. Deshalb soll die Divisionskalkulation im Folgenden derart betrachtet werden, dass die genannten Einsatzbedingungen schrittweise aufgehoben werden.

4.1.2 Zweistufige Divisionskalkulation

In vielen Fällen wird in einem Unternehmen mit lagerfähigen Produkten die produzierte und abgesetzte Menge nicht übereinstimmen, so dass es zu **Lagerbestandsveränderungen bei den Fertigerzeugnissen** kommt.

In einem solchen Fall ist nicht von den Gesamtkosten und der produzierten Menge auszugehen, sondern es gilt zur Stückkostenermittlung die *Herstellkosten durch die produzierten Einheiten und die Verwaltungs- und Vertriebskosten durch die abgesetzten Einheiten* zu dividieren.

$$\text{Stückselbstkosten} = \frac{\text{Herstellkosten}}{\text{Produktionsmenge}} + \frac{\text{Verwaltungs} - \text{und Vertriebsgemeinkosten}}{\text{Absatzmenge}}$$

$$\frac{K}{x} = \frac{K_H}{x_p} + \frac{K_{V+V}}{x_A}$$

Offenbar sind nun im Sinne einer Kostenstellenrechnung die Herstellkosten und die Verwaltungs- und Vertriebskosten separat zu ermitteln.

Auch zur zweistufigen Divisionskalkulation soll ein einfaches **Beispiel** gebildet werden.

Es gelten dabei die gleichen Ausgangsdaten wie im einführenden Beispiel. Darüber hinaus haben sich die Bestände der Schüssel GmbH wie folgt entwickelt:

Anfangsbestand	300.000 Stück
+ Produktionsmenge	600.000 Stück
- Endbestand	100.000 Stück
Absatzmenge	800.000 Stück

Aus der Kostenstellenrechnung ergab sich:

Herstellkosten	1.100.000 €
Verwaltungs- und Vertriebskosten	150.000 €
= Gesamtkosten	1.260.000 €

Die Stückselbstkosten ergeben sich als:

$$\frac{K}{x} = \frac{1.110.000}{600.000} + \frac{150.000}{800.000} = 1,85 + 0,19 = 2,04 \text{ €/Stück}$$

4.1.3 Mehrstufige Divisionskalkulation

Wird auch die letzte Voraussetzung der einstufigen Divisionskalkulation aufgehoben, d.h. werden **Lagerbestandsveränderungen bei unfertigen Erzeugnissen** zwischen unterschiedlichen Produktionsstufen zugelassen, so gelangt man zur mehrstufigen Divisionskalkulation.

Die Stückselbstkosten ergeben sich nun, indem die Herstellkosten der unterschiedlichen Produktionsstufen jeweils durch die entsprechenden Produktionsmengen dividiert werden. Im Sinne der zweistufigen Divisionskalkulation beziehen sich die Verwaltungs- und Vertriebskosten wiederum auf die abgesetzte Menge.

$$\text{Stückselbstkosten} = \sum_{i=1}^{n} \frac{K_{Hi}}{x_{pi}} + \frac{K_{V+V}}{x_a}$$

mit:

K_{Hi}:   = Herstellkosten der Produktionsstufe i mit i = 1, .. , n
x_{pi}:   = Produktionsmenge auf der i-ten Produktionsstufe mit i = 1, ... ,n
K_{V+V}:   = Verwaltungs- und Vertriebskosten
x_a: = abgesetzte Menge

Offenbar werden nun auch höhere Anforderungen an die Kostenstellenrechnung gestellt, denn auch im Fertigungsbereich sind nun unterschiedliche Kostenstellen einzurichten.

Häufig werden im Rahmen der mehrstufigen Divisionskalkulation auch die Material- und Fertigungskosten getrennt erfasst. Man spricht dann auch von der sog. **Veredelungskalkulation**.

$$\text{Stückselbstkosten} = \text{Stückmaterialkosten} + \sum_{i=1}^{n} \frac{K_{Fi}}{x_{pi}} + \frac{K_{V+V}}{x_a}$$

mit

K_{Fi}:= Fertigungskosten auf der i-ten Produktionsstufe mit i = 1, .. , n

Die Vorgehensweise sei wiederum anhand des **Beispiels** der Schüssel GmbH aufgezeigt.

Die Schüsseln durchlaufen einen zweistufigen Produktionsprozess. In der 1. Stufe werden sie geformt. In der Abrechnungsperiode wurden 800.000 Schüsseln geformt und die Kosten beliefen sich auf 148.000 €. In der 2. Stufe werden sie gefärbt. Gefärbt wurden 600.000 Stück zu insgesamt 80.000 €. Aus der Materialabrechnung ergeben sich folgende Zusatzinformationen:

Materialverbrauch	120 Tonnen
Materialpreis/Tonne	7.000 €/Tonne
Materialgemeinkostenzuschlag	5 %

Die Stückmaterialeinzelkosten belaufen sich somit auf

$$\frac{120 \bullet 7.000}{800.000} = 1{,}05 \text{ €/Stück.}$$

Die Stückmaterialkosten belaufen sich auf 1,05 € · 1,05 = 1,10 €/Stück.
Die Stückselbstkosten belaufen sich nun auf

$$1{,}10 + \frac{148.000}{800.000} + \frac{80.000}{600.000} + \frac{150.000}{800.000} = 1{,}10 + 0{,}19 + 0{,}13 + 0{,}19 = 1{,}61 \text{ €/Stück}$$

4.2 Äquivalenzziffernkalkulation

Die Äquivalenzziffernkalkulation ist eine **verfeinerte Form der Divisionskalkulation**. Sie findet Anwendung bei der Mehrproduktunternehmung, wobei jedoch die einzelnen Produkte recht artähnlich sind und sich auch in der generellen Kostenstruktur nicht sonderlich unterscheiden. Diese Bedingungen erfüllen Unternehmen der Sortenfertigung wie z.B. Brauereien, Steinwerke, Sägewerke, Webereien u.ä.

Die einzelnen Sorten unterscheiden sich durch das Ausmaß, in dem Material und/oder unterschiedliche Fertigungszeiten in Anspruch genommen werden. Diese unterschiedlichen Kostenverursachungen werden mit Hilfe eines Gewichtungsfaktors zum Ausdruck gebracht, den man Äquivalenzziffer nennt.

Das **wesentliche Prinzip der Äquivalenzziffernkalkulation** besteht darin, über Äquivalenzziffern das Verhältnis der Kostenverursachung der unterschiedlichen Sorten im Hinblick auf eine Einheitssorte anzugeben. Im ersten Schritt gilt es somit, die Einheitssorte festzulegen. Häufig wird als Einheitssorte die mit den größten Produktionszahlen gewählt. Wird ihr die Äquivalenzziffer 1 zugeordnet, so besagt die Äquivalenzziffer 0,8 einer anderen Sorte, dass sie 20 % weniger Kosten verursacht bzw. 1,3 sagt aus, dass 30 % Mehrkosten als bei der Produktion der Einheitssorte anfallen.

Offenbar kommt der Ermittlung der Äquivalenzziffer eine *zentrale Bedeutung* zu. Sie sollte somit nicht geschätzt werden, sondern „am besten lassen sich Äquivalenzziffern analytisch festlegen, d.h. indem man die Kostenverursachung der Sorte auf bestimmte Bezugsgrößen (z.B. Materialgewicht, Blechstärke, Oberflächen, Längen, Durchmesser oder Fertigungszeit) zurückführt und hieraus Äquivalenzziffern ableitet" (Kilger 2000, S. 317).

Die Äquivalenzziffernkalkulation kann wiederum als ein-, zwei- und mehrstufige Rechnung durchgeführt werden.

Im Folgenden sollen die ein- und mehrstufige Äquivalenzziffernkalkulation betrachtet werden.

4.2.1 Einstufige Äquivalenzziffernkalkulation

Die einstufige Äquivalenzziffernkalkulation lässt sich – genau wie die einstufige Divisionskalkulation – nur dann durchführen, wenn Lagerbestandsveränderungen sowohl bei den unfertigen wie den fertigen Erzeugnissen ausgeschlossen sind.

Die Stückkosten der Einheitssorte ergeben sich, indem die Gesamtkosten durch die Summe der mit den Äquivalenzziffern gewichteten Produktionsmengen aller anderen Sorten dividiert werden. Die Stückkosten jeder anderen Sorte lassen sich dann durch die Multiplikation der entsprechenden Äquivalenzziffer mit diesem „Einheitskostenpreis" ermitteln.

Allgemein ausgedrückt lassen sich die Stückkosten einer beliebigen Sorte entsprechend der folgenden Formel ermitteln.

$$\text{Stückselbstkosten der Sorte i} = \frac{\text{Gesamtkosten} \cdot \text{Äquivalenzziffer der Sorte i}}{\sum_{i=1}^{n} \text{Produktionsmenge i} \cdot \text{Äquivalenzziffer i}}$$

$$= \frac{K \cdot \ddot{A}Z_i}{\sum_{i=1}^{n} x_i \ddot{A}Z_i}$$

Die rechentechnische Durchführung wird erheblich vereinfacht, indem man sog. **Umrechnungsziffern** bildet, die das Produkt aus den Produktionsmengen und den Äquivalenzziffern bilden. Wird daraus die Summe gebildet, so liegt damit der Nenner der o.a. Formel vor.

Die Vorgehensweise sei wieder anhand eines einfachen **Beispiels** aufgezeigt.

Die Schüssel GmbH stellt drei Kunststoffschüsseln in unterschiedlichen Größen her. Dafür entstanden in der Abrechnungsperiode Gesamtkosten in der Höhe von 1.350.000 €.

Sorte	Durchmesser	Produktionsmenge
klein	10 cm	150.000
normal	20 cm	300.000
groß	30 cm	200.000

Da die Sorte „normal" die größte Produktionsmenge aufweist, soll sie als Einheitssorte gewählt werden. Wird ihr die Ziffer 1 zugeordnet und wird angenommen, dass sich die Kostenbelastung proportional zum Durchmesser der betrachteten Schüsseln entwickelt, so gilt für „klein" die Äquivalenzziffer 0,5 (10:20) und für „groß" die Äquivalenzziffer 1,5 (30:20).

Es stellen sich die folgenden Stückselbstkosten ein:

$$\text{Stückkosten „normal"} = \frac{1.350.000 \cdot 1,0}{150.000 \cdot 0,5 + 300.000 \cdot 1,0 + 200.000 \cdot 1,5}$$
$$= 2,- \text{€/Stück}$$

$$\text{Stückkosten „klein"} = \frac{1.350.000 \cdot 0,5}{150.000 \cdot 0,5 + 300.000 \cdot 1,0 + 200.000 \cdot 1,5}$$
$$= 1,- \text{€/Stück}$$
$$\text{oder: } 2,- \cdot 0,5 = 1,- \text{€/Stück}$$

$$\text{Stückkosten „groß"} = \frac{1.350.000 \cdot 1,5}{150.000 \cdot 0,5 + 300.000 \cdot 1,0 + 200.000 \cdot 1,5}$$
$$= 3,- \text{€/Stück}$$
$$\text{oder: } 2,- \cdot 1,5 = 3,- \text{€/Stück}$$

Über die Ermittlung von Umrechnungsziffern hätte sich folgendes Bild ergeben:

Sorte	Produktions-menge	Äquivalenz-ziffer	Umrechnungs-ziffer	Stückkosten
klein	150.000	0,5	75.000	1,–[2)]
normal	300.000	1	300.000	2,–[1)]
groß	200.000	1,5	300.000	3,–[3)]
Summe	650.000		675.000	

[1)] 1.350.000 : 675.000 = 2, – €/Stück
[2)] 2,– · 0,5 = 1,00 €/Stück
[3)] 2 – · 1,5 = 3, – €/Stück

Die Selbstkosten pro Sorte ergeben sich, indem die Stückselbstkosten mit den Produktionsmengen multipliziert werden.

Sorte	Produktionsmenge	Stückkosten	Kosten pro Sorte
klein	150.000	1,–	150.000
normal	300.000	2,–	600.000
groß	200.000	3,–	600.000
Summe	650.000		1.350.000

4.2.2 Mehrstufige Äquivalenzziffernkalkulation

Im Rahmen der mehrstufigen Äquivalenzziffernkalkulation wird die Annahme aufgegeben, dass Lagerbestandsveränderungen an unfertigen und/oder fertigen Erzeugnissen nicht auftreten.

Stimmen z.B. die produzierten und abgesetzten Mengen nicht mehr überein, so ergibt sich eine zweistufige Äquivalenzziffernrechnung. Die Stückherstellkosten ergeben sich entsprechend der Äquivalenzziffern und der produzierten Mengen, die Verwaltungs- und Vertriebskosten pro Stück ergeben sich entsprechend der Äquivalenzziffernreihe und der abgesetzten Mengen. Dabei kann die für die Verwaltung und den Vertrieb heranzuziehende Äquivalenzziffernreihe jener der Herstellung entsprechen, muss dies jedoch nicht. Charakteristisch für die mehrstufige Äquivalenzziffernkalkulation ist, dass für jeden Bereich oder für die unterschiedlichen Kostenstellen auch jeweils andere, d.h. *spezifische Äquivalenzziffernreihen* berücksichtigt werden können.

Zur Verdeutlichung sei wieder auf das **Beispiel** der Schüssel GmbH zurückgegriffen. Es wird auf die folgenden Zahlen abgestellt:

(1) Gesamtkosten 1.260.000 €
  davon:
  – Herstellkosten 1.110.000 €
  – Verwaltungs- und Vertriebskosten 150.000 €

(2) Die Materialkosten umschließen 120 Tonnen zu 7.000 € pro Tonne und die Materialgemeinkosten 5%.

(3) Die Fertigung erfolgt in zwei Stufen: zunächst werden die Schüsseln geformt und dann gefärbt. Die Kosten der Produktionsstufe „Formen" belaufen sich auf

148.000 € und die der „Färbung" auf 80.000 €. Hinsichtlich der Mengenentwicklung gelten die folgenden Angaben.

Sorten	Produktionsstufen		abgesetzte
	Formen	Färben	Mengen
klein	200.000	150.000	180.000
mittel	350.000	300.000	280.000
groß	250.000	150.000	180.000
Summe	800.000	600.000	640.000

Bei den Äquivalenzziffern für den Materialbereich kann wieder auf den proportionalen Charakter zum Durchmesser verwiesen werden. Diese Äquivalenzziffernreihe ist auch weitestgehend für den Vertrieb angebracht, da angenommen werden kann, dass der Durchmesser das Verladegewicht bestimmt, wovon primär die Vertriebskosten abhängen sollen. Für die Prozesse Formen und Färben kann die Abhängigkeit vom Durchmesser nicht unterstellt werden. Es ist einer Presse – einmal „eingestellt" – ziemlich egal, ob eine große, mittlere oder kleine Schüssel gepresst wird. Ähnliches gilt auch für das Farbbad. Allerdings ist die beanspruchte Fertigungszeit nicht völlig identisch. Zeitmessungen führten zu folgenden Werten.

	Formen und Färben (jeweils pro Stück in Sekunden)	Äquivalenzziffer
klein	18 Sekunden	0,9
mittel	20 Sekunden	1,0
groß	22 Sekunden	1,1

Die mehrstufige Äquivalenzziffernkalkulation führt nun zu folgenden Ergebnissen.

a) Materialkosten pro Stück und Sorte

Materialkosten: 120 t · 7.000 €/t = 840.000 €

Sorte	Produktions-menge	ÄZ	UZ	Stückein-zelkosten	Stück-kosten	Kosten pro Sorte
klein	200.000	0,5	100.000	0,51	0,54	106.909
normal	350.000	1,0	350.000	1,02[1]	1,07[2]	374.182
groß	250.000	1,5	375.000	1,53	1,61	400.900
Summe	800.000		825.000			882.000

[1]   840.000 : 825.000 = 1,02
[2]   1,02 · 1,05 = 1,07

Die Kosten pro Sorte in Höhe von insgesamt 882.000 € (= 120 t · 7.000 €/t = 840.000 · 1,05 = 882.000) ergeben sich, wenn mit allen Nachkommastellen gerechnet wird. Wird lediglich mit den in der Tabelle ausgewiesenen zwei Nachkommastellen gerechnet, ergäben sich Materialkosten in Höhe von 885.000 €, also eine Verrechnungsdifferenz von insgesamt 3.000 €.

b) Fertigungskosten pro Stück und Sorte

b1) Formen
Kosten: 148.000 €

Sorte	Produktions-menge	ÄZ	UZ	Stückkosten	Kosten pro Sorte
klein	200.000	0,9	180.000	0,17	33.093
normal	350.000	1,0	350.000	0,18[1]	64.348
groß	250.000	1,1	275.000	0,20	50.559
Summe	800.000		805.000		148.000

   a)   148.000 : 805.000 = 0,18

Auch hier gilt wiederum, dass die Kosten pro Sorte mit den gesamten Nachkomma-stellen und nicht mit den zwei in der Tabelle ausgewiesenen zu ermitteln sind.

b2) Färben
Kosten: 80.000 €

Sorte	Produktions-menge	ÄZ	UZ	Stückkosten	Kosten pro Sorte
klein	150.000	0,9	135.000	0,11	16.615
normal	350.000	1,0	350.000	0,12[1]	43.077
groß	150.000	1,1	165.000	0,13	20.308
Summe	650.000		650.000		80.000

[1] 80.000 : 650.000 = 0,12 €
Auch hier stellen sich die in der Tabelle ausgewiesenen Kosten pro Sorte nur ein, wenn mit allen Nachkommastellen gerechnet wird.

c) Herstellkosten pro Stück und Sorte

Die Herstellkosten pro Stück und Sorte ergeben sich nun, indem die Material- und unterschiedlichen Fertigungskosten addiert werden.

Sorte	Material-kosten	Formen	Färben	Herstellkosten pro Stück	Herstellkosten pro Sorte
klein	0,54	0,17	0,11	0,82	156.617
normal	1,07	0,18	0,12	1,37	481.607
groß	1,61	0,20	0,13	1,94	471.776
Summe					1.110.000

d) Verwaltungs- und Vertriebskosten pro Stück und Sorte

Sorte	Absatzmenge	ÄZ	UZ	Stückkosten	Kosten pro Sorte
klein	180.000	0,5	90.000	0,12	21.094
normal	280.000	1,0	280.000	0,23[1]	65.625
groß	180.000	1,5	270.000	0,35	63.281
Summe	640.000		640.000		150.000

[1] 150.000 : 640.000 = 0,23

Die ausgewiesenen Kosten pro Sorte setzen wiederum eine Rechnung mit allen Nachkommastellen voraus.

e) Selbstkosten pro Stück und Sorte

Die Selbstkosten ergeben sich nun, indem die Herstellkosten und Verwaltungs- wie Vertriebskosten addiert werden. Dies gilt sowohl für die Selbstkosten pro Stück wie für die Selbstkosten pro Sorte.

Sorte	Herstellkosten pro Stück	Verw.- und Vertr.-kosten pro Stück	Selbstkosten pro Stück	Selbstkosten pro Sorte
klein	0,82	0,12	0,94	177.711
normal	1,37	0,23	1,60	547.232
groß	1,94	0,35	2,29	535.057
Summe				1.260.000

4.3 Zuschlagskalkulation

Unternehmen, die über ein gefächertes Produktprogramm verfügen, das sie in Serien- oder Einzelfertigung erstellen, wenden die Zuschlagskalkulation an.
Während man bei der Divisionskalkulation grundsätzlich von den Gesamtkosten der Abrechnungsperiode ausgeht, ist *Ausgangspunkt* der Überlegungen für die Zuschlagskalkulation *das einzelne Produkt* oder *der Auftrag*. Ihm gilt es, die Einzelkosten direkt zuzurechnen, während die Gemeinkosten, die für mehrere oder alle Produkte anfallen, in der Regel mit Hilfe von prozentualen Zuschlägen verrechnet werden.

Im Hinblick auf die Gliederungstiefe kann man die

- summarische oder die
- differenzierte

Zuschlagskalkulation unterscheiden (vgl. Haberstock 2008, S. 156 ff; Hummel/Männel 2004, S. 286 ff). Däumler/Grabe (2008, S. 317 ff) sprechen synonym auch von der ein- oder mehrstufigen Zuschlagskalkulation.

4.3.1 Summarische Zuschlagskalkulation

Die summarische – oder einstufige – Zuschlagskalkulation setzt keine Kostenstellenrechnung voraus. Sie gewinnt ihre Informationen direkt aus der Kostenartenrechnung. Diese muss lediglich eine Trennung in Einzel- und Gemeinkosten gewährleisten. Die Gemeinkosten werden dann bei der summarischen Zuschlagskalkulation als Summe insgesamt durch Bildung eines einzigen Zuschlagssatzes verrechnet. Als Zuschlagsgrundlage wird *eine* Einzelkostenart gewählt, von der man annimmt, dass sie in einem besonderen Ausmaß die Entstehung der Gemeinkosten beeinflusst. In Frage kommen die Einzelmaterialkosten, die Einzellohnkosten oder die gesamten Einzelkosten. Materialintensive Betriebe würden natürlich die Einzelmaterialkosten und lohnintensive Betriebe die Lohneinzelkosten wählen (vgl. z.B. Hummel/Männel 2004, S. 287).

Die Vorgehensweise soll anhand eines einfachen **Beispiel**s aufgezeigt werden.

Bei einem Hersteller für Kinderwagen sind in der Abrechnungsperiode die folgenden Kosten angefallen.

Einzelmaterialkosten	350.000 €
Fertigungslöhne	150.000 €
Gemeinkosten	500.000 €
Gesamtkosten	1.000.000 €

Es sind die Stückkosten eines Kinderwagens zu kalkulieren, wenn sich die Stückmaterialkosten auf 280,– € und die Stücklohnkosten auf 120,– € belaufen. Da nicht klar ist, welche Einzelmaterialart primär die Gemeinkosten verursacht, soll auf alle drei denkbaren Alternativen abgestellt werden.
Die Stückkalkulation gelangt zu den folgenden Ergebnissen:

Zuschlagsbasis	Materialeinzel-kosten	Fertigungs-löhne	gesamte Einzelkosten
Materialeinzelkosten	280,–	280,–	280,–
Fertigungslöhne	120,–	120,–	120,–
gesamte Einzelkosten	400,–	400,–	400,–
Gemeinkosten:			
a) auf Materialeinzelkosten (= 143 %[1])	400,–		
b) auf Lohneinzelkosten (=333 %[2])		400,–	
c) auf ges. Einzelkosten (= 100 %[3])			400,–
Selbstkosten pro Stück	800,–	800,–	800,–

[1] 500.000 : 350.000 = 143 %
[2] 500.000 : 150.000 = 333 %
[3] 500.000 : 500.000 = 100 %

Offenbar ist es unerheblich, auf welcher Basis der Gemeinkostenzuschlag verrechnet wird, da sich stets das gleiche Ergebnis einstellt.
Der Grund liegt darin, dass sich die Struktur der in der Periode insgesamt angefallenen Einzelkosten (periodenbezogene Materialeinzelkosten zu den insgesamt angefallenen Fertigungslöhnen) exakt in der auftragsspezifischen Kostenstruktur (Verhält-

nis von Materialeinzelkosten zu Fertigungslöhnen pro Stück) widerspiegelt. Damit bleibt auch stets die Relation der Einzelkosten zu den Gemeinkosten gleich und es ist egal, welche Basis zur Berechnung der Gemeinkosten herangezogen wird.

In der Realität dürfte die Annahme einer stets gleichen Struktur zwischen den Periodeneinzelkosten und den Auftragseinzelkosten eher die Ausnahme als die Regel darstellen.

Welche Ergebnisse sich dann einstellen, soll wiederum anhand eines **Beispiels** gezeigt werden.

In Abänderung der Ausgangsdaten sollen sich die Fertigungslöhne der Periode nun auf 180.000 € belaufen und die Stückmaterialkosten eines Kinderwagens auf 320,–€. Die Stückkalkulation gelangt nun zu den folgenden Ergebnissen.

Zuschlagsbasis	Materialeinzel-kosten	Fertigungs-löhne	gesamte Einzelkos-ten
Materialeinzelkosten	320,–	320,–	320,–
Fertigungslöhne	120,–	120,–	120,–
gesamte Einzelkosten	440,–	440,–	440,–
Gemeinkosten:			
a) auf Materialeinzelkosten (= 143 %[1])	457,60		
b) auf Lohneinzelkosten (=278 %[2])		333,60	
c) auf ges. Einzelkosten (= 94 %[3])			413,60
Selbstkosten pro Stück	897,60	733,60	853,60

[1] 500.000 : 350.000 = 143 %
[2] 500.000 : 180.000 = 278 %
[3] 500.000 : 530.000 = 94 %

Erkennbar sind die Unterschiede nicht unerheblich. Dies liegt daran, dass in der Realität nicht eine, sondern vielfältige Relationen zwischen den Kostenbestimmungsfaktoren und den Gemeinkosten existieren. Eine summarische Behandlung kann dem nicht entsprechen.

Die Frage, welcher der drei Stückkalkulationen zu vertrauen ist, wäre dahingehend zu beantworten, dass man auf die Bezugsgröße abstellt, von der man annimmt, dass sie noch am ehesten für die Entstehung der Gemeinkosten ausschlaggebend ist. Hat man sich für eine Verrechnung entschieden, so wird der Einsatz eines solchen Verfahrens noch bedenklicher, wenn sich das Verhältnis der Fertigungslöhne und Materialkosten bei unterschiedlichen Kostenträgern verändert (vgl. Gabele/Fischer 1992, S. 177).

Wenn es ein Argument für die summarische Zuschlagskalkulation gibt, dann ist es die einfache Handhabung und der Umstand, dass eine Kostenstellenrechnung entbehrlich ist. Der praktische Einsatz beschränkt sich dann auch auf kleine Industrie- oder Handelsbetriebe, die über keine Kostenstellenrechnung verfügen. Inhaltlich ist sie nur dann vertretbar, wenn der Anteil der Gemeinkosten an den Gesamtkosten sehr gering ist.

4.3.2 Differenzierte Zuschlagskalkulation

Ausgangspunkt der differenzierten oder mehrstufigen Zuschlagskalkulation ist eine Kostenstellenrechnung, die im Betriebsabrechnungsbogen die unterschiedlichen Gemeinkosten auf die in Frage stehenden Kostenstellen verteilt.

Dabei setzt die **summarisch-elektive Zuschlagskalkulation** lediglich die im Grundschema der Kalkulation (vgl. Abb. 4.2) ausgewiesenen Bereiche Material, Fertigung, Verwaltung und Vertrieb voraus. Die Materialgemeinkosten beziehen sich dann auf die Materialeinzelkosten, die Fertigungsgemeinkosten auf die Fertigungslöhne und die Verwaltungs- und Vertriebskosten auf die Herstellkosten.

Dies soll das folgende einfache **Beispiel** zeigen.

Für den bereits betrachteten Hersteller von Kinderwagen lassen sich die Gemeinkosten in Höhe von 500.000 € in Materialgemeinkosten von 50.000 €, Fertigungsgemeinkosten von 350.000 €, Verwaltungsgemeinkosten von 40.000 € und Vertriebsgemeinkosten von 60.000 € aufteilen. Die Einzelkosten beliefen sich auf 350.000 € (Material) und 180.000 € (Fertigungslöhne).

Es ergeben sich die folgenden Zuschlagssätze:

$$\text{Materialgemeinkostenzuschlag} = \frac{50.000}{350.000} = 14\,\%$$

$$\text{Fertigungsgemeinkostenzuschlag} = \frac{350.000}{180.000} = 194\,\%$$

$$\text{Verwaltungsgemeinkostenzuschlag} = \frac{40.000}{930.000} = 4\,\%$$

$$\text{Vertriebsgemeinkostenzuschlag} = \frac{60.000}{930.000} = 6\,\%$$

Der Kinderwagenhersteller fertigt drei unterschiedliche Typen: das Standardmodell für kleine Kinder, die noch liegen, den offenen Sportwagen, in dem die Kinder liegen, aber auch sitzen können und einen zusammenklappbaren Buggy. Aufgrund der Stücklisten und Arbeitspläne ergeben sich die folgenden Materialverbrauchsmengen und Löhne.

Kinderwagentyp	Standard	Sportwagen	Buggy
Materialeinzelkosten	320,– €	120,– €	40,– €
Fertigungslöhne	120,– €	60,–€	30,– €

Die Ermittlung der Stückselbstkosten ergibt sich gemäß des Grundschemas der Kalkulation wie folgt:

Kinderwagentyp	Standard	Sportwagen	Buggy
Materialeinzelkosten	320,–	120,–	40,–
Materialgemeinkosten (14 %)	44,80	16,80	5,60
Materialkosten	364,80	136,80	45,60
Fertigungslöhne	120,–	60,–	30,–
Fertigungsgemeinkosten (194 %)	232,80	116,40	58,20
Fertigungskosten	352,80	176,40	88,20
Herstellkosten	718,60	313,20	133,80
Verwaltungsgemeinkosten (4 %)	28,74	12,53	5,35
Vertriebsgemeinkosten (6 %)	43,12	18,79	8,03
Selbstkosten pro Stück	790,46	344,52	147,18

In der Praxis reicht zumindest die Verrechnung eines einzelnen Fertigungsgemein-kostenzuschlages nicht aus. Der Fertigungsbereich wird in mehrere Hauptkostenstel-len aufgeteilt, um so die unterschiedliche Inanspruchnahme durch die einzelnen Kos-tenträger besser abbilden zu können und die Kalkulationsgenauigkeit zu erhöhen. Man spricht dann von der **differenzierten Zuschlagskalkulation**.

Die Vorgehensweise sei wiederum anhand des **Beispiels** des Herstellers von Kin-derwagen aufgezeigt.

In einer ersten Fertigungsstufe erfolgt die Erstellung der Gestelle. Sie soll Gemein-kosten in Höhe von 190.000 € verursacht haben. In einer hiervon unabhängigen Fer-tigungsstufe werden nun die Stoffe genäht (Gemeinkosten: 60.000 €). In einer dritten Fertigungsstufe (Endmontage) werden die Stoffe und Plastikteile an die Gestelle montiert (Gemeinkosten: 100.000 €). Die Fertigungslöhne belaufen sich auf 80.000 € für die Fertigungsstufe der Gestellerzeugung, 50.000 € für die Näherei und 50.000 für die Endmontage.
Es stellen sich somit die folgenden Fertigungsgemeinkostenzuschläge ein.

$$\text{Fertigungsgemeinkostenzuschlagssatz 1} = \frac{190.000}{80.000} = 238\,\%$$

$$\text{Fertigungsgemeinkostenzuschlagssatz 2} = \frac{60.000}{50.000} = 120\,\%$$

$$\text{Fertigungsgemeinkostenzuschlagssatz 3} = \frac{100.000}{50.000} = 200\,\%$$

Für die Stückkalkulation sind nun noch die folgenden Angaben gegeben:

Kinderwagentyp	Standard	Sportwagen	Buggy
Materialeinzelkosten	320,–	120,–	40,–
Fertigungslöhne			
- Gestellerstellung	50,–	40,–	20,–
- Näherei	50,–	10,–	5,–
- Endmontage	20,–	10,–	5,–

Die differenzierte Zuschlagskalkulation ergibt nun folgendes Bild:

Kinderwagentyp	Standard	Sportwagen	Buggy
Materialeinzelkosten	320,–	120,–	40,–
Materialgemeinkosten (14 %)	44,80	16,80	5,60
Materialkosten	364,80	136,80	45,60
Fertigungslöhne 1	50,–	40,–	20,–
Fertigungsgemeinkosten 1 (238 %)	119,–	95,20	47,60
Fertigungskosten 1	169,–	135,20	67,60
Fertigungslöhne 2	50,–	10,–	5,–
Fertigungsgemeinkosten 2 (120 %)	60,–	12,–	6,–
Fertigungskosten 2	110,–	22,–	11,–
Fertigungslöhne 3	20,–	10,–	5,–
Fertigungsgemeinkosten 3 (200 %)	40,–	20,–	10,–
Fertigungskosten 3	60,–	30,–	15,–
Fertigungskosten	339,–	187,20	93,–
Herstellkosten	703,80	324,-	139,20
Verwaltungsgemeinkosten (4 %)	28,15	12,96	5,57
Vertriebsgemeinkosten (6 %)	42,23	19,44	8,35
Selbstkosten pro Stück	774,18	356,40	153,12

Offenbar gelangt man mit der differenzierten Zuschlagskalkulation zu erheblich verbesserten Einblicken in die Kostenstruktur als im Rahmen der summarisch-elektiven. Der bereits im Rahmen der Kostenstellenbildung (vgl. Kapitel III) formulierte Satz: „**je differenzierter die Kostenstellenbildung, desto größer die Kalkulationsgenauigkeit**", wird hier deutlich belegt.

Die Selbstkosten der differenzierten und summarisch-elektiven Zuschlagskalkulation seien noch einmal gegenübergestellt.

	Standard	Sportwagen	Buggy
diff. Zuschlagskalkulation	774,18	356,40	153,12
sum.-ellektive Zusch.kalk.	790,46	344,52	147,18
Abweichung (absolut)	–16,28	+11,88	+5,94
in %:	2 %	3 %	4 %

Das Produkt Standard ist nun um 2 % bzw. 16,28 € preiswerter kalkuliert worden. Der wesentliche Grund liegt in der unterschiedlichen Behandlung der Fertigungslöhne. Waren bei der summarisch-elektiven die gesamten Fertigungslöhne mit 194 % belegt worden, so waren bei der differenzierten 50 € mit 238 %, 50 € mit 120 % und 20 € mit 200 % verrechnet worden. Offenbar hat der relativ hohe Anteil der Lohnkosten in der Näherei (Fertigungsstelle 2) dazu beigetragen, dass sich die pauschale Verrechnung von 194 % als zu hoch erwiesen hat. Das arithmetische Mittel über die differenzierten Zuschlagssätze stellt sich dann auch mit (50 · 238 + 50 · 120 + 20 · 200) : 120 = 182,5 % ein.

Wäre in der summarisch-elektiven Zuschlagskalkulation mit diesem Satz gerechnet worden, hätten beide Kalkulationen zum gleichen Ergebnis geführt.

Die Produkte Sportwagen und Buggy zeichnen sich dadurch aus, dass die Fertigungslöhne primär in der Fertigungsstelle „Gestellerzeugung" anfallen. Die anfallenden Fertigungslöhne von jeweils 67 % (40 : 60 = 0,67 und 20 : 30 = 0,67) beziehen sich somit auf eine Fertigungsstelle, die mit 238 % abzurechnen ist. Die pauschale Verrechnung über insgesamt anfallende Lohnkosten in Höhe von 60 bzw. 30 € mit einem Satz von 194 % erweist sich als zu gering. Die Mittelwerte im Falle der differenzierten Zuschlagskalkulation hätten beim Sportwagen

$(40 \cdot 238 + 10 \cdot 120 + 10 \cdot 120) : 60 = 211,67$ %

und beim Buggy $(20 \cdot 238 + 5 \cdot 120 + 5 \cdot 20) : 30 = 212$ % betragen.

Abweichungen von 3 oder 4 % sind jedoch nicht mehr tolerierbar, denn damit wird eine Größenordnung erreicht, die z.B. den gesamten Verwaltungsgemeinkostenzuschlag ausmacht. Der differenzierten Zuschlagskalkulation ist somit immer der Vorzug vor der summarisch-elektiven einzuräumen.

Für **lohnintensive Betriebe** gelangt eine differenzierte Zuschlagskalkulation sicherlich zu befriedigenden Kalkulationsergebnissen. Wie im Kapitel III angesprochen, ist die Beziehung zwischen Fertigungslöhnen einerseits und Fertigungsgemeinkosten andererseits zunehmend fraglich geworden. Infolge einer ständig steigenden Automatisierung und Mechanisierung nehmen maschinenabhängige Kosten ständig zu, während der Anteil der Fertigungslöhne gravierend abnimmt. Die Konsequenz sind Zuschlagssätze von 300 oder 1000 %, was natürlich zu erheblichen Kalkulationsfehlern führen kann. Anlagenintensive Betriebe setzen deshalb zunehmend die Maschinenstundensatzrechnung bzw. Bezugsgrößenkalkulation ein.

4.4 Maschinenstundensatzrechnung und Bezugsgrößenkalkulation

Zu den **maschinenabhängigen Gemeinkosten** zählen in erster Linie:

- kalkulatorische Abschreibungen
- kalkulatorische Zinsen
- Energiekosten
- Raumkosten
- Reparatur- und Instandhaltungskosten
- Werkzeugkosten
- Kosten für Betriebsstoffe

Pro Maschine oder Maschinengruppe lässt sich dann ein Maschinenstundensatz ermitteln, indem die maschinenabhängigen Gemeinkosten durch die geleisteten Maschinenstunden dividiert werden.

$$\text{Maschinenstundensatz} = \frac{\textbf{maschinenabhängige Fertigungsgemeinkosten (€)}}{\textbf{geleistete Maschinenstunden (Stunden)}}$$

Stehen nun für die unterschiedlichen Maschinen differenzierte Maschinenstundensätze zur Verfügung, so können Kostenträger mit den Maschinengemeinkosten belastet werden, wie sie die betreffende Kostenstelle in Anspruch genommen haben. Dies setzt natürlich voraus, dass genau festgehalten wird, in welchem Ausmaß – wie viele Minuten oder Stunden – eine Maschinenleistung in jeden Kostenträger eingeht.

Die Vorgehensweise sei wieder anhand eines **Beispiel**s aufgezeigt.

In einem Industriebetrieb werden die maschinenabhängigen Fertigungskosten für die Fertigungshauptkostenstelle „Automatendreherei" nach den folgenden Angaben ermittelt:

1. Anschaffungskosten des Automaten 240.000 €; Wiederbeschaffungskosten 288.000 €; betriebsgewöhnliche Nutzungsdauer 12 Jahre; lineare Afa.
2. Das in die Anlage investierte Kapital soll mit 8 % verzinst werden. Um zu gleichmäßig hohen Zinsen zu gelangen, legt man für die Zinsberechnung über die gesamte Nutzungsdauer der Maschine entsprechend der Durchschnittswertmethode die halben Anschaffungskosten zugrunde.
3. Der Energieverbrauch der Maschine einschließlich der Arbeitsplatzbeleuchtung beträgt für eine Maschinenlaufstunde 20 kWh. Der Arbeitspreis für 1 kWh wird mit 0,12 € angesetzt. Die monatliche Grundgebühr beträgt 40 €.
4. Die Maschine beansprucht einschließlich des erforderlichen Arbeitsplatzes eine Fläche von 20 m². Die kalkulatorische Gebäudeabschreibung beträgt umgerechnet auf 1 m² Nutzfläche 150 € monatlich.
5. Die Reparatur- und Wartungskosten werden auf 15.000 € (6,25 % vom Anschaffungswert) jährlich geschätzt.
6. Aufgrund von Belegen ist mit monatlichen Werkzeugkosten in Höhe von 200 € zu rechnen.
7. Die Kosten für Betriebsstoffe betragen durchschnittlich 750 € je Monat.

In einer 40-stündigen Arbeitswoche läuft die Maschine durchschnittlich 37,5 Stunden. 2,5 Stunden sind für das Umrüsten, Einrichten sowie Reinigungsarbeiten erforderlich. Die Maschine kann 48 Wochen im Jahr eingesetzt werden. Die monatlichen Maschinenlaufstunden betragen dann:

$$\frac{37,5 \bullet 48}{12} = 150 \text{ Maschinenlaufstunden}$$

Aufgrund dieser Annahmen ergibt sich der Maschinenstundensatz wie folgt:

Maschinenabhängige Fertigungsgemeinkosten	Berechnungsgrundlage	Kostenbetrag je Monat
1. kalkulatorische Abschreibungen	$\dfrac{288.000}{12 \cdot 12}$	2.000,–
2. kalkulatorische Zinsen	$\dfrac{240.000 \cdot 0,08}{2 \cdot 12}$	800,–
3. Energiekosten	$20 \cdot 0,12 \cdot 150 + 40,-$	400,–
4. Platzkosten	$20 \cdot 150,-$	3.000,–
5. Reparatur/Wartung	$\dfrac{15.000}{12}$	1.250
6. Werkzeuge		200,–
7. Betriebsstoffkosten		750,–
gesamte Gemeinkosten		8.400
Maschinenstundensatz	$\dfrac{8.400}{150}$	56,– €/Stunde

In der Regel fallen an einem Maschinenplatz neben den maschinenabhängigen Gemeinkosten auch noch **maschinenunabhängige Gemeinkosten** an. Diese bezeichnet man als **Restgemeinkosten**. Die Restgemeinkosten gehen in die Kalkulation als Prozentsatz auf die Fertigungslöhne ein. Trotz der Kritik an der Lohnzuschlagskalkulation mag ein solches Verfahren gerechtfertigt erscheinen, da die Restgemeinkosten sehr viel eher durch die Fertigungslöhne beeinflusst werden als die gesamten Gemeinkosten und sie vergleichsweise recht gering sind, so dass sich die möglichen Kalkulationsfehler in Grenzen halten (vgl. z.B. Mellerowicz 1977,S. 29).

Für das **Beispiel** der „Automatendreherei" seien zusätzlich zu den maschinenabhängigen Fertigungsgemeinkosten noch folgende Gemeinkosten angefallen:
Hilfslöhne   2.000
Personalnebenkosten   1.400
Hilfsstoffkosten   300
Die Fertigungslöhne dieser Kostenstelle belaufen sich im Abrechnungsmonat auf 4.000 €. Der Restgemeinkostenzuschlag beträgt somit 93 % (3.700 : 4.000).

Den Unterschied zwischen der differenzierten Zuschlagskalkulation und der Maschinenstundensatzrechnung zeigt die Abbildung 4.6.

Abbildung 4.6: Selbstkosten ohne und mit Einbeziehung der Maschinenkosten
Quelle: Warnecke u.a. 1996, S. 101

Offenbar lässt sich der überwiegende Teil der Fertigungsgemeinkosten als maschinenbezogene Kosten interpretieren. In der Praxis wird teilweise – theoretisch unbefriedigend – noch über diesen Ansatz hinausgegangen, wenn Fertigungslöhne und die Restgemeinkosten in den Maschinenstundensatz einbezogen werden (sog. *erweiterte Maschinenstundensatzrechnung*; vgl. auch Wolfstetter 1998, S. 94).

Die Maschinenstundensatzrechnung liefert bei anlagenintensiven Betrieben eine erheblich verbesserte Kalkulationsgenauigkeit. Gemeinkosten werden einem Kostenträger nur in dem Ausmaß zugerechnet, wie er Leistungen bestimmter Kostenstellen auch in Anspruch genommen hat. Dabei wird allerdings unterstellt, dass die Gemeinkosten sich proportional zur Maschinenlaufzeit entwickeln. Die Maschinenlaufzeit ist sicherlich oft eine adäquate Bezugsgröße der Kostenverursachung bzw. der Leistung einer Kostenstelle. Insofern stellt die Maschinenstundensatzrechnung auch eine Variante der **Bezugsgrößenkalkulation** dar (vgl. Hummel/Männel 2004, S. 302, die jedoch nicht von der Bezugsgrößenkalkulation sondern – inhaltlich deckungsgleich – von der Verrechnungssatzkalkulation sprechen).

Im Fertigungsbereich existieren neben der Bezugsgröße Maschinenlaufzeit oft noch andere Maßgrößen der Kostenverursachung. Typische Beispiele mögen Fertigungszeiten, Rüstzeiten, Stückzahlen, Gewichtsmasse u.ä. sein. In allen Fällen ist für die Bezugsgrößenkalkulation typisch, dass die angefallenen Gesamtkosten durch die Leistung der Kostenstelle dividiert werden. Methodisch ähnelt sie somit der Divisionskalkulation. Inhaltlich sind die Unterschiede jedoch erheblich, denn sie wird zur „... differenzierenden Kalkulation komplexer, sich stark voneinander unterscheidender Produktarten herangezogen" (Hummel/Männel 2004, S. 302.) Die Bezugsgrößenkalkulation sei abschließend anhand eines **Beispiels** vorgestellt.

Materialeinzelkosten	100,–
Materialgemeinkosten (10 %)	10,–
Materialkosten	11,–
Fertigungskosten I	
10 kg Durchsatzgewicht zu 2,- €/kg	20,–
20 Maschinenstunden zu 0,93 €/Minute	18,60
Fertigungskosten II	
20 Akkordminuten zu 0,42 €/Minute	8,40
1 Stück (Gewinde)	4,–
Fertigungskosten III	
30 Maschinenminuten zu 1,20 €/Minute	36,–
Sondereinzelkosten der Fertigung	2,40
Fertigungskosten	89,40
Herstellkosten	199,40
Verwaltungs- und Vertriebsgemeinkosten (10 %)	19,94
Selbstkosten	219,34

Erkennbar bleibt die eigentliche Bezugsgrößenkalkulation auch hier auf den Fertigungsbereich beschränkt. Theoretisch und praktisch ist dies hingegen nicht zwingend.

Für eine Kombination zwischen einer differenzierten Zuschlagskalkulation und einer Bezugsgrößenkalkulation haben sich in der Praxis mittlerweile viele Unternehmen entschlossen. Sie wird fast immer dann anzutreffen sein, wenn die Unternehmung über eine Plankostenrechnung verfügt.

Andererseits sind heute auch im Rahmen der **Prozesskostenrechnung** (vgl. Rüth 2009, S. 276ff) Ansätze erkennbar, das Grundprinzip dieser Kalkulation auch auf andere Unternehmensbereiche wie Einkauf, Materialwirtschaft, Logistik, Verwaltung und Vertrieb zu übertragen.

4.5 Kuppelkalkulation

Die bisher vorgestellten Kalkulationsverfahren beziehen sich auf Produktionsprozesse, in denen Produkte unabhängig voneinander produziert werden (sog. unverbundene Produktion). Daneben existieren aber auch Produktionsprozesse, die zwangsläufig zur Produktion unterschiedlicher Produkte führen. Man spricht von einer **verbundenen Produktion** oder auch Kuppelproduktion. Für eine Kuppelproduktion lassen sich in der Praxis etliche Beispiele anführen. Typisch ist sie in der chemischen Industrie. Man findet sie aber auch in Kokereien (bei der Kokserstellung fällt ferner Gas, Teer und Benzol an), bei Hochofenprozessen (neben Roheisen wird Gichtgas und Schlacke produziert), in Raffinerien (bei der Rohöldestillation werden zwangsläufig Benzin, Öle und Gase hergestellt) u.ä.

Das kostenrechnerische Problem der Kuppelproduktion besteht darin, die Herstellkosten des gesamten Prozesses auf die verschiedenen Produkte umzulegen. Eine verursachungsgerechte Kalkulation ist nicht möglich, da sich nicht bestimmen lässt, welches Produkt in welchem Ausmaß zur Entstehung der Gesamtkosten des Erstellungsprozesses beigetragen hat. Da dem Verursachungsprinzip nicht entsprochen werden kann, wurden spezielle Kalkulationsverfahren für Kuppelprodukte entwickelt, die versuchen, mit Hilfe des **Durchschnitts- oder Tragfähigkeitsprinzips** eine hinreichende Näherungslösung zu finden.

In Theorie und Praxis haben sich diesbezüglich zwei Methoden durchgesetzt:

- die Restwertmethode und
- die Verteilungsmethode (auch Marktpreisäquivalenzziffernmethode genannt).

4.5.1 Restwertmethode

Die Restwertmethode oder -rechnung kommt zum Einsatz, wenn in einem Unternehmen neben **einem Hauptprodukt ein oder mehrere Neben- oder Abfallprodukte** erzeugt werden. Das Verfahren besteht darin, die Erlöse der Nebenprodukte – abzüglich noch ggf. anstehender Weiterverarbeitungskosten – von den Gesamtkosten des Kuppelprozesses zu subtrahieren und dann die verbleibenden „Restkosten" durch die Herstellungsmenge des Hauptproduktes zu dividieren.

Seien:

k_H: = Herstellkosten pro Einheit des Hauptprozesses
K_H: = gesamte Herstellkosten des Kuppelprozesses
p_{Ni}: = Preis pro Stück des Nebenproduktes i mit i = 1,...,n
k_{Ni}: = Kosten der Weiterverarbeitung pro Stück des Nebenproduktes mit i = 1,...,n
x_{Ni}: = Menge der Nebenprodukte i = 1,...,n
x_H: = Menge des Hauptproduktes

so gilt:

$$k_H = \frac{K_H - \sum_{i=1}^{n}\left(p_{Ni} - k_{Ni}\right) \cdot x_{Ni}}{x_H}$$

Die Vorgehensweise sei anhand eines **Beispiels** aufgezeigt:

Für einen Kuppelproduktionsprozess ergeben sich Herstellkosten in Höhe von 140.700 €. Das Hauptprodukt, von dem 4.000 kg hergestellt werden, soll mit folgenden Zuschlägen kalkuliert werden:

Verwaltungsgemeinkostenzuschlag:	4 %
Vertriebsgemeinkostenzuschlag:	6 %
Sondereinzelkosten des Vertriebs:	2,– €/kg

Für die Nebenprodukte gelten folgende Informationen:

Nebenprodukt	kg	Marktpreis (€/kg)	Weiterverarbeitungskosten (€/kg)
1	300	6,50 €	0,90 €
2	200	16,– €	1,40 €
3	100	–,–	0,80 €

Im ersten Schritt sind die Nettoerlöse der Nebenprodukte zu bestimmen. Offenbar gilt:

Nebenprodukte	Marktpreis ./. Weiterverarbeitungskosten	Stückzahl kg	Nettoerlös €
1	5,60	300	1.680
2	14,60	200	2.920
3	–0,80	100	-80
Summe			4.520

Die Kalkulation des Hauptproduktes ergibt sich nun wie folgt.

Herstellkosten des Kuppelproduktes	140.700 €
./. Nettoerlöse der Nebenprodukte	4.520 €
Herstellkosten des Hauptproduktes	136.180 €

Als Stückselbstkosten pro kg stellen sich nunmehr ein:

Stückherstellkosten	34,05 €[1]
VwGK (4 %)	1,36 €
VtGK (6 %)	2,04 €
Sondereinzelkosten des Vertriebs	2,00 €
Stückselbstkosten	39,45 €

[1] 136.180 : 4.000 = 34,05

Kritisch gegenüber der Restwertmethode ist einzuwenden:

1. Es muss ein Hauptprodukt und ein oder mehrere Nebenprodukte erzeugt werden. Im Extremfall kann dies dazu führen, dass es Kosten eines Hauptproduktes nicht mehr gibt, da die Nettoerlöse der Nebenprodukte diese übersteigen.
2. Das Kostenverursachungsprinzip wird nicht eingehalten, denn die Restkosten sind als die vom Hauptprodukt zu tragenden Kosten und nicht von ihm verursachten Kosten zu interpretieren.

4.5.2 Verteilungsrechnung

Die Verteilungsrechnung wird eingesetzt, wenn aus dem Kuppelprozess mehrere Hauptprodukte hervorgehen. Dabei werden die Gesamtkosten mit Hilfe von Äquivalenzziffern auf die Produkte verteilt. In der Praxis werden häufig die Marktpreise bzw. sich an ihnen orientierende Größen (z.B. Heizwerte in cal/kg) gewählt, um die Kostenbeanspruchung wiederzugeben. Formal ist somit kein Unterschied zur Äquivalenzziffernkalkulation gegeben, materiell sind die Unterschiede jedoch erheblich.

Sind die Äquivalenzziffern bei der Sortenfertigung als Maßstab der Kostenverursachung zu sehen, so orientieren sich als Äquivalenzziffern gewählte Marktpreise am **Tragfähigkeitsprinzip**. Produkte, mit denen sich ein hoher Marktpreis erzielen lässt, sollen auch hohe Kosten tragen und umgekehrt. Die Vorgehensweise sei anhand eines einfachen **Beispiels** aufgezeigt.

Ein Chemieunternehmen stellt in einem Kuppelprozess die Produkte A, B und C her. Die Herstellkosten belaufen sich auf insgesamt 95.100 €. Dabei werden die Produkte in folgenden Mengen produziert und lassen sich zu folgenden Marktpreisen veräußern:

Kuppelprodukt	Produktionsmenge (in kg)	Marktpreis (in €/kg)
A	5.000	15,–
B	3.200	13,–
C	2.000	8,–

Die Äquivalenzziffern lassen sich aus den Marktpreisen ableiten, so dass sich die folgenden Stückherstellkosten pro Produktart einstellen.

Kuppel-produkt	Produktions-menge (in kg)	ÄZ	UZ	Stückherstell-kosten	Kosten pro Pro-duktart
A	5.000	1,5	7.500	10,76[1)]	53.790
B	3.200	1,3	4.160	9,32	29.835
C	2.000	0,8	1.600	5,74	11.475
Summe			13.260		95.100

[1)] 95.100 : 13.260 = 7,17 · 1,5 = 10,76 €

Aus kostenrechnerischer Hinsicht handelt es sich bei der Verteilungsrechnung um ein recht „blindes" Verfahren. Für dispositive Zwecke, d.h. z.B. für preis- oder programmpolitische Entscheidungen eignet sich das Verfahren natürlich in keinster Weise. Es ist allenfalls zu Bewertungszwecken, d.h. für die Bestandsbewertung heranzuziehen. Aber auch dort verursacht es natürlich „Bauchschmerzen". Anders ausgedrückt: die Verteilungsrechnung ist nur als **Übergangslösung** so lange akzeptabel, wie es noch nicht gelungen ist, genauere Maßstäbe der Kostenverursachung zu ermitteln.

Liegt ein Kuppelproduktionsprozess vor, aus dem mehrere Haupt- und Nebenprodukte gleichzeitig resultieren, so sind Restwert- und Verteilungsmethode kombinierbar. Die Restwertmethode dient dann der Ermittlung der Restkosten der Hauptprodukte und nach der Verteilungsmethode lassen sich die Restkosten auf die Hauptprodukte umrechnen.

5 Die kurzfristige Erfolgsrechnung

Die kurzfristige Erfolgs- oder Ergebnisrechnung – auch **Kostenträgerzeit- oder -ergebnisrechnung** bzw. (kurzfristige) Betriebsergebnisrechnung genannt – stellt den Kosten einer bestimmten Periode die entsprechenden Erlöse gegenüber.

Damit wird es zunächst einmal möglich, den richtigen betrieblichen Erfolg in kurzen Zeitabschnitten zu ermitteln. In der Regel wird als Abrechnungsperiode der Kalendermonat gewählt. Oft werden diese Zahlen nicht von der handels- oder steuerrechtlich zu erstellenden Gewinn- und Verlustrechnung zur Verfügung gestellt. Sollen – bei entsprechenden Abweichungen – Abwehr- oder Gegenmaßnahmen ergriffen werden, reicht es nicht, gegebenenfalls einmal jährlich eine Gewinn- und Verlustrechnung aufzustellen, die sich zudem an handels- und/oder steuerrechtlichen Vorschriften und bilanzpolitischen Interessen orientiert.

Darüber hinaus soll eine kurzfristige Erfolgsrechnung eine differenzierte Erfolgsanalyse und -einschätzung ermöglichen. Werden den Selbstkosten der Produkte die entsprechenden Umsatzerlöse gegenübergestellt, so liefert die Kostenträgerzeitrechnung Ergebnisse, die eine wichtige Orientierung für die Programmanalyse und -politik bieten. Ferner könnten auch Ergebnisbeiträge differenziert nach Kundengruppen, Absatzregion, Absatzwegen, Auftragsgrößen u.ä. Gegenstand der Betrachtung sein.

Obgleich die **Bedeutung der Erlösrechnung** groß ist, hat sicherlich auch die Einbindung der Kostenträgerzeitrechnung in die Kostenrechnung dazu geführt, dass sie sich nicht als eigenständiger Bereich im Rahmen des betrieblichen Rechnungswesens etablieren konnte und somit von der Praxis oft vernachlässigt wurde (vgl. Hummel/Männel 2004, S. 317) und auch noch wird. Oft werden in Unternehmen nur Umsatzstatistiken geführt und es werden nur selten Überlegungen zu Erlösverbunden, detaillierten Preis- und Mengeneffekten u.ä. angestellt. Dass die Bedeutung einer solchen Betrachtung nicht unerheblich ist, zeigen die zwei folgenden von Gabele/Fischer (1992, S. 198f) übernommenen Beispiele:

– In einem Großhandelsunternehmen mit einem Jahresumsatz von 120 Millionen € und jährlichen Personalkosten in Höhe von 8 Millionen € würde die Steigerung der Handelsspanne um ein Prozent, die sich beispielsweise durch geringere Rabattgewährung erreichen ließe, ebenso eine Ergebnisverbesserung um 1,2 Millionen € bewirken, wie die Reduktion der Personalkosten um 15 Prozent (vgl. Kröpfenberger 1983, S. 117; zitiert nach Gabele/Fischer 1992, S. 198).

– Bei der Aral AG in Bochum hat man festgestellt, dass eine Preiserhöhung um einen halben Pfennig je Liter im gesamten Tankstellennetz der Bundesrepublik den gleichen positiven Effekt auf das Betriebsergebnis hat wie der Abbau von 600 Mitarbeitern bzw. 20 Prozent der Belegschaft (vgl. Marquart 1977, S. 74; zitiert nach Gabele/Fischer 1992, S. 199).

5.1 Erlösrechnung

Vielfach wird übersehen, dass Gewinnverbesserungen nicht nur durch die Ausschöpfung von Rationalisierungsmaßnahmen im Kostensektor möglich sind, sondern gleichfalls die Erlösseite solche Möglichkeiten bietet. Erlöse gilt es – ähnlich wie Kosten – zu planen, im Ist nachzuhalten und Fehlentwicklungen zu erkennen. Die anzustellenden Überlegungen sollten dabei über eine reine Mengen- und Preisbetrachtung hinausgehen, denn es gibt in der Realität eine Vielzahl von Erlösbestimmungsgrößen.

Ein wesentliches Problem der Erlösrechnung stellt die Ermittlung des **Nettostückerlöses** dar. Er ergibt sich, indem ausgehend vom Grund- oder Basispreis pro Stück die Erlöszuschläge und die Erlösschmälerungen Berücksichtigung finden.

	Basispreis pro Stück
+	Erlöszuschläge
=	Bruttoerlös
-	Erlösschmälerungen
=	Nettoerlös pro Stück

Der Basis-, Grund- oder Listenpreis ist in vielen Fällen um spezielle Erlöszuschläge zu erweitern.

Erlöszuschläge ergeben sich z.B. für Sonderausstattungen (vgl. z.B. Automobilbau), Mindermengen, Spezialverpackungen, Anlieferungs- und Transportkosten u.ä. **Erlösschmälerungen** sind zunächst in Rabatten zu sehen, die beim Vertragsabschluss erkennbar sind. Es kann sich um Sonder-, Mengen- oder bestimmte Aktionsrabatte handeln.

Im zweiten Schritt könnten die Zahlungsbedingungen berücksichtigt werden. Gewährte Skonti sollen einen Anreiz zum schnelleren Zahlungseingang bieten (z.B. 3 % bei Zahlung innerhalb von 10 Tagen) und periodenbezogene Boni richten sich vielfach auf die insgesamt in einem Kalenderjahr abgenommene Menge.

Die innerhalb der Betrachtungsperiode in die Kostenträgerzeitrechnung eingehenden Nettoerlöse ergeben sich dann durch die Multiplikation der Nettostückerlöse mit der abgesetzten Menge.

5.2 Durchführung der kurzfristigen Erfolgsrechnung

Nach der Art der Kostengliederung lassen sich zwei Formen der kurzfristigen Erfolgsrechnung unterscheiden:

- das Gesamtkostenverfahren und
- das Umsatzkostenverfahren.

5.2.1 Gesamtkostenverfahren

Beim Gesamtkostenverfahren werden den gesamten Kosten einer Periode, differenziert nach Kostenarten, die gesamten Leistungen einer Periode gegenübergestellt. Da Fertigung und Absatz in der Regel nicht synchron verlaufen, gilt es, **Bestandsveränderungen** zu berücksichtigen.

Dabei erscheinen Lagerbestandszunahmen im Haben des Betriebsergebniskontos. Sie erhöhen als Lagerleistungen die Gesamtleistung der Periode (und neutralisieren zugleich die für sie verrechneten Kosten). Gleiches gilt auch für die anderen aktivierten Eigenleistungen. Lagerbestandsminderungen erscheinen im Soll des Betriebsergebniskontos und erhöhen damit die während der Abrechnungsperiode entstandenen Kosten um jene Beträge, die für die aus dem Lager getätigten Umsatz in früheren Perioden als Kosten verrechnet wurden.

Das **Betriebsergebniskonto** hätte folgendes Aussehen:

Soll	Betriebsergebniskonto	Haben
Gesamtkosten, differenziert nach Kostenarten	Umsatzerlöse, strukturiert nach Erzeugnisarten	
Lagerbestandsabnahmen (unfertige und fertige Erzeugnissen) zu Herstellkosten	Lagerbestandszunahmen (unfertige und fertige Erzeugnisse) zu Herstellkosten	
	andere aktivierte Eigenleistungen	
Betriebsgewinn oder	Betriebsverlust	

Tabellarisch ergibt sich das folgende Ermittlungsschema:

	Nettoumsatzerlöse
+/-	Bestandsveränderungen an unfertigen und fertigen Erzeugnissen
+	andere aktivierte Eigenleistungen
=	Gesamtleistung
-	Gesamtkosten der Periode
=	Betriebsergebnis

Formelmäßig lässt sich der Betriebserfolg wie folgt ermitteln:

$$G = U + \sum_{i=1}^{n} \left(x_{pi} - x_{ai} \right) \cdot k_{hi} - \sum_{i=1}^{m} K_j$$

mit:

G:	= Betriebserfolg der Periode
U:	= Umsatzerlöse (€/Periode)
x_{pi}:	= produzierte Menge x der Produktart i mit i = 1,..,n
x_{ai}:	= abgesetzte Menge x der Produktart i mit i = 1,..,n
k_{hi}:	= Stückherstellkosten der Produktart i mit i = 1,..,n
K_j:	= ges. Kosten der Kostenart j von j = 1,...,m

Die Darstellungsmöglichkeiten seien anhand eines **Beispiels** ausgewiesen.

Umsatzerlöse	550.000 €
produzierte Menge	22.000 Stück
abgesetzte Menge	20.000 Stück
Herstellkosten pro Stück	20,– €
Materialkosten	246.400 €
Lohn- und Gehaltskosten	150.000 €
kalk. Abschreibungen	60.000 €
kalk. Zinsen	40.000 €

Soll		Betriebsergebniskonto	Haben
Materialkosten	246.400	Umsatzerlöse	550.000
Personalkosten	150.000	Bestandsmehrungen	40.000
kalk. Abschreibung	60.000		
kalk. Zinsen	40.000		
Betriebserfolg	93.600		
	590.000		590.000

oder:

	Nettoumsatzerlöse	550.000
+	Bestandserhöhungen	40.000
=	Gesamtleistung	590.000
-	Gesamtkosten	496.400
=	Betriebsergebnis	93.600

oder: $G = 550.000 + (22.000 - 20.000) \cdot 20 - 496.400 = 93.600$

Bis zu diesen Ermittlungsmöglichkeiten hätte sich das Gesamtkostenverfahren ohne jede Kostenstellenrechnung oder Kostenträgerrechnung durchführen lassen. Anforderungen an eine Kostenstellenrechnung werden hingegen vorausgesetzt, soll das sog. **Kostenträgerblatt** – oder auch **Betriebsabrechnungsbogen II** genannt – entwickelt werden. Es entspricht dem der Zuschlagskalkulation und ist in der Abbildung 4.7 wiedergegeben.

	Fertigungsmaterial	...
+	Materialgemeinkosten	...
=	Materialkosten	...
	Fertigungslöhne	...
+	Fertigungsgemeinkosten	...
+	Sondereinzelkosten der Fertigung	...
=	Fertigungskosten	...
=	Herstellkosten der Erzeugung	...
+	Minderbestand unfertiger/fertiger Erzeugnisse	...
-	Mehrbestand unfertiger/fertiger Erzeugnisse	...
=	**Herstellkosten des Umsatzes**	...
+	Verwaltungsgemeinkosten	...
+	Vertriebsgemeinkosten	...
+	Sondereinzelkosten des Vertriebs	...
=	Selbstkosten des Umsatzes	...
	Netto-Verkaufserlöse	...
-	Selbstkosten des Umsatzes	...
=	**Betriebsergebnis**	...

Abbildung 4.7: Das Kostenträgerblatt im Gesamtkostenverfahren

Hinsichtlich des Zahlenbeispiels soll die Kostenstellenrechnung noch folgende Zusatzinformationen geliefert haben:

Materialkosten davon		**246.400**
- Materialeinzelkosten	220.000	
- Materialgemeinkosten (12 %)	26.400	
Personalkosten davon		**150.000**
- Fertigungslöhne	50.000	
- Hilfslöhne/Gehälter: Fertigung	60.000	
- Gehälter: Verwaltung	20.000	
- Gehälter: Vertrieb	20.000	
kalk. Abschreibungen davon		**60.000**
- Fertigung	45.000	
- Verwaltung	7.000	
- Vertrieb	8.000	
kalk. Zinsen davon		**40.000**
- Fertigung	30.000	
- Verwaltung	4.000	
- Vertrieb	6.000	

Das Kostenträgerblatt ergibt sich nun wie folgt:

	Materialeinzelkosten	220.000
+	Materialgemeinkosten	26.400
=	Materialkosten	246.400
	Fertigungslöhne	50.000
+	Fertigungsgemeinkosten [1]	135.000
=	Fertigungskosten	185.000
	Herstellkosten der Produktion	431.400
-	Mehrbestand an fertigen Erzeugnissen	40.000
=	Herstellkosten des Umsatzes	391.400
+	Verwaltungsgemeinkosten [2]	31.000
+	Vertriebsgemeinkosten [3]	34.000
=	Selbstkosten des Umsatzes	456.400
	Nettoerlöse	550.000
-	Selbstkosten des Umsatzes	456.400
=	Betriebsergebnis	93.600

[1] Hilfslöhne u. Gehälter der Fertigung (60.000) + kalk. Abschreibung (45.000) + kalk. Zinsen (30.000)
[2] Gehälter (20.000) + kalk. Abschreibungen (7.000) + kalk. Zinsen (4.000)
[3] Gehälter (20.000) + kalk. Abschreibungen (8.000) + kalk. Zinsen (6.000)

Das Kostenträgerblatt kann natürlich auch nach unterschiedlichen Artikelgruppen differenziert werden und liefert dann das jeweilige Umsatzergebnis der Produkte bzw. der Produktgruppen. Es zeigt nun, in welchem Ausmaß ein Produkt zum Betriebsergebnis beigetragen hat. Der wesentliche Einsatzbereich des Kostenträgerblattes liegt jedoch dann vor, wenn die Gemeinkosten mit Normal- oder Planzuschlagssätzen verrechnet werden.

Festzuhalten bleibt: eine produktpolitische Erfolgsanalyse ist auf der reinen Basis des Gesamtkostenverfahren nicht möglich. Sie lässt sich nur vornehmen, wenn das Kostenträgerblatt bzw. der Betriebsabrechnungsbogen II entwickelt wird. Voraussetzung ist ferner, dass am Periodenende eine Inventur durchgeführt werden muss oder produktionsbegleitend eine Bestandsführung zu erfolgen hat.

5.2.2 Umsatzkostenverfahren

Beim Umsatzkostenverfahren werden den Umsatzerlösen nur die Selbstkosten der verkauften, d.h. abgesetzten Erzeugnisse gegenübergestellt. Der Erfolgsausweis wird nun vom Umsatz bestimmt. Da ohnehin auf die abgesetzten Mengen abgestellt wird, sind Bestandsveränderungen hier nicht zu berücksichtigen. Von Vorteil ist, dass Kosten und Erlöse direkt vergleichbar sind, da sie nach dem gleichen Gliederungsprinzip (Kostenträger oder Kostenträgergruppen) differenziert werden.
Das Betriebsergebniskonto hat folgendes Aussehen:

Soll	Betriebsergebniskonto	Haben
Selbstkosten der abgesetzten Erzeugnisse, differenziert nach Kostenträgern (ggf. noch sonstige betriebliche Aufwendungen)	Umsatzerlöse differenziert nach Kostenträgern	
Betriebsgewinn oder	Betriebsverlust	

Tabellarisch lässt sich das Betriebsergebnis wie folgt ermitteln:

	Nettoumsatzerlöse
-	Herstellkosten der zur Erzielung der Umsatzerlöse erbrachten Leistung
=	Bruttoergebnis vom Umsatz
-	Vertriebskosten
-	Verwaltungskosten
-	sonstige betriebliche Aufwendungen
=	Betriebsergebnis

Formelmäßig gilt:

$$G = U - \sum_{i=1}^{n} x_{ai} \cdot k_{si}$$

mit:
G: = Betriebsergebnis
U: = Umsatzerlöse
x_{ai}:   = abgesetzte Menge x der Produktart i mit i= 1,...,n
k_{si}:   = Selbstkosten pro Stück der Produktart i mit i = 1,...,n

Für das bereits beim Gesamtkostenverfahren angesprochene **Beispiel** gilt:

Soll		Betriebsergebniskonto	Haben
Selbstkosten Kostenträger 1	85.000	Umsatzerlöse Kostenträger 1	90.000
Selbstkosten Kostenträger 2	100.000	Umsatzerlöse Kostenträger 2	120.000
.		.	
.		.	
.		.	
Summe der Selbstkosten [1]	456.400		
Betriebsgewinn[2]	93.600		
	550.000		550.000

[1]Gesamtkosten der Periode	496.400
- Bestandserhöhungen	40.000
= Selbstkosten des Umsatzes	456.400

[2] $550.000 - 456.400 = 93.600$

oder:

	Netto-Umsatzerlöse	550.000
-	Herstellkosten der zur Erzielung der Umsatzerlöse erbrachten Leistungen	391.400
=	Bruttoergebnis vom Umsatz	158.600
-	Vertriebskosten	34.000
_	Verwaltungskosten	31.000
=	Betriebsergebnis	93.600

oder: $G = 550.000 - 20.000 \cdot 22,82\ ^{1)} = 93.600$
         [1] $456.400 : 20.000 = 22,82$

Das Kostenträgerblatt hätte nun folgendes Aussehen:

	Erzeugnis (-gruppe) A	Erzeugnis (-gruppe) B	Erzeugnis (_gruppe) C	Gesamt
Herstellkosten der abgesetzten Erzeugnisse	...	...	...	...
+ Verwaltungsgemeinkosten	...	...	...	...
+ Vertriebsgemeinkosten	...	...	...	...
+ Sondereinzelkosten des Vertriebs				
= Selbstkosten der abgesetzten Erzeugnisse	...	...	...	...
Bruttoerlöse	...	...	...	...
- Erlösschmälerungen	...	...	...	...
= Nettoerlöse	...	...	...	...
- Selbstkosten der abgesetzten Erzeugnisse	...	...	...	...
Betriebsergebnis	...	...	...	...

Erzeugnis/ Erzeugnisgruppe		A	B	C	Gesamt
Verkaufspreise	€/Stück	…	…	…	…
Selbstkosten	€/Stück	…	…	…	…
Gewinn (netto)	€/Stück	…	…	…	…
Absatzmenge	Stück/Periode	…	…	…	…
Umsatzerlöse	€/Periode	…	…	…	…
Selbstkosten	€/Periode	…	…	…	…
Betriebsergebnis	€/Periode	…	…	…	…

Abbildung 4.8: Das Kostenträgerblatt beim Umsatzkostenverfahren

Das Kostenträgerblatt zeigt wiederum den Beitrag eines jeden Produktes zum Betriebsergebnis. Der große Vorteil der Erstellung des Kostenträgerblattes beim Umsatzkostenverfahren ist nun aber der, dass die Zahlen einfach aus dem Betriebsergebniskonto übernommen werden können. Umständliche Nebenrechnung werden entbehrlich. Da sich alle Zahlen auf den getätigten Umsatz beziehen, müssen auch nicht die Bestandsveränderungen nachgehalten werden. Dies führt zur zweiten Vereinfachung, wonach eine monatliche Inventur nicht mehr nötig ist.

Allerdings kann es zu erheblichen Fehlentscheidungen kommen, orientiert man sich hinsichtlich der Programmpolitik ausschließlich an den Vollkosten des Kostenträgerblattes. Dies zeigt insbesondere das folgende Kapitel V.

6 Selbstkontroll- und Übungsaufgaben

Zur Einordnung der Selbstkontroll- und Übungsaufgaben vgl. Kapitel I. Nur die Lösungen der fett gesetzten Übungsaufgaben sind im Anhang (Musterlösungen) ausgewiesen.

Aufgaben zum Gliederungspunkt 2

Aufgabe 1
Was versteht man unter einem Kostenträger? Beschreiben Sie das mögliche Spektrum.

Aufgabe 2
Welchen Aufgaben dient die Kostenträgerrechnung?

Aufgaben zum Gliederungspunkt 3

Aufgabe 3
Wodurch unterscheidet sich die Selbstkosten- und Angebotskalkulation?

Aufgabe 4
Die Selbstkosten eines Auftrags der Smilie GmbH belaufen sich auf 10.000 €. Ermitteln Sie den Brutto-Angebotspreis, falls der Gewinnaufschlag 20 % beträgt, Skonti von 2 % und ein Rabatt von maximal 5 % eingeräumt wird. Der aktuelle Mehrwertsatz beläuft sich auf 19 %.

<u>Aufgabe 5</u>
Welche Fertigungsverfahren im Hinblick auf das Erzeugnisprogramm kennen Sie? Beschreiben Sie diese?

<u>Aufgabe 6</u>
Welche Kalkulationsverfahren lassen sich bezüglich der Fertigungsverfahren unterscheiden?

<u>Aufgabe 7</u>
Beschreiben Sie die Vor-, Zwischen- und Nachkalkulation.

Aufgaben zum Gliederungspunkt 4.1

<u>Aufgabe 8</u>
Die Herstellkosten einer Sandgrube betrugen im Monat Januar 200.000,– €, die Verwaltungs- und Vertriebskosten 60.000,– €, Es wurden 2.500 t gefördert. Für den Gewinn wird ein Zuschlag von 10 % auf die Selbstkosten eingerechnet.
Zu welchem Barverkaufspreis wird die Tonne angeboten?

<u>Aufgabe 9</u>
Ein industrielles Unternehmen fertigt 5.000 Einheiten eines Produktes. Dabei fallen als Kosten an:

Kostenarten	Summe	Herstellung	Verwaltung/ Vertrieb
Löhne	132.000	108.000	24.000
Gehälter	30.000	10.000	20.000
Roh-, Hilfs- u. Betriebsstoffe	80.000	80.000	0
sonstige Kosten	32.000	20.000	12.000

a) Ermitteln Sie die Herstellkosten pro Einheit.
b) Wie hoch sind die Selbstkosten pro Einheit?
c) Errechnen Sie den Gewinn, der pro Einheit erzielt wird, wenn der Netto-Verkaufspreis 63,50 € beträgt.
d) Wie hoch ist der Gewinnzuschlag?

<u>Aufgabe 10</u>
In einem Betrieb, der ein Produkt produziert, entstanden im Monat März folgende Kosten:

Herstellkosten	840.000,– €
Verwaltungskosten	80.000,– €
Vertriebskosten	26.000,– €

a) Wie hoch sind die Herstellkosten und die Selbstkosten für eine Produktionseinheit bei einer Produktion von 42.000 Stück, wenn die gesamte Produktion verkauft wird?

b) Errechnen Sie die Selbstkosten für eine Produktionseinheit, wenn von der produzierten Menge 2.000 Stück auf Lager gehen, wobei die Verwaltungskosten
   (1) dem Lagerbestand nicht angelastet werden,
   (2) im Verhältnis 3 : 1 den Herstell- und Vertriebskosten zugerechnet werden,
   (3) in voller Höhe den Herstellkosten zugeordnet wird.
Wie ist in allen drei Fällen der Bestand zu bewerten?

Aufgabe 11
Die Plastik GmbH stellt ein Produkt her. 2010 wurden 100.000 Einheiten produziert, jedoch ging der Verkauf im 4. Quartal stark zurück, so dass insgesamt nur 75.000 Einheiten abgesetzt werden konnten.
Die Gesamtkosten betrugen 6.000.000 €. Darin waren 12 % Verwaltungsgemeinkosten und 8 % Vertriebsgemeinkosten enthalten.
a) Ermitteln Sie die Selbstkosten je Stück.
b) Der Gewinnzuschlag beträgt 22 %, wie viel € pro Stück macht das aus?
c) Wie hoch ist der Netto-Verkaufspreis?

Aufgabe 12
Die Materialkosten eines Produktes betragen 16,– € pro Stück. Die Produktion vollzieht sich in zwei Stufen:
In der ersten Stufe werden 500 Stück Halbfabrikate bei Fertigungskosten von 8.000,– € hergestellt, und in der zweiten werden 600 Stück Halbfabrikate bei Fertigungskosten von 1.800,– € zu Endprodukten verarbeitet. Die Absatzmenge beträgt 150 Stück.
An Verwaltungs- und Vertriebskosten entstehen 4.800,– €.
Ermitteln Sie
a) die Selbstkosten pro Stück,
b) die Herstellkosten des Fertigfabrikates und Halbfabrikates pro Stück,
c) die gesamten wertmäßigen Lagerveränderungen an Halb- und Fertigfabrikaten.

Aufgaben zum Gliederungspunkt 4.2

Aufgabe 13
In einem Walzwerk wurden im November 2010 drei Arten von Blechen hergestellt:

A	600 Tonnen mit 1,2 mm Stärke
B	800 Tonnen mit 2,0 mm Stärke
C	400 Tonnen mit 2,6 mm Stärke

Die Gesamtkosten betrugen 783.000 €.
a) Ermitteln Sie die Selbstkosten pro Tonne jeder Blechart.
b) Wie hoch ist der Netto-Verkaufspreis pro Tonne jeder Blechart, wenn der Gewinnzuschlag 20 % beträgt?

Aufgabe 14
Eine Brauerei stellt die Sorten „Pils", „Export" und „ Alt" her. Im letzten Geschäftsjahr beliefen sich die Gesamtkosten auf 6,552 Mio €. Berechnen Sie die Selbstkosten pro Liter und Sorte insgesamt, wenn die folgenden Produktions- und identischen Absatzmengen sowie Kennziffern der Kostenbeanspruchung vorliegen:

Produkte	Produktions-/ Absatzmenge	Äquivalenzziffern
Pils	960.000 l	0,9
Export	1.320.000 l	1,0
Alt	1.680.000 l	1,3

Aufgabe 15

Produktions- und Absatzmengen bezüglich der Aufgabe 14 stimmen nicht mehr überein. Ferner sind in den Gesamtkosten Vertriebskosten in Höhe von 1.310.000 € enthalten. Die Kennziffern des Vertriebs und die Absatzmengen sind der folgenden Tabelle entnehmbar:

Produkt	Absatzmengen	Äquivalenzziffern des Vertriebs
Pils	940.000 L	1,0
Export	826.000 L	0,8
Alt	1.700.000 L	0,6

Als Produktionsmengen gelten die Mengenangaben der Aufgabe 13.

Aufgabe 16

Die „WM-Trikot-Ausstatter GmbH" bietet den drei Fußballverbänden der Niederlande, Spanien und Brasilien die drei Nationaltrikots „Orange", „Spain" und „Brazil" an. Es wird eine Produktions- und Absatzmenge von 200.000 niederländische, 400.000 spanische und 600.000 brasilianische Trikots geplant.

Die hauptsächlichen Kosten der Herstellung (Material, Zunähen u.ä.) belaufen sich auf 16,08 Mio €, wobei durch die unterschiedliche Farbgestaltung das Trikot „Orange" zu 80 % der Kosten der des „Spain"-Trikots hergestellt werden kann und das „Brazil"-Trikots 30 % über dem des „Spain"-Trikots liegen dürfte.

Geringfügiger sind die Kostenunterschiede für den unterschiedlichen Zuschnitt, die sich insgesamt auf 2,48 Mio € belaufen dürften. Die Stückkostenunterschiede belaufen sich auf jeweils -10 % für das niederländische und + 10 % für das brasilianische Trikots bezogen auf das spanische.

Das notwendige Werbebudget wird mit 6,8 Mio € veranschlagt, wovon davon ausgegangen wird, dass in Spanien doppelt so viel Anzeigen geschaltet werden müssen wie in der Niederlanden und in Brasilien doppelt so viele wie in Spanien.

Ermitteln Sie die Herstellkosten sowie die Vertriebs- und Selbstkosten pro Stück und die Selbstkosten pro Sorte.

Aufgabe 17

Ein Sortenhersteller kalkuliert die Selbstkosten seiner Sorten nach folgenden Angaben:

Die Einzelkosten werden für jede Sorte getrennt erfasst.

Sorte	Produktionsmenge	Fertigungsmaterial	Fertigungslöhne
Sorte 1	500.000	90.000	75.000
Sorte 2	700.000	140.000	119.000
Sorte 3	300.000	66.000	57.000
Summe		296.000	251.000

Die Gemeinkosten, die in den Kostenstellen in einer Summe erfasst wurden, werden nach folgenden Äquivalenzziffern auf die Produkte verteilt:

Kostenart	€	Sorte 1	Sorte 2	Sorte 3
Materialgemeinkosten	149.000	0,8	1,0	1,3
Fertigungsgemeinkosten	302.000	0,9	1,0	1,2
Verwaltungsgemeinkosten (fix)	90.000	1,0	1,0	1,0
Vertriebsgemeinkosten (fix)	157.000	1,2	1,0	0,9
Summe	698.000			

a) Bestimmen Sie die Selbstkosten pro Stück je Sorte, wenn die gesamte Produktion verkauft wird.

b) Bestimmen Sie die Selbstkosten pro Stück und Sorte, wenn nur der folgende Anteil der Produktion verkauft wird:

Sorte	verkaufte Menge
Sorte 1	250.000
Sorte 2	546.250
Sorte 3	150.000

Aufgaben zum Gliederungspunkt 4.3 und 4.4

Aufgabe 18

In einem Betrieb sind folgende Kosten während einer Abrechnungsperiode entstanden:

Fertigungsmaterial	50.000,– €
Fertigungslöhne	70.000,– €
Gemeinkosten	60.000,– €
Gesamtkosten	180.000,– €

Zu ermitteln sind die Gemeinkostenzuschläge auf Basis der

– Materialeinzelkosten
– Lohneinzelkosten
– gesamten Einzelkosten.

Mit jedem der drei Zuschlagssätze ist ein Produkt zu kalkulieren, in dessen Herstellung 90,– € Fertigungsmaterial und 70,– € Fertigungslöhne eingegangen sind.

Aufgabe 19

Der BAB einer Offsetdruckmaschinenfabrik enthält für den Monat September folgende Angaben:

Materialgemeinkosten	49.200,– €
Fertigungsgemeinkosten	811.200,– €
Verwaltungsgemeinkosten	88.016,– €
Vertriebsgemeinkosten	176.032,- €

An Einzelkosten fallen an:

Fertigungsmaterial	820.000,– €
Fertigungslöhne	520.000,– €

a) Berechnen Sie die Istzuschlagssätze.
b) Errechnen Sie die Selbstkosten eines Auftrages, für den folgende Einzelkosten veranschlagt werden:

Fertigungsmaterial	2.100,– €
Fertigungslöhne	42 Stunden zu je 45,– €.

Aufgabe 20
Eine Fabrik für Brillengestelle hat 30.000 Brillengestelle eines bestimmten Typs gefertigt. Dabei fielen im vergangenen Monat folgende Kosten an:

Fertigungsmaterial	42.000 €
Fertigungslöhne in der Fertigungshauptkostenstelle I:	12.000 €
Fertigungslöhne in der Fertigungshauptkostenstelle II:	8.800 €
Fertigungslöhne in der Fertigungshauptkostenstelle III:	6.400 €

Die Zuschlagssätze betragen:

Material	5 %
Fertigung I	180 %
Fertigung II	200 %
Fertigung III	160 %
Verwaltung	15 %
Vertrieb	8 %
Gewinn	18 %

Berechnen Sie die Selbstkosten insgesamt und je Stück, den Barverkaufspreis und den Nettoangebotspreis, falls zwar kein Skonto eingeräumt wird, aber für diesen Großauftrag ein Rabatt von 5 % gewährt wird.

Aufgabe 21

Es wird ein neues Bohrwerk angeschafft und hierfür soll eine Fertigungshauptkosten-stelle eingerichtet werden. Folgende Daten sind gegeben:

Anschaffungskosten	600.000,– €
Wiederbeschaffungskosten	720.000 ,– €
betriebsgewöhnliche Nutzungsdauer	10 Jahre
Kalkulatorische Zinsen	8 % des hälftigen Anschaffungswertes
Instandhaltung/Wartung	geschätzt: 6 % der Anschaffungskosten jährlich
Platzkosten	150,– €/qm bei einer beanspruchten Fläche von 25 qm
Energiekosten	Leistungspreis: 100,– €/mtl. Arbeitspreis: 0,15 €/kWh Verbrauch: 50 kWh
Werkzeugkosten	900,– €/mtl.
Betriebsstoffe	700,– €/mtl.

a) Berechnen Sie die monatlichen Maschinenkosten bei einer geplanten Be-schäftigung von 160 Laufstunden im Monat und ermitteln Sie den Maschi-nenstundensatz.

b) Für das Bohrwerk fallen neben den maschinenabhängigen Fertigungsge-meinkosten noch folgende Gemeinkosten an:

c) Hilfslöhne: 3.000 €
   Personalnebenkosten: 2.400 €
   Hilfsstoffkosten: 400 €
   Die Fertigungslöhne des laufenden Monats dieser Kostenstellen beliefen sich auf 5.000 €. Ermitteln Sie den Restgemeinkostenzuschlag.

d) Mit welchem Stundensatz wäre zu rechnen, falls die Fertigungslöhne und Restgemeinkosten gleichfalls in den Maschinenstundensatz einbezogen wer-den sollten?

Aufgabe 22

Ermitteln Sie den Barverkaufspreis für einen Reparaturauftrag unter Berücksichti-gung folgender Angaben:

Reparaturmaterial	80,– €
Materialgemeinkostenzuschlag	10 %
Fertigungslöhne	1,5 Stunden zu 40,– €/Stunde
Maschineneinsatz	Bohren: 0,50 Stunden Drehen: 0,75 Stunden Fräsen: 0,75 Stunden

Der Maschineneinsatz wird mit 40,– €/Stunde kalkuliert.
Es gilt ferner:
Verwaltungs- und
Vertriebsgemeinkostenzuschlag: 20 % (insgesamt)
Gewinnzuschlag: 16 %

Aufgabe 23

Für eine bestellte Maschine ist ein Kostenvoranschlag zu erstellen.
Es ist mit folgenden Kosten zu kalkulieren:

Fertigungsmaterial I	8.000 €
Fertigungsmaterial II	6.000 €
Fertigungslöhne I	6.000 €
Fertigungslöhne II	9.000 €
Fertigungslöhne III	4.000 €
Sondereinzelkosten der Fertigung	1.000 €
Sondereinzelkosten des Vertriebs	5 % Vertreterprovision

Die Bearbeitungszeit auf der Maschine A beträgt 40 Stunden, auf der Maschine B 20 Stunden und auf der Maschine C 60 Stunden und auf der Maschine D 20 Stunden. Nachstehende Zuschläge sind zu verwenden:

MGK-Zuschlag I	5 %	Maschinenstundensatz C	40 €
MGK-Zuschlag II	6 %	Maschinenstundensatz D	60 €
FGK-Zuschlag I	60 %	VwGK-Zuschlag	6 %
FGK-Zuschlag II	50 %	VtGK-Zuschlag	10 %
FGK-Zuschlag III	100 %	Gewinn	15 %
Maschinenstundensatz A	35 €	Skonto	3 %
Maschinenstundensatz B	54 €		

a) Bestimmen Sie die Selbstkosten und den Auszeichnungspreis der Maschine.
b) Um wieviel € und % sinkt der Gewinn, wenn der Kunde auf den vorkalkulierten Auszeichnungspreis einen Rabatt von 3 % verlangt?

Aufgaben zum Gliederungspunkt 4.5

Aufgabe 24

Es werden drei Kuppelerzeugnisse produziert:

A	7.000 kg zum Verkaufspreis von 50,– €/kg
B	400 kg zum Verkaufspreis von 10,– €/kg
C	400 kg zum Verkaufspreis von 6,– €/kg

Die Gesamtherstellkosten des Kuppelprozesses belaufen sich auf 200.000,– €. Das Erzeugnis B muss noch weiterverarbeitet werden, was Kosten in Höhe von 3 €/kg verursacht.
Ermitteln Sie die Herstellkosten pro kg des Hauptproduktes (A).

Aufgabe 25

Die Chemie AG stellt ein Hauptprodukt und drei Nebenprodukte im Rahmen eines Kuppelprozesses her:

6.000 t	des Hauptproduktes
500 t	des Nebenproduktes A
300 t	des Nebenproduktes B
400 t	des Nebenproduktes C

Die gesamten Herstellkosten betragen 1.100.000,– €, die Verwaltungsgemeinkosten beim Hauptprodukt 6 %, die Vertriebsgemeinkosten beim Hauptprodukt 12 %. Die Nebenprodukte weisen auf:

Nebenprodukt A	Weiterverarbeitungskosten	4,50 €/t
	Marktpreis	21,50 €/t
Nebenprodukt B	Weiterverarbeitungskosten	7,20 €/t
	Marktpreis	19,20 €/t
Nebenprodukt C	Weiterverarbeitungskosten	4,60 €/t
	Marktpreis	14,60 €/t

Ermitteln Sie die Selbstkosten des Hauptproduktes pro t.

Aufgabe 26
Die Aurora-Sonnenstern-GmbH produziert nur das Weizenmehl „Aurora". Als Abfallprodukt fällt Kleie an, die an landwirtschaftliche Betriebe für 60,– € je dz verkauft wird.
Im Monat Juli werden 8.000 dz Mehl und 400 dz Kleie erzeugt.
Die Betriebsabrechnung liefert folgende Zahlen:

Rohstoffverbrauch	300.000 €
Materialgemeinkosten	10.000 €
Fertigungslöhne	40.000 €
Fertigungsgemeinkosten	74.000 €
Verwaltungskosten	21.000 €
Vertriebskosten	46.000 €

a) Bestimmen Sie die Herstellkosten und die Selbstkosten insgesamt und je dz Mehl, wenn die produzierte Menge vollständig verkauft wird.
b) Bestimmen Sie die Herstellkosten und die Selbstkosten für einen dz Mehl, wenn von der produzierten Menge nur 6.000 dz im Juli verkauft werden.
c) Errechnen Sie den Wert des Mehrbestandes an Mehl.
d) Wie hoch ist der Betriebsgewinn in diesem Monat – für a) und b) –, wenn der Verkaufspreis für einen dz 70,00 € beträgt?

Aufgabe 27
Bei der Produktion von drei Kuppelprodukten wurden 1998 insgesamt 2.260.000 € an Kosten verursacht. Vom Produkt A wurden 60.000 Einheiten, vom Produkt B 40.000 Einheiten und von C 30.000 Einheiten hergestellt.
Der Marktpreis für die Produkte lag in den letzten Jahren für das Produkt A bei 100,– €, für das Produkt B bei 80,– € und für das Produkt C bei 70,– €.
Errechnen Sie, mit welchen Selbstkosten eine Einheit jedes Produktes angesetzt werden kann.

Aufgabe 28
Es werden in einem Kuppelproduktionsprozess drei Produkte erzeugt. Die Herstellkosten betragen insgesamt 129.600,– €.
Für diese Produkte liegen die folgenden Angaben vor:

Kuppelprodukte	kg	Marktpreis
1	6.000	20,–
2	4.000	15,–
3	3.000	12,–
Summe	13.000	

Außerdem sind zu berücksichtigen:

VwGK	5 %
VtGK	8 %
SEVt für Produkt 1	0,70 €/kg
SEVt für Produkt 2	0,50 €/kg
SEVt für Produkt 3	0,30 €/kg

Es sind die Selbstkosten für die drei Produkte (pro kg) zu bestimmen.

Aufgabe 29

In einem Gaswerk wurden in einer Periode folgende Kuppelprodukte erzeugt:

Produkte	Mengen (in Mio)	Heizwerte	Erlöse
Gas	36,0 cbm	6.500 WE/cbm	0,32 €/cbm
Koks	50,0 kg	5.720 WE/kg	0,18 €/kg
Teer	3,0 kg		0,19 €/kg
Benzol	0,1 kg		1,50 €/kg

Die Herstellkosten des Kuppelprozesses betrugen 17.220.000 €.
Für die Produkte entstehen in der Weiterverarbeitung folgende zurechenbare Kosten:

Produkte	Weiterverarbeitungskosten
Gas	0,01 €/cbm
Koks	0,02 €/kg
Teer	0,04 €/kg
Benzol	0,20 €/kg

Für die Verwaltung und den Vertrieb sind Kosten in Höhe von 1.440.000 € entstanden.

a) Bestimmen Sie die Selbstkosten der Kuppelprodukte nach der Restwertmethode, wenn das Gas als Hauptprodukt und Koks, Teer und Benzol als Nebenprodukte angesehen werden.

b) Kalkulieren Sie die Selbstkosten der Kuppelprodukte nach der Restwertmethode und der Verteilungsmethode, wobei Gas und Koks als Hauptprodukte und Teer und Benzol als Nebenprodukte zu behandeln sind. Verteilungsgrundlage für die Hauptprodukte sind die Heizwerte (1 WE/cbm = 1 WE/kg).

Die Verwaltungs- und Vertriebsgemeinkosten sind auf die Hauptprodukte im Verhältnis zu den Herstellkosten (inklusive Weiterverarbeitungskosten) zu verteilen.

c) Kalkulieren Sie die Kuppelprodukte nach der Marktpreisäquivalenzziffernmethode, wobei alle Produkte als Hauptprodukte anzusehen sind. Die Verwaltungs- und Vertriebsgemeinkosten sind im Verhältnis zu den Herstellkosten (inklusive Weiterverarbeitungskosten) zu verteilen.

d) Vergleichen und interpretieren Sie die Ergebnisse.

Aufgaben zum Gliederungspunkt 5.2

Aufgabe 30

In einer Abrechnungsperiode wurden 12.000 Einheiten eines Produktes produziert, aber nur 10.000 Einheiten abgesetzt. Damit konnten Umsatzerlöse in Höhe von 600.000 € erwirtschaftet werden.

An Materialkosten entstanden 290.000 €, an Lohn- und Gehaltskosten 200.000 € und ferner wurden kalkulatorische Abschreibungen in Höhe von 60.000 € und kalkulatorische Zinsen in Höhe von 30.000 € verrechnet.

Die Kostenstellenrechnung liefert ferner noch die folgenden Zusatzinformationen:

Materialkosten davon		290.000
- Materialeinzelkosten	250.000	
- Materialgemeinkosten	40.000	
Lohn- und Gehaltskosten davon		200.000
- Fertigungslöhne	80.000	
- Hilfslöhne/Gehälter: Fertigung	50.000	
- Gehälter: Verwaltung	30.000	
- Gehälter: Vertrieb	40.000	
kalk. Abschreibungen davon		60.000
- Fertigung	40.000	
- Verwaltung	10.000	
- Vertrieb	10.000	
kalk. Zinsen davon		30.000
- Fertigung	20.000	
- Verwaltung	4.000	
- Vertrieb	6.000	

a) Ermitteln Sie das Betriebsergebnis anhand des Betriebsergebniskontos, des tabellarischen Ermittlungsschemas und der Gewinngleichung nach dem Gesamtkostenverfahren.

b) Ermitteln Sie das Betriebsergebnis anhand des Betriebsergebniskontos, des tabellarischen Ermittlungsschemas und der Gewinngleichung nach dem Umsatzkostenverfahren.

c) Erstellen Sie für das Gesamt- wie Umsatzkostenverfahren jeweils das Kostenträgerblatt.

V. Systeme der Kostenrechnung

1 Lernziele

Wenn Sie das Kapitel V durchgearbeitet haben, sollten Sie

- zu den Gefahren einer ausschließlich an Kostengrößen orientierten Preispolitik Stellung nehmen können;

- die Methodenvielfalt begründen können;

- die Dimensionen der Kostenrechnungssysteme kennen und diesbezüglich die unterschiedlichen Ausprägungsmöglichkeiten aufzeigen können;

- begründen können, warum es keine „idealtypische" bzw. „reine" Istkostenrechnung gibt;

- zur Aufgabenerfüllung der Istkostenrechnung Stellung nehmen können;

- den Zeit- und Betriebsvergleich kennen und die jeweilige Aussagekraft einschätzen können;

- wissen, durch welche zwei grundlegenden Elemente eine Normalkostenrechnung gekennzeichnet ist;

- Über- und Unterdeckungen erläutern können;

- den Beitrag der Normalkostenrechnung zur Aufgabenerfüllung beschreiben können;

- eine Plankostenrechnung skizzieren können;

- zur Eignung der Plankostenrechnung zur Aufgabenerfüllung Stellung nehmen können;

- die wesentlichen Mängel der Vollkostenrechnung kennen;

- zur Make-or-Buy-Problematik Stellung nehmen können;

- die zwei wesentlichen Kardinalfehler der Vollkostenrechnung diskutieren können;

- beurteilen können, zu welchen kostenrechnerischen Aufgaben die Vollkostenrechnung geeignet ist und zu welchen nicht;

- die Teil- und die Vollkostenrechnung voneinander abgrenzen können.

2 Einleitung

In den bisherigen Kapiteln II bis IV wurde weitgehend implizit eine **Istkostenrechnung auf Vollkostenbasis** unterstellt. Dies hingegen ist nicht zwingend und angesichts des an die Kostenrechnung herangetragenen Aufgabenspektrums auch nicht wünschenswert. Die unterschiedlichen Kostenrechnungssysteme, ihre Charakteristika und ihr spezifischer Beitrag zur unterschiedlichen Aufgabenerfüllung sind Gegenstand des Kapitels V. Eine detaillierte Auseinandersetzung mit diesen Systemen erfolgt dann im Band II.

Ausgangspunkt der folgenden Betrachtung ist das Spektrum der Kostenrechnungssysteme (Kapitel 3). Entsprechend des zeitlichen Bezugs der zugrunde gelegten Daten werden dann die Beiträge zur Aufgabenerfüllung seitens der Ist-, Normal- und Plankostenrechnung angesprochen (Kapitel 4). Dem schließt sich eine ähnlich gelagerte Betrachtung zur Voll- und Teilkostenrechnung an (Kapitel 5). Eine zusammenfassende Beurteilung und stichwortartige Charakterisierung bietet das Kapitel 6. Den Abschluss bilden wieder die Selbstkontroll- und Übungsaufgaben.

3 Gestaltungsmerkmale von Kostenrechnungssystemen

Die Kostenrechnung ist ein wichtiges **Instrument der Unternehmensführung**. So wie sich die an das Management herangetragenen Aufgaben änderten, so vollzog sich auch ein Wandel der Kostenrechnungssysteme. Oder anders ausgedrückt: das an die Kostenrechnung herangetragene Aufgabenspektrum führte auch zu einer Veränderung der Kostenrechnungssysteme.

Nicht alle **Aufgaben** sind im gleichen Umfang bzw. zum gleichen Zeitpunkt an die Kostenrechnung herangetragen worden (vgl. zur historischen Entwicklung der Kostenrechnungssysteme z.B. Kilger 2007, S. 43ff; Fischer 1998, S. 31ff; zu den Aufgaben der Kostenrechnung vgl. Kapitel I).

Lange Zeit dominierte das klassische Ziel der **Preisbestimmung** bzw. **Kalkulation**. Im Mittelpunkt stand die Ermittlung der Selbstkosten, um dann unter Zugrundelegung eines prozentualen Gewinnaufschlags zum Angebotspreis zu gelangen. Eine Situation, die sich auch heute noch bei einer auftragsorientierten Einzelfertigung stellt, wenn der Preis ein verhandelbares Element darstellt. Weiterhin war die **Ermittlung der Herstellungskosten** für die noch nicht abgesetzten Erzeugnisse eine wichtige Aufgabe. Auf diese Zwecke war insbesondere die **traditionelle Istkostenrechnung auf Vollkostenbasis** ausgerichtet. Sie wurde bereits in Grundzügen seit der letzten Jahrhundertwende entwickelt.

Bereits recht früh (vgl. das im Kapitel I angeführte Beispiel von Cassel), aber spätestens in den 60ziger Jahren, erkannte man jedoch auch in der Kostenrechnung, dass eine sich einseitig an Kostengrößen orientierende und die Marktgegebenheiten ignorierende Preispolitik eine sehr gefährliche Strategie sein kann. Wenn die Marktpreise eine vollkostendeckende Kalkulation nicht zulassen, müssen andere Orientierungsmöglichkeiten erschlossen werden. Neben der vollkostendeckenden Preisobergrenze galt es auch zumindest kurzfristig akzeptable Preisuntergrenzen zu bestimmen, die es einer Unternehmung ermöglichen, den Markt weiterhin zu beliefern. Hilfe bot hier die **entscheidungsorientierte Teilkostenrechnung**.

An der Erkenntnis, dass nicht nur die Kosten, sondern insbesondere der Markt die Preise bestimmt, hat sich bis heute nichts geändert. Nur so – und sehr viel weniger über die Wechselkursschwankungen – ist zu erklären, dass große Konzerne der Automobil- und Pharmaindustrie, aber auch der Textil- und elektronischen und elektrotechnischen Industrie weltweit ihre Produkte mit ganz erheblichen Preisunterschieden anbieten. Die Reimportdiskussion ist eine der Folgen.

Ist der Marktpreis aber weitgehend ein Datum, so können höhere Gewinne nur dadurch erzielt bzw. Verluste aufgefangen werden, wenn es gelingt, die Wirtschaftlichkeit im Betrieb bzw. in der Unternehmung zu verbessern. Wenn Preise nicht erhöht werden können und die Situation unbefriedigend ist, dann müssen die Kosten gestaltbar sein, will man sich nicht auf Dauer vom Markt verabschieden. Diesbezügliche Wege hat die **kontrollorientierte Plankostenrechnung** aufgezeigt.

Die Bedeutung der entscheidungsorientierten Teil- und kontrollorientierten Plankostenrechnung – insbesondere in der Verbindung zur Grenzplankostenrechnung – dürfte immer mehr zunehmen, denn das unternehmerische Umfeld wird durch einen ständig zunehmenden Konkurrenzdruck – auch als eine Folge der zunehmenden Internationalisierung der Märkte (Globalisierung) – geprägt, durch sich ständig verkürzende Produktlebenszyklen bzw. allgemein dem Wandel vom Verkäufer- zum Käufermarkt.

Natürlich sind nicht alle Aufgabenbereiche der Kostenrechnung für alle Unternehmen gleichermaßen bedeutsam. So mag z.B. die **traditionelle Selbstkostenermittlung** für eine Unternehmung dann eine herausragende Bedeutung haben, wenn sie als Interessent öffentlicher Aufträge auftritt und sich bei der Preisgestaltung an den sog. „Leitsätzen für die Preisermittlung aufgrund von Selbstkosten (LSP)" zu orientieren hat. Für ein Unternehmen der Massen- oder Großserienfertigung mag das **Kontrollziel** im Vordergrund stehen, da von nicht oder nur geringfügig beeinflussbaren Preisvorgaben auszugehen ist.

Dennoch darf eine solche Situation nicht dazu führen, dass ein Kostenrechnungssystem nur noch einseitig auf bestimmte Aufgabenbereiche ausgerichtet ist. Es gilt, alle Aufgaben im Auge zu behalten und das angesprochene Aufgabenspektrum ist so komplex, dass die Ausprägung eines Kostenrechnungssystems nicht ausreicht, um dieses Spektrum befriedigend abzudecken. Im Gegenteil: die unterschiedlichen Rechnungszwecke führen dazu, dass heute vielfach auch unterschiedliche Systeme der Kostenrechnung gleichzeitig zum Einsatz kommen (vgl. Hummel/Männel 2000, S. 19).

Wie aber könnte nun ein **Kosten- bzw. Leistungsrechnungssystem** (KLR-System) definiert werden?

In *formaler Hinsicht* wäre es ein zweckgerichtetes Abrechnungsverfahren, dessen Aufbau durch bestimmte Elemente und Beziehungen zwischen diesen gekennzeichnet ist (vgl. Hummel/Männel 2000, S. 19). *Praktisch* könnte man darunter eine konkrete Ausgestaltungsform einer zu konzipierenden oder bereits vorhandenen Kosten- und Leistungsrechnung verstehen, die so strukturiert ist, dass sie eine gewünschte Informationsfunktion erfüllt (vgl. Hummel/Männel 2004, S. 42).

Betrachtet man die Kriterien zur Differenzierung unterschiedlicher KLR-Systeme, so haben sich zwei als besonders wichtig herausgestellt: der Zeitbezug der Rechengrößen und das Ausmaß (der Umfang) bzw. die Art der Kostenverrechnung auf die Kostenträger (zu anderen hier nicht aufgeführten Unterscheidungsmerkmalen vgl. z.B. Fischer 1998, S. 27 f; Däumler/Grabe 2008, S. 74 ff). Das sich damit einstellende Spektrum der möglichen KLR-Systeme visualisiert die folgende Abbildung:

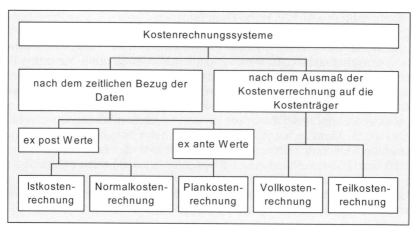

Abbildung 5.1: Das Spektrum möglicher Kostenrechnungssysteme

Das hier ausgewiesene Spektrum der Kostenrechnungssysteme umfasst nicht alle sich aus weiteren Unterscheidungsmerkmalen ergebenden Verästelungen. Die detaillierte Behandlung der KLR-Systeme ist Gegenstand des Bandes II. Hier sollen im Folgenden nur die grundlegenden Paradigmen aufgegriffen und ihre Unterschiedlichkeiten aufgezeigt werden.

Das erste Unterscheidungsmerkmal ergibt sich aufgrund des **Zeitbezuges der erfassten Kosten**.

Die erste Möglichkeit besteht darin, die betrachteten Kosten aus den effektiv verbrauchten Mengen der Vergangenheit und den diesbezüglich tatsächlich gezahlten Preisen beim Kauf dieser Faktoren herzuleiten. Das Mengen- und Wertgerüst an dem tatsächlich abgelaufenen, in der Vergangenheit stattgefundenen Wirtschaftsgeschehen anzubinden, ist für den ältesten Ansatz der Kostenrechnung, der **Istkostenrechnung**, typisch. Insofern ist die Istkostenrechnung eine „Nachrechnung", da nur die tatsächlich angefallenen Kosten der Vergangenheit erfasst, ausgewiesen und auf die Kostenstellen und -träger verrechnet werden. Trotz ihrer erheblichen Mängel wird die Istkostenrechnung letzthin von keiner anderen Schule grundsätzlich in Frage gestellt. Entweder wird sie als Basis für die Entwicklung anderer Kostenrechnungssysteme oder als deren Korrelat gesehen. Ein verzichtbares Element stellt sie nicht dar. Insbesondere die Schwerfälligkeit ihrer Rechnungen und die Abhängigkeit von zufälligen Schwankungen der Vergangenheit haben zur Entwicklung der **Normalkostenrechnung** geführt. Es werden nun nicht mehr tatsächlich verbrauchte Mengen der Vergangenheit mit den dafür effektiv gezahlten Preisen angesetzt, sondern durchschnittlich in der Vergangenheit verbrauchte Mengen mit den durchschnittlich hierfür gezahlten Preisen. Kostenrechnungssysteme, die mit durchschnittlichen oder normalisierten Größen der Vergangenheit arbeiten, bezeichnet man als Normalkostenrechnung. Theoretisch wird ihnen eine geringe Relevanz zugestanden, da sie die Vergangenheitsorientierung der Istkostenrechnung nicht überwinden. Praktisch wird ihre Bedeutung stärker einzuschätzen sein, denn wenn sich Unternehmen entschließen, ein Kostenrechnungssystem einzurichten, so fließen sehr schnell auch auf der Basis von Istkostenrechnungssystemen Elemente einer Normalkostenrechnung ein. Zudem mögen sie die Basis bilden, um sich einer Plankostenrechnung zuzuwenden.

Auch wenn bereits im Rahmen einer Normalkostenrechnung mit aktualisierten Durchschnittswerten der Vergangenheit gearbeitet werden sollte, handelt es sich beim Übergang zur **Plankostenrechnung** um einen „Quantensprung". Die Kosten der Vergangenheit spielen nun keine Rolle mehr, im Gegenteil: von ihnen sollte man sich gänzlich lösen. Bedeutsam sind die Kosten, die sich in der Zukunft bei einem ordnungsgemäßen und wirtschaftlichen Betriebsablauf methodisch einwandfrei, d.h. analytisch, ermitteln lassen. Es wird mit geplanten Mengen und geplanten Preisen gearbeitet. Somit weist die Plankostenrechnung die in der Zukunft erwarteten bzw. angestrebten Kosten aus. Die Plankostenrechnung ist eine zukunftsorientierte Rechnung. Sie besitzt den Charakter einer Vorrechnung und die Plankosten werden zu Vorgabe- oder Richtgrößen. Diese werden dann nach Periodenablauf den realisierten Größen im Soll-Ist-Vergleich gegenübergestellt. Insofern ist der Rechnungsinhalt der Plankostenrechnung auch umfassender als der der Istkostenrechnung (vgl. Hummel/Männel 2004, S. 42), da jede Plankostenrechnung auch zwingend eine Istkostenrechnung einschließt. Systeme der Plankostenrechnung wurden erheblich später als die der Istkostenrechnung entwickelt und eingeführt (zur zeitlichen Entwicklung der unterschiedlichen Kostenrechnungssysteme vgl. insb. Bungenstock 1995, S. 354 f).

Nach dem zweiten angesprochenen Kriterium des **Umfanges der verrechneten Kosten** lassen sich Voll- und Teilkostenrechnungssysteme unterscheiden.

Bei einer **Vollkostenrechnung** werden sämtliche Kosten den absatzbestimmten Kostenträgern zugerechnet. Diese Zuordnung erfolgt entweder direkt über Einzelkosten oder indirekt über geschlüsselte Gemeinkosten. Alle entstehenden Kosten sind Kostenträgern zuzuordnen, also nicht nur die, die ein Kostenträger isoliert verursacht hat, sondern auch solche, die in Verbindung mit der Erstellung anderer oder aller Kostenträger stehen. Die Vollkostenrechnung ist in sofern durch die Verwendung des **Durchschnitts- und/oder Tragfähigkeitsprinzips** gekennzeichnet. Wegen dieser umfassenden Überwälzung sämtlicher Kostenarten auf die Endprodukte nennt man die Vollkostenrechnung auch oft *Kostenüberwälzungsrechnung*.

Wird auf der anderen Seite von einer **Teilkostenrechnung** gesprochen, so ist nicht damit gemeint, dass nur ein Teil der Kosten durch die Kostenrechnung erfasst oder nur ein Teil der Kosten durch den Preis gedeckt werden soll. Voll- und Teilkostenrechnungssysteme unterscheiden sich nicht hinsichtlich der Erfassung, sondern hinsichtlich der Verrechnung der Kosten auf die Kostenträger. Insofern wäre Weber (1991, S. 141) zuzustimmen, wonach es genauer ist, von einer Teilkostenträgerrechnung im Gegensatz zur Vollkostenträgerrechnung zu sprechen. Von einer Teilkostenrechnung spricht man dann, wenn nur bestimmte Kosten – oder genauer gesagt – bestimmte Kostenkategorien auf die Kostenträger verrechnet werden. Den Kostenträgern sollen jene Kosten zugerechnet werden, die sie auch verursacht haben. Damit wird in der Teilkostenrechnung dem **Verursachungsprinzip** Rechnung getragen. Durch die Produktion einer weiteren Mengeneinheit verursacht, werden die variablen Kosten bzw. Grenzkosten oder die Einzelkosten. Eine Teilkostenrechnung ordnet den Kostenträgern somit nur die variablen Kosten (oder Einzelkosten) zu, während die Fixkosten als Block erfasst und nicht auf die Kostenträger verteilt werden.

Insofern sollte man von einer Teilkostenrechnung nicht schon dann sprechen, wenn auf die Verrechnung irgendwelcher, beliebiger Kostenarten verzichtet wird. „Würde beispielsweise ein Betrieb, der ansonsten ganz im Sinne der Vollkostenrechnung operiert, lediglich von einer Verrechnung der F&E-Kosten auf die Endprodukte absehen, so könnte man diese Spielart als reduzierte Vollkostenrechnung bezeichnen" (Hummel/Männel 2004, S. 43).

In jedem Kostenrechnungssystem muss sowohl eine Entscheidung über das Ausmaß der verrechneten Kosten auf die Kostenträger sowie über den Zeitbezug der zugrundeliegenden Daten getroffen werden. Kombiniert man die möglichen Ausprägungen, so gelangt man zur folgenden Übersicht:

Verrech-nungsbezug \ Zeit-bezug	Istkosten-rechnung (IKR)	Normalkost-enrechnung (NKR)	Plankosten-rechnung (PKR)
Vollkosten-rechnung (VKR)	IKR auf VK-Basis	NKR auf VK-Basis	PKR auf VK-Basis
Teilkosten-rechnung (TKR)	IKR auf TK-Basis	NKR auf TK-Basis	PKR auf TK-Basis

Unterstützung der Planungs- und Kontrollfunktion

Unterstützung der Entscheidungsfunktion

Abbildung 5.2: Einteilung der Kostenrechnungssysteme

Die **Istkostenrechnung auf Vollkostenbasis** stellt das traditionelle Kostenrechnungssystem dar, das in der Praxis auch heute noch von vielen, insbesondere kleinen und mittleren Unternehmungen eingesetzt wird (vgl. Gliederungspunkt 6).

Die **Istkostenrechnung auf Teilkostenbasis** weist zunächst einmal mit der Vergangenheitsorientierung die gleichen Mängel wie die Istkostenrechnung allgemein auf, berücksichtigt jedoch das Verursachungsprinzip, indem nur die variablen Kostenbestandteile den Kostenträgern zugerechnet werden. Diese Kostenrechnungssysteme werden auch als *Ist-Grenzkostenrechnung*, *(Ist-) Deckungsbeitragsrechnung*, *Direct-Costing* (allerdings begrifflich auch besetzt mit der Durchführung auf Plankostenbasis), *Variable Costing*, *Marginal Costing* oder *Bruttogewinn-* bzw. *Bruttoergebnisrechnung* bezeichnet. Theoretisch ist diesen Systemen anzulasten, dass eine nachträglich statistische Kostenauflösung nicht befriedigen kann. Eine betriebswirtschaftlich fundierte Kostenauflösung lässt sich nur ex ante, d.h. im Rahmen einer analytischen Kostenplanung durchführen.

Die Verbreitung der **Normalkostenrechnung** ist recht gering. Wenn sie durchgeführt wird, dann nur als Vollkostenrechnung. Nach Hoitsch/Lingnau (2004, S. 378) handelt es sich um ein System, das kostenrechnerischen Aufgabenstellungen kaum entsprechen kann. Da aber viele Istkostenrechnungssysteme über Elemente einer Normalkostenrechnung verfügen, soll es hier dennoch ausgewiesen werden.

Die **Plankostenrechnungssysteme auf Vollkostenbasis** ermöglichen bereits leistungsfähige Kostenkontrollen in Form eines Soll-Ist-Vergleiches. Für die operative Planung und für entscheidungsrelevante Probleme sind sie jedoch nicht einsetzbar. Insofern wundert es nicht, wenn diese Systeme in der Praxis heute kaum noch eine Bedeutung besitzen. **State of the art** der heutigen „modernen" Kostenrechnungssysteme stellt die **Plankostenrechnung auf Teilkostenbasis** dar. Man spricht hier auch von der **Grenzplankostenrechnung**. Ihre Verbreitung insbesondere in Großunternehmen dürfte als hoch eingestuft werden, Tendenz steigend.

Nicht in der Abbildung ausgewiesen ist die **Prozesskostenrechnung**. Dies erscheint angebracht, da ihre Entwicklung noch recht neu ist und abzuwarten bleibt, ob sie sich praktisch durchsetzt. Im Band II hingegen soll sie aufgegriffen und in ihren Grundsätzen skizziert werden.

Die bereits besprochenen Bereiche der Kostenrechnung (Kostenarten-, -stellen-, und -trägerrechnung) sind nun in einem folgenden Schritt durch die nach den erfolgten

Differenzierungsmerkmalen der Kostenrechnungssysteme zu belegen. Es ergibt sich das folgende Spektrum der Dimensionen von Kostenrechnungssystemen:

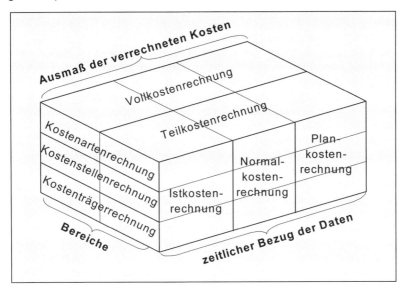

Abbildung 5.3: Dimensionen der Kostenrechnungssysteme

Demnach gibt es z.B. eine Kostenstellenrechnung auf Teilkostenbasis, wobei von Planwerten auszugehen ist. Gleichfalls vorstellbar ist eine Kostenträgerrechnung auf der Basis von Plankosten, in der einmal auf die Voll- und auf die Teilkosten zurück-gegriffen wird.
Tatsächlich sind alle „Schubladen" dieses Würfels theoretisch vorstellbar und auch konzeptionell in der Literatur behandelt und erarbeitet worden. Kein Unterschied dürf-te sich lediglich bezüglich der Kostenartenrechnung in der Voll- und Teilkostenrech-nung einstellen. Andererseits besitzen nicht alle Schubladen die gleiche praktische Relevanz, so dass sie in der Praxis eingerichtet werden müssten. Im Folgenden sol-len die wichtigsten Ausprägungsprinzipien der unterschiedlichen Kostenrechnungs-systeme vorgestellt und ihr Beitrag zu den wichtigsten Kostenrechnungsaufgaben aufgezeigt werden.

4 Von der Ist- und Normalkostenrechnung zur Plankostenrechnung

4.1 Istkostenrechnung

Die Istkostenrechnung und hier insbesondere in der Variante als Vollkostenrechnung könnte als das traditionelle oder historisch **originäre Kostenrechnungssystem** be-zeichnet werden. Auch heute dürfte die Kombination „Istkostenrechnung auf Vollkos-tenbasis" in der Praxis noch eindeutig dominieren (vgl. die empirischen Befunde im Gliederungspunkt 6). Dies trifft sicherlich auf kleine und mittlere Unternehmungen mehr und auf Großunternehmungen weniger zu.

Kostenrechnungssysteme sind in der Praxis für ganz bestimmte Unternehmen und in ganz bestimmten Situationen konzipiert worden. Deshalb kann man auch nicht davon ausgehen, dass es die „idealtypische" Istkostenrechnung gibt. Kennzeichnend für eine Istkostenrechnung ist, dass sie vorwiegend mit Ist-Kosten, also bereits angefallenen Kosten der Vergangenheit, arbeitet.

Die Einschränkung „vorwiegend" weist bereits darauf hin, dass nicht nur die tatsächlich angefallenen Ist-Kosten Gegenstand der Istkostenrechnung sind. Die Zahlen der Finanz- und Geschäftsbuchhaltung sind in einigen Fällen zu korrigieren, damit sie kostenrechnerischen Zwecken genüge leisten. So gilt es aperiodische, d.h. einmalig oder unregelmäßig im Kalenderjahr anfallende Aufwendungen (z.B. gezahlte Weihnachtsgelder, den einmal jährlich auftretenden erheblichen Wartungsaufwand für eine Anlage, Versicherungsprämien, die ein Wagnis über einen längeren Zeitraum abdecken u.ä.) ratierlich (mit monatlich gleichbleibenden Beträgen) zu verrechnen. Neutrale Aufwendungen und Erträge sind zu eliminieren und es sind die Anders- und Zusatzkosten einzubeziehen. Ferner werden häufig bei der Verbrauchswertermittlung bestimmter Materialien nicht die jeweiligen aktuellen Ist-Preise herangezogen, sondern es werden Durchschnittspreise gebildet. Und betrachtet man z.B. die Verrechnung kalkulatorischer Abschreibungen (Anderskosten), so sind mit dem Postulat ihrer Berechnung zum Wiederbeschaffungswert oder der Einschätzung der Nutzungsdauer des Anlagegutes bereits einige planerische Überlegungen enthalten.

Eine reine Istkostenrechnung gibt es somit nicht, d.h. jede Istkostenrechnung enthält oft bereits Elemente einer Normal- oder Plankostenrechnung.

Ein erheblicher **Nachteil der Istkostenrechnung** wird in ihrer rechentechnischen Schwerfälligkeit (vgl. z.B. Freidank 2001, S. 188f) gesehen:

1. Eine Istkostenrechnung hat monatlich die Kostenstellen neu abzurechnen und neue Gemeinkostenzuschläge zu ermitteln. Entsprechende Kalkulationen haben demnach so lange zurückzustehen, bis diese Werte wieder neu ermittelt werden.
2. Die Preise für innerbetriebliche Leistungsverrechnungen sind monatlich neu zu ermitteln und es ist demzufolge von Monat zu Monat mit anderen Verrechnungssätzen zu rechnen.

Das Hauptziel der Istkostenrechnung ist die Nachkalkulation von Erzeugnissen bzw. Aufträgen. Man will im Nachhinein feststellen, was bestimmte Produkte „effektiv" gekostet haben. Tatsächlich lässt sich eine solche Fragestellung auch nur mit Ist-Werten beantworten. Insofern ist die Nachkalkulation der Erzeugnisse auch der Zweck, den die Istkostenrechnung auf Vollkostenbasis am besten erfüllen kann (vgl. z.B. auch Böckel/Hoepfner 1972, S. 78; Gabele/Fischer 1992, S. 56).

Dabei geht die Istkostenrechnung auf Vollkostenbasis so vor, dass alle in der Kostenartenrechnung erfassten Kosten auf die Kostenträger weiterverrechnet bzw. „überwälzt" werden. Kilger (2007, S. 28) spricht deshalb auch vom **Kostenüberwälzungsprinzip** als dem wesentlichen Charakteristikum der Istkostenrechnung. Im Mittelpunkt einer Istkostenrechnung auf Vollkostenbasis steht dann auch die Kostenarten- und -trägerrechnung, während der Kostenstellenrechnung eher eine untergeordnete Bedeutung zukommt.

Im Rahmen der Trägerrechnung werden im Nachhinein mit Hilfe der Kalkulationsverfahren die Selbstkosten und die Herstellungskosten der Produkte festgestellt. Sind die Selbstkosten für Preis- oder Kostenentscheidungen relevant, so dient die Ermittlung der Herstellungskosten der Bestandsbewertung der unfertigen und fertigen Erzeugnisse in der kurzfristigen Erfolgsrechnung bzw. im handels- oder steuerrechtlichen Jahresabschluss.

Die Bedeutung der Nachkalkulation auf Istkostenbasis erfährt hingegen eine unterschiedliche Einschätzung (vgl. z.B. Kilger 2007, S. 44 ff.).

Zweifelsohne bleibt sie für Unternehmen der Auftrags- oder Einzelfertigung bzw. speziell der auftragsorientierten Einzelfertigung ein absolutes „Muss". Jeder Auftrag unterscheidet sich von anderen und nur aufgrund der Nachkalkulation der einzelnen Aufträge lassen sich Kostendaten für die Vorkalkulation zukünftiger möglicherweise ähnlich gelagerter Aufträge ableiten.

Bei Unternehmen der Großserien- oder Massenfertigung ist die Nachkalkulation von geringerer Bedeutung. Hier werden meist hochstandardisierte Erzeugnisse in großen Mengen zu einem in einer bestimmten Periode nicht veränderbaren Listenpreis angeboten. Eine Kostenüberschreitung lässt sich nicht im Preis weitergeben und sofern keine gravierenden Kostenveränderungen (z.B. als Folge von Neuinvestitionen oder erheblicher Beschäftigungsabweichung) eintreten, dürften die Ist-Kosten nur geringfügigen Schwankungen unterliegen, die sich im Zeitablauf aber wieder ausgleichen. Es ist Kilger (2000, S. 56) zuzustimmen, wonach in solchen Fällen die Ermittlung vorkalkulierter Selbstkosten genügt und eine nach Erzeugnisgruppen differenzierte Kontrolle der Kostenabweichungen in der kurzfristigen Erfolgsrechnung vorzunehmen ist.

Auch wenn damit die Bedeutung der Istkostenrechnung für die Nachkalkulation relativiert wird, wird sie keineswegs unentbehrlich, weil nur so die Kostenabweichungen feststellbar bzw. analysierbar sind und Vorkehrungen eingeleitet werden können, sie in Zukunft zu vermeiden.

Für die Bestandsbewertung, d.h. für die Ermittlung der Herstellungskosten der unfertigen und fertigen Erzeugnisse, die gelagert werden, bietet die Istkostenrechnung eine sicherlich wesentliche Orientierung. Allerdings liefert die Istkostenrechnung in einem solchen Fall die Bewertungsmaßstäbe nur dann exakt, stellt sie auf die effektiven Aufwendungen ab und werden die Anders- oder Zusatzkosten wieder heraus gerechnet.

Sind Selbstkosten im Sinne der „Leitsätze für die Preisermittlung von Selbstkosten (LSP)" für Unternehmen zu bestimmen, die sich um öffentliche Aufträge bemühen, so ist die traditionelle Istkostenrechnung auf Vollkostenbasis zwingend (vgl. z.B. Böckel/Hoepfner 1974, S. 79) bzw. besonders geeignet (vgl. z.B. Schildbach/Homburg 2009, S. 207). Dies ist deshalb der Fall, weil sich die Selbstkosten im Sinne der LSP genau an jenen Elementen orientieren, wie sie von der Istkostenrechnung für die Trägerrechnung entwickelt wurden. Dieses gilt auch für den Einbezug von kalkulatorischen Kosten, denen allerdings bestimmte Grenzen gesetzt werden. So sind z.B. die kalkulatorischen Abschreibungen an die Anschaffungs- oder Herstellungskosten gebunden und nur im Falle einer erheblichen Abweichung darf auf die Wiederbeschaffungswerte zurückgegriffen werden. Und die Berechnung der kalkulatorischen Zinsen setzt einen vom Bundeswirtschafts- und -finanzministerium festgelegten Zinssatz voraus sowie eine konkrete Definition des betriebsnotwendigen Kapitals (vgl. z.B. im Detail Vormbaum 1977, S. 105 ff).

In Zeiten eines zunehmenden Kosten- und Konkurrenzdrucks, in denen es immer schwieriger wird, Kostensteigerungen im Preis weiterzugeben, gewinnt die Kontrollfunktion eine immer stärkere Bedeutung. Es gilt, alle Unwirtschaftlichkeiten aufzudecken, Rationalisierungspotenziale auszuschöpfen und Kostensenkungsprogramme durchzuführen, um wettbewerbsfähig zu bleiben. Es stellt sich die Frage, ob und inwieweit die Istkostenrechnung in der Lage ist, dieser Kontrollaufgabe Rechnung zu tragen.

Diesem Zweck kann die Istkostenrechnung naturgemäß nicht gerecht werden. Sie liefert bezüglich der Kontrollaufgabe lediglich den Vergleichsmaßstab, indem sie das zu kontrollierende Ist bereitstellt. Eine wirkliche Kontrolle kommt hingegen ohne Plan- oder Sollvorgaben nicht zustande. Nur wenn Plan- mit Ist-Größen verglichen werden, ist eine effiziente Kostenkontrolle möglich, ist erkennbar, ob sich die Ist-Größen noch im geplanten Rahmen bewegen oder ob schnellstens Maßnahmen zu ergreifen sind, um „unliebsame Überraschungen" zu vermeiden.

Wenn somit eine echte Kontrolle mit der reinen Istkostenrechnung nicht möglich ist, so stellt sich die Frage, wie Kostenkontrollen auf der Basis von Ist-Ist-Werten im Zeitvergleich bzw. im Betriebsvergleich zu beurteilen sind.

Im Rahmen des **Zeitvergleichs** werden die Ist-Kosten einer gerade abgelaufenen Periode mit denen einer Vorperiode (z.B. des Vormonats und/oder des Vergleichsmonats des Vorjahres) verglichen. Ein solcher Vergleich wird auf der Ebene von Kostenstellen, differenziert nach den relevanten Kostenarten, durchgeführt. Wie er aussehen könnte, zeigt das folgende **Beispiel**.

Zeitvergleich für die Kostenstelle 4711 (in T€)				
Kostenart	laufender Monat	Vor-Monat	%-uale Veränderung	Vergleichsmonat des Vorjahrs
Löhne	6.000	7.000	−14%	6.000
Hilfslöhne	4.200	4.400	+5%	4.100
Gehälter	6.000	6.000	+/−0	5.800
Hilfs- und Betriebsstoffe	4.000	3.000	+33%	3.500
Instandhaltung/ Reparatur	1.000	4.000	-75%	1.800
Energie	7.000	5.000	+40%	6.000
kalk.Zinsen	6.000	6.000	+/−0	5.000
kalk. Abschreibung	7.000	7.000	+/−0	6.000
Summe	41.200	42.400	−3%	37.200

Abbildung 5.4: Zeitvergleich einer Kostenstelle

Eine Auswertung könnte zu folgenden Schlüssen gelangen:

1. In der Summe liegen die Kosten des laufenden Monats geringfügig unter denen des Vormonats. Eine offenbar nicht problematische Entwicklung mit geringem Analysebedarf. Erheblich ist allerdings der Kostenanstieg im Vergleich zum entsprechenden Monat des Vorjahres. Dieser wird primär bedingt durch die letzten drei Positionen „Energie, kalkulatorische Zinsen und kalkulatorische Abschreibungen". Ob diese Entwicklungen hingegen dem Kostenstellenleiter anzulasten sind, ist mehr als fraglich. Die höheren Zinsen und Abschreibungen lassen auf eine zusätzliche Investition schließen. Bei einer näheren Betrachtung des Energieaufwandes zeigt sich, dass bei gleicher Auslastung der Maschinen eine Tarifpreiserhöhung der Energieversorger zum Jahresanfang zu verkraften war.
2. Die Abnahme der Lohnkosten im Vergleich zum Vormonat ist erfreulich, sollte jedoch näher hinterfragt werden.
3. Die Schwankungen der Hilfslöhne und Gehälter halten sich in einem vertretbaren Ausmaß. Ein Analysebedarf ergibt sich nicht.

4. Bemerkenswert ist der Anstieg des Aufwandes für „Hilfs- und Betriebsstoffe" sowie für „Energie", wird der laufende Monat mit dem Vormonat verglichen. Eine nähere Betrachtung führt zu dem Ergebnis, dass die Maschinenlaufzeiten und damit die Auslastung des laufenden Monats mit 1.080 Betriebsstunden erheblich die Laufzeiten des Vormonats – 800 Betriebsstunden – übersteigen. Auch hierfür ist nicht der Kostenstellenleiter zur Verantwortung zu ziehen.

5. Die Instandhaltungs- bzw. Reparaturkosten des laufenden Monats bewegen sich wiederum auf dem üblichen Niveau. Der hohe Reparaturaufwand des Vormonats ist durch eine einzige größere Reparatur erklärbar.

Der Ist-Ist-Vergleich als Zeitvergleich macht deutlich: eine schematische Betrachtung in dem Sinne, dass man im Rahmen der Kostenbesprechung mit dem Kostenstellenleiter ihm alle negativen Abweichungen zuordnet und sie durch ihn rechtfertigen lässt, führt sehr schnell zur Verärgerung des Kostenstellenleiters (vgl. auch Michel/Torspecken/Jandt 2004, S. 37) oder dazu, dass er den Sinn solcher Besprechungen in Frage stellt. Vielfach gibt es eine Vielzahl von Umständen – zum Beispiel eine andere Auftragszusammensetzung, andere Auslastungsgrade, andere Maschinen oder Technologien etc. -, die dazu führen, dass sich Kostenstrukturen im Zeitablauf verändern, ohne dass der Kostenstellenleiter dies zu verantworten hätte.

Eine zweite Möglichkeit eines Ist-Ist-Vergleichs liegt im zwischen- oder überbetrieblichen **Betriebsvergleich**. Hier werden die Kosten eine Betriebes oder Werkes – differenziert nach Kostenarten – eines bestimmten Zeitraumes mit denen eines anderen Betriebes (Werkes der gleichen Branche) verglichen, um gegebenenfalls Unwirtschaftlichkeiten oder Einsparungsnotwendigkeiten aufdecken zu können. Die folgende Übersicht weist einen Betriebsvergleich in ihren Grundzügen aus:

	Werk 1	**Werk 2**	**Werk 3**
Personalkosten			
-Löhne	4.000	6.000	6.000
-Gehälter	5.000	6.000	6.000
Materialkosten			
-Rohstoffe	8.000	8.000	7.800
-Hilfs-und Betriebsstoffe			
	4.000	3.800	4.200
Energie	7.000	6.000	6.000
Reparatur/Instandhaltung	7.000	6.000	6.000
kalk.Kosten			
-Zinsen	8.000	5.000	4.800
-Abschreibung	8.000	5.200	5.300
Summe	51.000	46.000	46.100

Abbildung 5.5: Betriebsvergleich einer Kostenstelle

Aus dem Werks- bzw. Betriebsvergleich könnten folgende Schlüsse gezogen werden:

1. Die Kostenstrukturen der Werke 2 und 3 sind recht ähnlich und beide Werke scheinen wirtschaftlicher zu produzieren als das Werk 1.

2. Arbeiten die Werke 2 und 3 personalintensiver, so kann das Werk 1 (siehe die Positionen Instandhaltung und kalkulatorische Zinsen und Abschreibungen) als kapitalintensiver bezeichnet werden. Bei einer sich verändernden steigenden Nachfrage könnte sich aber gegebenenfalls gerade das erste Werk als das kostengünstigste erweisen, da es noch über unausgelastete Kapazitäten ver-

fügt und ohne große Kostensprünge eine größere Kapazitätsauslastung zulässt.

Offenbar sind auch Betriebsvergleiche nicht unproblematisch. Auch wenn sie den Nachteil eines sich veränderten Zeitraumes des Zeitvergleiches vermeiden, ist solchen Vergleichen mit Skepsis zu begegnen. Die Kosten der unterschiedlichen Werke werden in der Regel durch eine Vielzahl unterschiedlicher Einflussfaktoren beeinflusst, wie z. B andere Standortbedingungen – Lohnniveau, Hebesätze der Gemeinden, Abgaben für Wasser, Müll und ähnliches –, eine andere Verfahrenstechnologie, unterschiedliche Auftragszusammensetzung u.ä., so dass unterschiedliche Kosten nicht ohne weiteres auf eine wirtschaftliche oder unwirtschaftliche Betriebsführung schließen lassen (Vergleich von „Birnen" mit „Äpfeln"). Insofern sind auch die vielfältigen Ansätze des **benchmarking** als nicht unproblematisch anzusehen.

Auch wenn mit Ist-Ist-Vergleichen im angesprochenen Sinne sicherlich bereits mehr erreicht wird/werden kann, als würde man gänzlich auf alle Kontrollen verzichten, eignen sie sich grundsätzlich nicht zur Erfassung von Unwirtschaftlichkeiten. Selbst wenn vielleicht wirtschaftliche Verbesserungen augenscheinlich dahingehend eingetreten sind, als dass bestimmte Kosten bestimmter Kostenstellen kontinuierlich hätten gesenkt werden können, ist damit noch nicht gesagt, ob die Kosten tatsächlich in der Höhe gesenkt wurden, wie sie hätten gesenkt werden können. Nur ein **Soll-Ist-Vergleich** gestattet eine solche Aussage und entbehrt der Gefahr „Schlendrian mit Schlendrian" (Schmalenbach 1963, S. 447) zu vergleichen.

Zu den möglichen Aufgaben einer Istkostenrechnung könnte auch die Bereitstellung von Ist-Kosten als Ausgangswerte oder Näherungswerte für die zukünftig entstehenden Kosten zur Lösung von Planungsproblemen zählen. Tatsächlich sind Ist-Kosten für Planungsprobleme aus primär zwei Gründen grundsätzlich nicht verwendbar (vgl. auch Schildbach/Homberg 2009, S. 189 ff):

1. Ist-Kosten bilden das vergangene Geschehen ab. Will man hingegen Kostenauswirkungen zukünftiger Entscheidungen abschätzen, so ist dazu die zukünftige und nicht die vergangene Situation einzuschätzen. Ob und inwieweit Trendextrapolationen möglich und zulässig sind, ist fraglich. Sie schreiben lediglich den bisherigen Zustand fort und müssen zwangsläufig bei Diskontinuitäten bzw. gravierenden Strukturveränderungen versagen. Überspitzt formuliert sind sie „unchristlich", denn sie richten sich nicht nach dem Bibelspruch, wonach sieben fetten Jahren sieben magere folgen. Mit anderen Worten: Es ist besser, die zukünftige Situation analytisch und sorgfältig einzuschätzen (das veränderte Absatz- und Produktionsprogramm, die neue Fertigungstechnologie, das neue Nachfrageverhalten, die neuen wirtschaftlichen und konjunkturellen Rahmenbedingungen), als einer Trendextrapolation zu vertrauen, die oft zu falschen Plandaten führt.

2. Wie noch zu zeigen sein wird, ist eine Istkostenrechnung auf Vollkostenbasis gänzlich ungeeignet für dispositive Entscheidungen bzgl. des Absatz- bzw. Produktionsprogramms, der Verfahrenswahl oder für Make or Buy-Entscheidungen. Das liegt primär daran, dass durch die Schlüsselung der Gemeinkosten und ihrer völligen Verrechnung auf die Kostenträger das Verursachungsprinzip aufgegeben wird und deshalb falsche Entscheidungen im Sinne nicht erkannter Fixkostenremanenzen ausgelöst werden.

Für die nächste Aufgabe der Kostenrechnung, die kurzfristige Erfolgsrechnung, bleibt natürlich die Istkostenrechnung unentbehrlich.

Allerdings erfüllt diese Aufgabe auch das externe Rechnungswesen in Form der monatlich oder jährlich zu erstellenden Bilanz bzw. insbesondere der Gewinn- und Verlustrechnung, so dass es fraglich sein mag, hierfür überhaupt eine „gesonderte Kostenrechnung" einzurichten. Der Sinn und Zweck der Kostenrechnung liegt hier in dem zweiten, von der FiBu abweichenden Regelkreis der Kostenrechnung, der ratierliche Verrechnungen, die Eliminierung nicht kostenrechnerisch relevanter Aufwandsgruppen sowie die Behandlung von Anders- und Zusatzkosten (kalkulatorische Kosten) zulässt und insofern zu einem aussagekräftigen Betriebsergebnis führt.

4.2 Normalkostenrechnung

Die Normalkostenrechnung ist zumindest durch zwei grundlegende Elemente gekennzeichnet (vgl. z.B. auch Freidank 1988, S.183; Kilger 2007; S. 47 f):

1. Bildung von Normalkostensätzen für Hauptkostenstellen

Für die Hauptkostenstellen werden normalisierte Kalkulationssätze – sog. Normalkostensätze – gebildet. Diese bleiben für einen längeren Zeitraum – in der Regel für ein Kalenderjahr – konstant und werden statt der Istkostensätze in der Kalkulation eingesetzt.

Dabei können sich die Normalkostensätze als Durchschnittswerte einer größeren Anzahl von Istwerten abgelaufener Rechnungsperioden ermitteln lassen. Dies zeigt das folgende Beispiel:

	Januar 2010	Februar 2010	März 2010	....	Dezember 2010
MGK-Satz	6,0%	5,4%	6,2%	....	7,0%
Normalkostensatz: 6,0 + 5,4 + 6,2 +... + 7,0 = 72: 12 = 6,0 %					

Wird die Bildung von Normalkostensätzen im obigen Sinne vorgenommen, so spricht man von *Mittelwerten mit statistischem Charakter*. Wählt man hingegen gezielt aus den Istwerten der Vergangenheit solche Werte aus, von denen angenommen wird, dass sie die zukünftige Situation möglichst repräsentativ widerspiegeln, so spricht man von *aktualisierten Mittelwerten* (vgl. Schildbach/Homburg 2009, S. 197).

Offenbar kann der Begriff der Normalkosten unterschiedlich interpretiert werden und mag sicherlich auch im Laufe der Zeit einen Begriffswandel erfahren haben. Jede weitere analytische Verfeinerung führte dazu, dass sich die Normalkostenrechnung der Plankostenrechnung näherte. Insofern ist es auch gerechtfertigt, die Normalkostenrechnung als eine Zwischenstufe zwischen der Ist- und der Plankostenrechnung anzusehen (vgl. z.B. Böckel/Hoepfner 1974, S.79).

Mit der Einführung von Normalkostensätzen wird das strenge Kostenüberwälzungsprinzip der traditionellen Istkostenrechnung durchbrochen. Die Kostenstellen und -träger werden mit normalisierten Kostensätzen abgerechnet und werden diese mit den Istsätzen konfrontiert, so entstehen **Über- und Unterdeckungen**. So ergeben sich z.B. für eine Kostenstelle beim Normal-Ist-Vergleich die folgenden Kostenabweichungen:

Kostenabweichung einer Kostenstelle / eines Kostenträgers
= Istkosten – Normalkosten
Istkosten > Normalkosten ⇒ Unterdeckung
Istkosten < Normalkosten ⇒ Überdeckung

Abbildung 5.6: Abweichungen in der Normalkostenrechnung

Der Normalkostensatz einer Kostenstelle ermittelt sich durch Multiplikation der Istbeschäftigung bzw. -auslastung mit dem Normalkostensatz. Ein analoges Vorgehen (Abweichungsanalyse, Ermittlung der Normalgemeinkosten) gilt auch für die Kosten-

trägerrechnung. Die Über- und Unterdeckung werden nun aber nicht mehr den Kostenträgern angelastet, sondern sie werden direkt erfolgswirksam im Betriebsergebnis verbucht.
Die Abbildung 5.7 veranschaulicht grafisch die Entstehung von Über- und Unterdeckungen.

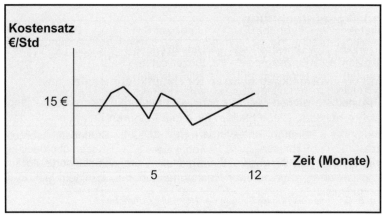

Abbildung 5.7: Unter- und Überdeckungen in Normalkostenrechnung

2. Feste Verrechnungssätze für innerbetriebliche Leistungen

In einer Normalkostenrechnung wird mit „normalisierten" bzw. mit festen Verrechnungssätzen für innerbetriebliche Leistungen gerechnet.
Im Vergleich zur Istkostenrechnung kann der Normalkostenrechnung ein erheblicher *Rationalisierungseffekt* nicht abgesprochen werden.
Zunächst einmal wird durch die gleichbleibende Abrechnungstechnik der innerbetrieblichen Leistungsverrechnung der gesamte Ablauf der Kostenrechnung erheblich beschleunigt und vereinfacht. Die Kalkulation erhält eine „sicherere" Grundlage, d.h. ihre Kontinuität ist gewährt und insbesondere Unternehmungen mit einer längerfristigen Fertigung müssen nicht mit sich ständig ändernden Gemeinkostensätzen kalkulieren.
Andererseits macht eine Normalkostenrechnung die Istkostenrechnung nicht entbehrlich. Eine Istkostenrechnung ist weiterhin durchzuführen, denn sonst wären z.B. keine Über- und Unterdeckungen feststellbar. Insofern geht mit der Einführung der Normalkostenrechnung keine Kostenerfassungsentlastung einher. Zu einer nennenswerten Mehrbelastung hingegen dürfte sie jedoch auch nicht führen: die vermutlich gerne in Kauf genommenen Mehrkosten der Feststellung der Über- und Unterdeckungen dürften durch die vereinfachte Abrechnungstechnik der festen Gemeinkostenzuschläge im Rahmen der Kalkulation und der festen Verrechnungssätze im Rahmen der innerbetrieblichen Leistungsverrechnung kompensiert werden.
Wie ist nun die Normalkostenrechnung hinsichtlich der Aufgabenbereiche der Kostenrechnung zu beurteilen?

Hinsichtlich der kurzfristigen Erfolgsrechnung eignet sie sich sicherlich gleichermaßen wie die Istkostenrechnung. Der „Fehler", die selbsterstellten unfertigen und fertigen Erzeugnisse mit Normalkosten anzusetzen, wird dadurch korrigiert, dass die Kostenüber- und -unterdeckungen direkt in das Betriebsergebnis übernommen werden.

Andererseits werden im Rahmen der Kostenträgerzeitrechnung den erzielten Umsatzerlösen nur die Normalkosten gegenübergestellt. Das sich einstellende „Fabrikatergebnis" im Sinne des Ergebnisses eines jeden Kostenträgers (Produkts) kann dann"… nur ein „Bruttoergebnis" sein, das die Kostenüber- und -unterdeckung nicht enthält"(Michel/Torspeken/Jandt 2004, S. 32)
Dies zeigt folgende Abbildung:

Fabrikat A	Fabrikat B	Fabrikat C	Betriebsergebnis
Umsatzerlöse ./. Einzelkosten (dir. belastet) ./. verr. Normal- gemeinkosten	Umsatzerlöse ./. Einzelkosten (dir. belastet) ./. verr. Normal- gemeinkosten	Umsatzerlöse ./. Einzelkosten (dir. belastet) ./. verr. Normal- gemeinkosten	
Brutto- + Fabrikate- ergebnis	Brutto- + Fabrikate- ergebnis	Brutto- ⇒ Fabrikate- ergebnis	Bruttobetriebsergebnis + Kostenüberdeckungen ./. Kostenunterdeckungen
			= Nettobetriebsergebnis

Abbildung 5.8: Erfolgsermittlung im System der Normalkostenrechnung

Es könnte sein, dass „… je nach der Höhe dieser Differenz zwischen Ist- und Normalkosten… die so ermittelten, unvollständigen Fabrikationsergebnisse zu erheblichen Fehlbeurteilungen und eventuell falschen Reaktionen führen" (Michel/ Torspecken/Jandt 2004, S. 32). Wie noch zu zeigen sein wird (vgl. Kapitel 5.1.4), hätte die Gefahr gleichermaßen bestanden, wären die tatsächlichen Istkosten den Umsatzerlösen gegenübergestellt worden. Denn hinsichtlich dispositiver oder planerischer Aufgabenkomplexe stellt die Normalkostenrechnung im Vergleich zur Istkostenrechnung keine Verbesserung dar (vgl. auch Schildbach 2009, S. 207), d.h. sie ist gleichermaßen ungeeignet.
Hinsichtlich der Publikationsaufgabe der Kostenrechnung – in erster Linie die Bewertung in der Bilanz – gehen die Meinungen auseinander. Während Freidank die Auffassung vertritt, dass, „… Normal- Herstellkosten prinzipiell gegen die Wertkonventionen des Handels- und Steuerrechts verstoßen" (Freidank 2001, S. 193) bietet nach Schildbach/Homburg (2009, S. 207) die Normalkostenrechnung für die Bewertung ähnlich gute Voraussetzungen wie die Istkostenrechnung. Selbstverständlich gilt es auch hier, die Unterschiede zwischen den kalkulatorischen Kosten und den damit korrespondierenden bilanziellen Aufwendungen aufzuheben, aber die Ausrichtung der Normalkosten auf eine normalisierte Bezugsgröße – z.B. auf eine Normalbeschäftigung, auf eine durchschnittliche Maschinenlaufzeit u.ä.– verhindert ihren bilanziellen Ansatz dann nicht, wenn „… der als Normalbeschäftigung festgelegte Beschäftigungsgrad vernünftigen kaufmännischen Überlegungen (entspricht)… und die tatsächlichen Kosten nicht darunter liegen „ (Adler/Düring/Schmalz 1995, § 255, Tz. 226).
Gemäß Nr. 4 Abs.1 der Leitsätze für Preisermittlung aufgrund von Selbstkosten (LSP) sind die Preise für öffentliche Aufträge aus Wert und Menge der „effektiv" verbrauchten Güter zu ermitteln. Die Wertansätze werden somit prinzipiell mit der Istkostenrechnung verknüpft. Davon abweichende Kostenrechnungssysteme werden nur dann zugelassen, wenn die Abweichungen zwischen diesen Werten und denen der Istkostenrechnung ausgeglichen werden. Erfolgt somit eine nachträgliche Ver-

rechnung der Kostenüber- und -unterdeckung auf dem Kostenträger, so ist die Normalkostenrechnung zur Preisermittlung/Kalkulation öffentlicher Aufträge geeignet.

Unter dem Aspekt der Kontrolle ist hervorzuheben, dass mit festen Normalkostensätzen und innerbetrieblichen Verrechnungssätzen die Vergleichbarkeit erhöht wird.

Mit den festen Verrechnungspreisen für innerbetriebliche Leistungen ist nach Kilger (2007, S. 47) eine wichtige Voraussetzung einer kostenstellenbezogenen Kostenkontrolle geschaffen. Damit kommt zum Ausdruck, dass ein Kostenstellenleiter für den mengenmäßigen Bezug einer innerbetrieblichen Leistung Verantwortung tragen kann, nicht aber für die Preise, mit denen er von den Vor- oder Hilfskostenstellen belastet wird.

Betrachten wir die *Kontrolle der Kostenträger*, so ist zunächst einmal festzustellen, dass normale Kosten im Sinne einer Istverbrauchsmengenmultiplikation mit aus der Vergangenheit abgeleiteten Durchschnittspreisen zwar die Abrechnung erleichtern, aber nicht zu einer verbesserten Kontrolle führen. Es besteht immer noch die Gefahr „Schlendrian mit Schlendrian" zu vergleichen.

Die Normalkostenrechnung ist zusammenfassend unter dem Kontrollaspekt dahingehend zu kritisieren, dass normalisierte – und wenn auch teilweise aktualisierte – Werte nicht die Funktion von Plan-, Soll- oder wirklichen Richtgrößen erfüllen. Erst aus planerischen Überlegungen konstruierte Sollvorgaben ermöglichen eine wirksame Kontrolle.

4.3 Plankostenrechnung

Bei der Ermittlung der Normalkostensätze löste man sich bereits zum Teil von den vergangenheitsorientierten Istkosten und versuchte, mit methodisch gesicherten Schätzungen für zukünftige Perioden Kostenvorgaben abzuleiten.

Ein Kostenrechnungssystem, das ausschließlich versucht, Kostenvorgaben mit Hilfe technischen Berechnungen, Verbrauchs- und Zeitstudien o.ä. zu gewinnen und darüber hinaus gleichfalls die von außen bezogenen Güter und Leistungen zu Planpreisen bewertet, nennt man Plankostenrechnung.

Unter dem Begriff Plankostenrechnung fallen somit alle Kostenrechnungssysteme „... bei denen für bestimmte Planungsperioden im Voraus die Verbrauchsmenge und die Preise aller Kostengüter geplant und hieraus Plankosten abgeleitet werden" (Kilger 1970, Sp. 1343). Im Mittelpunkt einer Plankostenrechnung steht somit der sich mittlerweile eingebürgerte Begriff der **Plankosten**, obgleich vielfach auch von den Standardkosten, den Sollkosten, Vorgabekosten, Richtkosten oder Budgetkosten die Sprache ist. **Standardkosten** umschreiben die Planherstellkosten einer Kostenträgereinheit. Historisch gesehen waren es die Vertreter der „arbeitswissenschaftlichen Methoden" (scientific management) wie Taylor und Gilbreth, die Zeitvorgaben für die menschliche Arbeit und damit Standards festlegten (vgl. dazu Kilger 2000, S.58 bzw. 2007, S. 57). Aus Zeitlöhnen wurden Akkordlöhne und es war naheliegend, solche Standards auch für alle anderen Verbrauchsfaktoren („Mengenstandards" für Materialien etc.) festzulegen. Ein Zeit- und Mengengerüst war das typische Charakteristikum des **„Standard Cost Accounting"**, das bereits in den ersten Jahrzehnten des letzten Jahrhunderts in den USA und Großbritannien entwickelt wurde und einen großen Einfluss auf die Entwicklung der Plankostenrechnung im deutschsprachigen Raum – verbunden mit dem Namen Plaut und Kilger – ausgeübt haben dürfte. Der Begriff der **Vorgabekosten** dürfte relativ synonym zu interpretieren sein, denn auch diesbezüglich werden die Verbrauchsmengen und Arbeitszeiten auf Grund von technischen und arbeitswissenschaftlichen Studien festgelegt (vgl. Gabele/Fischer 1992, S.57). Mit diesem normativ belegten Begriff wird hingegen darüber hinausgehend präjudiziert, dass eine Nichteinhaltung zumindest eine Rechtfertigung induziert (Kontrollfunktion). **Richtkosten** – ein in der Bauindustrie gebräuchlicher Begriff – stellen gleichfalls auf eine normativ einzuhaltende Größe ab, die nicht ohne weiteres zu überschreiten ist (Orientierungsfunktion). **Sollkosten** sind in plankostenrechnerischer Hinsicht die auf eine Istbeschäftigung umgerechneten Plankosten. Mit dem Begriff des „Soll-Ist-Vergleichs" erfährt er jedoch auch eine inhaltliche Erweiterung, als damit gemeint ist, dass eine Zielvorstellung mit dem Erreichten zu vergleichen ist. Unter **Budgetkosten** versteht man die Kosten einer Kostenstelle, einer Abteilung, eines Bereiches, die dieser(m) für die nächste Periode vorgegeben wurde (Prognose- und Kontrollfunktion).

Allen hier ausgesprochenen Begriffen ist gemein, dass ihnen ein Planungscharakter zukommt (welche Kosten dürfen, werden, können entstehen: Prognosefunktion) und dies gleichzeitig zu überprüfen ist (Kontrollfunktion).

Die anderen Begriffe erweisen sich somit als subsidiär und für eine Plankostenrechnung sind somit

- **Planung** und
- **Kontrolle**

die wichtigsten Systemelemente.

Aus dem Vergleich der Plan- mit den Istwerten ergeben sich Abweichungen. Im Gegensatz zur Normalkostenrechnung bieten sich nun detailliertere Analyseansätze. So können nun **Preis-, Verbrauchs- und Beschäftigungsabweichungen** festgestellt werden. Ohne auf das theoretische Gerüst der Plankostenrechnung sowie auf die inhaltliche Interpretation damit verbundener Abweichungen näher einzugehen, soll die Abweichungsanalyse hier kurz in ihren wesentlichen Grundzügen skizziert werden (im Detail vgl. Rüth 2009, S.127 ff).

Die Preisabweichung ist quasi außen vor. Sie stellt sich ein, indem die Istkosten (bestehend aus der Istfaktorverbrauchsmenge – pro Stück – und der Istbeschäftigung) zu Istpreisen von den Istkosten zu Planpreisen subtrahiert wird:

	Istfaktormenge (IM) x Istbeschäftigung (IB) x Istpreis (IP) = Istkosten
./.	Istfaktormenge (IM) x Istbeschäftigung (IB) x Planpreis (PP)= Istkosten zu Planpreisen
=	**Preisabweichung**

Beispiel:
Zur Produktion von Plastikgartenzwergen liegen folgende Monatsplanwerte vor:
Plan-Faktormenge: 2,5 kg pro Stück
Plan-Faktorpreis: 3 € pro kg
Plan-Beschäftigung: 11.000 Stück
Nach Monatsablauf haben sich folgende Istwerte eingestellt:
Ist-Faktormenge: 2,8 kg pro Stück
Ist-Faktorpreis: 3,2 € pro kg
Ist-Beschäftigung: 10.500 Stück
Offenbar stellt sich die folgende Gesamtabweichung ein:

Istkosten: 2,8 * 3,2 * 10.500   = 94.080
./. Plankosten: 2,5 * 3 * 11.000   = 82.500
                                      = 11.580

Als Preisabweichung ergibt sich:

```
IM x IB x IP  = 2,8 * 10.500 * 3,2  = 94.080
/. IM x IB x PP = 2,8 * 10.500 * 3,0  = 88.200
                                      =  5.880
```

Hinsichtlich der Verbrauchs- und Beschäftigungsabweichung ist nun die Entscheidung zu fällen, welche als gravierender anzusehen ist. Denn die zuerst berechnete enthält als Ungenauigkeit auch weitere Abweichungselemente (vgl. im Detail Rüth, 2009, S. 136 ff). Da vermutet wird, dass die Verbrauchsabweichung dominiert, wird zunächst die Beschäftigungsabweichung ermittelt.

	Planpreis (PP) x Planfaktormenge (PM) x Istbeschäftigung (IB) = Sollkosten 1
	./. Planpreis (PP) x Planfaktormenge (PM) x Planbeschäftigung (PB) = Plankosten
=	**Beschäftigungsabweichung**

und beispielhaft:

```
PP x PM x IB  = 3 * 2,5 * 10.500 =  78.750
./. PP x PM x PB = 3 , 2,5 * 11.000 =  82.500
                                    = – 3.750
```

Die Verbrauchsabweichung stellt sich nun als die Faktordifferenz bezogen auf die Istbeschäftigung ein:

	Planpreis (PP) x Istbeschäftigung (IB) x Istfaktormenge (IM)
	./. Planpreis (PP) x Istbeschäftigung (IB) x Planfaktormenge (PM)
=	**Verbrauchsabweichung**

und beispielhaft:

```
PP x IB x IM  = 3 * 10.500 * 2,8 = 88.200
./. PP x IB x PM = 3 * 10.500 * 2,5 = 78.750
                                    =  9.450
```

Als Gesamtabweichung (GA) ergibt sich die Summe aus der Preis-, Beschäftigungs- und Verbrauchsabweichung:
GA = 5.880 – 3.750 + 9.450 = 11.580,
was wiederum der absoluten Differenz zwischen den Ist- und Plankosten entspricht. Offenbar konnte dem vagen Begriff der Über- und Unterdeckung in der Normalkostenrechnung nun durch eine differenzierte Abweichungsanalyse begegnet werden.

Nachdem die Plankostenrechnung in ihren Grundzügen kurz skizziert wurde, wollen wir uns nun der Frage zuwenden, welchen Beitrag sie zur Erfüllung der kostenrechnerischen Aufgabenkomplexe liefert. Das Bestreben nach einer wirksamen Kostenkontrolle hat zur Entwicklung der Plankostenrechnung geführt. Insofern wird der Kontrollaufgabe sicherlich von allen Kostenrechnungssystemen am besten durch die Plankostenrechnung entsprochen. Durch die Analyse der Kostenabweichungen im Rahmen der Kostenkontrolle werden Unwirtschaftlichkeiten aufgedeckt und wertvolle Anhaltspunkte für wirtschaftlichkeitssteigernde Maßnahmen in der Zukunft geboten, so dass „... die Plankostenrechnung zu einem zukunftsorientierten Lenkungs- und Steuerungsinstrument der Unternehmung wird" (Moews, 2002, S. 259).
Wenn im Rahmen der Kostenplanung alle Kostenarten systematisch und differenziert erfasst werden, so ist damit die Voraussetzung einer effizienten Kontrolle gegeben. „Dieses Kostenrechnungssystem ist in der Lage, außer kostenarten- bzw. kostenstel-

lenbezogenen Verbrauchsabweichungen, die im Rahmen des internen Kontrollsystems für die Führungsinstanzen die entscheidenden Informationsgrundlagen hinsichtlich der Wirtschaftlichkeit des Produktionsprozesses darstellen, Preis- und Beschäftigungsabweichungen auszuweisen" (Freidank 2001, S. 260).

Für dispositive Entscheidungen ist eine Plankostenrechnung als Vollkostenrechnung nicht anwendbar. Im Sinne eines entscheidungsorientierten Rechnungswesens ist der Übergang zur Grenzplankostenrechnung nötig.

Zu Zwecken der Vorkalkulation sind Plankalkulationen besonders geeignet. Da für die Kostenkontrolle im Rahmen der Plankostenrechnung ein sehr differenziertes System der Maßgrößen der Kostenverursachung (Bezugsgrößen) zu entwickeln ist (vgl. Rüth 2009, S. 75ff), dürfte die Kalkulationsgenauigkeit erheblich verbessert werden.

Für die Bewertung der Bestände der Halb- und Fertigfabrikate sowie der selbst erstellten Anlagen in der Handels- wie Steuerbilanz eignet sich die Plankostenrechnung weniger. Neben der Plankalkulation müsste eine Istkalkulation einhergehen, denn „...prinzipiell lässt sich festhalten, dass die Herstellungskosten als Begriff des pagatorischen Rechnungswesens vom Grundsatz her nur auf Istwerten basieren können" (Küting/PfitzerWeber 2012, § 255 Tz 379).

Die Leitsätze für die Preisermittlung aufgrund von Selbstkosten (LSP) sind – wie bereits erwähnt – an einem Istkostensystem auf Vollkostenbasis ausgerichtet. Darüber hinaus sind nur solche Kosten zu berücksichtigen, „... die bei wirtschaftlicher Betriebsführung zur Erstellung der Leistung entstehen" (Nr. 4, Abs. 2 LSP). Da gerade aber dies das Ziel der Kostenplanung der Plankostenrechnung ist, sind kalkulierte Plankosten durchaus zum Zweck der Ermittlung von Selbstkostenpreisen öffentlicher Aufträge geeignet, sofern sie auf Vollkostenbasis erstellt werden. Bezüglich der Istorientierung wäre – wie bei der Normalkostenrechnung auch – bei Abweichungen wiederum eine entsprechende Verrechnung nötig.

Eine nachträgliche Erfolgsermittlung kann naturgemäß keine Aufgabe der Plankostenrechnung sein.

Das Verhältnis der Ist- zur Plankostenrechnung sei mit den Worten von Plaut zitiert, der neben Kilger als einer der sicherlich renommiertesten Vertreter der Plankostenrechnung einzustufen ist.

„Leider ist in der Vergangenheit oft gerade in der Praxis der Eindruck entstanden, als bestünde zwischen Istkostenrechnung und Plankostenrechnung ein Gegensatz, als bedeutet der Übergang von der Istkostenrechnung zur Plankostenrechnung eine Revolution des betrieblichen Rechnungswesens. Das ist nun keineswegs so. Es besteht überhaupt kein Gegensatz zwischen Istkostenrechnung und Plankostenrechnung, sondern die bewegliche Plankostenrechnung ist nichts anderes, als eine folgerichtige Weiterentwicklung der Istkostenrechnung. Gibt es doch weder eine traditionelle Istkostenrechnung, in der nicht schon immer geplante Werte enthalten wären, und kann doch andererseits auch keine Plankostenrechnung auf Istkosten verzichten. Eine Plankostenrechnung ist nichts anderes als eine Istkostenrechnung, die durch nachträglich eingeführte Plankosten die angefallenen Istkosten in Plankosten und Abweichungen aufspaltet. Diese Aufspaltung der Istkosten in Plankosten und Abweichungen bringt nun zusätzlich Erkenntniswerte… Noch heute findet man in der Praxis leider vielfach die Meinung, als würde man bei einer Plankostenrechnung auf die Istkosten verzichten, als rechnete man sozusagen nur mit Plankosten – eine völlig abwegige Meinung." (vgl. Plaut 1961, S. 461)

Wenn eine Plankostenrechnung durchgeführt wird, so wird damit die Istkostenrechnung keinesfalls entbehrlich. Die Plankostenrechnung ist keine Alternative zur Istkostenrechnung. Die Plankostenrechnung stellt eine Erweiterung des kostenrechnerischen Instrumentariums dar, auf die man in der heutigen Zeit keinesfalls mehr verzichten sollte.

5 Voll- und Teilkostenrechnung

Die Entwicklung zur Plankostenrechnung verlief völlig unabhängig von der Entwicklung der Voll- zur Teilkostenrechnung.
Die primär auf Wirtschaftlichkeitskontrolle ausgerichtete Plankostenrechnung kann durchaus als Vollkostenrechnung konzipiert sein. Es widerspricht diesem Ziel nicht. Andererseits sind Teilkostenrechnungssysteme durchaus als Ist- oder Normalkostenrechnungssysteme vorstellbar und so auch im praktischen Einsatz, ohne dass das eigentliche Ziel der Teilkostenrechnung eingeschränkt würde. Offenbar unterscheidet beide ein grundlegend anderer Rechenzweck.

> Während die *Plankostenrechnung als kontrollorientiertes Rechnungskonzept* entwickelt wurde, ist die *Teilkostenrechnung eine entscheidungsorientierte Rechnung.*

Im Mittelpunkt der Betrachtung der Teilkostenrechnung steht der Stückdeckungsbeitrag als Differenz zwischen dem Preis und den variablen Kosten:

$$d = p - k_v$$

mit d = Stückdeckungsbeitrag; p = Preis (pro Stück); k_v = variable Kosten (pro Stück)

Aus dem Stückdeckungsbeitrag lässt sich der Gesamtdeckungsbeitrag der Produktart ableiten, indem dieser mit der abgesetzten Menge multipliziert wird:

$$D_i = d_i \cdot x_i$$

mit D_i = Gesamtdeckungsbeitrag der Produktart i mit i = 1... n
    d_i = Stückdeckungsbeitrag der Produktart i mit i = 1... n
    x_i = Absatzmenge der betrachteten Periode der Produktart i
           mit i = 1... n

Als konzipierte „Bruttoergebnisrechnung" stellt sich nun über die Gesamtdeckungsbeiträge der Nettogewinn ein, indem die Fixkosten als Block subtrahiert werden:

$$\Sigma D_i - K_F = \text{Nettogewinn}$$

mit K_F = gesamte Fixkosten

Somit stellt sich in der Teilkostenrechnung das folgende Grundprinzip der Erfolgsermittlung ein:

Produkte	Stückdeckungsbeitrag	Absatzmenge (x)	Deckungsbeitrag der Produktart
P_i	$d_i = p_i - kv_i$	x_i	$D_i = d_i * x_i$
Bruttoerfolg (-ergebnis) / Fixkosten (K_F)			$\sum DB_i$ $- K_F$
Nettoergebnis			$= NE$

Anders die Vollkostenrechnung. Der Nettogewinn oder das Nettoergebnis ergibt sich hier als Differenz zwischen den Verkaufserlösen und den gesamten Kosten:

Umsatzerlöse
- Gesamtkosten
= Nettoergebnis

oder produktspezifisch betrachtet:

Produkte	Stückgewinn	Absatzmenge (x)	Gewinn pro Produktart
P_i	$g_i = p_i - k_i$	x_i	$G_i \ (= g_i * x_i)$
Nettoergebnis			$\sum G_i$

mit $k_{vi} :=$ variable Stückkosten des Produktes i; $k_i :=$ gesamte Stückkosten des Produktes i und i= 1,…n := Anzahl der Produkte

Zu welchen missverständlichen Orientierungen die Vollkostenrechnung diesbezüglich kommen kann, soll das folgende Unterkapitel zeigen.

5.1 Mängel der Vollkostenrechnung

Wie kann es zu der Forderung kommen, einem Kostenträger nur Teile der Kosten zuzurechnen? Ist es nicht wichtig zu wissen, was ein Produkt „ganz und gar", also vollständig gekostet hat?
Diesen Fragen wollen wir uns im Folgenden zuwenden und es soll anhand konkreter Situationen aufgezeigt werden, weshalb eine Vollkostenrechnung vielfach zu falschen oder zu umstrittenen Schlüssen gelangt.

5.1.1 Ermittlung des kurzfristigen Periodenerfolgs
Ziel eines marktwirtschaftlich orientierten Unternehmens ist es, einen möglichst hohen Gewinn zu realisieren. Er ist ein Maßstab für den Absatzerfolg einer Periode.
Inwieweit dies seitens der Voll- und Teilkostenrechnung gewährleistet wird, soll im Folgenden anhand eines einfachen **Beispiels** gezeigt werden:

a) ohne Bestandsveränderungen

Ein Textilunternehmen für Damenoberbekleidung fertigt Röcke (A), Kostüme (B) und Mäntel (C). Alle gefertigten Textilien werden in der Abrechnungsperiode auch abgesetzt. Ansonsten gelten die folgenden Ausgangsdaten:

Produkte	Menge x	Preis/Stück p	var. Kosten/Stück k_v	ges. Kosten/Stück k
A	300	100,–	65,–	110,–
B	200	350,–	170,–	230,–
C	100	600,–	210,–	310,–

Die monatlichen Fixkosten belaufen sich auf 35.500 €.

In der Vollkostenrechnung wird der Periodenerfolg als Differenz zwischen Umsatz und Gesamtkosten ermittelt. Es gilt daher:

Produkt	Stückgewinn g = p – k	Gesamtgewinn G = (p-k) · x
A	– 10 €	– 3.000 €
B	+ 120 €	+ 24.000 €
C	+290 €	+ 29.000 €
Nettobetriebserfolg		= 50.000 €

Nach der Teilkostenrechnung ergibt sich der Periodenerfolg aus der Differenz der Summe der Deckungsbeiträge pro Produktart und den Fixkosten:

Produkt	Stückdeckungsbeitrag d = p – k_v	Deckungsbeitrag der Produktart D = (p – k_v) · x
A	35 €	10.500 €
B	180 €	36.000 €
C	390 €	39.000 €
Gesamtdeckungsbeitrag		85.500 €
- Fixkosten		35.500 €
Nettobetriebserfolg		50.000 €

Die Sachverhalte sollen anhand des Betriebsergebniskontos dargestellt werden:

GuV (Vollkostenrechnung)			
K	110.000	U	160.000
G	50.000		
	160.000		160.000

GuV (Teilkostenrechnung)			
K_V	74.500	U	160.000
K_F	35.500		
G	50.000		
	160.000		160.000

mit K = Kosten ; K_V = variable Kosten; K_F = fixe Kosten; G = Gewinn; U = Umsatz

Offenbar sind die Periodenergebnisse der Voll- und Teilkostenrechnung identisch, wenn keine Bestandsveränderungen vorliegen, d.h. die produzierten und verkauften Mengen übereinstimmen.

b) Bestandserhöhungen

Es soll nun der Fall untersucht werden, wie sich die Gewinne in der Voll- und Teilkostenrechnung entwickeln, wenn ein Teil der Produktion auf Lager geht.
Es gelten zusätzlich die folgenden Daten:

Produkte	prod. Menge x_p	verk. Menge x_a	Lagerbestand x_b
A	300	250	50
B	200	120	80
C	100	60	40

mit x_a = abgesetzte Menge
x_p = produzierte Menge
x_b = Bestandsmenge

In der Vollkostenrechnung werden (nach dem Umsatzkostenverfahren) den Umsatzerlösen der verkauften Produkte die Kosten dieser Mengen gegenübergestellt:

Nettobetriebserfolg nach der Vollkostenrechnung						
Produkte	x_a	p	k	$U = x_a \cdot p$	$K = x_a \cdot k$	G
A	250	100	110	25.000	27.500	– 2.500
B	120	350	230	42.000	27.600	14.400
C	60	600	310	36.000	18.600	17.400
Nettobetriebserfolg				.		29.300

Gegenüber der Vorperiode, in der alles verkauft werden konnte, hat sich der Gewinn auf 29.300 € reduziert.
In der Teilkostenrechnung werden den Deckungsbeiträgen wieder die gesamten Fixkosten gegenübergestellt:

Nettobetriebserfolg nach der Teilkostenrechnung					
Produkte	x_a	p	k_v	d	D
A	250	100	65	35	8.750
B	120	350	170	180	21.600
C	60	600	210	390	23.400
Gesamtdeckungsbeitrag					53.750
- Fixkosten					35.500
Nettobetriebsergebnis					18.250

Offenbar ist der Periodenerfolg nach der Teilkostenrechnung erheblich gesunken und liegt mit 11.050 € auch weit unter dem der Vollkostenrechnung. Es gilt somit:

$B\uparrow \Rightarrow G_{VKR} > G_{TKR}$
mit $\quad B\uparrow \quad$ = Bestandsmehrungen
$\quad G_{VKR}$ = Periodenerfolg nach der Vollkostenrechnung
$\quad G_{TKR}$ = Periodenerfolg nach der Teilkostenrechnung

Abbildung 5.9: Die Erfolgsermittlung der Voll- und Teilkostenrechnung bei Bestandserhöhungen

Der Grund ist darin zu sehen, dass in der Teilkostenrechnung die gesamten Fixkosten der betrachteten Periode angelastet werden. Dies gilt nicht für die Vollkostenrechnung. Hier wird ein Teil der Fixkosten der laufenden Periode angelastet, der verbliebene Fixkostenanteil wird dem Lager zugerechnet und schmälert nicht den Periodenerfolg.

Offenbar sind in der Vollkostenrechnung die Fixkosten stück- und in der Teilkostenrechnung periodenbezogen. Das zeigt sich auch, wenn man die Lagerbestände der Voll- und Teilkostenrechnung miteinander vergleicht:

Produkte	Lagerbestände x_b	Vollkosten $Wb = x_b \cdot k$	Teilkosten $Wb = x_b \cdot k_v$
A	50	5.500 €	3.250
B	80	18.400 €	13.600
C	40	12.400 €	8.600
		36.300 €	25.250

Die Differenz des Wertes der Lagerbestände beläuft sich auf 11.050 € und entspricht genau der Differenz zwischen den ausgewiesenen Gewinnen der Voll- und Teilkostenrechnung.

Wie der letzten Tabelle entnehmbar, ergibt sich der Ergebnisunterschied bei der Lagerbestandsveränderung dadurch, dass die Vollkostenrechnung die Bestandsveränderungen zu „vollen" Kosten (also einschließlich der proportionalisierten Fixkosten) betrachtet, während im Rahmen der Teilkostenrechnung die Bestandsveränderungen nur mit variablen Kosten angesetzt werden, da die Fixkosten periodenbezogen als nicht beschäftigungsabhängig anzusehen sind.

Die Unterschiede können auch wiederum am Betriebsergebniskonto illustriert werden. Da Bestandsveränderungen vorliegen, soll ihr Ausweis sowohl nach dem Umsatzkosten- wie Gesamtkostenverfahren erfolgen.

GuV (Vollkostenrechnung/ Umsatzkostenverfahren)			
Kosten des Umsatzes (K_U)	73.700	Umsatzerlöse (U)	103.000
Gewinn (G)	29.300		
	103.000		103.000

GuV (Vollkostenrechnung/ Gesamtkostenverfahren)			
Kosten der Produktion (K_P)	110.000	Umsatzerlöse (U)	103.000
Gewinn (G)	29.300	Wert des Lagerbestandes (Wb)	36.300
	139.300		139.300

GuV (Teilkostenrechnung/ Umsatzkostenverfahren)			
variable Kosten (K_V)	49.250	Umsatzerlöse (U)	103.000
fixe Kosten (K_F)	35.500		
Gewinn (G)	18.250		
	103.000		103.000

GuV (Teilkostenrechnung/ Gesamtkostenverfahren)			
Kosten für verkaufte Produkte (K_{VP})	74.500	Umsatzerlöse (U)	103.000
fixe Kosten (K_F)	35.500	Wert des Lagerbestandes (Wb)	25.250
Gewinn (G)	18.250		
	128.250		128.250

c) Bestandsminderungen

Es soll nun der Fall untersucht werden, wie sich die Gewinne der Voll- und Teilkostenrechnung entwickeln, wenn ein Teil der verkauften Produkte dem Lager entnommen wird.
Es gelten zusätzlich die folgenden Daten:

Produkte	x_p	x_a	x_b
A	300	350	50
B	200	240	40
C	100	140	40

Der Gewinn in der Vollkostenrechnung beträgt:

Produkte	x_a	p	k	U	K	G
A	350	100	110	35.000	38.500	−3.500
B	240	350	230	84.000	55.200	28.800
C	140	600	310	84.000	43.400	40.600
Nettobetriebserfolg						65.900

Gemäß der Teilkostenrechnung stellt sich das folgende Ergebnis ein:

Produkte	x_a	p	k_v	d	D
A	350	100	65	35	12.250
B	240	350	170	180	43.200
C	140	600	210	390	54.600
Gesamtdeckungsbeitrag					110.050
- Fixkosten					35.500
Nettobetriebsergebnis					74.550

Ersichtlich ist nun der Periodenerfolg der Teilkostenrechnung deutlich höher als der nach der Vollkostenrechnung. Es gilt:

$B\downarrow \Rightarrow G_{VKR} < G_{TKR}$
mit $B\downarrow$ = Bestandsminderung
G_{VKR} = Periodenerfolg nach der Vollkostenrechnung
G_{TKR} = Periodenerfolg nach der Teilkostenrechnung

Abbildung 5.10: Die Erfolgsermittlung der Voll- und Teilkostenrechnung bei Bestandsminderungen

Der Grund ist darin zu sehen, dass in der Teilkostenrechnung wiederum der Periode nur jene Fixkosten angelastet werden, die auch in ihr anfielen. Bei der Vollkostenrechnung kommen nun aber noch jene Fixkosten der Produkte hinzu, die dem Lager entnommen wurden. Offenbar werden dieser Periode nun die Fixkosten angelastet, die in einer Vorperiode dem Lager zugerechnet worden sind.

Dies wird auch deutlich, wenn man sich des Wertes der Bestandsminderung in der Voll- und Teilkostenrechnung vergegenwärtigt:

Produkte	Bestandsminderung x_b	Vollkostenrechnung $x_b \cdot k$	Teilkostenrechnung $x_b \cdot k_v$
A	−50	−5.500	−3.250
B	−40	−9.200	−6.800
C	−40	−12.400	−8.400
Wert der Bestandsminderung		−27.100	−18.450

Die Differenz der Bestandsminderung in der Voll- und Teilkostenrechnung beläuft sich auf 8.650 €. Dies entspricht genau der Differenz zwischen den ausgewiesenen Periodenerfolgen nach der Voll- und Teilkostenrechnung.

Abschließend sollen die Unterschiede wiederum am Betriebsergebniskonto skizziert werden:

GuV (Vollkostenrechnung/ Umsatzkostenverfahren)			
Kosten des Umsatzes (K_U)	137.100	Umsatz (U)	203.000
Gewinn (G)	65.900		
	203.000		203.000

GuV (Vollkostenrechnung/ Gesamtkostenverfahren)			
Kosten der Produktion (K_P)	110.000	Umsatz (U)	203.000
Bestandsminderungen	27.100		
Gewinn (G)	65.900		
	203.000		203.000

GuV (Teilkostenrechnung/ Umsatzkostenverfahren)			
variable Kosten (K_V)	92.950	Umsatz (U)	203.000
fixe Kosten (K_F)	35.500		
Gewinn (G)	74.550		
	203.000		203.000

GuV (Teilkostenrechnung/ Gesamtkostenverfahren)			
Kosten der verkauften Produkte (K_{VP})	74.500	Umsatz (U)	203.000
fixe Kosten (K_F)	35.500		
Bestandsminderung	18.450		
Gewinn (G)	74.550		
	203.000		203.000

Das ausgewiesene Beispiel macht deutlich, dass die Teilkostenrechnung absatz-orientiert ist. Wird vom Bestand verkauft, so ist auch der Gewinn der Teilkostenrech-nung größer als der der Vollkostenrechnung. Bei der Vollkostenrechnung sind die Periodengewinne bei Saisonschwankungen der Absatzmenge wesentlich von Lager-bestandsveränderungen abhängig. Die infolge der Fixkostenaktivierung zuviel oder zuwenig in das Ergebnis einbezogenen fixen Herstellungskosten bezeichnet man in den USA als „ over „ bzw. „ under absorved burden „ (vgl. z.B. Plaut 1992, S. 204).
Die Vollkostenrechnung ist dagegen eher produktionsorientiert, denn bei einem La-geraufbau weist sie höhere Gewinne als die Teilkostenrechnung aus. Wenn es aber das Ziel einer Unternehmung ist, zu verkaufen, so ist offenbar die Periodenerfolgs-ermittlung nach der Teilkostenrechnung als die aussagefähigere einzustufen.
Dies soll noch einmal anhand eines „ überspitzt „ formulierten **Beispiels** von Hantke (1974, S. 29 ff) gezeigt werden:

Vollkostenrechnung	Monat 1	Monat 2
Erzeugungsmenge	600 Stück	400 Stück
Absatzmenge	400 Stück	600 Stück
Preis	350,– €/Stück	350,– €/Stück
	€	€
variable Herstellkosten	60.000,–	40.000,–
+ fixe Kosten	72.000,–	72.000,–
HK der Erzeugungsmenge	132.000,–	112.000,–
± HK der Bestands-veränderungen	–44.000,–	+44.000,–
= HK der Absatzmenge	88.000,–	156.000,–
+ fixe Vw- und Vt-Kosten	22.000,–	22.000,–
+ variable Vertriebskosten	8.000,–	12.000,–
= Gesamtkosten	118.000,–	190.000,–
Umsatzerlöse	140.000,–	210.000,–
Betriebsergebnis	22.000,–	20.000,–

Teilkostenrechnung	Monat 1 €	Monat 2 €
variable Herstellkosten	60.000,–	40.000,–
+ fixe Herstellkosten	72.000,–	72.000,–
= HK der Absatzmenge	132.000,–	112.000,–
± variable HK der Bestandsveränderungen	–20.000,–	+20.000,–
= HK der Absatzmenge	112.000,–	132.000,–
+ fixe Vw- und Vt-Kosten	22.000,–	22.000,–
+ variable Vertriebskosten	8.000,–	12.000,–
= Gesamtkosten	142.000,–	166.000,–
Umsatzerlöse	140.000,–	210.000,–
Betriebsergebnis	./. 2000,–	+44.000,–

Abbildung 5.11: Periodenerfolgsermittlung in der Voll- und Teilkostenrechnung
Quelle: Hantke, 1974, S. 29 und S.31

Nach der Vollkostenrechnung liegt der Gewinn im 2. Monat um 10 % unter dem des Vormonates. Und dies, obwohl der Umsatz von 400 auf 600 Stück gestiegen, also um 50 % gesteigert werden konnte. Eine Situation, die einem Verkaufsleiter nur schwer verständlich gemacht werden kann. Dies zeigt die folgende von Kilger übernommene Glosse sehr eindrucksvoll:

„R.W. Sauber berichtet im N.A.C.A.-Buelletin 1955 in Form einer Glosse über die immer wiederkehrenden Missverständnisse bei der Durchsprache der Ergebnisse einer auf Vollkosten basierenden Erfolgsrechnung.
Es wird eine Sitzung geschildert, an der neben dem Präsident, der Verkaufsleiter, der technische Direktor, der Finanzdirektor und der Controller teilnehmen: der Gewinn zweier Vergleichsmonate ist bei fast gleichem Umsatz in einem Monat höher, weil Vorratsproduktion erfolgte. Typisch ist, dass der Präsident den Ergebnisunterschied nicht versteht, der Produktionsleiter es richtig findet, dass der Gewinn von der Produktions- und nicht von der Absatzmenge abhängig ist, und nur der Controller die Zusammenhänge richtig durchschaut. Die Kritik des Verkaufsleiters findet ihren Niederschlag im folgenden Zitat:
"Hold it! Hold everything, Chief! I've got the answer. It's super colossal! We make money when we produce. We don't make money when we sell. So all those salesmen I've got running around in the country are wasting their time – right? Here's what we'll do. We make the salesman quit selling. We bring them into the plant, put them on the production line, and produce like mad. And we'll get rich – right?"(Kilger, 1988, S. 69).

Wenn auch die Periodenergebnisse nach der Teilkostenrechnung zweifelsohne einfacher interpretierbar sind, so erscheint uns dennoch die Ermittlung nach der Vollkostenrechnung nicht völlig ablehnenswert.
Zunächst einmal kann vielfach davon ausgegangen werden, dass sich die Differenzen zwischen der Produktion und dem Absatz über längere Perioden ausgleichen werden. Es ist nicht zu vermuten, dass der Absatz ständig die Produktion übersteigt bzw. mehr produziert wird, als verkauft werden kann (vgl. Hummel 1969, S 176). Wie aus der Wertermittlung der Bestandsveränderungen im Beispiel erkennbar, liegt der Ergebnisunterschied in der Bewertung der Halb- und Fertigfabrikate begründet. Werden diese in der Vollkostenrechnung mit Vollkosten bewertet, so werden in der Teilkostenrechnung dazu die variablen Kosten herangezogen. Steuerrechtlich war ein

solcher Ansatz ohnehin nie möglich, handelsrechtlich scheidet er mit dem „BilMog"
auch aus. Ob damit ein verbesserter Ergebniseinblick gewährleistet ist, erscheint
aber weiterhin fraglich.

Von den Vertretern der Teilkostenrechnung wird argumentiert, dass fixe Kosten der
Periode anzulasten sind, in der sie anfallen (verursachungsgerechte Periodenab-
grenzung), also nicht „ überwälzt „ werden können, wohingegen dies für variable Kosten zutreffen soll.

Der ersten Argumentation hält Weber (1991, S. 199) entgegen, dass es auch fixe
Kosten gibt, die über mehrere Perioden fix sind, so dass einer partiellen Überwälzung
auf eine spätere Periode keine Bedeutung zukommt. Der Ansatz zu variablen Kosten
macht seines Erachtens nur Sinn, wenn diese im Sinne von Preisuntergrenzen beim
Verkauf herangezogen würden. Tatsächlich lässt er dieses Argument dann aber
auch nicht gelten, denn bei „Erzeugnissen aus dem Lager liegt die Preisuntergrenze
nicht mehr bei den Kosten, die zum Zeitpunkt der Herstellung variabel waren, sondern... bei den Kosten, die allein durch den Verkauf entstehen würden" (Weber 1991,
S. 199 f).

5.1.2 Ermittlung der kurzfristigen Preisuntergrenze

Die Vollkostenrechnung ermittelt Selbstkosten, die, neben einem Gewinnaufschlag,
dann als Basis der Preisforderung herangezogen werden. Tatsächlich kann ein solches Verfahren selbst für ein Einproduktunternehmen fatale Folgen haben.

Es gibt Kosten wie Fertigungslöhne, Einzelmaterial u.ä., die sich proportional zur
Ausbringungsmenge verhalten. Daneben existieren Gemeinkosten wie Energie,
Werkzeuge, Telefongebühren u.ä., die sich teilweise proportional verhalten, zu einem
großen Teil aber auch beschäftigungsunabhängig anfallen. Und in einer dritten Kate-
gorie wären Gemeinkosten wie z.B. Zeitabschreibungen, Mieten, Versicherungsgebühren u.ä. aufzunehmen, die völlig unabhängig von der erstellten Menge anfallen.
In der Regel sind die einer Stückeinheit zurechenbaren Einzelkosten gleichbleibend.
Die Produktion eines einzelnen Gutes mag z.B. ein Akkordlohn von 15,– € und
30,– € Einzelmaterialkosten bedingen. Wird hingegen nur eine Einheit dieses Produktes produziert, so hat dies auch die gesamten beschäftigungsunabhängigen Kosten zu tragen. Die Preisforderung würde entsprechend hoch ausfallen. Ganz anders
sieht die Situation aus, könnten die beschäftigungsunabhängigen Kosten auf eine
Vielzahl von Produktionseinheiten verteilt werden. Die Preisforderung hängt also von
der gefertigten Stückzahl ab. Je geringer diese, umso höher nach der Logik der Vollkostenrechnung der zu verlangende Preis. Ganz offenbar würde sich mit einer solchen Preispolitik so manches Unternehmen sehr schnell „aus dem Markt kalkulieren".
Dies zeigt noch einmal die folgende Abbildung:

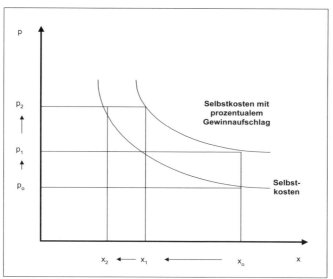

Abbildung 5.12: Selbstkostenentwicklung in Abhängigkeit von der Ausbringungsmenge

Die in Frage stehende Unternehmung würde in der ersten Periode bei der verkauften Menge x_0 einen Preis von p_0 realisieren können. Ein Gewinn wäre damit aber nicht gegeben. Mit einem prozentualen Gewinnaufschlag bietet sie ihr Erzeugnis in der Folgeperiode zu p_1 an. Tatsächlich wird aber nun nur noch die Menge x_1 abgenommen. Da zu dieser Menge gerade die Selbstkosten gedeckt sind, erhöht sie nun den Angebotspreis auf p_2. Ob eine solche Preiserhöhung aber bei den ohnehin schon rückläufigen Absatzzahlen durchsetzbar sein wird, ist fraglich bzw. die Unternehmung müsste eher annehmen, dass bei einer Preiserhöhung noch mehr Nachfrager ausfallen würden. Tatsächlich „... (hat) die Praxis Instinkt genug, um sich im Ernstfall, wenn der Selbstkostenpreis im Markt nicht durchsetzbar erscheint oder zu große Umsatzverluste in Kauf genommen werden müssten, nicht starr an die Selbstkostenpreise zu halten" (Riebel 1994/1964, S. 237).

Für die Ermittlung von Preisuntergrenzen, die kurzfristig mindestens zu realisieren sind, bietet jedoch die Vollkostenrechnung keine Anhaltspunkte. Dies ist erst mit Hilfe der Teilkostenrechnung möglich. Kurzfristig ist demnach ein Preis akzeptabel, der zumindest die variablen Kosten deckt. Jeder Betrag, der über die variablen Kosten hinausgeht, führt zu einem positiven Deckungsbeitrag und ist in der Lage, einen Teil der Fixkosten zu decken.

Dies zeigt das folgende **Beispiel**:

Die Selbstkosten eines Transistors sollen mit Hilfe der üblichen Zuschlagskalkulation ermittelt werden. Der Marktpreis beläuft sich auf 400,– €.

Kostenarten	Vollkostenrechnung	Teilkostenrechnung	
	gesamte Kosten	variable Kosten	fixe Kosten
Fertigungsmaterial + 10 % MGK	100 10	⟶100 ⟶ 4	6
Materialkosten	110	104	6
Fertigungslöhne + 280 % FGK	90 252	⟶90 ⟶82	170
Fertigungskosten	342	172	170
Herstellkosten (HK) + 8 % VwGK + 12 % VtGK	452 36 54	276 ⟶ 8	176 ⟶ 36 46
Selbstkosten (SK)	542	284	258

Auf der Basis der Vollkostenrechnung würde die Produktion eingestellt. Da das Transistorgerät 542 € (selbst) kostet und der Marktpreis bei 400 € liegt, beträgt der Verlust 142 €. Tatsächlich wäre der Verlust bei Produktionsverzicht wesentlich höher. Erst die Aufteilung in variable und fixe Kosten durch die Teilkostenrechnung zeigt, dass ein Produktionsverzicht nicht sinnvoll ist. Bei einem Produktionsverzicht können zwar 284 € eingespart werden, dem steht aber ein entgangener Umsatz von 400 € gegenüber. Offenbar kann ein positiver Deckungsbeitrag von 116 € erwirtschaftet werden, der auch dazu beiträgt, einen Teil des Fixkostenblocks von 258 € abzudecken.

Da die Vollkostenrechnung den Blick auf die wesentlichen Zusammenhänge verwehrt, ist sie zur Preiskalkulation und -beurteilung kaum geeignet. Sie zeigt nicht auf, welche Kosten bei einem Produktionsverzicht vermieden werden und welche dennoch weiter anfallen. Wichtig für die Betrachtung der Preisuntergrenze ist jedoch auch die zeitliche Perspektive. Kurzfristig bilden die variablen Kosten die Preisuntergrenze, langfristig mögen es die gesamten Stückkosten sein. Somit möge gelten:

kurzfristige Preisuntergrenze ($PUG_{kurzf.}$) = variable Stückkosten (k_v)
langfristige Preisuntergrenze ($PUG_{langf.}$) = gesamte Stückkosten (k)

Abbildung 5.13: Entscheidungskriterien zur Bildung von Preisuntergrenzen

Allerdings ist dabei zu beachten, dass, wenn eine Unternehmung den Markterfordernissen oder Marktmöglichkeiten entsprechend, mit unterschiedlichen Preisen auf unterschiedlichen Märkten agiert, diese auch voneinander abgrenzbar sind. Anderenfalls würde sich die Nachfrage automatisch dem Teilmarkt mit dem geringsten Preis zuwenden. Ein typisches Beispiel dafür sind die heute immer mehr in Mode kommenden Reimporte deutscher Automobile, die im Ausland – insbesondere in Amerika und Kanada – zu einem erheblich geringeren Preis als in Deutschland angeboten werden.

5.1.3 Annahme eines Zusatzauftrages bei Unterbeschäftigung

Zu welchen Implikationen die Annahme eines Zusatzauftrages bei Unterbeschäftigung im Rahmen der Voll- und Teilkostenrechnung führt, soll wiederum an einem **Beispiel** demonstriert werden:

Eine kapazitätsmäßig nicht voll ausgelastete Unternehmung, die bisher 5.000 Stück ihres einheitlichen Produktes mit variablen Kosten von 60.000 € und fixen Kosten von 80.000 € pro Monat herstellt und zu einem Preis von 25,– €/Stück ausliefert, könnte einen Zusatzauftrag für den laufenden Monat von 1.500 Stück zu 23,– €/Stück erhalten. Dieser Auftrag könnte mit der gegebenen Kapazität bearbeitet werden. Es ist die Annahme oder die Ablehnung des Auftrages zu prüfen.

Würde die Entscheidung nach den Daten der Vollkostenrechnung zu fällen sein, so wäre der Auftrag abzulehnen:

Die Selbstkosten liegen zur Zeit bei 28,– €/Stück, so dass pro Stück ein Verlust von 3,– € eingefahren wird. Welchen Sinn könnte es dann haben, weitere 1.500 Stück zu produzieren, die einen Stückverlust von 5,– € ausweisen. Der Verlust würde sich doch nur erhöhen.

$$g_1 = (25-28) = -3$$
$$g_{zus} = (23-28) = -5$$
$$\text{Nettogewinn:} -3 \times 5.000 = -15.000$$
$$-5 \times 1.500 = \underline{-7.500}$$
$$-22.500$$

Tatsächlich sind die Annahmen der Vollkostenrechnung unzutreffend. Der Deckungsbeitrag des Zusatzauftrages beläuft sich auf (23-12) = 11 € und ist somit positiv. Die Auftragsannahme signalisiert, dass die gegebenen Fixkosten weiterhin abgebaut werden können und folglich eine Ergebnisverbesserung erwartet werden darf:

$$D_1 = d_1 \cdot x_1 = (25-13) \times 5.000 = 65.000$$

$$D_{zus} = d_{zus} \cdot x_2 = (23-11) \times 1.500 = \underline{16.500}$$
$$81.500$$
$$\underline{-80.000 \ K_F}$$
$$1.500$$

Offenbar stellt sich nicht der seitens der Vollkostenrechnung erwartete Verlust von –22.500 € ein, sondern ein Gewinn von 1.500 €. Gegenüber der Ausgangssituation eine Ergebnisverbesserung von 16.500 €, die dazu führt, das es dem Betrieb gelingt, aus der Verlust- in die Gewinnzone zu gelangen.

Offensichtlich führt nur die Teilkostenrechnung wiederum zum richtigen Ergebnis. Geht es also darum, Preisuntergrenzen bei Unterbeschäftigung festzustellen, so versagt die Vollkostenrechnung. Es ist vorauszusetzen, dass die Unternehmung den Zusatzauftrag auch mit der gegebenen Kapazität zu bewältigen in der Lage ist, denn Kapazitätserweiterungen würden automatisch zu einem Anstieg der fixen Kosten führen und damit zu einer veränderten Entscheidungssituation.

5.1.4 Artikelerfolgsrechnung

Für das Management einer Unternehmung ist es von großem Interesse, die Rentabilität der einzelnen Produkte bzw. Artikel einschätzen zu können. Nur so kann eingeschätzt werden, welche Produkte zu forcieren sind, d.h. wofür der Absatz mit flankierenden Maßnahmen wie Werbung oder andere Kaufanreize zu stimulieren ist, um insgesamt die Ertragslage zu verbessern. Oder umgekehrt: von welchen Produkten sollte man sich über kurz oder lang trennen, weil sie die Ertragslage belasten. Offenbar ist die Kenntnis der Artikelrentabilität wesentlich für die **Unternehmensstrategie**.

Zu welchen Ergebnissen die Voll- und Teilkostenrechnung diesbezüglich führt, soll das folgende **Beispiel** zeigen. Alle Ausgangsdaten sind in der nachstehenden Tabelle zusammengefasst. Der Einfachheit halber sei unterstellt, dass alle in der Periode hergestellten Produkte auch abgesetzt werden.

| | Produkte | | | |
	A	B	C	Summe
Produktmenge	3.000	3.000	5.000	11.000
Verkaufserlöse	180.000	160.000	320.000	660.000
variable Kosten	100.000	100.000	160.000	360.000
fixe Kosten	40.000	70.000	150.000	260.000

Nach der Vollkostenrechnung ergibt sich folgendes Bild:

| | Produkte | | | |
	A	B	C	Summe
Vollkosten	140.000	170.000	310.000	620.000
Erlöse	180.000	160.000	320.000	660.000
Gewinn	40.000	–10.000	10.000	40.000
Gewinn in % vom Umsatz	22 %	–6 %	3 %	

Demnach wäre das Produkt B zu eliminieren, da es Verluste einfährt. Mit seiner Herausnahme könnte das Betriebsergebnis um 10.000 € verbessert werden. Ferner ist das Produkt A zu forcieren, da es den höchsten Gewinnbeitrag bezogen auf den Umsatz (22 Cent Gewinn für jeden Umsatzeuro). Beide produktpolitischen Entscheidungen wären jedoch falsch.

Würde das Produkt B aus dem Programm herausgenommen, so fallen Erlöse von 160.000 € fort, andererseits wären zumindest kurzfristig im ungünstigsten Fall die gesamten Fixkosten des Produktes B nicht abbaubar. Anstatt einer Ergebnisverbesserung auf 50.000 € wäre ein Verlust von 20.000 € die Folge.

Tatsächlich würde, wie die folgende Tabelle zeigt, durch zusätzliche Absatzmengen des Produktes B noch das Gesamtergebnis der Unternehmung steigen (positiver Deckungsbeitrag).

| | Produkte | | | |
	A	B	C	Summe
Erlöse	180.000	160.000	320.000	660.000
var. Kosten	100.000	100.000	160.000	360.000
Deckungsbeitrag	80.000	60.000	160.000	300.000
Deckungsbeitrag in % vom Umsatz	44 %	38 %	50 %	
Stückdeckungsbeitrag	26,67	20,–	32,–	

Hinsichtlich der Frage, wie sich der Erfolg verändern würde, liefern die Stückdeckungsbeiträge die Antwort. Bei einem Mehrabsatz von 1.000 Mengeneinheiten könnte durch das Produkt C eine Verbesserung des Periodengewinnes um 32.000 € erfolgen. Damit ist auch die Frage beantwortet, welches Produkt zu forcieren wäre. Zur gleichen Aussage gelangt man auch, wenn man den prozentualen oder relativen Deckungsbeitrag (vom Umsatz) betrachtet. Auch danach wäre das Produkt C zu forcieren: jeder Umsatzeuro erwirtschaftet einen Deckungsbeitrag von 50 Cent, der zur Deckung der Fixkosten und zur Gewinnerzielung zur Verfügung steht. Beide Kriterien – Stückdeckungsbeitrag und prozentualer Deckungsbeitrag – führen hier zum gleichen Ergebnis. Dies muss jedoch nicht immer der Fall sein (vgl. im Detail Kapitel III des Bandes II).
Offenbar sind die Artikelerfolge der Vollkostenrechnung als Dispositionsgrundlage ungeeignet. Richtige Programmentscheidungen der wirtschaftlichen Zusammensetzung, der Favorisierung u.ä. liefert nur die Teilkostenrechnung.

5.1.5 Verfahrenswahl

In vielen Unternehmen hat die Arbeitsvorbereitung bei der Produktionsplanung zu entscheiden, welche von mehreren einsetzbaren Maschinen für ganz bestimmte Arbeitsgänge gewählt werden. Eine Frage, die sich insbesondere bei einer rückläufigen Beschäftigung dringend stellt. Um sie zu beantworten, sind Kostenvergleichsrechnungen durchzuführen. Verfügt eine Unternehmung nur über eine Vollkostenrechnung, so kann die Entscheidung nur anhand von Vollkosten getroffen werden. Eine meist falsche Entscheidung, die zudem dazu führt, dass „... in die Verfahrensplanung die gefährliche Tendenz getragen (wird), hochmechanisierte fixkostenintensive und bereits schlecht ausgelastete Maschinengruppen immer weniger mit Aufträgen zu belegen und statt dessen ältere, meist lohnintensive Maschinen zu wählen" (Kilger 1988, S. 64). Eine Feststellung, die von Plaut bestätigt wird, wenn er als Ergebnis von Betriebsbesichtigungen festhält:
„Man zeigt uns voll Stolz moderne Fertigungsmaschinen, die aber, wie sich herausstellt, gerade stillstehen. Man hat gerade keine Beschäftigung für diese Anlage. Bei dem weiteren Betriebsrundgang zeigt sich aber, dass die alten, unmodernen Anlagen voll ausgelastet sind. Die Arbeitsvorbereitung oder Fertigungsplanung hat es in der Hand, eine Bearbeitung hier oder dort, auf modernen, teuren, fixkostenintensiven Maschinen vorzunehmen, oder sie auf alte, weniger leistungsfähige und mit geringeren Fixkosten belastete Maschinen zu legen. Werden bei dieser Überlegung die Vollkosten herangezogen, dann liegt es auf der Hand, dass es hier zu Fehlentscheidungen kommen muss, zu Fehlentscheidungen, die unserer Meinung nach in sehr vielen Betrieben schon bei kurzen Betriebsrundgängen beobachtet werden können. Nicht das Verfahren ist das teuerste, das die höchsten Gesamtkosten aufweist – wobei notabene diese Gesamtkosten, die Vollkosten, vielleicht gerade durch eine geringe Beschäftigung dieser Anlage besonders hoch sind -, sondern das Verfahren ist das wirtschaftliche, das in den Grenzfertigungskosten jeweils günstiger liegt...
In der Praxis wird hier nach unseren Erfahrungen in erheblichem Umfang gesündigt, und es ist oft schwer, manchmal unmöglich, in den Betrieben auf eine richtige Verfahrenswahl, nämlich aufgrund der proportionalen Kostensätze und damit der Grenzfertigungskosten hinzuwirken. Uns steht eine namhafte deutsche Maschinenfabrik vor Augen, in der wir vor Jahren feststellten, dass grundsätzlich alle alten unwirtschaftlichen Fertigungsmaschinen überlastet sind, im Mehrschicht-Betrieb eingesetzt werden, während die leistungsfähigen modernen Anlagen unterbeschäftigt dastehen.

Es ist bis heute nicht gelungen, in diesem Unternehmen eine Änderung dieses Zustandes herbeizuführen" (Plaut 1961, S. 474).
Für die Verfahrenswahl kommen also nur die Grenzkosten oder variablen Kosten (bei linearen Kostenverläufen) als Entscheidungskriterium in Frage. Die Fixkosten sind mit der Investitionsentscheidung gegeben und fallen für alle Maschinen ohnehin an. Dies soll das folgende einfache **Beispiel** demonstrieren.
Ein Betrieb fertigt Gussteile und hat freie Kapazitäten. Zur Herstellung dieser Gussteile stehen drei Maschinen unterschiedlichen Alters mit den folgenden Kostenverläufen zur Verfügung:

$$
\begin{array}{lll}
\text{Maschine 1:} & \quad K1 = 80 + 0.5\,x \\
\text{Maschine 2:} & \quad K2 = 160 + 0.3\,x \\
\text{Maschine 3:} & \quad K3 = 240 + 0.15\,x
\end{array}
$$

Von der Verkaufsabteilung wird eine zusätzlich Absatzmenge von 250 Stück in der laufenden Absatzperiode erwartet, die auf allen drei Maschinen gefertigt werden könnte. Es stellt sich die Frage, mit welcher Maschine dieser Auftrag zu fertigen ist. Ein Vergleich der Kostenverläufe gelangt zu dem folgenden Ergebnis:

x	100	200	300	400	533	600
K_1	130	180	230	280	346	380
K_2	190	220	250	280	320	340
K_3	255	270	285	300	320	330

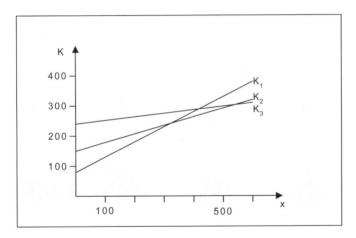

Eine Entscheidung auf Vollkostenbasis würde zu dem folgenden in der Tabelle zusammengefassten Ergebnis gelangen:

Maschine	Gesamtkosten (K) (bei $\Delta x = 250$)	Stückkosten (k)
1	205	0,82
2	235	0,94
3	277	1,11

Der Auftrag würde von der Maschine 1 gefertigt, da hier die Stückkosten minimiert würden.

Die Entscheidung ist jedoch falsch, da sie auf einer falschen Sichtweise der Fixkosten basiert. Die mit der Investitionsentscheidung verbundenen Fixkosten fallen ohnehin an, und zwar unabhängig davon, auf welcher Maschine der neue Auftrag gefertigt wird. Auf Teilkostenbasis ergibt sich somit das folgende Bild:

Maschine	Fixkosten aller Maschinen (€/Monat)	variable Kosten der gewählten Maschinen (bei $\Delta x = 250$)	Gesamtkosten
1	80+160+240 = 480	125	605
2	80+160+240 = 480	75	555
3	80+160+240 = 480	37	517

Offenbar ist es sinnvoll, den Auftrag mit der 3.Maschine zu produzieren. Entscheidungsrelevant sind ausschließlich die variablen Kosten, da der Fixkostenblock von 480 unabhängig von der Verfahrenswahl anfällt. Dies illustriert noch einmal die folgende Grafik:

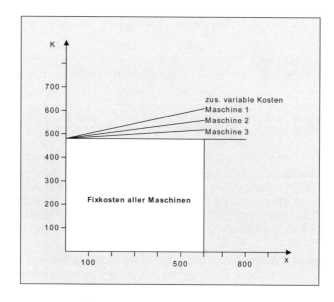

Das Beispiel zeigt, dass eine optimale Verfahrenswahl bei freier Kapazität nur in der Weise getroffen werden kann, dass auf einer solchen Maschine gefertigt wird, die die geringsten zusätzlichen Kosten – also Grenzkosten oder variable Kosten – verursacht.

5.1.6 Make-or-Buy-Entscheidung

Eine recht ähnlich gelagerte Problematik ergibt sich bei der Wahl zwischen Eigenfertigung oder Fremdbezug (make or buy). So könnte bei Unternehmen, die von der Eigenfertigung zum Fremdbezug übergehen, der Eindruck entstehen, dass die gesamten Stückkosten eingespart werden, wenn fremdbezogenen würde. Dies muss aber zumindest kurzfristig keinesfalls der Fall sein, wie das folgende **Beispiel** zeigt.

Eine Textilunternehmung der Oberbekleidungsindustrie stellt Hosen, Jacken und Mäntel her. Die Ausgangsdaten lauten:

Textilien	Bedarfsmenge (Stück/Monat)	günstigster Fremdbezugspreis p_F (€/Stück)	variable Stückkosten k_v (€/Stück)	gesamte Stückkosten k (€/Stück)
Hosen	700	90,–	50,–	120,–
Jacken	500	170,–	70,–	160,–
Mäntel	300	320,–	100,–	300,–

Würde die Unternehmung auf Vollkostenbasis entscheiden, würden die Hosen fremdbezogen (Stückkosten übersteigen den Fremdbezugspreis um mehr als 30 %) während die Jacken und die Mäntel weiter eigengefertigt würden. Nach einem Monat würde man jedoch feststellen, dass die Gesamtkosten für Hosen nicht wie erwartet von 84.000 auf 63.000 € gesunken, sondern vielmehr auf 112.000 € angestiegen sind. Der Grund dafür liegt darin, dass in den gesamten Stückkosten anteilig Fixkosten in Höhe von 70,– € enthalten sind, die zumindest kurzfristig nicht abgebaut werden können. Neben dem Einkaufspreis hat nun die Unternehmung noch die Fixkosten des aufgegebenen Artikels zu tragen. Entscheidungsrelevant sind auch hier nur die Grenzkosten bzw. die variablen Kosten. Sie gilt es mit dem Fremdbezugspreis (p_F) zu vergleichen:

$$p_F > k_v \quad \Rightarrow \quad \text{Eigenfertigung}$$
$$p_F < k_v \quad \Rightarrow \quad \text{Fremdbezug}$$

Abbildung 5.14: Eigenfertigung versus Fremdbezug bei Unterbeschäftigung

Nach dieser Regel würden offenbar alle drei Produkte des angesprochenen Beispiels weiterhin eigengefertigt.
Die aufgestellte Entscheidungsregel gilt hingegen nur für den Fall freier Kapazitäten bzw. der **Unterbeschäftigung**. Neben dem Kostenvorteil stellt eine solche Orientierung auch darauf ab, möglichst die ohnehin freien Kapazitäten stärker auszulasten. Sie findet ihre Grenzen dann, wenn die Vollbeschäftigung erreicht ist (vgl. Männel 1988, S. 117).
Bei einer **Vollbeschäftigung** konkurrieren alle Produkte um die insgesamt zur Verfügung stehenden Kapazitäten. Es liegt der Fall eines (oder mehrerer) Kapazitätsengpasses vor, denn mit der Entscheidung zur Eigenfertigung eines Produktes wird zugleich das Ausmaß der Produktion eines anderen Produktes reduziert oder verhindert. In einem solchen Fall sind die sogenannten *Opportunitätskosten (OK)* zu berücksichtigen, die allgemein als entgangener Gewinn der nicht berücksichtigten Alternative bezeichnet werden können. Die variablen Kosten (oder Grenzkosten) der eigen gefertigten Produkte sind in einem solchen Fall um die Opportunitätskosten zu erhöhen, die sich aus den fortgefallenen Deckungsbeiträgen der nicht oder im geringem Ausmaß erstellten Produkte ableiten lassen.
Die Entscheidungsregel lautet nun:

$$k_v + OK < p_F \Rightarrow \quad \text{Eigenfertigung}$$
$$k_v + OK > p_F \Rightarrow \quad \text{Fremdbezug}$$

Abbildung 5.15: Eigenfertigung versus Fremdbezug bei Vollbeschäftigung

Die Opportunitätskosten sind auf die jeweils in Frage stehenden Engpasseinheiten zu beziehen. Sie geben an, in welchem Ausmaß engpassbezogene Deckungsbeiträge verloren gehen, weil durch die Eigenerstellung andere Produkte verdrängt werden. Im Falle eines Fremdbezuges würden diese „Kosten" vermieden. Die Größe $(k_v + OK)$ nennt man auch die *kurzfristige Preisuntergrenze bei Vollbeschäftigung*.

Der Sachverhalt soll anhand eines einfachen **Beispiels** noch einmal aufgezeigt werden:

Einstandspreis bei Fremdbezug (p_F)	120,– €/Stück
variable Kosten der Eigenfertigung (k_v)	80,– €/Stück
geplante Absatzmenge (x)	1.000 Stück
entgangener Deckungsbeitrag des verdrängten Produktes	40,– €/Stück
Fertigungszeiten:	
verdrängtes Produkt	4 Stunden/Stück
zu beurteilendes Produkt	2 Stunden/Stück

Der absolute Deckungsbeitrag beläuft sich auf 40, – €. Der relative Deckungsbeitrag, der sich ergibt, wenn man den absoluten Deckungsbeitrag in Relation zur beanspruchten Engpasskapazität setzt (40,– € : 4 Stunden/Stück), beläuft sich auf 10,– €. Er besagt, dass man auf 10,– € pro Stunde verzichtet, wird das Produkt verdrängt. Insgesamt werden durch die Eigenerstellung 1.000 · 2 Stunden = 2.000 Produktionsstunden gebunden. Die gesamten Opportunitätskosten belaufen sich somit auf 20.000 € (= 2.000 Stunden · 10,– €/Stunden) und auf 20,– € je Stück.
Der Kostenvergleich gelangt nun zu folgendem Ergebnis:

	Variable Kosten	80,– €
+	Opportunitätskosten	20,– €
	Kosten der Eigenfertigung	100,– €
	Kosten des Fremdbezuges	120,– €
-	Kosten der Eigenfertigung	100,– €
=	Differenz: Vorteil der Eigenfertigung	20,– €

Liegen mehrere Engpässe vor, ist der gleiche Weg zu wählen wie bei der Gestaltung des optimalen Produktionsprogramms, d.h. es ist mit der linearen Programmierung (Optimierung) zu arbeiten (vgl. Kapitel III des Bandes 2). Es bietet sich in einem solchen Fall an, die Fremdbezugsalternativen in einem linearen Planungsansatz zu integrieren.

Bisher war primär eine kurzfristige Betrachtungsweise gegeben. **Langfristige Entscheidungen über Eigenfertigung oder Fremdbezug** führen zu Investitionsentscheidungen. Es stellt sich die Frage, ob es günstiger ist, von außen zu beziehen oder eine Investition zu tätigen, um das Produkt selbst zu fertigen. Die Investition ist zur Gänze der Alternative Eigenfertigung zuzuordnen und somit hat diese auch die zusätzlichen *Investitionskosten (IK)* zu tragen. Allgemein gilt somit:

$$k_v + IK < p_F \quad \Rightarrow \quad \text{Eigenfertigung}$$
$$k_v + IK > p_F \quad \Rightarrow \quad \text{Fremdbezug}$$

Abbildung 5.16: Eigenfertigung versus Fremdbezug bei Investitionsnotwendigkeit

Wie lassen sich aber nun die oben angesprochenen Investitionskosten erfassen? Möglich wäre es, den Fremdbezug aus kostenrechnerischer Hinsicht als spezifisches Fertigungsverfahren zu interpretieren, das bestimmte proportionale Plankosten (den Einstandspreis) verursacht:

$$K_{FB}^P = p^P \cdot x^P$$

mit: K_{FB}^P := geplante Kosten des Fremdbezuges
       p^P : = geplanter Einstandspreis
       x^P := geplante Einkaufs- (Produktions-)menge

Bei der Eigenfertigungsstrategie wären dann anteilige geplante Fixkosten zu berücksichtigen:

$$K_{EF}^P = K_F^P + k_V^P \cdot x^P$$

mit: K_{EF}^P : = geplante Kosten der Eigenfertigung

       K_F^P : = geplante Fixkosten

       k_V^P : = variable Stückkosten der Eigenfertigung

Durch Gleichsetzung der beiden Kostenfunktionen lässt sich dann im Sinne der **Break-even-Analyse** die kritische Menge ermitteln, bei deren Überschreiten die Eigenfertigung zu geringeren Plankosten und deshalb dem Fremdbezug vorzuziehen ist.

$$K_{EF}^P = K_{FB}^P$$
$$K_F^P + k_V^P \cdot x^P = p^P \cdot x^P$$
$$K_F^P = p^P \cdot x^P - k_V^P \cdot x^P$$
$$K_F^P = \left(p^P - k_V^P\right) \cdot x^P$$
$$x^P = \frac{K_F^P}{p^P - k_V^P}$$

Die Vorgehensweise soll ein einfaches **Beispiel** aufzeigen:

Einstandspreis bei Fremdbezug (p_F)	120,– €/Stück
variable Kosten der Eigenfertigung (k_V^P)	80,– €/Stück
geplante Absatzmenge (x^P)	1.000 Stück
geplante Fixkosten (K_F^P)	50.000,– €

$$x^P = \frac{50.000}{120 - 80} = 1.250$$

Offenbar wäre eine Eigenfertigung erst ab einer über 1.250 Mengeneinheiten hinausgehenden Absatzmenge wirtschaftlich, d.h. bei einer mehr als 25 %igen Absatzmengensteigerung. Da dies unrealistisch sein dürfte, ist der Fremdbezug vorzuziehen. Anders zu beurteilen wäre die Situation, gelingt es, die geplanten Fixkosten um 20 % auf 40.000 € zu verringern.
Andererseits besteht durchaus die Gefahr von Fehlentscheidungen:
„Zum einen wird eine eindeutige Zuordnung der fixen Plankosten auf die entsprechenden Produkte nur begrenzt möglich sein. Zum anderen handelt es sich bei vielen derartigen Wahlproblemen um Investitionsentscheidungen, die nicht mit Hilfe der Kostenrechnung, sondern durch den Einsatz dynamischer Verfahren der Investitionsrechnung, die auf Ein- und Auszahlungen basieren, getroffen werden sollten" (Freidank 2001, S. 347).
Wie letzteres aussehen kann – also eine Orientierung an der Investitionsrechnung – soll wiederum mittels der kostenrechnerischen Break-even-Analyse anhand eines **Beispiels** aufgezeigt werden (vgl. ähnlich Ehrmann 1997, S. 280).

In einer Unternehmung wird eine in ein Erzeugnis eingebaute Komponente in einer Stückzahl von 1.000 Einheiten fremd bezogen. Der Einstandspreis beläuft sich auf 280,– €. Um diese Komponente selbst zu erstellen, müsste eine Investition in Höhe von 600.000 € durchgeführt werden. Stückbezogen werden 200,– € variable Kosten auszahlungswirksam. Die zusätzliche Maschine führt zu einem zusätzlichen Personalaufwand von 20.000 €. Die Nutzungsdauer der Maschine soll 8 Jahre und der Kalkulationszinsfuß 8 % betragen.
Die Unternehmensleitung möchte wissen, zu welchem kritischen Preis und bei welcher kritischen Menge sich eine Eigenfertigung lohnt.
Bei der Ermittlung des kritischen Preises und der kritischen Menge ist von durchschnittlich anfallenden Auszahlungen auszugehen. Mittels des Annuitätenfaktors ist es möglich, die einmalige Investitionsauszahlung in gleichbleibende konstante Zahlungen umzurechnen. Der Annuitätenfaktor beläuft sich (für n = 8 und i = 8 %) auf 0,17401. Der kritische Preis ergibt sich aus der Gleichsetzung der Periodenauszahlungen mit dem Fremdbezugspreis:
600.000 · 0,17401 + 20.000 + 1.000 · 200 = $P_{krit.}$ · 1000
$p_{krit.}$ = 324,41 €
Da der gegenwärtige Fremdbezugspreis sich auf 280, – € beläuft, also den kritischen Preis von 324,– € um 44,– € oder 16 % unterschreitet, lohnt sich keine Eigenfertigung.
Die kritische Menge ergibt sich durch Gleichsetzung der formulierten Daten für die Eigenfertigung und dem Fremdbezug:
600.000 · 0,17401 + 20.000 + $x_{krit.}$ · 200 = $x_{krit.}$ · 280
$x_{krit.}$ = 124.406 : 80 = 1.555 Stück

Die Eigenfertigung würde sich erst ab einer Mengenausdehnung um 555 Stück bzw. 56 % rechnen. Aufgrund der vorliegenden Daten wäre somit ein Fremdbezug deutlich wirtschaftlicher.

Wenn auch mit dem zuletzt betrachteten Fall eine längerfristige Orientierung einhergeht, entspricht dies nicht dem derzeitigen Diskussionsstand zur Make-or-Buy-Problematik. Nicht die vorgestellten eher kurzfristig ausgerichteten Eigen- oder Fremdbezugs-Kriterien stehen heute im Mittelpunkt der praktischen Betrachtung, sondern die strategischen Aspekte der Make-or-Buy-Frage (vgl. z.B. Männel 1997, S. 307 ff).

Als Folge der zunehmenden Fix- bzw. Gemeinkosten wurde der Break-even-Point immer weiter hin zur Kapazitätsgrenze verschoben. Die unbeweglichen Fixkostenstrukturen führen dann bei einem leichten Beschäftigungsrückgang bereits zu erheblichen Verlusten oder, wie es beispielsweise für einen großen Automobilhersteller formuliert wurde, zu einem Schüttelfrost, wenn die Branche nur hüstelt (vgl. Schlote 1992, S. 182 f).

Betrachtet man hingegen gerade die Automobilindustrie, so ist hier in den letzten Jahren eine deutliche Abnahme der Fertigungstiefe auszumachen. Ein Weg, der auch von anderen Industrien beschritten wurde. Im Mittelpunkt steht der Gedanke, sich auf das eigentliche Kerngeschäft, die Kernkompetenz zu beschränken und Nebenleistungen zu outsourcen. Hinsichtlich des Outsourcings soll jedoch vermehrt auf Systemlieferanten zurückgegriffen werden, so dass auch hier entsprechende Erfahrungspools aufgebaut und Kostensenkungspotenziale aufgrund von Erfahrungseffekten erschlossen werden können. Wird die Fertigungstiefe durch Outsourcing reduziert, sind dem System- oder Komponenten-Zulieferer auch objektbezogene Weiterentwicklungen zu übertragen. Somit ist die auf Subsysteme ausgerichtete Entwicklungstätigkeit der Zulieferanten in die eigene Produktpolitik zu integrieren (simultaneous engineering).

Mit einer Strategie des lean production verspricht man sich eine **Fixkostenflexibilisierung** und bezogen auf das Kerngeschäft eine Stärkung der Innovationskraft. Es geht um die Straffung der Wertschöpfungskette mit dem Ziel der Nutzschwellensenkung und Übertragung des Beschäftigungsrisikos auch auf Zulieferanten. Nur eine geringe Fertigungstiefe führt zu einer reaktionsschnellen und „bestandsarmen" schlanken Produktion mit kurzen Durchlaufzeiten und höherer Flexibilität. Durch schlanke Wertschöpfungsketten, eine Reduzierung der Fertigungstiefe verspricht man sich insbesondere auch eine Senkung der Komplexitätskosten, denn durch komplizierte Schnittstellenproduktionsprozesse erhöhen sich die Planungs-, Steuerungs- und Kontrollvorgänge und damit verbunden die Kosten.

Abzuwarten bleibt, ob es sich mit dem Schlagwort der „Konzentration auf die eigenen Kräfte, der Beschränkung auf die Kernkompetenzen" nicht auch um eine gewisse Modeerscheinung handelt. Die gleichen Beratungsgesellschaften, die diese Orientierung heute in den Stand eines Naturgesetzes heben, haben noch vor etlichen Jahren das hohe Lied der Diversifikation ("auf zwei Beinen steht sich besser"; „Diversifikation heißt Risikoausgleich bei gleichzeitiger Abschöpfung von Synergievorteilen" etc.) gepredigt.

Wenn bisher die Frage des Make-Or-Buy primär auf den Fertigungsprozess beschränkt blieb, so trifft dies die tatsächliche praktische Bedeutung nur unzureichend. Natürlich wird die sehr kleine Unternehmung die Erstellung einer Steuerbilanz einem Steuerberater übertragen statt diesen gleich einzustellen. In mittleren und großen Unternehmungen standen in den letzten Jahren oft solche Fragen auf dem Prüfstand, ob sich der eigene Reparaturdienst, die Werksverpflegung, das Mahn- und

Inkassowesen, die eigene Marktforschungsabteilung oder der eigene Fuhrpark noch rechnet.

Die Tendenz zum Outsourcing ist unverkennbar, aber gerade in Zeiten einer Unterbeschäftigung sollte auch bedacht werden, dass im Gegensatz zu den Aussagen der Vollkostenrechnung im Fall einer Umstellung vom Fremdbezug zur Eigenfertigung oft nur noch die erzeugnisabhängigen Kosten anfallen. Warum sollten denn die Wartungs-, Reinigungs- oder Inspektionsarbeiten fremd bezogen werden, wenn es in nicht ausgelasteten Bereichen qualifizierte Mitarbeiter gibt, die diese auch bewerkstelligen könnten und die entsprechenden Maschinen etc. ohnehin gewartet werden müssen?

5.1.7 Ergebnisextrapolation

Wie bei der Artikelerfolgsrechnung gezeigt, macht erst die Trennung von fixen und variablen Kosten eine richtige Analyse des Produktionserfolgs möglich. Nun besteht aber auch das Bedürfnis, nicht nur den vergangenen Erfolg einschätzen und auswerten zu können, sondern man möchte vielfach auch ein zukünftiges Ergebnis ermitteln können. Allgemein ergibt sich der Periodengewinn als

$$G = U - K$$

mit   G = Gewinn
        U = Umsatzerlöse
        K = Kosten

Im Rahmen der Vollkostenrechnung werden dem Stückpreis die Stückkosten gegenübergestellt und es gilt

$$G = \Sigma \, x \, (p - k)$$

mit   x = Absatzmenge
        p = Preis
        k = Stückkosten

Will man nun unter Annahme ganz bestimmter Absatzkonstellationen auf den zukünftigen Erfolg schließen, so versagt diese Rechnung. Dies soll ein einfaches **Beispiel** einer Zweiproduktunternehmung zeigen:

Periodenrechnung	Produkte		Gesamt
	A	**B**	
Umsatzerlöse	700.000	400.000	1.100.000
- Kosten	600.000	360.000	960.000
= Gewinn	100.000	40.000	140.000

Stückrechnung	Produkte	
	A	**B**
Absatzmenge	35.000	40.000
Preis	20,–	10,–
- Stückkosten	17,14	9,–
= Stückgewinn	2,86	1,–

Angenommen es würden in der folgenden Periode Absatzmengen von 40.000 für das Produkt A und für B von 45.000 als realisierbar eingestuft, so könnte die Stückrechnung der Vollkostenrechnung folgende Gewinnprognose nahe legen:

$$40.000 \times 2,86 + 45.000 \times 1,– = 159.400,–$$

Das Ergebnis auf Vollkostenbasis ist hingegen nicht extrapolierfähig, da es die unterschiedlichen Dimensionen – nämlich den Zeitbezug der fixen Kosten und den Leistungsbezug der variablen Kosten – nicht trennt. Nach der Teilkostenrechnung ergibt sich der Gewinn als

$$G = \Sigma \; x_i \; (p_i - k_{vi}) - K_F$$

mit
x_i = Absatzmengen der Periode des Produktes i = 1..n
p_i = Preis des Produktes i = 1...n
k_{vi} = variable Kosten des Produktes i = 1...n
K_F = Fixe Periodenkosten

Gemäß der Aussage der Vollkostenrechnung erbrächte jede weitere Absatzmenge eines Produktes automatisch den Stückgewinn. Nach der Teilkostenrechnung wird ein Gewinn erzielt, wenn die Summe aller Deckungsbeiträge den Fixkostenblock übersteigt.

Für das vorgestellte Beispiel soll nun unterstellt werden, dass sich für die abgelaufene Periode die gesamten Fixkosten auf 400.000 € beliefen. Der gleiche Betrag wird auch für die zukünftige Periode vermutet. Die variablen Stückkosten belaufen sich auf 10,29 € für das Produkt A und auf 5,– € für das Produkt B. Der sich einstellende Erfolg wäre nun wie folgt zu prognostizieren:

	Produkte		Gesamt
	A	**B**	
Preis	20,–	10,–	
var. Stückkosten	10,29	5,–	
Stückdeckungsbeitrag	9,71	5,–	
Absatzmenge	40.000	45.000	
Deckungsbeitrag je Prod.	388,400	225.000	613.400
Fixkosten			400.000
Periodenerfolg			213.400

Offenbar ist die Abweichung erheblich. Nur die Teilkostenrechnung ermöglicht zuverlässige Ergebnisprognosen.

5.2 Beurteilung der Voll- und Teilkostenrechnung zur Aufgaben-erfüllung

Wie anhand etlicher Beispiele demonstriert, eignet sich die Vollkostenrechnung nicht als Basis für betriebliche Entscheidungen. Sie ermöglicht nicht die Bestimmung von Preisuntergrenzen. Sie stellt keine geeigneten Kriterien für produkt- oder programm-politische Entscheidungen, für die Wahl zwischen Eigenfertigung oder Fremdbezug oder generell die Verfahrenswahl zur Verfügung. Sie führt zu falschen Ergebnissen bei der Annahme von Zusatzaufträgen bei Unterbeschäftigung und der Ergebnisex-trapolation. Hinsichtlich des Erfolgsausweises führt sie bei Bestandsveränderungen zu schwer interpretierbaren Ergebnissen. Die hier aufgeführten Mängel der Vollkos-tenrechnung lassen sich auf folgende grundlegende Fehler zurückführen:

Der erste **systemimmanente Fehler der Vollkostenrechnung** besteht darin, dass beschäftigungsunabhängige Kosten so behandelt werden, als wären sie proportional (sog. **Fixkostenproportionalisierung**). Fixe Kosten basieren auf langfristige Ent-scheidungen über die Bereitstellung oder Vorhaltung von Kapazitäten, weshalb sie auch als Bereitstellungs- oder Bereitschaftskosten bezeichnet werden. Sie sind von der tatsächlichen Beschäftigung der vorhandenen Kapazität völlig unabhängig. Die Fixkosten werden nicht durch die produzierten oder abgesetzten Mengen einer Pro-duktart verursacht, sondern durch langfristige Investitionsentscheidungen. Demzufol-ge können sie auch nicht „verursachungsgerecht" den Produkteinheiten zugerechnet werden. Zwischen der Produktmenge und dem Ausmaß der fixen Kosten besteht kein Kausalzusammenhang, so dass eine Fixkostenproportionalisierung falsch ist. Nach Riebel „...verleugnet (man) den Charakter der fixen Kosten, wenn man sie künstlich proportionalisiert. Die vollen Kosten der Kostenstellen und -träger entspre-chen daher nicht den tatsächlichen Beziehungen zwischen Ursache und Wirkung, zwischen Mitteln und Zwecken; sie geben infolge dessen ein systembedingt falsches Bild" (Riebel 1994/1959, S. 35). Daraus ist aber nun umgekehrt nicht der Schluss zu ziehen, dass man sich in der Kostenrechnung mit fixen Kosten nicht mehr zu be-schäftigen hätte.

Zunächst einmal sind sie als Produktionskosten jeder Abrechnungsperiode anzulas-ten. Ferner lassen sich nach dem Verursachungsprinzip durchaus fixe Kosten be-stimmten Kostenstellen zuordnen. So sind z. B. die Gehälter der Einkaufsabteilung, der Lagerverwaltung oder die Abschreibungen der Lagereinrichtungen unproblema-tisch dem „Materialbereich" zuzurechnen. Die Materialwirtschaft hat diese Kosten verursacht. Für die Weiterverrechnung auf die Kostenträger gilt dieses Verursa-chungsprinzip hingegen nicht mehr.

Da ein erheblicher Anteil der Fixkosten auch Gemeinkosten darstellen, ist das zweite große Problem der Vollkostenrechnung – nämlich die **fragwürdige Gemeinkosten-schlüsselung** – zum Teil deckungsgleich mit dem ersten. Es wäre identisch, wenn keine variablen Gemeinkosten vorliegen und es sich um eine Einprodukt-unternehmung handelt. Zumindest die 2. Annahme dürfte relativ selten in der Praxis gegeben sein, so dass bei Mehrproduktunternehmen die Gemeinkostenschlüsselung als weiterer systemimmanenter Mangel der Vollkostenrechnung auftritt.

Um die Gemeinkosten Produkten zurechnen zu können, bedient sich die Kosten-rechnung der Kostenstellenrechnung. Hier werden teilweise nach fragwürdigen Schlüsseln die Gemeinkosten auf die Kostenstellen verteilt. Vielfach stehen auch mehrere Gemeinkostenschlüssel alternativ zur Verfügung, so dass die Auswahl und Anwendung eines bestimmten Schlüssels bereits mit Willkür behaftet sind. Um nun die Produkte anteilig mit Gemeinkosten belasten zu können, werden Zuschlagssätze gebildet, indem die Gemeinkosten zu einer Bezugsgröße – vielfach die Einzelkosten dieses Bereiches – in Relation gesetzt werden. Mit diesem sich einstellenden Prozentsatz werden dann die einzelnen Produkte anteilig bezüglich der Gemeinkosten belastet.

War die Schlüsselung problematisch, so ist es der Zuschlagssatz dann wohl auch. Mit diesem Zuschlagssatz werden im Folgenden alle Kostenträger gleichermaßen belastet. Die traditionelle Vollkostenrechnung unterstellt demnach bei allen Produkten die gleiche Proportionalität zwischen Zuschlagsbasis und -satz. Sowohl das Erzeugnis A wie das Erzeugnis B hat so z. B. den gleichen prozentualen Verwaltungs- und Vertriebskostenzuschlag zu tragen. Damit werden aber häufig Produkten Kostenanteile zugeordnet, die sie in Wahrheit in einem sehr viel geringeren oder stärkeren Ausmaß „verursacht" haben. Wäre z. B. das Produkt A ein neu auf einen Markt eingeführtes Produkt, wohingegen B schon lange am Markt platziert ist und quasi über einen festen Kundenstamm verfügt, ist unmittelbar einleuchtend, dass der Vertriebs- und Verwaltungsaufwand von A erheblich über dem von B liegen dürfte.

Die Vollkostenrechnung ist also durch die falsche Lösung des Fixkosten- und des Gemeinkostenproblems gekennzeichnet. Da es nicht möglich ist, Gemeinkosten oder Fixkosten verursachungsgerecht Kostenträgern zuzuordnen, kommt die Vollkostenrechnung bei fast allen betrieblichen Entscheidungen zu falschen Ergebnissen. Darüber hinaus versagt sie, wenn es gilt, Preisvorstellungen im Sinne von Preisuntergrenzen zu ermitteln.

Sind analytisch betriebswirtschaftlich richtige Grenzkosten ermittelt worden, benötigt man dann überhaupt noch die Vollkosten? Reicht es nicht aus, wenn man die Deckungsbeiträge aller Artikel ermittelt und dann vom Gesamtdeckungsbeitrag die fixen Kosten subtrahiert, um den Periodenerfolg zu ermitteln? Diese Fragen seien mit den Worten Plauts beantwortet, einem der konsequentesten Vertreter der Grenzplankostenrechnung:

„Ich habe selbst, als ich erstmalig im deutschsprachigen Raum die praktische Durchführung einer Grenzplankosten- oder Deckungsbeitragsrechnung vorschlug (Plaut 1953), diese Meinung vertreten. Wir haben damals angesichts der vielen Fehlentscheidungen in den Betrieben auf den Gebieten der Artikelwahl, der Preispolitik, ja oft der gesamten Unternehmensstrategie, die auf falschen Informationen der Vollkostenrechnung beruhten, wohl das Kind mit dem Bade ausgeschüttet" (Plaut 1992, S. 213).

An anderer Stelle spricht sich Plaut für eine Parallelrechnung von Grenz- und Vollkostenrechnung aus, „...wie es fast in allen Unternehmen gehandhabt wird. Herr Prof. Kilger hat diesen Fauxpas gegen die reine Lehre der Grenzkostenrechnung, wie er es sah, nun mit einem weinenden und einem lachenden Auge betrachtet" (Plaut 1987, S. 364).

Man benötigt die Vollkosten für die Bestandsbewertung. Auch wenn eine Bewertung der Bestände zu Grenzkosten bzw. variablen Kosten betriebswirtschaftlich sinnvoller wäre, handels- wie steuerrechtlich ist er ausgeschlossen.

Auch für die Preispolitik hält Plaut die Kenntnis der Vollkosten für wichtig: „Gerade bei Serienprodukten auf umkämpften Märkten aber will man die Vollkosten kennen, um zu wissen, wie der Wettbewerb mit Vollkosten kalkuliert, um seine Preispolitik darauf einstellen zu können" (Plaut 1992, S. 214).

Öffentliche Auftraggeber verlangen eine LSP-gerechte Kalkulation und die wiederum basiert auf einer Vollkostenrechnung.

Hinsichtlich der Ermittlung des Periodenerfolgs und seiner Aussagefähigkeit erscheint uns eine „sowohl – als auch" – Einstellung treffend.

Insgesamt gilt auch wieder hier: Die Teilkostenrechnung ist keine Alternative zur Vollkostenrechnung. Sie ist eine wichtige und notwendige Ergänzung des kostenrechnerischen Instrumentariums.

6 Würdigende Gesamtbetrachtung

Aufgrund der bisherigen Feststellungen bleibt festzuhalten: Eine Unternehmung benötigt Elemente der Ist-, Plan-, Voll- und Teilkostenrechnung, will sie das vielseitige Aufgabenspektrum, das an die Kostenrechnung herangetragen wird, abdecken. Eine Normalkostenrechnung sollte möglichst zur Plankostenrechnung weiterentwickelt werden, zumal sie häufig bereits schon Elemente einer Plankostenrechnung enthält. Eine Kostenrechnung, die allen Implikationen einer Ist-, Plan-, Voll- und Teilkostenrechnung in den entscheidenden Bereichen gerecht wird, ist sicherlich in konzeptioneller Hinsicht aufwendiger. Der analytische Aufwand ist nicht unerheblich. Andererseits muss sie aufgrund der heute gegebenen DV-technischen Möglichkeiten nicht unbedingt kostspieliger sein. Vielfach liegt oft eher ein großes Ausmaß der DV-technischen Möglichkeiten brach (Fixkosten!), als dass an ihre Grenzen gestoßen würde.

Zusammenfassend sei in der folgenden Abbildung noch einmal gezeigt, welches Kostenrechnungssystem sich für welche an die Kostenrechnung herangetragene Aufgabe besonders eignet:

Aufgaben der Kostenrechnung	Kostenrechnungssystem, das diese Aufgabe besonders gut erfüllt
kurzfristige Erfolgsrechnung	Istkostenrechnung auf Vollkosten- oder Teilkostenbasis
Wirtschaftlichkeitskontrolle	Plankostenrechnung/Istkostenrechnung auf Vollkosten- oder Teilkostenbasis
betriebliche Entscheidungen	Plankostenrechnung auf Teilkostenbasis
Zahlen für die Bilanz	Istkostenrechnung auf Vollkostenbasis
Preiskalkulation (kurz- und langfristige Preisuntergrenze)	Plankostenrechnung/Istkostenrechnung auf Teil- und Vollkostenbasis
Preiskalkulation/ -abrechnung für öffentliche Aufträge	Istkostenrechnung auf Vollkostenbasis

Abbildung 5.17: Primäre Eignung von Kostenrechnungssystemen zur speziellen Aufgabenerfüllung

Abschließend sollen noch einmal die wesentlichen Unterschiede zwischen den angesprochenen Kostenrechnungssystemen sowie ihre jeweiligen Vor- und Nachteile aufgezeigt werden.

Die *Istkostenrechnung* arbeitet mit den tatsächlich angefallenen Istkosten der Vergangenheit. Gilt es, die Vergangenheit, d.h. betriebswirtschaftliche Prozesse der Vergangenheit zu beurteilen, bleibt sie eine conditio sine qua non. Dies gilt unabhängig davon, mit welchem Beurteilungsmaßstab sie konfrontiert wird. Der Erfolg eines abgelaufenen Monats/Quartals o.ä. lässt sich nur mit den vergangenen Werten rekonstruieren. Soll die Wirtschaftlichkeit eines Kostenträgers oder einer Kostenstelle beurteilt werden, so ist dies nur mittels eines Soll- (Plan)-Ist-Vergleichs möglich.

Die *Normalkostenrechnung* dient insbesondere der rechentechnischen Vereinfachung. Zufallsschwankungen der Vergangenheit können eliminiert werden und die

Kostenstellen- und -trägerrechnung erhält eine feste Basis. Die sich nun einstellenden Über- und Unterdeckungen sind aber eher statistischer Natur, indem damit Abweichungen vom Mittelwert der Vergangenheit ausgewiesen werden.

Ganz anders aber nun die *Plankostenrechnung*. (Plan)-Kosten sind nicht mehr das Resultat vergangener Verhältnisse, sondern Ausdruck einer gewünschten, zielorientierten Entwicklung. Insofern bietet sie auch das adäquate Pendant zur Istkostenrechnung. Wirtschaftlichkeitskontrollen sind nur mittels eines Soll-Ist-Vergleiches möglich und Unternehmen, die nur eine Istkostenrechnung einsetzen sind ein reaktiver Spielball vergangener Ereignisse während Unternehmen mit einer Plankostenrechnung bemüht sind, aktiv die Zukunft zu bewältigen.

Die Unterschiede zwischen der Voll- und Teilkostenrechnung lassen sich im Wesentlichen wie folgt zusammenfassen (vgl. dazu auch Koch 1997, S. 192 ff).

Die *Vollkostenrechnung* ist fertigungsorientiert. Alle Kosten sollen möglichst auftragsbezogen erfasst und über die Kostenstellen den Kostenträgern vollständig zugeordnet werden. Ausgangspunkt ist die Überlegung, dass am Markt ein Preis erzielt werden soll, der die vollen Selbstkosten deckt. Die so ermittelten Selbstkosten sind dann die Basis für Preisverhandlungen bzw. von am Markt durchsetzbaren Preisvorstellungen. Sie ist insofern auf die auftragsorientierte Einzel- und Kleinserienfertigung abgestellt, für die sie auch eher eine Berechtigung erlangt, als hier einerseits individuelle Preisverhandlungen vorstellbar sind und zum anderen auf einen Einzelauftrag sehr wohl einfacher Einzelkosten zuzurechnen sind und sich das Problem der umzulegenden Gemeinkosten relativiert.

Die *Teilkostenrechnung* ist marktorientiert. Der Preis wird tendenziell als ein vom Markt vorgegebenes Datum betrachtet. Wesentlich ist, dass die beschäftigungsabhängigen, proportionalen Kosten vom Preis gedeckt werden. In zweiter Linie gilt, dass die Summe der positiven Deckungsbeiträge die periodenabhängigen Fixkosten deckt. Insofern besteht im Rahmen der Teilkostenrechnung nicht so schnell die Gefahr, sich bei einem Beschäftigungsrückgang aus dem Markt hinaus zu kalkulieren. Der eher geringe Preisspielraum bei Massen- und Großserienfertigung für einen anonymen Käufermarkt weist die Teilkostenrechnung hier als besonders geeignet aus. Es ist einerseits äußerst wichtig, die kurzfristigen Preisuntergrenzen zu kennen, um flexibel auf unterschiedliche Marktgegebenheiten reagieren zu können und andererseits würden die gerade bei einer solchen Fertigung erheblichen Fixkosten durch eine Proportionalisierung bzw. Schlüsselung zu erheblichen Fehlinformationen führen.

Eine zweite Unterscheidung liegt in der Fristigkeit der Kosteninformationen begründet. Die Teilkostenrechnung stellt eher kurzfristige Informationen zur Verfügung:

Lohnt es sich z.B. kurzfristig am Markt zu bleiben, obwohl keine vollkostendeckenden Preise erzielt werden können, sind nicht vollkostendeckende Zusatzaufträge hereinzunehmen etc? All diese Überlegungen basieren auf der Annahme, dass Fixkosten ohnehin entstehen und kurzfristig nicht veränderbar sind. Andererseits kann eine Unternehmung langfristig nicht auf die Deckung aller Kosten verzichten, da dadurch die Existenz bedroht sein würde. Langfristig gesehen ist somit eine Vollkostendeckung unabdingbar.

Ein weiterer wesentlicher Unterschied zwischen der Voll- und der Teilkostenrechnung liegt in der Bewertung der Bestände und daraus resultiert der Bestandsveränderungen auf die Ergebnisrechnung. Bestände werden in der Teilkostenrechnung mit variablen Herstellkosten bewertet. Dies hat zur Folge, dass Bestandsveränderungen erfolgsneutral erfasst werden und die gesamten Fixkosten der Periode im vollem Umfang zugerechnet werden, in der sie auch tatsächlich angefallen sind. Eine Vorgehensweise, die handels- wie steuerrechtlich nicht zulässig ist. Im Rahmen der Vollkostenrechnung werden die Bestände mit den vollen Herstellungskosten, also einschließlich der anteiligen Fixkosten bewertet. Insofern kommt es ergebnisbezogen zu einer Verschiebung der Fixkosten zwischen den Abrechnungsperioden. Bestandserhöhungen bewirken, dass ein Teil der Fixkosten dem Lager und somit erst einer späteren Abrechnungsperiode zugerechnet wird. Umgekehrt im Falle einer Bestandsminderung.

Beide Systeme liefern Ergebnisse pro Produktart oder -gruppe. Handelt es sich bei der Vollkostenrechnung jedoch um ein Nettoergebnis (Umsatz – volle Selbstkosten) liegt bei der Teilkostenrechnung ein Bruttoergebnis (Deckungsbeiträge) vor.

Die in der Vollkostenrechnung ermittelten vollen Selbstkosten bilden die langfristige Preisuntergrenze. Mittels der Teilkostenrechnung ist die kurzfristige Preisuntergrenze bestimmbar.

Die folgende Übersicht stellt schlagwortartig noch einmal die wesentlichen Charakteristika der bisher betrachteten, grundlegenden Kostenrechnungssysteme zusammen.

	Charakteristika	Vorteile	Nachteile
Istkostenrechnung	Verrechnung von tatsächlichen vergangenheitsbezogenen Kosten; IST-Kosten sind mit IST-Preisen bewertete IST-Verbrauchsmengen	Erfassung tatsächlich angefallener Kosten (Nachkalkulation): realistische Erfolgseinschätzung der Vergangenheit; geringer Durchführungsaufwand	zweifelhafte Kostenkontrolle: ausschließlicher Vergangenheitsbezug; wertmäßige Schwankungen; rechentechnisch schwerfälliges Verfahren;
Normalkostenrechnung	Verrechnung von vergangenheitsbezogenen durchschnittlichen IST-Kosten; Normalkosten sind mit Durchschnittspreisen der Vergangenheit bewertete Normalverbrauchs-mengen der Vergangenheit	einfache Kostenkontrolle; Analyse der Über- und Unterdeckung als Differenz zwischen Normal- und Ist-Kosten; Vermeidung von Zufallsschwankungen; Abrechnungsvereinfachung gegenüber der Istkostenrechnung; geringer Durchführungsaufwand	keine echte Nachkalkulation; fehlende, d.h. unzureichende Kostenkontrolle
Plankostenrechnung	PLAN-Kosten sind für eine geplante Ausbringungsmenge (Beschäftigung) mit Plan-Preisen bewertete Plan-Verbrauchsmengen	laufende Kostenkontrolle (Soll-/Ist-Vergleich); wirksame Steuerung der zukünftigen Kostenstrukturen;); detaillierte Abweichungsanalyse	Verrechnung auf Planausbringung im Rahmen der starren Plankostenrechnung; aufwendige Kostenplanung und -auflösung; höherer Durchführungsaufwand
Vollkostenrechnung	Verrechnung der vollen Selbstkosten auf die Kostenträger; Kostenüberwälzungs-rechnung; fertigungsorientiert; Nettoergebnisrechnung	Vorkalkulation im Falle der auftragsorientierten Einzelfertigung; langfristige Preisbestimmung; ermöglicht die Abrechnung öffentlicher Aufträge	keine Basis für Entscheidungen; führt zur Gefahr, sich aus dem Markt hinaus zu kalkulieren; falsche Ergebniseinblicke im Falle von Bestandsveränderungen
Teilkostenrechnung	Verrechnung gemäß des Verursachungsprinzips nur der variablen Kosten (oder Einzelkosten) auf die Kostenträger; marktorientiert; Bruttoergebnisrechnung	Basis für kurzfristige Entscheidungen hinsichtlich des Produktions- und Absatzprogramms; genaue Ergebnisprognosen; kurzfristige Preisuntergrenzen	kurzfristige Entscheidungen / keine Aussagen zur langfristigen Preisuntergrenze; aufwendige Kostenauflösung in fixe und variable Kosten

Abbildung 5.18: Unterschiede zwischen den Kostenrechnungssystemen

Aufgrund einer empirischen Untersuchung von Hauer (1995, S. 207 ff) gaben lediglich 3,02 % der befragten Unternehmen an, keine Kosten- und Leistungsrechnung durchzuführen. Im Vergleich zu früheren Untersuchungen eine deutliche Verbesserung. Die empirischen Befunde zu den KLR-Systemen sind der folgenden Abbildung entnehmbar:

KRL-Systeme	Küpper (1983)	Küpper/ Hoffmann (1988)	Hauer (1995)	Friedl u.a. (2009)
Istkostenrechnung auf VK-Basis	52,6 %	43,7 %	53,2 %	95,6 %
Plankostenrechnung			34,2 %	91,1 %
Deckungsbeitragsrechnung	40 %	45,35 %	35,3 %	68,9 %
Grenzplankostenrechnung	17,8 %	18,6 %	37,9 %[1]	2 %/ 66,7%[2]
Prozesskostenrechnung			3,2 %	31,1 %[3]

Abbildung 5.19: Empirische Ergebnisse zu eingesetzten KLR-Systemen

[1] die Nennungen zur „flexiblen Grenzplankostenrechnung" und „flexiblen Grenzplankostenrechnung mit paralleler Vollkostenrechnung" wurden zusammengefasst [2] der erste Prozentsatz weist die Nennung jener Unternehmen aus, die explizit angeben, über eine (flexible) Grenzplankostenrechnung zu verfügen. Im zweiten Prozentsatz wurden auch jene Unternehmen mit einbezogen, die darüber hinaus angaben, dass sie über eine Ist- und Plankostenrechnung verbunden mit einer Deckungsbeitragsrechnung verfügen. Die a priori geringe Nennung der Grenzplankostenrechnung lassen Friedl u.a. (2009, S. 112) vermuten, dass der Terminus „Grenzplankostenrechnung" in der Praxis nicht verbreitet ist.
[3] es handelt sich hier um den Einsatz von kostenrechnerischen Ansätzen in nicht unmittelbar fertigungsbezogenen Bereichen wie z. der Beschaffung, der Logistik, des Vertriebs (Prozesskostenrechnung in der deutschen Ausprägung; vgl. Friedl u.a. 2009, S. 116).

Wie bereits mehrfach erwähnt, dominiert – nach wie vor – die Vollkostenrechnung auf Istkostenbasis. Diese wird häufig durch Parallelberechnungen nach dem Prinzip der flexiblen Grenzplankostenrechnung, der Deckungsbeitragsrechnung und sehr selten um Ausprägungen der Prozesskostenrechnung ergänzt. Bemerkenswert ist die relative Konstanz der in der Praxis eingesetzten KLR-Systeme. Eine herausragende Stellung nehmen über den gesamten Betrachtungszeitraum die Ist-Vollkostensysteme ein und auf einem gleichbleibenden recht hohen Niveau befindet sich auch von 1983 bis 1995 die Deckungsbeitragsrechnung.
Zu der von Friedl u.a. (2009) durchgeführten Untersuchung bleibt anzumerken, dass sie sich auf „deutsche Großunternehmen" bezieht. Die eklatante Zunahme des Einsatzes von KLR-Systemen dürfte somit weniger chronologisch als samplebezogen erklärbar sein. Großunternehmen nehmen bezüglich aller betriebswirtschaftlichen Instrumente eine Vorreiterstellung ein. Von Interesse dürfte es ferner sein, den Bogen zum Kapitel I zu schlagen, und sich der Frage zu stellen, welche Rechungszwecke (Ziele) eine Kostenrechnung verfolgt (vgl. Abb. 5.20).

Rechnungszweck	Mittelwert	Standardabweichung
Effizienz bei der Kostenkontrolle	4,18	0,747
Kurzfristige Entscheidungsunterstützung	4,04	0,796
Genauigkeit des Planungsprozesses	4,02	0,876
.		
Langfristige Entscheidungsunterstützung	3,62	1,051
Verbesserung der Geschäftsprozess	3,09	0,921
Motivation der Mitarbeiter	2,64	0,908

Abb. 5.20: Empirisch extrahierte Ziele der Kostenrechnung
Quelle: Friedl u.a. 2009, S.112

Die oben ausgewiesene Ratingskala reicht von1 (gar nicht zutreffend) bis 5 (voll zutreffend). Die Kostenkontrolle ist (=Wirtschaftlichkeitskontrolle) ist demnach das dominierende Ziel einer Kostenrechnung. Dieser naheliegende Aspekt wurde auch bereits von Küpper (1983, S.172) empirisch dokumentiert.
Letzteres gilt auch für das zweite Ziel: für kurzfristige Entscheidungsrechnungen (z.B.
Auftragsannahme, Maschinenbelegung Seriengröße etc.) hat die Kostenrechnung
die relevanten Informationen zur Verfügung zu stellen. Hinsichtlich des dritten Rech-
nungszweckes bleibt anzumerken, dass die Kostenrechnung – wie wünschenswert
auch von den Vertretern der Plankostenrechnung angesprochen – immer mehr in
den allgemeinen Planungsprozess von Unternehmen einbezogen wird. Eine langfristige, d.h. strategische Unterstützung, wird der Kostenrechnung nicht zugewiesen. Die
relativ geringe Prozessorientierung zeigt, dass in der Praxis diese Ausrichtung entbehrlich erscheint oder relativ selten aufgegriffen wird. Dieses Item erscheint uns
stark mit dem der „Mitarbeitermotivation" zu korrelieren, da damit primär Prozessge-
danken (Tätigkeitsanalysen, Prozessbildung u.a.) einhergehen. Mitarbeiter über kostenrechnerische Informationen zu motivieren, wird vermutlich schwerlich ein Ziel der
Kostenrechnung sein.
Hinsichtlich der Ausgestaltung des KLR-Systems bleibt nach Friedl u.a. (2009, S. 112
f) festzuhalten, dass 97,8 % aller Unternehmen über eine Kostenarten- und Kostenstellenrechnung mit im Durchschnitt 4.062 (Median 1.208) Kostenstellen verfügen.
Die durchschnittliche Leitungsspanne liegt bei 13 Mitarbeitern pro Kostenstelle und
dem Soll-Ist-Vergleich wird mit 95,6 % eine große Bedeutung zugemessen. Eine
Kostendifferenzierung in variable und fixe Elemente auf der Kostenstellenebene wird
von 44,4 % der Unternehmen vorgenommen, wo hingen 48,8 % lediglich volle Kosten betrachten. Eine Kalkulation nur mit variablen Kosten wird von 4,4 %, eine paral-
lele von 35,6 % und eine solche nur auf Vollkostenbasis von 22,2 % durchgeführt.
Eine gesonderte Betriebsergebnisrechnung wird von 84,4 % der Unternehmen eingesetzt, wobei die Deckungsbeitragsrechnung mit 68,9 % die am meisten eingesetz-
te Variante darstellt.
Abschließend sei noch der Frage der Softwareunterstützung der Kostenrechnung
aufgegriffen (vgl. Abb. 5.21):

implementiertes Softwaresystem	Intensität der Nutzung		
	gar keine	aperiodisch	laufend
SAP/R3	19,6 %	0 %	78,3 %
SAP/BW	52,2 %	0 %	45,7 %
SAP SEM	84,8 %	6,5 %	6,5 %
Hyperion	80,2 %	2,2 %	10,9 %
MBS Navision	93,5 %	0 %	0 %
Corporate Planner	93,5 %	0 %	0 %
Professional Planner	84,8 %	0 %	8,7 %
SAS	89,1 %	0 %	4,3 %
Peoplesoft	84,8 %	0 %	8,7 %
JD Edwards	91,3 %	0 %	2,2 %
Oracle	91,3 %	0 %	2,2 %
Prozessmanager	89,1 %	0 %	4,3 %
Individuelle Software	67,4 %	0 %	26,1 %

Abbildung 5.21: Überblick über implementierte Softwaresysteme der Kostenrechnung
in Großunternehmen
Quelle: Friedl u.a. 2009, S. 113

Während noch Weber (1993, S. 263) ein Verhältnis von 20 zu 80 % bezüglich einer Standardsoftware zur Eigenentwicklung konstatierte, hat sich dieses heute offenbar fast umgekehrt. 26,1 % geben noch an mit einer individuellen Lösung regelmäßig zu arbeiten, worunter in der Regel eine konkrete Ausgestaltung in Excel bzw. Access zu verstehen ist (vgl. Friedl u.a. 2009, S. 113). Dem folgen – nach der Erfahrung des Autors auch heute noch die meisten kleineren und mittleren Unternehmen. In Groß-unternehmen hat sich die Dominanz von SAP durchgesetzt, wobei insbesondere R3 zu einer hohen Bedeutungseinschätzung führt, da die Effizienzsteigerung durch die Softwareunterstützung im Bereich der Kostenrechnung mit 4,3 im Vergleich zu ande-ren Softwarelösungen (3,5) höher eingeschätzt wurde (Friedl u.a. 2009,S113).

7 Selbstkontroll- und Übungsaufgaben

Zur Einordnung der Selbstkontroll- und Übungsaufgaben vgl. Kapitel I. Nur die Lö-sungen der fett gesetzten Übungsaufgaben sind im Anhang (Musterlösungen) aus-gewiesen.

Aufgaben zum Gliederungspunkt 3

Aufgabe 1
Nach welchen wesentlichen Differenzierungsmerkmalen lassen sich welche Kos-tenrechnungssysteme unterscheiden?

Aufgaben zum Gliederungspunkt 4.1

Aufgabe 2
Was sind die wesentlichen Nachteile einer Istkostenrechnung?

Aufgabe 3
Das Hauptziel der Istkostenrechnung besteht in der Nachkalkulation von betriebli-chen Erzeugnissen. Wie würden Sie die Bedeutung dieses Ziels einschätzen?

Aufgabe 4

Die Kostenberichtsliste enthält für den letzten Abrechnungsmonat die folgenden Angaben:

Zeitvergleich für die Kostenstelle 4711				
Kostenart	laufender Monat	Vormonat	%-uale Verän-derung	Vergleichs-monat des Vorjahres
Löhne	8.000	7.000		7.500
Hilfsstoffe	4.800	4.400		4.200
Gehälter	7.000	7.000		6.800
Hilfs- und Betriebsstoffe	4.000	3.000		3.500
Instandhaltung/ Reparatur	2.000	4.000		1.800
Energie	8.000	6.000		6.000
sonst. Fremdleistungen/ -lieferungen	5.000	3.500		3.200
kalk. Zinsen	7.000	7.000		5.000
kalk. Abschreibungen	9.000	9.000		6.000
Summe	54.800	50.900		44.000

Welche Fragen würden Sie im Rahmen der Kostenbesprechung dem Kostenstellen-leiter stellen und welche würden Sie zunächst im Vorfeld klären?

Aufgabe 5

Die Istkostenrechnung auf Vollkostenbasis eignet sich besonders

	zutreffendes hier ankreuzen
- für die Vorkalkulation	( )
- für die Nachkalkulation	( )
- für die monatliche Erfolgsermittlung	( )
- für die Bestandsbewertung	( )
- für die Ermittlung von Selbstkosten im Sinne der „Leitsätze für die Preisermittlung von Selbstkosten (LSP)"	( )
- für die Kostenkontrolle	( )
- für planerische Überlegungen	( )
- für dispositive Zwecke	( )

Aufgaben zum Gliederungspunkt 4.2

Aufgabe 6

Wodurch unterscheiden sich statistische und aktualisierte Mittelwerte?

Aufgabe 7

Warum wird der Normalkostenrechnung ein erheblicher Rationalisierungseffekt zugesprochen?

Aufgabe 8

Beschreiben Sie das Verhältnis der Normal- zur Istkostenrechnung.

Aufgabe 9
Die Normalkostenrechnung (auf Vollkostenbasis) eignet sich besonders

	zutreffendes hier ankreuzen
– für die Vorkalkulation	( )
– für die Nachkalkulation	( )
– für die monatliche Erfolgsermittlung	( )
– für die Bestandsbewertung	( )
– für die Ermittlung von Selbstkosten im Sinne der „Leitsätze für die Preisermittlung von Selbstkosten (LSP)"	( )
– für die Kostenkontrolle	( )
– für planerische Überlegungen	( )
– für dispositive Zwecke	( )
– zur Ermittlung von Preisuntergrenzen	( )

Aufgaben zum Gliederungspunkt 4.3

Aufgabe 10
Grenzen Sie die Begriffe Budget-, Standardkosten = Planherstellkosten und Sollkosten voneinander ab.

Aufgabe 11
Beschreiben Sie die Abweichungsanalyse in der Plankostenrechnung in ihren Grundzügen.

Aufgabe 12
Die Plankostenrechnung (auf Vollkostenbasis) eignet sich besonders

	zutreffendes hier ankreuzen
– für die Vorkalkulation	( )
– für die Nachkalkulation	( )
– für die monatliche Erfolgsermittlung	( )
– für die Bestandsbewertung	( )
– für die Ermittlung von Selbstkosten im Sinne der „Leitsätze für die Preisermittlung von Selbstkosten (LSP)"	( )
– für die Kostenkontrolle	( )
– für planerische Überlegungen	( )
– für dispositive Zwecke	( )
– zur Ermittlung von Preisuntergrenzen	( )
– für die Beantwortung der Frage von Eigenfertigung oder Fremdbezug	( )

Aufgabe 13
Beschreiben Sie das Verhältnis der Ist- zur Plankostenrechnung.

Aufgabe 14
Was sind die grundlegenden Zwecke der Plan- und Teilkostenrechnung?

Aufgabe 15
Zur Produktion von Plastikpinguinen liegen folgende Monatswerte vor:

Plan-Faktoreinsatzmenge:	1,5 kg Kunststoff pro/Stk.
Plan-Faktorpreis:	2,– €/kg
Plan-Beschäftigung:	10.000 Stück/Monat

Nach Monatsablauf haben sich folgende Istwerte
ergeben:

Ist-Faktoreinsatzmenge:	1,8 kg Kunststoff pro Stück
Ist-Faktorpreis:	2,30 €/kg
Ist-Beschäftigung:	9000 Stück/Monat

Ermitteln Sie die aufgetretenen Abweichungen.

Aufgaben zum Gliederungspunkt 5.1

Aufgabe 16
Ein Unternehmen produziert drei Produkte A, B und C. Es gelten die folgenden
Daten:

Produkt	Menge x	Preis/Stück p	var. Stückkosten k_v	ges. Stückkosten k
A	300	400	320	360
B	150	600	540	620
C	100	1.000	700	800

Die gesamten Fixkosten der Periode (K_F) belaufen sich auf 34.000 €. Ermitteln Sie
den kurzfristigen Erfolg nach der Voll- und Teilkostenrechnung, wenn
a) die produzierten Mengen auch in der Betrachtungsperiode abgesetzt werden
b) eine Bestandserhöhung der folgenden Art vorliegt:

	x_p	x_a	x_b
A	300	270	+30
B	150	130	+20
C	100	80	+20

mit:
x_p = produzierte Menge
x_a = abgesetzte Menge
x_b = Bestandsveränderungsmenge

c) eine Bestandsminderung der folgenden Art vorliegt:

	x_p	x_a	x_b
A	300	330	−30
B	150	170	−20
C	100	120	−20

d) Würde man – der Vollkostenrechnung entsprechend – das Produkt B eliminieren, so würde man auf welchen Betrag verzichten, den das Produkt B zur Deckung der Fixkosten beiträgt (Fall: ohne Bestandsveränderungen).

Aufgabe 17

Eine kapazitätsmäßig nicht voll ausgelastete Unternehmung, die bisher 10.000 Stück ihres einheitlichen Produktes mit variablen Kosten von 100.000,– € und fixen Kosten von 80.000,– € pro Monat herstellt und zu einem Preis von 16,– €/Stück ausliefert, könnte einen Zusatzauftrag von 2000 Stück für den laufenden Monat zu 14,– €/Stück erhalten. Prüfen Sie die Annahme oder Ablehnung des Auftrages nach der Voll- und Teilkostenperspektive. Welche Ergebnisveränderungen wären jeweils prognostizierbar?

Aufgabe 18

Eine Unternehmung stellt sich die Frage, von welchen Produkten sie sich über kurz oder lang trennen sollte und welche besonders durch absatzsteigernde Maßnahmen forciert werden sollten. Alle relevanten Ausgangsdaten sind in der folgenden Tabelle zusammengefasst:

Produkte	A	B	C	D	Summe
Produktmenge	3.000	4.000	5.000	2.000	14.000
Verkaufserlöse	190.000	170.000	140.000	280.000	780.000
variable Kosten	100.000	90.000	80.000	225.000	495.000
fixe Kosten	85.000	90.000	60.000	35.000	270.000

Unterbreiten Sie die diesbezüglichen Vorschläge unter den Aspekten der Voll- und Teilkostenrechnung. Zeigen Sie auch die jeweiligen Ergebnisauswirkungen auf.

Aufgabe 19

Ein Betrieb fertigt Gussteile und hat freie Kapazitäten. Zur Herstellung dieser Gussteile stehen drei Maschinen unterschiedlichen Alters zur Verfügung. Die Maschinen verursachen Kosten entsprechend folgender Kostenfunktionen:

$$\text{Maschine 1: } K_1 = 120 + 0{,}6x$$
$$\text{Maschine 2: } K_2 = 180 + 0{,}4x$$
$$\text{Maschine 3: } K_3 = 240 + 0{,}2x$$

Von der Verkaufsabteilung wird eine zusätzliche Absatzmenge von 200 Stück in der laufenden Absatzperiode erwartet, die auf allen drei Maschinen gefertigt werden könnte.

Zu welchem Ergebnis würde man auf der Basis der Voll- und Teilkostenrechnung gelangen? Belegen Sie ihre Auffassung.

Aufgabe 20

Es stehen zwei Produkte zur Auswahl:

	Produkt A	Produkt B
Stückpreis	24,– €	28,– €
variable Kosten	14,– €	18,– €
Engpasszeit pro Stück	25 Minuten	20 Minuten
geplante Absatzmenge	500 Stück	500 Stück

Ermitteln Sie für beide Produkte die kurzfristige Preisuntergrenze bei Vollbeschäftigung. Welches Produkt würde hinzugekauft und welches selbst erstellt, falls der Absatzpreis dem Fremdbezugspreis p_F entsprechen würde?

Aufgabe 21

In einem Unternehmen wird überlegt, ob zur Verbesserung der Wirtschaftlichkeit drei bisher zugekaufte Produkte in Eigenfertigung hergestellt werden sollen: Für Produkt A ist keine Kapazitätserweiterung nötig. Im Gegenteil: es liegt eine Unterbeschäftigung vor. Der Einstandspreis bei Fremdbezug beläuft sich auf 200,– €. Erwartet wird ein Rabatt von 10 % und Frachtkosten von 10,– € pro Stück. Bei Eigenfertigung betragen die Materialeinzelkosten 50,– € und die Fertigungslöhne 70,– € pro Stück. Die Materialgemeinkosten betragen 10 %, davon nehmen sich 40 % als variabel aus. 20 % der Fertigungsgemeinkosten sind variabel und insgesamt belaufen sie sich auf 180 %. Für das Produkt B müsste eine neue Maschine gemietet werden. An Mietkosten würden zusätzlich 10.000 € monatlich anfallen. Der Einstandspreis bei Fremdbezug beläuft sich auf 600,– € und die geplanten Grenzkosten auf 500,– € pro Stück. Die geplante monatliche Absatz- bzw. Produktionsmenge liegt bei 100 Stück. Das Produkt C könnte nur unter Verzicht auf das Produkt X in der benötigten Stückzahl von 200 Einheiten pro Monat produziert werden, da nur eine bestimmte Rohstoffmenge von 2.000 kg zur Zeit am Markt erhältlich ist. Während das Produkt C eine Rohstoffmenge von 10 kg benötigt, liegt diese für X bei 5 kg pro Stück. Bisher wurde für C ein Einstandspreis von 480,– € bezahlt, die variablen Kosten würden sich auf 320,– € belaufen. Der Deckungsbeitrag des Produktes X beträgt 60,.-€/Stück.

Aufgabe 22

In einer Unternehmung wird ein Fertigungsteil im Kalenderjahr für 400,– € mit einer Stückzahl von 800 Stück fremd bezogen. Sollte es eigengefertigt werden, müsste eine Maschine im Wert von 800.000 € angeschafft werden. Die Nutzungsdauer wird auf 10 Jahre geschätzt. An zusätzlichen Personalkosten fallen 30.000 € (anteilige Gehaltskosten für die Steuerung) an. Die geschätzten auszahlungswirksamen variablen Kosten belaufen sich auf 200 €/Stück. Bei einem unterstellten Kalkulationszinsfuß von 8 % beläuft sich der Annuitätenfaktor auf 0,14903. Ermitteln Sie den kritischen Preis und die kritische Menge. Lohnt sich eine Eigenfertigung?

Aufgabe 23

Folgende Kosten- und Erlössituation sei für das Jahr 2010 gegeben:

Produkt	A	B
p (€/Stück)	20,–	10,–
x (Stück)	35.000	40.000
K (€/Periode)	600.000	360.000
davon K_F	240.000	160.000

In 2011 wird mit einer erheblichen Absatzsteigerung in Folge eines joint ventures gerechnet. Von A und B dürfte jeweils eine Absatzmenge von 50.000 Stück realisierbar sein. Welche Ergebnisauswirkungen würde ein Vollkostenrechnung und welche eine Teilkostenrechnung prognostizieren?

Aufgaben zum Gliederungspunkt 5.2

Aufgabe 24

Wodurch unterscheiden sich im Wesentlichen die Voll- und die Teilkostenrechnung?

Aufgabe 25

Die Teilkostenrechnung eignet sich besonders:

	zutreffendes hier ankreuzen
– zur Ergebnisprognose	( )
– für die Ermittlung von Plankosten in der Zukunft	( )
– für die monatliche Erfolgsermittlung	( )
– für die Bestandsbewertung	( )
– für die Ermittlung von Selbstkosten im Sinne der „Leitsätze für die Preisermittlung von Selbstkosten (LSP)"	( )
– für die Kostenkontrolle	( )
– für die Nachkalkulation	( )
– für die Vorkalkulation	( )
– zur Ermittlung von Preisuntergrenzen	( )
– für die Beantwortung der Frage von Eigenfertigung oder Fremdbezug	( )
– für die Beurteilung der Annahme von Zusatzaufträgen	( )
– zur Einschätzung von Fixkostenremanenzen	( )
– zur Kostenanalyse	( )
– zur Beurteilung der Wirtschaftlichkeit eines Betriebsbereiches	( )

Anhang I: Musterlösungen

1. Musterlösung zu Kapitel 1

Aufgabe 2

a) betriebsfremder/neutraler Aufwand

b) betriebsfremder/neutraler Aufwand

c) betriebsfremder/neutraler Aufwand

d) Aufwand = Kosten

e) Aufwand = Kosten

f) Aufwand = Kosten

g) Zusatzkosten

h) 12.000 : Aufwand = Kosten
6.000 : Aufwand, noch nicht Kosten

i) außerordentlicher /neutraler Aufwand

j) Aufwand = Kosten

k) 70.000 : Anderskosten oder:
60.000 : Aufwand = Kosten und
10.000 : Zusatzkosten

l) Anderskosten

m) Zusatzkosten

Aufgabe 3

Sachverhalte	Beispiel
Finanzauszahlung:	Tilgung von Krediten, Entnahme durch den Eigentümer
Ausgabe jetzt, Aufwand später:	Rohstoffeinkauf der auf Lager geht
Ausgaben = Aufwand:	Bezahlung von Fertigungslöhnen
Aufwand, nicht Ausgabe:	Abschreibung einer geschenkten Maschine
Aufwand jetzt, Ausgabe früher:	Rohstoffverbrauch vom Lager; Abschreibungen
betriebsfremder Aufwand:	Spenden
außerordentlicher Aufwand:	Verkauf von Maschinen unter Buchwert
periodenfremder Aufwand:	Steuernachzahlung für das Vorjahr
Zweckaufwand = Grundkosten:	Lohn- und Gehaltskosten
Anderskosten:	kalkulatorische Abschreibung, die nicht der bilanziellen entspricht
Zusatzkosten:	kalkulatorischer Unternehmerlohn
Finanzeinzahlungen:	Aufnahme eines Kredites
Einnahme jetzt; Ertrag später:	erhaltene Kundenanzahlungen
Einnahme jetzt, Ertrag früher:	Lagerverkauf (Bestandsminderung)
Einnahme = Ertrag:	Warenverkauf
Ertrag jetzt, Einnahme später:	Produktion auf Lager
Ertrag jetzt, Einnahme früher:	bereits im voraus bezahlte Produkte werden ausgeliefert
betriebsfremder Ertrag:	erhaltene Spenden, Schenkungen
außerordentlicher Ertrag:	Anlagenverkauf über Buchwert
periodenfremder Ertrag:	Gewerbesteuer-Rückerstattung (aus der Vorperiode)

Aufgabe 4

	März	April	Mai	Juni
Auszahlung				X
Ausgabe	X			
Aufwand			X	
Kosten			X	

Aufgabe 5

1. Finanzeinzahlung; Einnahme, aber nicht Ertrag

b) Ertrag jetzt, aber noch keine Einnahme

2. Einzahlung, Einnahme, aber noch kein Ertrag

d) Einzahlung, Einnahme: 20.000 €
    Ertrag: 30.000 €

e) betriebsfremder Ertrag

f) außerplanmäßiger Ertrag: 5.000 €

g) Einnahme, Ertrag früher

h) periodenfremder Ertrag: 7.000 €

i) Ertrag und Einnahme, aber keine Einzahlung

Aufgabe 13
a) proportionaler Verlauf
b) $K = 1.080$; $K_V= 480$; $K_F= 600$; $k = 2{,}70$; $k_v= 1{,}20$; $k_f= 1{,}50$; $K' = 1{,}20$
c) $K = 600 + 200 * 1{,}2 + 200 * 0{,}9 = 1.020$; $k = 2{,}55$;
    $K_V= 420$; $k_v= 1{,}05$; $K'= 1{,}05$
d) bei keiner (auch wenn sich die gesamten Stückkosten bei immer größer werden-den Ausbringungsmengen den variablen Stückkosten immer mehr annähern).

Aufgabe 14
    $K' = 20 = $ konstant $\Rightarrow$
linearer Kostenverlauf $\Rightarrow k_v= 20$
    $k = 40 \Rightarrow k_f= 20$

$$k_f= \frac{K_F}{100} \text{ bzw. } 20 = \frac{K_F}{100}$$

$\Rightarrow K_F= 2.000$
    $K= 2.000 + 20x$

Aufgabe 15
$K(8.000)=36.000 + 8 * 8000 = 100.000$
$\Rightarrow k= 12{,}50$
$x_{neu} = 6.400$
$K(6.400) = 87.200 \Rightarrow k = 13{,}63$
$\Delta k= 9\%$

Aufgabe 16

$K' = 2 = k_v$

$k = 6 \Rightarrow k_f = 4$

$k_f = \dfrac{K_F}{x}$; $4 = \dfrac{K_F}{300} \Rightarrow K_F = 1.200$

$K = 1.200 + 2x$

Aufgabe 17

a) $K = 100 + 1/3\, x^3 - 4\, x^2 + 18\, x$

   $x = 3 \Rightarrow K = 127$; $k = 42,33$; $K_v = 27$; $k_v = 9$, $K_F = 100$; $k_f = 33,33$

   $K' = x^2 - 8x + 18 \Rightarrow K' = 3$;

   $x = 8 \Rightarrow K = 158,67$; $k = 19,83$; $K_v = 58, 67$; $k_v = 7,33$; $K_F = 100$; $k_f = 7,33$; $K' = 18$

b) Grenzkostenfunktion:

   $K' = x^2 - 8x + 18 = 0$

   Minimum der Grenzkosten:

   $K'' = 2x - 8 = 0$; $\Rightarrow x = 4$;

   Minimum, da

   $K''' > 0$; $K''' = 2$

Aufgabe 18

Einzelkosten

Akkordlohn	40.000
Rohstoffaufwand	70.000
(Hilfsstoffaufwand	20.000)
bezogene Komponenten	30.000
Frachtkosten	6.000
	166.000/146.000
Gemeinkosten (Rest)	200.000/180.000

Aufgabe 19

$K_F = 6.000 + 4.000 + 8.000 + 12.000 + 1/3 * 6.000 = 22.000$

$K_V = 4.000 + 2.000 + 2.000 + 2/3 * 6.000 = 12.000$

$k_v = 12.000 / 500 = 24$

$K = 22.000 + 24\, x$

Aufgabe 34

a: Nach dem Verursachungsprinzip lassen sich Fixkosten einer Produkteinheit nicht zurechnen, denn durch die Produktion einer Produkteinheit wird ex definitionem der Fixkostenblock nicht verändert.

b: Für die Aufteilung von Fixkosten gemäß eines Schlüssels ist wie folgt vorzugehen:

$$\dfrac{K_F}{\sum \text{derSchlüsselgröße}} \bullet \textit{anteilige Schlüsselgröße des betrachteten Produktes}$$

ba: Stückzahl

Produkt	x	k_f	K_F
1	1.000	3,50	3.500
2	2.000	3,50	7.000
3	3.000	3,50	10.500
Summe	6.000		21.000

$\dfrac{21.000}{6.000} = 3,50$

b.b: Verhältnis der variablen Kosten

Produkt	K_V	K_F	k_f
1	9.000	7.000	7,–
2	6.000	4.667	2,33
3	12.000	9.333	3,11
Summe	27.000	21.000	

$$\frac{21.000}{27.000} = 0,78$$

ca: Gewicht

Produkt	Gewicht	K_F	k_f
1	4	9.333	9,33
2	2	4.667	2,33
3	3	7.000	2,33
Summe	9	21.000	

$$\frac{21.000}{9} = 2.333$$

cb: Marktpreis

Produkt	Preis	K_F	k_f
1	20,–	12.000	12,–
2	8,–	4.800	2,40
3	7,–	4.200	1,40
Summe	35,–	21.000	

$$\frac{21.000}{35} = 600$$

Die folgende Tabelle zeigt eindrucksvoll die Fragwürdigkeit der Fixkosten-schlüsselung:

Produkt	k_f nach ba)	k_f nach bb)	k_f nach ca)	k_f nach cb)
1	3,50	7,–	9,33	12,–
2	3,50	2,33	2,33	2,40
3	3,50	3,11	2,33	1,40

Aufgabe 36

1. Undifferenzierte Erfolgsrechnung

Materialkosten	36.000	Umsatzerlöse	120.000
Personalkosten	54.000		
Sonst. Kosten	21.000		
Gewinn	9.000		

2. Differenzierte Erfolgsrechnung

	A	B	C
Erlöse	40.000	20.000	60.000
Prop. Materialkosten	12.000	6.000	18.000
Prop. Fertigungslöhne	8.000	4.000	12.000
Fixe Gehälter	10.000	10.000	10.000
Sonst. Kosten	7.000	7.000	7.000
Gewinn	3.000	- 7.000	13.000

Aufgabe 37
    a) vgl. ähnlich die Grafik in Kap. 6.2.1
    b) vgl. ähnlich die Grafik in Kap. 6.2.1
    c) $K = 20x + 10.000$
       $U = 25x$
       $K = U$
       $20x + 10.000 = 25x$
             $5x = 10.000$
               $x = 2.000 =$ Gewinnschwelle
    d) Gewinnmaximum = Kapazitätsgrenze, da linearer Umsatz- und Kostenver-
       lauf
    e) k = langfristige Preisuntergrenze
       $k_v = K' = 20 =$ kurzfristige Preisuntergrenze

Aufgabe 38
    a) vgl. ähnlich die Grafik in Kap. 6.2.1   b) vgl. ähnlich die Grafik in Kap. 6.2.1
    c) $K = 60x + 4.000 \Rightarrow K' = 60$
       $p = 300 - 3x$
       $U = (300 - 3x)\,x\ = 300x - 3x^2$
       $\Rightarrow U' = 300{-}6x$
    Gewinnschwelle/Gewinngrenze   Gewinnmaximum

$U = K$	$U' = K'$
$300x - 3x^2 = 60x + 4000$	$300 - 6x = 60$
$-3x^2 + 300x - 60x - 4000 = 0$	$-6x = -240$
	$x = 40$
$-3x^2 + 240x - 4000 = 0 \qquad \left\vert -\dfrac{1}{3}\right.$	
$x^2 - 80x + 1.333 = 0$	

              $x_{1,2} = 40 \pm \sqrt{1.600 - 1.333}$
        $x_1 = 40 - 16,34 = 23,66$
        $x_2 = 40 + 16,34 = 56,34$
    d) k = langfristige Preisuntergrenze
       $k_v = K' = 60 =$ kurzfristige Preisuntergrenze

Aufgabe 39

Verkaufserlöse	8,– €
./. Handelsspanne	2,40 €
./. gesch. Selbstkosten	2,50 €
./. Gewinnspanne	1,– €
max. Einkaufspreis	2,10 €

Aufgabe 45   **Aufgabe 46**
$K_I = K_{II}$ $K_I = 0,1x$
$1.200 + 18x = 1.800 + 14x$ $K_{II} = 3.000$
              $4x = 600$ $0,1x = 3.000$
                $x = 150$ $x = 30.000$
$K_{II} = K_{III}$
$1.800 + 14x = 2.600 + 10x$
              $4x = 800$
                $x = 200$

2. Musterlösungen zu Kapitel II

Aufgabe 8
Inventurmethode (I):

Anfangsbestand	402
Σ Zugänge	1.600
- Endbestand	890
= Verbrauch	1.112

Fortschreibungsmethode (F):   Σ Abgänge   1.080

Rückrechnungsmethode (R): P1   110 · 3 =   330

P2   480 · 1,5 =   720

Summe   1.050

R zu F :   unfertige Erzeugnisse
F zu I: Diebstahl, Schwund etc.

Aufgabe 9
Da keine Angaben über die Verbrauchsreihenfolge vorliegen, ist mit durchschnittlichen (periodischen) Istwerten zu rechnen:

$$\frac{2.375 + 3.450 + 1.350 + 3.675}{1.050} = \frac{10.850}{1.050} = 10,33 \text{ €}$$

Istverbrauch	1.050 · 10,33 =	10.846,50
Verbrauch lt. Verrechnungspreis	1.050 · 10 =	10.500,00
Preisdifferenz		346,50

Aufgabe 10
zu a)

A:	150 Stück · 2 =	300 kg
B:	400 Stück · 1 =	400 kg
	Verbrauch	700 kg

Zugang ./. Verbrauch =	Endbestand
1.050 - 700 =	350 kg

zu b)

	350	
-	300	Endbestand laut Inventur
=	50	kg Inventurdifferenz

Ursachen:

- Stücklisten nicht o.k., d.h. Sollverbrauchsmengen berücksichtigen keinen Verschnitt, Ausschuss

- Inventur nicht ordnungsgemäß, d.h. „unfertige Erzeugnisse" wurden nicht erfasst
- Schwund, Diebstahl etc.

Aufgabe 11
11.1: Geldakkord
11.2: $8,55 \cdot 80 = 684,- : 38 = 18,-$ €/Std.

Aufgabe 12

Akkordlohnzuschlag:	$15,- € \cdot 0,3 = 4,50 €$
Minutenfaktor:	$15,- + 4,50 : 60 = 0,325$
Stundenlohn:	$20 \cdot 4 \cdot 0,325 = 26,- €/Std.$

Aufgabe 13
a:

Tag	Ist-Leistung	Arbeitszeit	ersparte Zeit	Grundlohn	Prämie (50%)	Tageslohn (brutto)
1	24	8	–	128,–	–	128,–
2	27	8	1	128,–	8,–	136,–
3	33	8	3	128,–	24,–	152,–

b: c:

Tag	Lohnkosten €/Stk.	Stundenlohn
1	5,33	16,–
2	5,04	17,–
3	4,61	19,–

Aufgabe 14 (in t €)

Inland		Ausland	
FL: 50 * 1.600 * 45 =	3.600	45 * 1.800 * 7 =	567
Transport			500
Investitionen			
– Afa	667		6.400
– Zinsen	500		3.200
sonst. verbl. Kosten	14.400		14.400
Gesamtkostenvergleich	19.167		25.067
Umsätze	22.000		22.000
Gewinnvergleich	2.833		–3.067

Aufgabe 15

Jungmanager	6.000	Krankenschwester	2.200
Lohnsteuer (Klasse 3)	1.800	(Klasse 2)	440
Kirchensteuer	–		35
Solidaritätsbeitrag	90		22
Rentenversicherung	547		219
Arbeitslosenversicherung	82		33
Pflegeversicherung	36		21
Krankenversicherung	278		165
Nettogehalt	3.167		1.265
vom Arbeitgeber zu zahlen:			
Bruttogehalt	6.000		2.200
+ant. Sozialversicherung	943		438
	6.943		2.638

Aufgabe 16

	100 (Arb.) · 160 (Std./Mon.) · 12 (Mon.) · 10,– €	=	1.920.000
+	Sozialkosten (20%)	=	384.000
+	Krankenkosten:	=	
	16 (Std./Mon.) · 100 (Arb.) · 11 (Mon.) · 20,– €		352.000
+	Urlaubsgeld: 100 · 500,– €	=	50.000
+	Weihnachtsgeld: 100 · 3.000,– €	=	300.000
			3.006.000
		: 12	250.500

Aufgabe 17

Bruttolohnsumme	4,5 Mio/€	
Sozialversicherungsbeiträge	900.000	20 %
Berufsgenossenschaftsbeiträge	90.000	2 %
Lohnfortzahlung im Krankheitsfall (15/251)	268.924	6 %
Urlaubs- + Feiertagslohn (33/251)	591.633	13 %
Urlaubs- + Weihnachtsgeld	669.500	15 %
Vermögenswirksame Leistung	90.000	2 %
betr. AV	288.400	6 %
sonst. Freiwillige Sozialleistungen	240.000	5 %
Summe	3.138.457	
Verrechnungssatz		70 %

Aufgabe 18

a:

Jahr	2006	2007	2008	2009	2010
Afa	25.000	25.000	25.000	25.000	25.000

$$250.000 \times 1,273 : 10$$
$$\overline{1\Lambda46}$$

b:

Jahr	2006	2007	2008	2009	2010
Wiederbeschaffungswert	250.000	266.798	295.593	323.298	340.314
Afa	25.000	26.679	29.559	32.329	34.031

Aufgabe 19

$$\frac{250.000 \times 1,355}{1,146}$$

zu a) 200.000 : 10 = 20.000
zu b) 8.Jahr: (200.000 : 12 =) 16.667,–
       9. Jahr: 16.667,–
zu c) 20.000 auch im 11.Jahr (da kein besseres Wissen vorhanden ist) bzw. 16.667
       falls b)

Aufgabe 20

zu a) 2.800 : 70.000 = 0,04
       2.912 : 72.800 = 0,04
       8.750 : 70.000 = 0,125
       9.100 : 72.800 = 0,125

lineare Afa; ND: 8 Jahre; Basis: Tagespreis (4 % ige Preissteigerung)

zu b) 78.740,48 ·1,04 · 0,125 = 10.236

Aufgabe 21

$$\frac{150.000}{250.000} = 0,60\ €/km$$

	Afa
1. Jahr	28.800
2. Jahr	50.400
3. Jahr	37.200
4. Jahr	33.600
	150.000

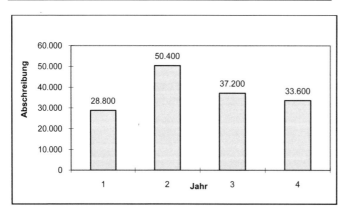

Aufgabe 22

$$\frac{80.000 \bullet 1,15 \bullet -12.000}{100.000} = \frac{80.000}{100.000} = 0,80 \text{ €/Werkzeug}$$

$16.000 \cdot 0,80 = 12.800 \text{ €} \text{ Afa der 1.Periode}$

Aufgabe 23

zu a) 270.000 - 20.000 : 5 = 50.000 €

Jahre	kalk. Abschreibung	Restbuchwert
1	50.000	220.000
2	50.000	170.000
3	50.000	120.000
4	50.000	70.000
5	50.000	20.000
	250.000	

zu b) 270.000 - 20.000 = 250.000 €

Jahre	kalk. Abschreibung	Restbuchwert
1	75.000	195.000
2	58.500	136.500
3	40.950	95.550
4	28.665	66.885
5	20.065	46.819
	223.180	

zu c)

Anschaffungskosten: 250.000 – 20.000 = 230.000

Wiederbeschaffungskosten   270.000 – 20.000 = 250.000

da die Summe der degressiven Abschreibungen mit 223.180 unter beiden Beträgen liegt, ist weder eine nominale Kapitalerhaltung noch eine reale Substanzerhaltung gewährleistet.

Aufgabe 24

AK: 90.000 €; ND: 18 Jahre; Betriebsstunden: 30.000

a) Linear: 5.000 € p.a.

b) degressiv: 20 %: 18.000, aber max. 5.000 · 2 = 10.000 = 11 %

c) Leistung: 3,- €/Betriebsstunde ($\frac{90.000}{30.000} = 3,- \text{ €/Std.}$)

	linear	degressiv	Leistung
AK	90.000	90.000	90.000
- a₁	5.000	10.000	8.400
R₁	85.000	80.000	81.400
- a₂	5.000	8.889	9.600
R₂	80.000	71.111	71.800
- a₃	5.000	7.901	7.200
R₃	75.000	63,210	64.600
- a₄	5.000	7.023	7.800
R₄$^{(1)}$	70.000	56.187	56.800
+ Zuschreibung	6.000	6.000	6.000
R₄$^{(2)}$	76.000	62.187	62.800
- a₅	5.429[1]	6.910[2]	8.924[3]

[1] 76.000:14= 5.429
[2] 62.187*0,11=6.910
[3] 62.800:19.000=3,31*2.700 Stunden =8.924

Aufgabe 25

Datum	Zeitverschleiß		Gebrauchsver-schleiß (0,6 €/Kw)		Σ Abschreibungen
	Afa	RBW	Afa	RBW	
t_0 : 15.10.02		120.000		180.000	
31.12.02	3.571	116.429	6.000	174.000	9.571
31.12.03	17.143	99.286	18.000	156.000	35.143
31.12.04	17.143	82.143	24.000	132.000	41.143
31.12.05	17.143	65.000	30.000	102.000	47.143
31.12.06	17.143	47.857	27.000	75.000	44.143
31.12.07	17.143	30.714	33.000	42.000	50.143
31.12.08	17.143	13.571	24.000	18.000	41.143
15.10.2009 31.12.2009	13.571	–	18.000	–	31.571
					300.000

Aufgabe 26
Beim nicht abnutzbaren Anlagevermögen wird zur Zinsverrechnung auf die Anschaffungskosten abgestellt. Eine Rest- oder Durchschnittswertverzinsung kann nicht unterschieden werden, da es sich um nicht abnutzbares Anlagevermögen handelt.
also: 800.000 · 0,08 : 12 = 5.333 € mtl.

Aufgabe 27
Durchschnittswertmethode: 180.000 : 2 = 90.000
90.000 · 0,08 = 7.200 · 5 = 36.000,– €

Restwertmethode

(1)

180.000	· 0,08	=	14.400
144.000	· 0,08	=	11.520
108.000	· 0,08	=	8.640
72.000	· 0,08	=	5.760
36.000	· 0,08	=	2.880
			43.200

(2)

da Restbuchwerte am Anfang und am Ende jeder Betrachtungsperiode in unterschiedlicher Höhe gegeben sind, wäre folgende Betrachtung sinnvoller:

RBW 01.01.	Afa	RBW 31.12.	∅ RBW	Zinsaufwand
180.000	36.000	144.000	162.000	12.960
144.000	36.000	126.000	144.000	10.080
108.000	36.000	72.000	90.000	7.200
72.000	36.000	36.000	54.000	4.320
36.000	36.000	0	18.000	1.440
				36.000

Offenbar führen die Durchschnittswert- und die Restwertmethode bezogen auf die gesamte Betrachtungsperiode nun zum gleichen verrechneten Zinsaufwand.

Aufgabe 28

1.	Betrieblich notwendiges AV		
	- Gebäude	850.000	
	- masch. Anlage	300.000	
	- BGA	180.000	
	- Fuhrpark	340.000	1.670.000
2.	Betrieblich notwendiges UV		
	- Vorräte	300.000	
	- Forderungen	200.000	
	- Zahlungsmittel	150.000	650.000
	Betrieblich notwendiges Vermögen		2.320.000
-	Abzugskapital		250.000
	Betrieblich notwendiges Kapital		2.070.000
	jährliche kalk. Zinsen		165.600
	monatliche kalk. Zinsen		13.800

Aufgabe 29

zu a: (ohne Abzugskapital)

aa) Restwertmethode

Anlagevermögen	200
	800
Umlaufvermögen	500
1500 · 0,08 : 12 = 10.000 €/mtl	

ab) Durchschnittswertmethode

Anlagevermögen	200
	500
Umlaufvermögen	500
1200 · 0,08 : 12 = 8.000 €/mtl	

zu b) (mit Abzugskapital)

ba) Restwertmethode

Abzugskapital		
- Rückstellungen	100	
- Kundenanzahlungen	50	
- Verbindlichkeiten L+L	100	250
betriebsnotwendiges Vermögen		1.500
betriebsnotwendiges Kapital		1.250
1.250 · 0,08 : 12 = 8.333,- €/mtl.		

bb) Durchschnittswertmethode

betriebsnotwendiges Vermögen	1.200
Abzugskapital	250
betriebsnotwendiges Kapital	950
950 · 0,08 : 12 = 6.333,- €/mtl.	

Aufgabe 30

zu aa:

AV: 1.100 (in t €)

$$UV = \frac{800 + 700}{2} = 750$$

BNV = BNK = 1.850.000 * 0,08 : 12 = 12.333

zu ab:

AV (in t €)

- Grundst.	400

$$- \text{ Geb.} = \frac{200}{2} = \quad 100$$

$$- \text{ Maschinen} = \frac{1.940}{2} = 970$$

Σ 1.470

UV (s.aa.)   750

BNV = BNK =   2.220

2.220.000 * 0,08 :12 = 14.800

zu ba:

AZK = Rückstellungen   200 (in t €)
  +   Kundenanzahlungen   50
  +   Verbindlichkeiten L+L 150
                             400

(1.850.000 – 400.000) * 0,08 :12 = 9.667

zu bb:

(2.220.000 – 400.000) * 0,08 :12 = 12.133

Aufgabe 31

aa) ohne Abzugskapital, Restwerte

Anlagevermögen

Grundstücke	200
Gebäude	

60 - 1,5 = 58,5
60 - 1,5 = 58,5

$\underline{160 - 8} = \underline{152}$	152
280 269	
Maschinen	420
Betriebs- u. Geschäfts-ausstattung	120

Umlaufvermögen

insgesamt am 31.12.:	280
davon privat	20
somit ansetzbar	260

Durchschnittswert: $\dfrac{260 + 160}{2} = 210$

Summe	1.102
mtl. kalkulatorische Zinsen (1.102.000*0,1:12=)	9.183

ab) ohne Abzugskapital, Durchschnittswerte

Anlagevermögen

Grundstücke	200
Gebäude 160:2=	80

Maschinen $\dfrac{420 \bullet 8}{7} = 480; 480:2 = 240$

BGA $\dfrac{120 \bullet 5}{4} = 150; 150 :2 = 75$

Umlaufvermögen (siehe oben) 210
Betriebsnotwendiges Vermögen 805

mtl. kalkulatorische Zinsen
(805.000*0,1:12=) 6.708,-

ba) mit Abzugskapital, Restwerte

Abzugskapital:

Rückstellungen	100
Kundenanzahlungen	50
Verbindlichkeiten	100
	250

betriebsnotwendiges Vermögen (s.o.)	1.102
./. Abzugskapital	250
	852
mtl. kalkulatorische Zinsen (852*0,1:12=)	7.100

bb) mit Abzugskapital, Durchschnittswerte

betriebsnotwendiges Vermögen (s.o)	805
./.Abzugskapital	250
	555

mtl. Kalkulatorische Zinsen (555*0,1:12=) 4625

Aufgabe 32

zu a)
Inventurmethode:

Anfangsbestand	56.000	kg
Zugänge	84.000	kg
Endbestand	24.500	kg
⇒ Verbrauch	115.500	kg
./. Fortschreibungsmethode	110.000	kg
Inventurdifferenz	5.500	kg

kalkulatorisches Beständewagnis: 5.500 · 5,80 : 12 = 2.658 €/mtl.
oder 5.500: 110.000 = 5%; 110.000 · 0,05 · 5,80 : 12 = 2.658 €/mtl.

zu b) 5.500 · 1,1 = 6.050
       6.050 · 20 = 121.000 kg · 0,05 · 5,80 : 12 = 2.924 €/mtl.

Aufgabe 33

zu a)

600 · 0,9 = 540 Mio €

Export: 270 Mio; Verlust 13 Mio; Ausfall: 5 %
Inland: 270 Mio; Verlust 5,4 Mio; Ausfall: 2 %
Durchschnittlich: 3,5 %

700 · 0,9 = 630 Mio €

Export: 315 Mio; Ausfall 5 %:   15,75 Mio €
Inland: 315 Mio; Ausfall 2 %:   6,30 Mio €
                                    22,05 Mio €;
                        monatlich: 1.837.500 €

oder:

630 Mio · 0,35 = 22,05 Mio €

zu b)

700 · 0,9 = 630 Mio €

Export: 378 Mio; Ausfall 5 %:   18,90 Mio €
Inland: 252 Mio; Ausfall 2 %:   5,04 Mio €
                                    23,94 Mio €
                        monatlich: 1.995.500 €

Aufgabe 34

(1) Gewährleistungswagnis:

$$\frac{14+18+22}{300+376+430} = \frac{54}{1.136} = 4,75\ \%; \quad \frac{330+376+430}{423+510+601} = \frac{1.136}{1.534} = 74,05\ \%$$

700 Mio · 0,7405 · 0,0475 = 24,62 Mio € p.a.

(2) Ausschusswagnis:

$$\frac{8+12+15}{310+396+450} = \frac{35}{1.156} = 3,03\ \%; \quad \frac{310+396+450}{423+510+601} = \frac{1.156}{1.534} = 75,36\ \%$$

700 Mio · 0,7536 · 0,0303 = 15,98 Mio € p.a.

(3) Vertriebswagnis:

$$\frac{17+19+24}{423+510+601} = \frac{60}{1.134} = 3,91\ \%; \quad 700\ \text{Mio} · 0,0391 = 27,37\ \text{Mio € p.a.}$$

Aufgabe 35

Ausfallzeit: 25 Min./Tag · 250 Tage = 6.250 Min
mögliche Kapazitätsauslastung: 60 Min/Std. · 8 · 250 Tage = 120.000 = 5,21 %

1,6 Mio € · 0,0521 =   83.360 € p.a.
+ zus. Reparaturkosten (6.250 : 60 = 104,17) · 30,- €   3.125 € p.a.
                                                                 86.485 € p.a.

3. Musterlösung zu Kapitel III

Aufgabe 8

Maschine 1:   Kostensatz: 40,– €/h
Maschine 2:   Kostensatz: 55,–€/h
Gesamtkosten: 84.000 €
Gesamtbeschäftigung: 1.800 h

Durchschnittsstundensatz: 46,67 €/h
- würde ein Produkt auf der Maschine 1 bearbeitet, würde diesem 6,67 € (= 17 %) zu viel berechnet
- würde es auf der Maschine 2 bearbeitet, würden ihm 8,33 € (= 18 %) zu wenig berechnet
- lediglich wenn ein Produkt im Zeitverhältnis 5 : 4 auf Maschine 1 und 2 gefertigt wird, ergibt sich bei der Durchschnittsrechnung kein Unterschied zur differenzierten Verrechnung.

Aufgabe 9
kalkulatorische Abschreibungen:

	Gebäude	TA/Maschinen	BGA
jährlich	42.000	180.000	120.000
monatlich	3.500	15.000	10.000
Summe	28.500		

kalkulatorische Zinsen: jährlich = 360.000; monatlich = 30.000

Kostenart	insgesamt	Material	Fertigung	Verwaltung	Vertrieb
Hilfsstoffe	180.500	3.500	165.000	4.500	7.500
Betriebsstoffe	18.000	2.800	9.000	3.500	2.700
Hilfslöhne	160.800	14.000	125.400	2.500	18.900
Gehälter	200.800	18.500	34.400	106.000	41.900
soz. Abgaben	80.400	6.200	32.800	21.700	19.700
Kostenst.	40.600	0	28.400	12.200	0
Bürok./Werbung	80.800	4.200	14.400	18.600	43.600
Miete	60.000	12.000	36.000	7.200	4.800
Versicherung	28.000	2.800	16.800	5.600	2.800
kalk. Abschreibung	28.500	2.850	17.100	5.700	2.850
kalk. Zinsen	30.000	4.500	15.000	6.000	4.500
Summe	908.400	71.350	494.300	193.500	149.250

Aufgabe 10
kalkulatorische Abschreibung:

	Gebäude	TA/Maschinen	BGA
kalk. Abschreibung	36.000	260.000	64.000

insgesamt: 360.000
monatlich: 30.000

kalkulatorische Zinsen:

Anlagevermögen:	Grundstücke	1,2
	Gebäude	0,6
	Maschinen	1,6
	Betr./Geschäftsausstattung	0,3
Umlaufvermögen:	Vorräte	0,2
	Forderungen	0,1
betriebsnotwendiges Vermögen		4,0
Abzugskapital		0,4
betriebsnotwendiges Kapital		3,6

$$\frac{3.600.000 \cdot 0,06}{12} = 18.000 \ €/mtl$$

Kostenart	insgesamt	Material	Fertigung	Verwaltung	Vertrieb
Hilfsstoffe	180.000	5.500	158.000	6.000	10.500
Betriebsstoffe	20.000	2.500	14.500	1.000	2.000
Hilfslöhne	158.000	20.000	108.000	10.000	20.000
Gehälter	207.000	27.000	30.000	110.000	40.000
soz. Abgaben	73.000	9.400	27.600	24.000	12.000
Betriebssteuern	40.000	0	28.000	12.000	0
Bürok./Werbung	60.400	4.800	21.600	16.000	18.000
Miete	140.000	30.000	70.000	25.000	15.000
Versicherung	40.000	6.000	20.000	8.000	6.000
kalk. Abschreibung	30.000	5.000	17.500	5.000	2.500
kalk. Zinsen	18.000	2.000	10.000	4.000	2.000
Summe	966.400	112.200	505.200	221.000	128.000

Aufgabe 11
Miete: 58.000 : 2.900 = 20 €/qm
Versicherungen: 72.000 : 3.600.000 = 0,02 €/AW
Kalk. Afa:
- Geb.   3,6 : 20 = 180.000
-TA/MA   3,2 : 10 = 320.000
- BGA   1,4 : 5 = 280.000   => mtl. Afa : 65.000
65.000 : 13 = 5.000 €/VZ
kalk. Zinsen:
AV: 6,6 Mio; UV: 1,0 Mio; AZK: 2,2 Mio; BNK: 5,4 Mio => mtl. Zinsen: 27.000
27.000 : 10 = 2.700 €/VZ

Kostenart	insge-samt	Material	Fertigung	Verwaltung	Vertrieb
Soz. Abgaben	108.000	14.000	34.000	32.000	28.000
Miete	58.000	16.000	32.000	4.000	6.000
Versicherung	72.000	4.000	40.000	16.000	12.000
kalk. Abschreibung	65.000	15.000	35.000	5.000	10.000
Kalk. Zinsen	27.000	2.700	10.800	8.100	5.400

Aufgabe 12
12.1.:

	Allg. Hilfs-bereich	Material-bereich	Fertigungs-bereich	Verwaltungs-bereich	Vertriebs-bereich
404	1.000	1.000	4.000	1.000	1.000
405	1.000	500	3.000	500	1.000
429[1]	40	10	6.400	10	40
433	2.000	4.000	20.000	2.000	4.000
439	3.000	6.000	8.000	16.000	20.000
470	1.500	3.000	6.000	3.000	4.500
476	200	300	1.000	300	400
480	800	1.200	5.000	1.500	2.500
482	240	480	1.600	480	960
	9.780	16.490	55.000	24.790	34.400
	-9.780	1.630	4.075	2.445	1.630
		18.120	59.075	27.235	36.030
429 Umrech-nungsziffern	20	5	3.200	5	10

12.2.: Zum gleichen Ergebnis, da nur eine Hilfskostenstelle vorliegt.
12.3.: Wenn nur eine Hilfskostenstelle vorliegt oder wenn bei mehreren Hilfskosten-stellen zwischen diesen kein Leistungsaustausch vorliegt.

Aufgabe 13
Hilfskostenstellen:
1. Soziales: kein Leistungsaustausch (kein Empfang)
2. Raum: geringer Leistungsaustausch (empfängt nur einmal)
3. Strom: größter Leistungsaustausch (empfängt zweimal)

Verrechnungssätze:

Soziales: $\dfrac{2.200}{55}$ = 40,– €/MA

Raum: $\dfrac{4.000 + 3 \bullet 40{,}-\euro}{2.060} = 2{,}-\euro/m^2$

Strom: $\dfrac{3.400 + 2 \bullet 40{,}- + 120 \bullet 2{,}-}{31.000} = 0{,}12\ \euro/kWh$

	Sozial	Raum	Strom	Mat.1	Mat. 2	AV	Fert.1	Fert. 2	Verw.	Vert.1	Vert.2
Umlage	2.200	4.000	3.400	3.080	6.080	940	10.400	4.640	3.260	1.820	2.780
		120	80	200	120	80	800	320	160	120	200
			240	600	160	120	1.200	920	400	200	280
				120	240	60	1.800	720	180	360	240
							800	400			
	0	0	0	4.000	6.600	0	15.000	7.000	4.000	2.500	3.500

Aufgabe 14
zu a)

- Grundstücke/Gebäude = $\dfrac{1.000}{500 - 60} = 2{,}27\ \euro/qm$

- Dampferzeugung = $\dfrac{500}{200 - 150} = 10{,}-\euro/t$

- Reparaturwerkstatt = $\dfrac{800}{100 - 10} = 8{,}89\ \euro/Std.$

zu b)

gibt ab empfängt	Grundst./Geb.	Dampf	Reparaturwerkstatt
Grundstücke/Geb.		50 t	5 Std.
Dampf	20 qm		5 Std.
Reparaturwerkstatt	40 qm	100 t	

	ges. GK	ges. Leistung	Verrechnungspreis
Grundstücke/Geb.	1.000	500 qm	2,- €/qm
Dampf	500	200 t	2,50 €/t
Reparaturwerkstatt	800	100 Std.	8,- €/Std.

		Grundst./Geb.	Dampf	Reparaturwerkstatt	Summe
2	Grundst./Geb.		125,-	40,-	165,-
1	Dampf	40,-		40,-	80,-
3	Reparaturwerk.	80,-	250,-		330,-

- Dampf = $\dfrac{500\ \euro}{200\ t} = 2{,}50\ \euro/t$

- Grundstücke/Gebäude = $\dfrac{1.000 + 50 \cdot 2,5}{500 - 20} = \dfrac{1.125}{480} = 2,34$ €/qm

- Reparaturwerkstatt = $\dfrac{800 + 40 \cdot 2,34 + 100 \cdot 2,50}{100 - 5 - 5} = \dfrac{1.143,60}{90} = 12,71$ €/Std.

Aufgabe 15

X_1	:=	Dampferzeugung (t)
X_2	:=	Reparaturwerkstatt (Std.)
X_3	:=	Grundstücke/Gebäude (qm)

1:	$1.000 + 50\,x_1 + 5\,x_2$	=	$500\,x_3$
2:	$500 + 5\,x_2 + 20\,x_3$	=	$200\,x_1$
3:	$800 + 100\,x_1 + 40\,x_3$	=	$100\,x_2$

Aufgabe 16

I.	750	$+ 50\,x_2$	=	$250\,x_1$	
II.	1.000	$+ 100\,x_1$	=	$150\,x_2$	
	750	$+ 50\,x_2$	=	$250\,x_1$	$\mid \cdot 3$
	1.000	$- 150\,x_2$	=	$-100\,x_1$	
	2.250	$+ 150\,x_2$	=	$750\,x_1$	
	1.000	$- 150\,x_2$	=	$-100\,x_1$	
	3.250		=	$650\,x_1$	
		$x_1 =$		$5,-$	
	750	$+ 50\,x_2$	=	$250 \cdot 5$	
	750	$+ 50\,x_2$	=	1.250	
		$x_2 =$		$10,-$	

Aufgabe 17

a: $EW = \dfrac{24.800}{124.100 - 100 - 24.000} = \dfrac{24.800}{100.000} = 0,25$ €/kwh

$WW = \dfrac{36.000}{511.000 - 1.000} = \dfrac{36.000}{510.000} = 0,07$ €/l

ba) EW bekommt von WW 0l= 0€
WW bekommt von EW 24.000 KWh*0,2 = 4.800 €
(24.800 : 124.000 = 0,2 €/kWh)
$\Rightarrow$ zuerst EW, dann WW abrechnen

bb) $EW = \dfrac{24.800}{124.100 - 100} = \dfrac{24.800}{124.000} = 0,2$€ / kWh

$WW = \dfrac{36.000 + 24.000 * 0,2}{511.000 - 0 - 1.000} = \dfrac{40.800}{510.000} = 0,08$€ / l

c) EW= 24.800 + 100x_1 = 124.100x_1
WW= 36.000 + 24.000x_1 + 1000x_2 = 511.000x_2
X_1= €/kWh
X_2= €/l
24.800 = 124.000x_1
36.000 + 24.000x_1= 510.000x_2
$\Rightarrow$ x_1= 0,2 €/kWh
x_2= 0,08 €//l

Aufgabe 18
a: (Anbauverfahren):

Verrechnungspreis Reparatur: $\dfrac{40.000}{960 - 40 - 120} = \dfrac{40.000}{800} = 50€\,/\,Std$

Verrechnungspreis Stromvers.: $\dfrac{60.000}{680.000 - 100.000 - 40.000} = \dfrac{60.000}{540.000} = 0{,}11€\,/\,kwh$

b: (Stufenleiterverfahren):
Begründung der Reihenfolge:

Schätzpreise: 1) Rep. $\dfrac{40.000}{960} = 41{,}67€\,/\,Std$; 2) Strom $\dfrac{60.000}{680.000} = 0{,}09€\,/\,kwh$

- Reparatur empfängt: 100.000 kwh x 0,09 €/kwh = 9.000 €

- Strom empfängt: 120Std x 41,67 €/Std = 5.000 €

=> zuerst Strom und dann Reparatur abrechnen, da Strom weniger empfängt

Verrechnungspreis Reparatur: $\dfrac{40.000 + 100.000 * 0{,}09}{960 - 40 - 120} = \dfrac{49.375}{800} = 61{,}72€\,/\,Std$

Verrechnungspreis Stromvers.: $\dfrac{60.000}{680.000 - 40.000} = \dfrac{60.000}{640.000} = 0{,}09€\,/\,kwh$

	1. Hilfs-kosten-stelle Strom	2.Hilfs-kosten-stelle Rep.	Material	Fertigung	Ver-waltung	Vertrieb
primäre Ge-meinkosten	60.000	40.000	100.000	280.000	90.000	120.000
Umlage Strom	−60.000	9.375	7.500	33.750	5.625	3.750
Umlage Rep.		−49.375	9.875	25.922	6.172	7.406
prim. u. sek. Gemeinkosten	0	0	117.375	339.672	101.797	131.156

c: (simultanes Gleichungsverfahren):
Gleichungssystem:

$x_1 = €/kwh; x_2 = €/Std$

Rep.: $40.000 + 100.000 x_1 + 40 x_2 = 960 x_2$
Strom: $60.000 + 120 x_2 + 40.000 x_1 = 680.000 x_1$

$40.000 + 100.000 x_1 = 920 x_2$
$60.000 + 120 x_2 \quad = 640.000 x_1$

$40.000 - 920 x_2 = -100.000 x_1 \quad |*6,4$
$60.000 + 120 x_2 = 640.000 x_1$

$256.000 - 5.888 x_2 = -640.000 x_1$
$60.000 + 120 x_2 \quad = 640.000 x_1$

$316.000 - 5.768 x_2 = 0$
$x_2 = 54,79 €/Std$
$=> x_1 = 0,1 €/kwh$

Verrechnungspreis Reparatur: 54,79 €/Std

Verrechnungspreis Stromvers.: 0,10 €/kwh

	1.Hilfs-kosten-stelle Strom	2.Hilfs-kosten-stelle Rep	Material	Fertigung	Ver-waltung	Vertrieb
primäre Ge-meinkosten	60.000	40.000	100.000	280.000	90.000	120.000
Umlage Strom	−70.735 4.161	10.402	8.322	37.448	6.241	4.161
Umlage Rep.	6.574	−52.593 2.191	8.766	23.010	5.478	6.574
prim. u. sek. Gemeinkosten	0	0	117.088	340.457	101.719	130.735

Aufgabe 19

a:

	insg.	Mat.	Fertigung	Verwaltung	Vertrieb
primäre GK	966.400	112.200	505.200	221.000	128.000
Bezugsgröße		1.602.857	280.667	2.500.924 [1]	2.500.924
Zuschlagssätze		7 %	180 %	8,84 %	5,12 %

[1]HK: 1.602.957
     112.200
     280.667
     505.200
     ―――――――
     2.500.924

b:

	insg.	Mat.	Fertigung	Verwaltung	Vertrieb
primäre GK	1.050.000	132.700	428.800	255.100	233.400
Bezugsgröße		1.600.000	300.000	2.461.500 (1)	2.461.500
Zuschlagssätze		8 %	143 %	10 %	9 %

(1)HK: 1.600.000 + 132.700 + 300.000 + 428.800 = 2.461.500

c:

	Mat.	Fertigung	Verwaltung	Vertrieb
prim. u. sek. GK	18.120	59.075	27.235	36.030
Bezugsgröße	90.000	30.000	197.195 (1)	197.195
Zuschlagssätze	20 %	197 %	14 %	18 %

(1)HK: 90.000 + 18120 + 30.000 + 59.075 = 197.195

Aufgabe 20

	Mat.1	Mat.2	Fert. 1	Fert. 2	Verw.	Vert.1	Vert.2
ges. GK	4.000	6.600	15.000	7.000	4.000	2.500	3.500
Bezugsgröße	8.000 kg	66.000 EK	1.500 Masch.St.	70.000 kg	130.000 HK		17.500 kg
Verrechnungssatz	0,5 €/kg	10 % auf EK	10,- €/Std.	0,1 €/kg	5 % auf HK		0,2 €/kg

Aufgabe 21

Gemeinkosten	Summe	Material	Fertigung	Verwaltung	Vertrieb
Gemeinkosten-material	20.000	2.500	10.000	2.500	5.000
Hilfslöhne	35.000	5.000	27.500		2.500
Gehälter	50.000	10.000	15.000	20.000	5.000
Raumkosten	36.000	7.200	14.400	7.200	7.200
Energiekosten	44.000	8.800	26.400	4.400	4.400
Instandhaltung	12.000	1.500	7.500	1.500	1.500
kalk. Abschrei-bung	36.000	6.000	24.000	3.000	3.000
kalk. Zinsen	30.000	3.000	18.000	4.500	4.500
Summe	263.000	44.000	142.800	43.100	33.100

		Zuschlagssatz %
MEK	550.000	
MGK	44.000	8 %
FEL	71.400	
FGK	142.800	200 %
HK	808.200	
VwGK	43.100	5 %
VtGK	33.100	4 %

Aufgabe 22

zu a): Reparaturkostenverrechnungssatz: $\dfrac{8.000}{190} = 42,11 \ €/h$

Stromverrechnungssatz: $\dfrac{9.000}{68.000} = 0,13 \ €/kWh$

Kostenstelle	allg. Hilfskostenstellen		Hauptkostenstellen			
	Repara-turdienst	Stromver-sorgung	Materi-al	Ferti-gung	Verwal-tung	Vertrieb
Prim. Gemeinkosten	8.000	9.000	60.000	260.000	20.000	30.000
Umlage Reparatur	−8.000		842	6.316	337	505
Umlage Strom		−9.000	1.985	6.088	529	397
prim. + sek. GK	0	0	62.827	272.404	20.866	30.902

zu b): Hilfskostenstellen sind nach dem Stufenleiterverfahren so anzuordnen, dass sie möglichst wenige Leistungen von nachgelagerten Hilfskostenstellen empfangen.

	Rep.-dienst	Stromvers.	ges. Kosten	Rep.-dienst	Stromvers.
Rep.-dienst		10 Std.	8.000		400
Stromvers.	8.000 kWh		9.000	947	

Reparaturdienst liefert an Strom 400 €, also empfängt Strom 400 €. Strom liefert an Reparatur 947 €, also empfängt Reparatur für 947 €.

Offenbar empfängt Strom weniger:

Verrechnungssatz Strom: $\dfrac{9.000}{76.000} = 0,12 \ €/kWh$

Verrechnungssatz Reparatur: $\dfrac{8.000 + 8.000 \bullet 0,12}{200 - 10} = \dfrac{8.960}{190} = 47,16 \ €/h$

	allg. Hilfskosten-stellen		Hauptkostenstellen			
	Stromvers.	Rep.-dienst	Mat.	Fert.	Verw.	Vert.
Prim. Gemeinkosten	9.000	8.000	60.000	260.000	20.000	30.000
Umlage Reparatur	–9.000	960	1.800	5.520	480	360
Umlage Strom		–8.960	943	7.074	377	566
	0	0	62.743	272.594	20.857	30.926

zu c)

Reparaturdienst	8.000	+ 8.000 x_1	=	200 x_2
Stromversorgung	9.000	+ 10 x_2	=	76.000 x_1

$$8.000 \quad - 200\,x_2 \quad = -8.000\,x_1$$
$$9.000 \quad + 10\,x_2 \quad = \quad 76.000\,x_1 \quad |\cdot 20$$

$$8.000 \quad - 200\,x_2 \quad = -8.000\,x_1$$
$$180.000 + 200\,x_2 \quad = 1.520.000\,x_1$$

$$188.000 \quad = 1.512.000\,x_1$$
$$x_1 = \quad 0,12\ \text{€/kWh}$$

$$8.000 \quad + 8.000 \bullet 0,12 = 200\,x_2$$
$$200\,x_2 \quad = 8.995$$
$$x_2 \quad = 45{,}-\ \text{€/Std. (44,98)}$$

zu d):

- MGK: $\dfrac{62.743}{314.370}$ $\approx 20\ \%$

- FGK: $\dfrac{272.594}{3.000}$ $\approx 90{,}86\ \text{€/Std.}$

- VwtGk: $\dfrac{51.783}{689.707}$ $\approx 8\ \%$

MEK		314.370
MGK		62.743
FL		40.000
FGK		272.594
= HK		689.707

4. Musterlösung zu Kapitel IV

Aufgabe 4

Selbstkosten	10.000	
+ Gewinnaufschlag (20 %)	2.000	
= Barverkaufspreis	12.000	
+ Skonto (2 %)	245	(ger.)
= Zielverkaufspreis	12.245	
+ Rabatt (5 %)	644	(ger.)
= Netto-Angebotspreis	12.889	
+ MWSt (19 %)	2.449	
= Brutto-Angebotspreis	15.338	

Aufgabe 8

Herstellkosten	200.000 €
Verwaltungs- und Vertriebsgemein-kosten	60.000 €
Selbstkosten	260.000 €
Gewinnzuschlag (10%)	26.000 €
Barverkaufspreis	286.000 €

286.000 : 2.500 t = 114,40 €/t

Aufgabe 9
a: (108.000 + 10.000 + 80.000 + 20.000) : 5.000 = 43,60
b: (132.000 + 30.000 + 80.000 + 32.000) : 5.000 = 54,80
c: 63,50 - 54,80 = 8,70
d: g:k · 100 = 8,70 : 54,80 · 100 = 16 %

Aufgabe 10
a: 840.000 : 42.000 = 20,– € ; 946.000 : 42.000 = 22,52 €
b: (1) 840.000 : 42.000 + (80.000 + 26.000) : 40.000 = 20,– + 2,65 = 22,65 €
       Bestandswert: 2.000 · 20,– = 40.000 €
     (2) (840.000+ 60.000) : 42.000 + (20.000 + 26.000) : 40.000 = 21,43 + 1,15 =
       22,58 €
       Bestandswert: 2.000 · 21,43 = 42.860 €
     (3) (840.000 + 80.000) : 42.000 + (26.000 : 40.000) = 22,55 €
       Bestandswert: 2.000 · 21,90 = 43.800 €

Aufgabe 11
a: HK + 0,12 HK + 0,08 HK   = SK
                            1,2 HK   = 6.000.000
                            HK   = 5.000.000
5.000.000 : 100.000 + 1.000.000 : 75.000 = 50,- + 13,33 = 63,33 €
b: 63,33 · 0,22 = 13,93
c: 63,33 + 13,93 = 77,26

Aufgabe 12
a) k = 16 + (8.000: 500) + (1.800 : 600) + (4.800 : 150) = 16,– + 16,– + 3,– + 32,- =
   67,– €
b) k_{HFE} = 16,– + 16,– + 3,– = 35,– €
c) k_{HUE} = 16,– + 16,– = 32,– €
   UE:–100 · 32,– = –3.200
   FE: (600 – 150) · 35,– = 450 · 35,- = 15.750
   Σ: –3.200 + 15.750 = 12.550 €

Aufgabe 13

a)

Sorte	Menge	ÄZ		Uz	Stückkosten	Kosten/ Sorte
A	600	1,2	0,6	360	279,64	167.786
B	800	2,0	1,0	800	466,07	372.857
C	400	2,6	1,3	520	605,89	242.357
Summe	1.800			1.680		783.000

b) $279,64 \cdot 1,2 = 335,57$
c) $466,07 \cdot 1,2 = 559,28$
d) $605,89 \cdot 1,2 = 727,07$

Aufgabe 14

Produkte	Produktions-menge	Äquivalenz-ziffern	UZ	Stück-kosten	Kosten je Sorte
Pils	960.000	0,9	864.000	1,35	1.296.000
Export	1.320.000	1,0	1.320.000	1,50	1.980.000
Alt	1.680.000	1,3	2.184.000	1,95	3.276.000
Summe			4.368.000		6.552.000

Aufgabe 15

Ermittlung der Herstellkosten
gesamte Kosten: 6.552.000 - 1.310.000 = 5.242.000

Sorte	Menge	ÄZ	UZ	Kosten/ Stück	Kosten/ Sorte
Pils	960.000	0,9	864.000	1,08	1.036.880
Export	1.320.000	1,0	1.320.000	1,20	1.584.120
Alt	1.680.000	1,3	2.184.000	1,56	2.621.000
Summe			4.368.000		5.241.000

Ermittlung der Vertriebskosten

Sorte	Menge	ÄZ	UZ	Kosten/ Stück	Kosten/ Sorte
Pils	940.000	1,0	940.000	0,5	470.000
Export	826.000	0,8	660.800	0,4	330.000
Alt	1.700.000	0,6	1.020.000	0,3	510.000
Summe			2.620.800		1.310.000

Stückkosten

Sorte	HK/Stück	VtGK/Stück	SK/Stück	Kosten/Sorte
Pils	1,08	0,5	1,58	1.506.880
Export	1,20	0,4	1,60	1.914.120
Alt	1,56	0,3	1,86	3.131.000
				6.552.000

Aufgabe 16

HK 1:	x	ÄZ	UZ	HK/Stück
Orange	200.000	0,8	160.000	9,60
Spain	400.000	1,0	400.000	12,50
Brazil	600.000	1,3	780.000	15,60
			1.340.000	

$$\frac{16.080.000}{1.340.000} = 12,-$$

HK 2:	x	ÄZ	UZ	HK/Stück
Orange	200.000	0,9	180.000	1,80
Spain	400.000	1,0	400.000	2,00
Brazil	600.000	1,1	660.000	2,20
			1.240.000	

$$\frac{2.480.000}{1.240.000} = 2,-$$

VT:	x	ÄZ	UZ	HK/Stück
Orange	200.000	1,0	200.000	2,0
Spain	400.000	2,0	800.000	4,0
Brazil	600.000	4,0	2.400.000	8,0
			3.400.000	

$$\frac{6.800.000}{3.400.000} = 2,0$$

	HK/Stück	SK/Stück	SK/Sorte
Orange	11,40	13,40	2.680.000
Spain	14,00	18,00	7.200.000
Brazil	17,80	25,80	15.480.000
			25.360.000

Aufgabe 17
Materialgemeinkosten:

Sorte	Menge	ÄZ	UZ	MGK/Stück
1	500.000	0,8	400.000	0,08
2	700.000	1,0	700.000	0,10 [1]
2	300.000	1,3	390.000	0,13
Summe			1.490.000	

[1] $\dfrac{149.000}{1.490.000} = 0,10$ €/Stück

Fertigungsgemeinkosten:

Sorte	Menge	ÄZ	UZ	FGK/Stück
1	500.000	0,9	450.000	0,18
2	700.000	1,0	700.000	0,20 [1]
3	300.000	1,2	360.000	0,24
Summe			1.510.000	

[1] 302.000 : 1.510.000 = 0,20 €/Stück

Verwaltungsgemeinkosten:

Sorte	Menge	ÄZ	UZ	VWGK/Stück
1	500.000	1,0		0,06
2	700.000	1,0		0,06[1)
3	300.000	1,0		0,06
Summe			1.500.000	

[1) $\dfrac{90.000}{1.500.000}$ = 0,06 €/Stück

Vertriebsgemeinkosten:

Sorte	Menge	ÄZ	UZ	VTGK/Stück
1	500.000	1,2	600.000	0,12
2	700.000	1,0	700.000	0,10 [1)
3	300.000	0,9	270.000	0,09
Summe			1.500.000	

[1) 157.000 : 1.570.000 = 0,10 €/Stück

Sorte	MEK	MGK	FL	FGK	HK	VWGK	VTGK	SK
1	0,18	0,08	0,15	0,18	0,59	0,06	0,12	0,77
2	0,20	0,10	0,17	0,20	0,67	0,06	0,10	0,83
3	0,22	0,13	0,19	0,24	0,78	0,06	0,09	0,93

Sorte	Selbstkosten je Sorte
1	385.000
2	581.000
3	279.000
Summe	1.245.000

zu b) Fall 1: VWGK werden dem Herstellkostenbereich zugeordnet

Vertriebsgemeinkosten:

Sorte	Menge	ÄZ	UZ	VTGK/Stück
1	250.000	1,2	300.000	0,192
2	546.250	1,0	546.250	0,16 [1)
3	150.000	0,9	135.000	0,144
Summe			981.250	

[1) 157.000 : 981.250 = 0,16 €/Stück

Sorte	HK + VwGK/ Stück und Sorte		Vertriebsgemeinkosten	Selbstkosten je Sorte
1	0,65	325.000	48.000	373.000
2	0,73	511.000	87.400	598.400
3	0,84	252.000	21.600	273.600
		1.088.000	157.000	1.245.000

Fall 2: VWGK werden nicht dem Herstellkostenbereich zugeordnet.

Sorte	Menge	ÄZ	UZ	VWGK/Stück	VWGK/Sorte
1	250.000	1,0	250.000	0,095	23.778
2	546.250	1,0	546.250	0,095 [1]	51.955
3	150.000	1,0	150.000	0,095	14.267
Summe			946.250		90.000

[1] 90.000 : 946.250 = 0,095 €/Stück

Sorte	HK/Sorte	VtGK/Sorte	VwGK/Sorte	SK/Sorte
1	295.000	48.000	23.778	366.778
2	469.000	87.000	51.955	608.355
3	234.000	21.600	14.267	269.867
	998.000	157.000	90.000	1.245.000

Aufgabe 18

	auf MEK	auf FL	auf EK
FM	90,–	90,–	90,–
FL	70,–	70,–	70,–
ges. EK	160,–	160,–	160,–
bez. auf MEK 60.000 : 50.000 = 120 %	108,–		
bez. auf FL 60.000 : 70.000 = 85,71 %		60,-	
bez. auf EK 60.000 : (50.000 + 70.000) = 50 %			80,–
	268,–	220,–	240,–

Aufgabe 19
Istzuschläge
Material: 49.200 : 820.000 = 6 %   Fertigung: 811.200 : 520.000 = 156 %
HK: 820.000 + 49.200 + 520.000 + 811.200 = 2.200.400
Verwaltung: 88.016 : 2.200.400 = 4 %   Vertrieb: 176.032 : 2.200.400 = 8 %
a)

Materialeinzelkosten	2.100,00	
Materialgemeinkosten	126,00	6 %
Materialkosten	2.226,00	
Fertigungslöhne	1.890	
Fertigungsgemeinkosten	2.948,40	156 %
Fertigungskosten	4.838,40	
Herstellkosten	7.064,40	
Verwaltungsgemeinkosten	282,58	4 %
Vertriebsgemeinkosten	565,15	8 %
Selbstkosten	7.912,13	

Aufgabe 20

Materialeinzelkosten	42.000		pro Stück
Materialgemeinkosten 5 %	2.100		
Materialkosten		44.100,00	
Fertigungslöhne I	12.000		
Fertigungsgemeinkosten 180 %	21.600		
Fertigungskosten I		33.600,00	
Fertigungslöhne II	8.800		
Fertigungsgemeinkosten 200 %	17.600		
Fertigungskosten II		26.400,00	
Fertigungslöhne III	6.400		
Fertigungsgemeinkosten 160 %	10.240		
Fertigungskosten III		16.640,00	
Herstellkosten		120.740,00	
Verwaltungsgemeinkosten 15 %		18.111,00	
Vertriebsgemeinkosten 8 %		9.659,20	
Selbstkosten		148.510,20	4,95
Gewinn 18 %		26.731,84	
Bar- Zielverkaufspreis (= 95 %)		175.242,04	
Rabatt (= 5 %)		9.223,26	
Netto-Angebotspreis		184.465,30	6,15

Aufgabe 21
a)

	Berechnungsgrundlage	Kostenbetrag je Monat
kalk. Abschreibung	720.000/(10·12)	6.000
kalk. Zinsen	(600.000·0,08)/(2·12)	2.000
Instandhaltung	600.000 · 0,06 : 12	3.000
Platzkosten	150 · 25	3.750
Energiekosten	100 + 50 · 0,15 · 160	1.300
Werkzeuge		900
Betriebsstoffe		700
gesamte Gemeinkosten		17.650
Maschinenstundensatz	17.650 : 160	**110,31 €/Std.**

b) 5.800 : 5.000 = 116 %

c) (17.650 + 5.800 + 5.000) : 160 = 177,81 €/Std.

Aufgabe 22

Reparaturmaterial	80,00	
Materialgemeinkosten 10%	8,00	
Materialkosten		88,00
Fertigungslöhne (40,00 · 1,5 =)	60,00	
Maschinengemeinkosten (40,00 · 2 =)	80,00	
Fertigungskosten		140,00
Herstellkosten		228,00
Verwaltungs-/ Vertriebsgemeinkosten 20%		45,60
Selbstkosten		273,60
Gewinnzuschlag 16 %		43,78
Barverkaufspreis		317,38

Aufgabe 23

a)

Fertigungsmaterial I	8.000,00	
Materialgemeinkostenzuschlag I	400,00	5 %
Fertigungsmaterial II	6.000,00	
Materialgemeinkostenzuschlag II	360,00	6 %
Materialkosten	14.760,00	
Fertigungslöhne I	6.000,00	
Fertigungsgemeinkosten I	3.600,00	60 %
Fertigungseinzelkosten II	9.000,00	
Fertigungsgemeinkosten II	4.500,00	50 %
Fertigungseinzelkosten III	4.000,00	
Fertigungsgemeinkosten III	4.000,00	100 %
Maschinenkosten A	1.400,00	35 € · 40 Std.
Maschinenkosten B	1.080,00	54 € · 20 Std.
Maschinenkosten C	2.400,00	40 € · 60 Std.
Maschinenkosten D	1.200,00	60 € · 20 Std.
Sondereinzelkosten der Fertigung	1.000,00	
Fertigungskosten	38.180,00	
Herstellkosten	52.940,00	
Verwaltungsgemeinkosten	3176,40	6 %
Vertriebsgemeinkosten	5.294,00	10 %
Selbstkosten	61.410,40	
Gewinn	9.211,56	15 %
Barverkaufspreis	70.621,96	= 92 %
Skonto	2.302,89	3 % i.H.
Provisionen	3.838,15	5 % i.H.
Listenverkaufspreis	76.763,00	

b)   76.763,00 – 2.302,89 – 2.302,89 – 3.838,15 = 68.319,07
        68.319,07 – 61.410,40 (SK) = 6.907,67 (neuer Gewinn = 11 %)

Aufgabe 24

B: 400 · (10 - 3) = 2.800; C: 400 · 6 = 2.400
k_H = (200.000 - 5.200) : 7.000 = 27,83 €/kg des Hauptproduktes

Aufgabe 25
Nebenprodukterlöse:

Nebenprodukte	Erlöse	
A	(21,50 - 4,50) · 500 t =	8.500
B	(19,20 - 7,20) · 300 t =	3.600
C	(14,60 - 4,60) · 400 t =	4.000
Summe		16.100

k_H = (1.100.000 -16.100) : 6.000 = 180,65 €/t

Herstellkosten	180,65	
Verwaltungsgemeinkosten	10,84	6 %
Vertriebsgemeinkosten	21,68	12 %
Selbstkosten	213,17	

Aufgabe 26
a)

Materialeinzelkosten	300.000	
Materialgemeinkosten	10.000	
Fertigungslöhne	40.000	
Fertigungsgemeinkosten	74.000	
Herstellkosten (gesamt)	424.000	
- Erlös Kleie	24.000	
Herstellkosten (des HP)	400.000	: 8.000 = 50,– €/dz
Verwaltungsgemeinkosten	21.000	
Vertriebsgemeinkosten	46.000	
Selbstkosten	467.000	: 8.000 = 58,33 €/dz

b) k = 50,– + (67.000 : 6.000) = 50,– + 11,17 = 61,17 €/dz
c) 2.000 · 50 = 100.000 €
d) falls a): (70 – 58,33) · 8.000 = 93.360 €
   falls b): (70 – 61,17) · 6.000 = 52.980 €

Aufgabe 27

Produkt	Menge	ÄZ	UZ	Stückkosten
A	60.000	1	60.000	20,–[1]
B	40.000	0,8	32.000	16,–
C	30.000	0,7	21.000	14,–
Summe			113.000	

[1] 2.260.000 : 113.000 = 20,- €/Stück

Aufgabe 28

Kuppel-produkt	kg	Marktpreis	ÄZ	UZ	Stückkosten
A	6.000	20,–	1	6.000	12,–[1]
B	4.000	15,–	0,75	3.000	9,–
C	3.000	12,–	0,6	1.800	7,20
Summe				10.800	

[1] 129.600 : 10.800 = 12,- €/Stück

	1	2	3
Herstellkosten	12,00	9,00	7,20
Verwaltungsgemeinkosten	0,60	0,45	0,36
Vertriebsgemeinkosten	0,96	0,72	0,58
Sondereinzelkosten des Vertriebs	0,70	0,50	0,30
	14,26	10,67	8,44

Aufgabe 29

zu a)

Nebenprodukterlöse		(in Mio)
Koks	50 kg · (0,18 - 0,02) =	8
Teer	3 kg · (0,19 - 0,04) =	0,45
Benzol	0,1 kg · (1,5 - 0,2) =	0,13
Summe		8,58

$$\frac{17.220.000 - 8.580.000}{36.000.000} = \frac{8.640.000}{36.000.000} = 0,24 \text{ €/cbm}$$

	€	€/cbm
HK des Kuppelprozesses	17.220.000	
- Nebenprodukterlöse	8.580.000	
Restkosten des Kuppelprozesses	8.640.000	0,24
+ Weiterverarbeitungskosten	360.000	0,01
HK des Hauptproduktes	9.000.000	0,25
Verwaltungs-/Vertriebsgemeinkosten	1.440.000	0,04
Selbstkosten	10.440.000	0,29
Umsatzerlöse	11.520.000	0,32
Gewinn	1.080.000	0,03

zu b)

HK des Kuppelproduktionsprozesses	17.220.000
./. Nebenprodukterlöse	580.000
HK des Hauptproduktes	16.640.000

Produkt	Menge in (Mio)	ÄZ	UZ	HK$_1$	WV	HK$_2$
Gas	36	6.500	234.000	7.488.000[1]	360.000	7.848.000
Koks	50	5.720	286.000	9.152.000[2]	1.000.000	10.152.000
Summe			520.000	16.640.000		18.000.000

$$\frac{16.640.000}{520.000} = 32,- \text{€/Einheit}$$

[1] $32,- \cdot 234.000 = 7.488.000$ [2] $32,- \cdot 286.000 = 9.152.000$

	Gas		Koks	
	€	€/cbm	€	€/kg
HK2	7.848.000	0,218	10.152.000	0,20
VwGK/VtGK [1]	633.600	0,02	806.400	0,02
SK	8.481.600	0,238	10.958.400	0,223
Umsatz	11.520.000	0,32	9.000.000	0,18
Gewinn	3.044.160		−1.964.160	

[1] $7.848.000 \Rightarrow 44\,\%$; $10.152.000 \Rightarrow 56\,\%$

zu c)

Produkt	Menge in (Mio)	ÄZ	UZ	HK$_1$	WV	HK$_2$
A	36	0,32	11,52	9.339.661	360.000	9.699.661
B	50	0,18	9	7.296.610	1.000.000	8.296.610
C	3	0,19	0,57	462.119	120.000	582.119
D	0,1	1,5	0,15	121.610	20.000	141.610
Summe			21,24	17.220.000		18.720.000

$$\frac{17.220.000}{21{,}24} = 810.734{,}4633 \text{ €/Einheit}$$

Verwaltungs- und Vertriebsgemeinkosten-Verteilung:

A = 51,81 %
B = 44,32 %
C = 3,11 %
D = 0,76 %

	Gas	Koks	Teer	Benzol
HK$_2$	9.699.661	8.296.610	582.119	141.610
VwGK/VtGK [1)]	746.128	638.201	44.778	10.893
SK	10.445.789	8.934.811	626.897	152.503
Umsatz	11.520.000	9.000.000	570.000	150.000
Gewinn	1.074.211	65.189	−56.897	−2.503

zu d)
Alle sind ungeeignet, aufgrund der nicht verursachungsgerechten Produktbelastung. Am besten erscheint noch (b).

Aufgabe 30

a) Gesamtkostenverfahren:

aa) Betriebsergebniskonto

Soll		Betriebsergebniskonto	Haben
Materialkosten	290.000	Umsatzerlöse	600.000
Personalkosten	200.000	Bestandsmehrungen	80.000[1)]
kalk. Abschreibung	60.000		
kalk. Zinsen	30.000		
Betriebserfolg	100.000		
	680.000		680.000

[1)] (290.000 + 80.000 + 50.000 + 40.000 + 20.000) : 12.000 = 480.000 : 12.000 = 40,– €/Stk.
40,– · 2.000 = 80.000

ab) tabellarischer Ermittlung

	Nettoumsatzerlöse	600.000
+	Bestandserhöhungen	80.000
=	Gesamtleistung	680.000
-	Gesamtkosten	580.000
=	Betriebsergebnis	100.000

ac) formelmäßige Ermittlung
G = 600.000 + (12.000 − 10.000) · 40,00 − 580.000 = 100.000

b) Umsatzkostenverfahren
ba) Betriebsergebniskonto

Soll		Betriebsergebniskonto	Haben
HK zur Umsatzerzie- lung des Kost.-trägers 1 (10.000 · 40,-)	400.000	Umsatzerlöse des Kosten- trägers 1	600.000
Verwaltung	44.000		
Vertrieb	56.000		
Betriebserfolg	100.000		
	600.000		600.000

bb) tabellarische Ermittlung

	Nettoumsatzerlöse	600.000
-	Herstellkosten der zur Umsatzerzielung erbrachten Leistungen	400.000
=	Betriebsergebnis vom Umsatz	200.000
-	Vertriebskosten	56.000
-	Verwaltungskosten	44.000
=	Betriebsergebnis	100.000

bc) formelmäßige Ermittlung

$G = 600.000 - (10.000 \cdot 50^{1)}) = 100.000$

$^{1)}$ $(400.000 + 44.000 + 56.000) : 10.000 = 500.000 : 10.000 = 50,- €/\text{Stück}$

ca) Kostenträgerblatt nach dem Gesamtkostenverfahren

	Materialeinzelkosten	250.000
+	Materialgemeinkosten	40.000
=	Materialkosten	290.000
	Fertigungslöhne	80.000
+	Fertigungsgemeinkosten $^{1)}$	110.000
=	Fertigungskosten	190.000
	Herstellkosten der Produktion	480.000
-	Mehrbestand an fertigen Erzeugnissen	80.000
=	Herstellkosten des Umsatzes	400.000
+	Verwaltungsgemeinkosten	44.000
+	Vertriebsgemeinkosten	56.000
=	Selbstkosten des Umsatzes	500.000
	Nettoerlöse	600.000
-	Selbstkosten des Umsatzes	500.000
=	Betriebsergebnis	100.000

$^{1)}$ 50.000 + 40.000 + 20.000

cb) Kostenträgerblatt nach dem Umsatzkostenverfahren

	HK der abgesetzten Erzeugnisse	400.000
+	Verwaltung	44.000
+	Vertriebskosten	56.000
=	SK der abgesetzten Menge	500.000
	Erlöse	600.000
-	SK der abgesetzten Erzeugnisse	500.000
=	Betriebsergebnis	100.000

5. Musterlösung zu Kapitel V

Aufgabe 4

Kostenart	%uale Veränderung
Löhne	+ 14,3
Hilfslöhne	+ 9,1
Gehälter	0
Hilfs- und Betriebsstoffe	+ 33,1
Instandhaltung/Reparatur	− 50,0
Energie	+ 33,3
sonstige Fremdlieferungen/-leistungen	+ 42,9
kalk. Zinsen	0
kalk. Abschreibung	0

1. Im Vorfeld ist die Beschäftigung zu überprüfen, denn sie könnte erklären, warum die Löhne, aber auch zumindest teilweise der Verbrauch an Hilfs- und Betriebsstoffen, Energie und der sonst. Fremdlieferungen/-leistungen gestiegen sind. Insgesamt erscheint der Anstieg der zuletzt genannten Positionen aber so groß, dass hierfür aber vermutlich nicht nur eine Beschäftigungszunahme verursachend sein dürfte.
2. Zu überprüfen ist ferner im Vorfeld, ob die Abnahme des Reparaturaufwandes auf eine außerordentlich große Reparatur im Vormonat zurückzuführen ist.
3. Zu hinterfragen ist der recht große Anstieg der Hilfslöhne.

Aufgabe 5

Die Istkostenrechnung auf Vollkostenbasis eignet sich besonders	zutreffendes hier ankreuzen
für die Vorkalkulation	( )
für die Nachkalkulation	(X)
für die monatliche Erfolgsermittlung	(X)
für die Bestandsbewertung	(X)
für die Ermittlung von Selbstkosten im Sinne der „Leitsätze für die Preisermittlung von Selbstkosten (LSP)"	(X)
für die Kostenkontrolle	( )
für planerische Überlegungen	( )
für dispositive Zwecke	( )

Aufgabe 9

Die Normalkostenrechnung (auf Vollkostenbasis) eignet sich besonders	zutreffendes hier ankreuzen
für die Vorkalkulation	(X)
für die Nachkalkulation	( )
für die monatliche Erfolgsermittlung	(X)
für die Bestandsbewertung	(X)
für die Ermittlung von Selbstkosten im Sinne der „Leitsätze für die Preisermittlung von Selbstkosten (LSP)"	( )
für die Kostenkontrolle	( )
für planerische Überlegungen	( )
für dispositive Zwecke	( )
zur Ermittlung von Preisuntergrenzen	( )

Aufgabe 12

Die Plankostenrechnung (auf Vollkostenbasis) eignet sich besonders	zutreffendes hier ankreuzen
- für die Vorkalkulation	(X)
- für die Nachkalkulation	( )
- für die monatliche Erfolgsermittlung	( )
- für die Bestandsbewertung	( )
- für die Ermittlung von Selbstkosten im Sinne der „Leitsätze für die Preisermittlung von Selbstkosten (LSP)"	( )
- für die Kostenkontrolle	(X)
- für planerische Überlegungen	(X)
- für dispositive Zwecke	( )
- zur Ermittlung von Preisuntergrenzen	( )
- für die Beantwortung der Frage von Eigenfertigung oder Fremdbezug	( )

Aufgabe 15

Istkosten: 1,8 * 2,3 *   9.000 = 37.260
Plankosten: 1,5 * 2,0 * 10.000 = 30.000
Gesamtabweichung: =   7.260
	1. Preisabweichung
	  IM x IB x IP = 1,8 * 9.000 * 2,3 = 37.260
	./.IM x IB x PP = 1,8 * 9.000 * 2,0 = 32.400
	                                             = 4.860

2. Beschäftigungsabweichung	3. Verbrauchsabweichung

PP x PM x IB = 2 * 1,5 *   9.000 = 27.000
./. PP x PM x PB = 2 * 1,5 * 10.000 = 30.000
                                         = – 3.000
	PP x IB x IM = 2 * 9.000 * 1,8 = 32.400
	PP x IB x PM = 2 * 9.000 * 1,5 = 27.000
	                                         = 5.400

GA = PA + BA + VA = 4.800 – 3.000 + 5.400 = 7.260

Aufgabe 16

zu a:

Vollkostenrechnung:

Produkt	Stückgewinn	Gesamtgewinn
A	40	12.000
B	−20	−3.000
C	200	20.000
Nettogewinn		29.000

Teilkostenrechnung:

Produkt	Stückdeckungsbeitrag	Gesamtdeckungsbeitrag pro Produktart
A	80	24.000
B	60	9.000
C	300	30.000
Summe		63.000
./. Fixkosten (gesamt)		34.000
Nettogewinn		29.000

zu b:

Vollkostenrechnung

Produkte	x_a	p	k	$U = x_a \cdot p$	$K = x_a \cdot k$	G
A	270	400	360	108.000	97.200	10.800
B	130	600	620	78.000	80.600	−2.600
C	80	1.000	800	80.000	64.000	16.000
Nettobetriebserfolg						24.200

Teilkostenrechnung

Produkte	x_a	k_v	d	D
A	270	320	80	21.600
B	130	540	60	7.800
C	80	700	300	24.000
Gesamtdeckungsbeitrag				53.400
− Fixkosten				34.000
Nettobetriebsergebnis				19.400
				(Δ 4.800)

$G_{VKR} > G_{TKR}$, da ein Teil der Periodenfixkosten dem Lager zugerechnet werden:

Produkte	Lagerbestände x_b	Vollkosten $Wb = x_b \cdot k$	Teilkosten $Wb = x_b \cdot k_v$
A	30	10.800	9.600
B	20	12.400	10.800
C	20	16.000	14.000
		39.200	34.400
			Δ 4.800 (s.o.)

zu c: <u>Vollkostenrechnung</u>

Produkte	x_a	p	k	$U = x_a \cdot p$	$K = x_a \cdot k$	G
A	330	400	360	132.000	118.800	13.200
B	170	600	620	102.000	105.400	–3.400
C	120	1.000	800	120.000	96.000	24.000
Nettobetriebserfolg						33.800

<u>Teilkostenrechnung</u>

Produkte	x_a	k_v	d	D
A	330	320	80	26.400
B	170	540	60	10.200
C	120	700	300	36.000
Gesamtdeckungsbeitrag				72.600
– Fixkosten				34.000
Nettobetriebsergebnis				38.600
				(Δ 4.800)

$G_{TKR} > G_{VKR}$, da bei der VKR Fixkosten der Vorperiode für die Bestandsminderungen Beachtung finden:

Produkte	x_b	Vollkosten $Wb = x_b \cdot k$	Teilkosten $Wb = x_b \cdot k_v$
A	–30	–10.800	–9.600
B	–20	–12.400	–10.800
C	–20	–16.000	–14.000
		–39.200	–34.400
			Δ –4.800 (s.o.)

zu d:

VKR legt nahe: 29.000 | da
<table>
<tr><td></td><td><u>+3.000</u></td><td></td><td></td><td></td></tr>
<tr><td></td><td>32.000,</td><td>D_A</td><td></td><td>24.000</td></tr>
<tr><td>aber dies ist falsch</td><td></td><td>D_C</td><td></td><td><u>30.000</u></td></tr>
<tr><td></td><td></td><td></td><td></td><td>54.000</td></tr>
<tr><td></td><td></td><td>K_F</td><td></td><td><u>34.000</u></td></tr>
</table>

20.000, d.h. man würde auf 9.000 € (150 · 60,– €) verzichten

Aufgabe 17
<u>VKR:</u>

$$k = \frac{100.000 + 80.000}{10.000} = 18$$

$g_1 = 16 - 18 = -2;$ $G_1 = -2 * 10.000 = -20.000$

$g_2 = 14 - 18 = -4;$ $G_2 = -4 * \quad 2.000 = \underline{-\ 8.000}$

$$= -28.000$$

$\Rightarrow$ Ablehnung, denn der Verlust würde noch vergrößert

TKR:

$k_v = \dfrac{100.000}{10.000} = 10$ $d_z = 14 - 10 = 4 > 0 \Rightarrow$ Annahme, denn jedes Produkt mit einem
positiven Deckungsbeitrag trägt zum Abbau von Fixkosten bei.

D_1: (16 − 10) * 10.000 = 60.000
D_2: (14 − 10) * 2.000 = 8.000
                           = 68.000
                          ./. 80.000 K_F
                           − 12.000 NG

Ergebnis: der Verlust der Ausgangssituation (− 20.000) konnte um 8.000 € auf
− 12.000 € verbessert werden.

Aufgabe 18
Vollkostenrechnung:

	A	B	C	D	Σ
Vollkosten	185.000	180.000	140.000	260.000	765.000
Erlöse	190.000	170.000	140.000	280.000	780.000
Gewinn	5.000	−10.000	−	20.000	15.000
Gewinn in % vom Umsatz	3 %	−6 %	0	7 %	2 %

$\Rightarrow$ Produkt B eliminieren (Verlust)

Produkt D forcieren, da 7 % Umsatzrendite (D > A > C)

neue Situation:

	A	B	C	D	Σ
Gewinn	5.000	−	−	20.000	25.000

Teilkostenrechnung:

	A	B	C	D	Σ
Erlöse	190.000	170.000	140.000	280.000	780.000
var. Kosten	100.000	90.000	80.000	225.000	495.000
DB	90.000	80.000	60.000	55.000	285.000
DB in % vom Umsatz	47,4 %	47 %	43 %	20 %	37 %
Stückdeckungsbeitrag	30,–	20,–	12,–	27,50	

Eliminierung: Kein Produkt
Forcierung: Produkt A, dann D etc. (A > B > C > D)
Hätte man B eliminiert, hätte man auf einen DB von 80.000 € verzichtet.

vorl. Gewinn: 285.000
                            −80.000
                            205.000
            − K_F 270.000
                            −65.000

Ein Verlust von 65.000 € anstatt eines Gewinnes von 25.000 € wäre die Folge.

Aufgabe 19
Vollkostenbasis:

	Gesamtkosten ($\Delta x = 200$)	Stückkosten
Maschine 1	240	1,20 €
Maschine 2	260	1,30 €
Maschine 3	280	1,40 €

Bei einer Vollkostenrechnung würde der Auftrag auf der Maschine 1 ausgeführt, da hier die geringsten Stückkosten vorliegen.

Teilkostenbasis:
K_F = 120 + 180 + 240 = 540 fallen ohnehin an

Produktion auf Maschine 1:   0,6 · 200 = 120
Produktion auf Maschine 2:   0,4 · 200 = 80
Produktion auf Maschine 3:   0,2 · 200 = 40
⇒ Produktion auf Maschine 3, da hier die geringsten variablen Kosten oder Grenzkosten anfallen

Aufgabe 20

	Produkt A	Produkt B
p	24,–	28,–
k_v	14,–	18,–
d	10,–	10,–
d_r	0,4	0,5
Engpasszeit je Stück	25	20

OK_A = 500 · 25 = 12.500 · 0,5 = 6.250 : 500 = 12,50 €
OK_B = 500 · 20 = 10.000 · 0,4 = 4.000 : 500 = 8,– €

	Produkt A	Produkt B
Grenzkosten	14,–	18,–
+ Opportunitätskosten	12,5	8,–
PUG	26,5	26,–
p_F	24,–	28,–
Differenz: Vorteil Fremdbezug	1,5 €	-2,– €

Ergebnis:
Produkt A $\Rightarrow$ FB
Produkt B $\Rightarrow$ EF

Aufgabe 21
Produkt A:

	TKR	VKR	FB
MEK	50,–	50,–	200,–
MGK	2,–	5,–	–20,– Rabatt 10 %
FEK	70,–	70,–	+ 10,– Fracht
FGK	25,–	126,–	
	147,–	251,–	190,–

Da die Eigenfertigung mit den variablen Kosten von 147,– € erheblich unter dem Fremdbezugspreis liegt, wird sie vorgezogen. Die Vollkostenperspektive wäre unzutreffend, da die Kapazitäten ohnehin nicht ausgelastet sind und somit noch ein erheblicher Beitrag zur Fixkostendeckung erbracht werden kann.
Produkt B:

$$x_{krit.} = \frac{K_F^P}{p_F^P - k_V^P} = \frac{10.000}{100} = 100 \text{ Stück}$$

Offenbar entspricht die Menge, ab der sich eine Eigenfertigung rentieren würde, der geplanten Absatz- bzw. Produktionsmenge. Aufgrund des Absatzrisikos sollte unter den vorliegenden Umständen noch von einer Eigenfertigung abgesehen werden.

Produkt C:		Eigenfertigung:	
d für x:	60,– €	k_v	320,– €
d_r für x:	12,– €	OK_A	120,– €
OK_A: 10 · 12,– =	120,– €		440,– €
		p_F	480,– €

Offenbar wäre eine Eigenfertigung wirtschaftlicher.

Aufgabe 22
800.000 · 0,14903 + 30.000 + 800 · 200 = p_{krit} · 800
309.224 = p_{krit} · 800
p_{krit} = 386,53

Da der Fremdbezugspreis bei 400,- € liegt, wäre die Eigenfertigung geringfügig mit 14,– € (4 %) günstiger.

Die kritische Menge liegt bei $\quad x_{krit} = \dfrac{149.224}{200} = 746$ Einheiten,

d.h. von dieser Stückzahl an aufwärts rechnet sich die Eigenfertigung. Zwar rechnet sich diese im vorliegenden Fall, doch sollte die Validität der Absatzeinschätzung genauer überprüft werden, bevor zur Eigenfertigung übergegangen wird.

Aufgabe 23

VKR:

	k	g	x	G
A	17,14	2,86	50.000	143.000
B	9,–	1,–	50.000	50.000
Summe				193.000

TKR:

	k_v	d	x	D
A	10,29	9,71	50.000	485.000
B	5,–	5,–	50.000	250.000
Bruttoergebnis				735.000
- Fixkosten				400.000
= Nettoergebnis				335.000

Aufgabe 25

Die Teilkostenrechnung eignet sich besonders	zutreffendes hier ankreuzen
- zur Ergebnisprognose	(X)
- für die Ermittlung von Plankosten in der Zukunft	( )
- für die monatliche Erfolgsermittlung	( )
- für die Bestandsbewertung	( )
- für die Ermittlung von Selbstkosten im Sinne der „Leitsätze für die Preisermittlung von Selbstkosten (LSP)"	( )
- für die Kostenkontrolle	( )
- für die Nachkalkulation	( )
- für die Vorkalkulation	( )
- zur Ermittlung von Preisuntergrenzen	(X)
- für die Beantwortung der Frage von Eigenfertigung oder Fremdbezug	(X)
- für die Beurteilung der Annahme von Zusatzaufträgen	(X)
- zur Einschätzung von Fixkostenremanenzen	(X)
- zur Kostenanalyse	(X)
- zur Beurteilung der Wirtschaftlichkeit eines Betriebsbereiches	( )

Anhang II: Abbildungsverzeichnis

Anhang III: Literaturverzeichnis

Adler/Düring/Schmalz, (1995): Rechnungslegung und Prüfung der Unternehmung, 6. Auf., Stuttgart 1995

Böckel, J.J./Hoepfner, F.G., (1972): Moderne Kostenrechnung, 2. Aufl., Stuttgart 1972

Coenenberg, A. G. u. a., (2009): Coenenberg, A. G./Fischer, T.M./Günther, T., Kostenrechnung und Kostenanalyse, 7. Aufl., Stuttgart 2009

Bungenstock, Ch., (1995): Entscheidungsorientierte Kostenrechnungssysteme – Eine entwicklungsgeschichtliche Analyse-, Wiesbaden 1995

Däumler, K.D./Grabe, J., (2008): Kostenrechnung 1 - Grundlagen -,10. Aufl., Herne -Berlin 2008

Diedrich, H., (1988): Leitsätze für die Preisermittlung von Selbstkosten, in: Handwörterbuch des Rechnungswesens, 2. Aufl., hrsg. v.E. Kosiol, Stuttgart 1988, Sp. 1023-1031

Diedrich, H., (1993): Aufträge, öffentliche, in: Handwörterbuch der Betriebswirtschaftslehre, Bd. I/1, 5. Aufl., hrsg. von E. Grochla/W. Wittmann, Stuttgart 1993, Sp.298 - 309

Ehrmann, H., (1997): Kostenrechnung, 2.Aufl., München-Wien-Oldenbourg 1997

Fischer,J., (1998): Kosten- und Leistungsrechnung, Band II: Plankostentechnung, 8. Aufl., München- Wien- Oldenbourg 1998

Freidank, C.C., (2001): Kostenrechnung, 7. Aufl., München-Wien-Oldenbourg 2001

Friedl,G./Fromberg,K./Hammer,C./Küpper,H.U./Pedell,B. (2009): Stand und Perspektiven der Kostenrechnung in deutsche Großunternehemen, in: Zeitschrift für Controlling Management (ZfCM), 53. Jg. 2009, S. 11-116

Gabele, E./Fischer, Ph., (1992):Kosten- und Erlösrechnung, München 1992

Gutenberg, E., (1983): Grundlagen der Betriebswirtschaftslehre, 1. Band : Die Produktion, 24. Aufl., Berlin - Heidelberg - New York 1983

Haberstock, L., (2008): Kostenrechnung I, bearbeitet von J. Breithecker, 13. Aufl., Berlin 2008

Hantke, H., (1974): Moderne Verfahren der Kostenrechnung II, Neuwied 1974

Hauer, G., (1995): Ziele und Instrumente des betrieblichen Rechnungswesens in der Praxis, in: Kostenrechnungspraxis 1995, S. 207-213

Hoitsch, H.J.,/Lingnau,V.,(2004): Kosten- und Erlösrechnung - eine controllingorientierte Einführung, 5. Aufl., Berlin- Heidelberg-New York 2004

Hummel, S., (1969): Die Auswirkungen von Lagerbestandsveränderungen auf den Periodenerfolg. Ein Vergleich der Erfolgskonzeptionen von Vollkosten-rechnung und Direct Costing, in: Zeitschrift für betriebliche Forschung, 21. Jg. 1969, S. 155 ff

Hummel, S.,/Männel, W., (2000): Kostenrechnung 2 - Moderne Verfahren und Systeme der Kosten- und Leistungsrechnung-, 3. Aufl., Wiesbaden 1983, Nachdruck 2000

Hummel, S./Männel, W., (2004): Kostenrechnung 1 - Grundlagen, Aufbau und Anwendung- 4.Aufl., Wiesbaden 1986, Nachdruck 2004

Kilger, W., (1970): Plankostenrechnung, in: Handwörterbuch des Rechnungs-wesens, Stuttgart 1970, Sp. 1342-1358

Kilger,W.,(1988): Flexible Plankostenrechnung und Deckungsbeitragsrechnung, 9 Aufl., Wiesbaden 1999

Kilger, W., (2000): Einführung in die Kostenrechnung, 3. Aufl., Wiesbaden 2000

Kilger, W., (2007): Flexible Plankostenrechnung und Deckungsbeitragsrechnung, 12. Aufl., Wiesbaden 2007

Koch, J., (1997): Kosten- und Leistungsrechnung, 6. Aufl., München-Wien-Oldenbourg 1997

Kosiol, E., (Hrsg.), (1975): Plankostenrechnung als Instrument moderner Unter-nehmensführung, 3. Aufl., Berlin 1975

Kosiol, E. (1979a): Kostenrechnung der Unternehmung, 2. Aufl., Wiesbaden 1979

Kosiol, E., (1979b): Kosten- und Leistungsrechnung, Berlin- Heidelberg- New York 1979

Küpper, H.U., (1983): Der Bedarf an Kosten- und Leistungsinformationen in Industrieunternehmungen - Ergebnisse einer empirischen Erhebung, in: Kostenrechnungspraxis 1983, S.169 -181

Küpper, H.U./Hoffmann, H., (1988): Ansätze und Entwicklungstendenzen des Lo-gistik-Controlling in Unternehmen der Bundesrepublik Deutschland, in: Die Betriebswirtschaft, 50. Jg., 1988, S. 587-601

Küting/Pfitzer/Weber, (2012): Handbuch der Rechnungslegung, 5. Aufl., Stand: 14. Ergänzungslieferung, Stuttgart 2012

Lücke, W., (1965): Die kalkulatorischen Zinsen im betrieblichen Rechnungswesen, in: Zeitschrift für Betriebswirtschaft, 35. Jg. 1965, Ergänzungsheft, S. 3 ff

Männel, W., (1974): Mengenrabatte in der entscheidungsorientierten Erlösrech-nung, Opladen 1974

Männel, W., (1988): Eigenfertigung und Fremdbezug,2. Aufl., Wiesbaden 1988

Männel, W.,(1997): Make-or-Buy- Entscheidungen, in: Kostenrechnungspraxis,
    41.Jg. 1997, H. 6, S. 307 - 311

Matz, A.,(1964): Planung und Kontrolle von Kosten und Gewinn, in: agplan –
    Schriftenreihe, Band 7, Wiesbaden 1964

Mellerowicz, K., (1977): Neuzeitliche Kalkulationsverfahren, 6. Aufl., Freiburg 1977

Michel, R./Torspeken, H.D./Jandt, J., (2004): Neuere Formen der Kostenrechnung
    Mit Prozesskostenrechnung, 5. Aufl., München-Wien 2004

Moews , D., (2002):Kosten- und Leistungsrechnung, 7.Aufl., München-Wien
    Oldenbourg 2002

Olfert, K. (2008): Kostenrechnung, 15. Aufl., Ludwigshafen 2008

Plaut, H.G., (1961): Unternehmenssteuerung mit Hilfe der Voll- oder Grenzplan
    kostenrechnung, in: Zeitschrift für Betriebswirtschaft, 1961, S. 460-482

Plaut, H.G., (1987): Die Entwicklung der flexiblen Plankostenrechnung zu einem
    Instrument der Unternehmensführung, in: Zeitschrift für Betriebswirtschaft,
    57 Jg., 1987, S. 355-367

Plaut, H.G., (1992): Grenzplankosten- und Deckungsbeitragsrechnung als
    modernes Kostenrechnungssystem,in: Handbuch Kostenrechnung, hrsg.
    von W. Männel,Wiesbaden 1992, S.203-225

Plinke, W./Rese, (2006): Industrielle Kostenrechnung, 7. Aufl., Berlin- Heidelberg-
    New York 2006

Riebel, P., (1994/1959): Das Rechnen mit Einzelkosten und Deckungsbeiträgen,
    in: Zeitschrift für handelswissenschaftliche Forschung, Neue Folge, 11. Jg.
    1959, S. 213-238; wiederabgedruckt in: Riebel, P., Einzel- und Deckungs-
    beitragsrechnung, 7. Aufl., Wiesbaden, 1994, S. 35-59

Riebel, P., (1994/1964): Die Preiskalkulation auf Grundlage von "Selbstkosten"
    oder relativen Einzelkosten und Deckungsbeiträgen, in: ZfbF, 16. Jg. 1964,
    S. 549-612; wiederabgedruckt in: Riebel, P., Einzelkosten- und Deckungs-
    beitragsrechnung, 7. Aufl., Wiesbaden, 1994, S. 204-268

Riebel, P., (1994/1967): Kurzfristige unternehmerische Entscheidungen im
    Erzeugnisbereich auf der Grundlage des Rechnens mit relativen Einzelkos
    ten und Deckungsbeitragen, in: Neue Betriebswirtschaft, 20. Jg. 1967, Heft
    8, S. 1-23; wiederabgedruckt in: Riebel, P., Einzelkosten- und Deckungsbei-
    tragsrechnung, 7. Aufl., Wiesbaden, 1994, S. 269-307

Riebel, P., (1994/1969): Die Fragwürdigkeit des Verursachungsprinzipes im
    Rechnungswesen, in: Rechnungswesen und Betriebswirtschaftspolitik,
    Festschrift für G. Gröger zu seinem 65. Geburtstag, hrsg. V. M. Layer/
    H. Strebel, Berlin 1969, S. 49-64; wiederabgedruckt in: Riebel, P.,

Einzelkosten- und Deckungsbeitragsrechnung, 7. Aufl., Wiesbaden, 1994,
S. 67-80

Rüth,D. (2008): Betriebsabrechnung, in: Lexikon der Betriebswirtschaftslehre,
hrsg. V. S. Häberle, München-Wien 2008, S. 124-133

Rüth,D. (2009)Kostenrechnung, Band II, München 2009

Schildbach,Th./Homburg,C., (2009): Kosten- und Leistungsrechnung 10. Aufl.,
Stuttgart 2009

Schlote, S., (1992): Wie die Dinosaurier, in: Wirtschaftswoche, Nr. 50 vom
4.1.1992, S. 182 - 186

Schmalenbach, E., (1963): Kostenrechnung und Preispolitik, 8. Aufl., bearbeitet
von R. Bauer, Köln-Opladen 1963

Schneider, D., (1997): Betriebswirtschaftslehre, Band 2: Rechnungswesen, 2.
Aufl., München-Wien 1997

Schweitzer, M./Küpper, H.U., (2008): Systeme der Kosten- und Erlösrechnung,
München 2008

Statistisches Bundesamt Deutschland (2011a): Stand 13.04.2011

Statistisches Bundesamt Deutschland (2011b): Europäische Vergleich der
Arbeitskosten, Pressemitteilung vom 12.04.2011

Statistisches Bundesamt Deutschland (2011c): EU-Vergleich der Arbeitskosten,
Pressemitteilung vom 24.03.2001

Statistische Jahrbücher, (2000/2005/2010): hrsg. v. Statisches Bundesamt ,
Wiesbaden 2000, 2005 und 2010

Vormbaum, H., (1977): Kalkulationsarten und Kalkulationsverfahren, 4. Aufl.,
Stuttgart 1977

Warnecke, H.J./Bullinger, H.J./Hichert, R.,(1996):Kostenrechnung für Ingenieure,
5. Aufl., München-Wien 1996

Weber, H.K., (1991): Betriebswirtschaftliches Rechnungswesen, Band : Kosten –
und Leistungsrechnung, 3. Aufl., München 1991

Weber,J. (1983): Stand der Kostenrechnung in deutschen Großunternehmen –
Ergebnisse einer empirischen Erhebung, in: Kostenrechnung,- Entwick-
perspektiven der 90er Jahre, hrsg. Von Jürgen Weber , Stuttgart 1993, S.
257- 278

Weber, J./Lehmann, F.O./Jürgens, H., (1990): Einführung von Kostenrechnungs
-Standard-Software in: Kostenrechnungspraxis 1990, S.92-100

Wenz, E., (1992): Kosten- und Leistungsrechnung, Herne-Berlin 1992

Wolfstetter, G., (1998): Verfahren der Kostenrechnung, Köln-Wien-Aarau 1998

Zdrowomyslaw, N., (2001): Kosten-, Leistungs- und Erlösrechnung, 2. Aufl., München-Wien-Oldenbourg 2001

Zimmermann, G., (1982): Grundzüge der Kostenrechnung, Münster 1982

Anhang IV: Stichwörterverzeichnis